Wolfgang Mertens

Einführung in die psychoanalytische Therapie

Band 1

Verlag W. Kohlhammer
Stuttgart Berlin Köln

CIP-Kurztitelaufnahme der Deutschen Bibliothek

Mertens, Wolfgang:
Einführung in die psychoanalytische Therapie / Wolfgang
Mertens. – Stuttgart ; Berlin ; Köln : Kohlhammer

Bd. 1 (1990)
  (Urban-Taschenbücher ; Bd. 413)
  ISBN 3-17-010784-4
NE: GT

Alle Rechte vorbehalten
© 1990 W. Kohlhammer GmbH
Stuttgart Berlin Köln
Verlagsort: Stuttgart
Umschlag: Studio 23
Gesamtherstellung:
W. Kohlhammer Druckerei GmbH + Co. Stuttgart
Printed in Germany

Inhalt des 1. Bandes

1. Historischer Überblick über die Entwicklung der psychoanalytischen Therapie
2. Behandlungsziele der Psychoanalyse
3. Indikation zur Psychoanalyse
4. Psychoanalyse, psychoanalytische Psychotherapie und tiefenpsychologisch fundierte Psychotherapie
5. Psychoanalytisches Erstinterview

Inhalt des 2. Bandes

6. Psychoanalytische Grundregel
7. Psychoanalytische Erkenntnishaltung
8. Deutung und Rekonstruktion
9. Arbeitsbündnis
10. Übertragung
11. Handhabung der Übertragung
12. Übertragungsneurose

Inhalt des 3. Bandes

13. Gegenübertragung
14. Handhabung der Gegenübertragung
15. Widerstandsanalyse
16. Durcharbeiten
17. Traumanalyse
18. Persönlichkeit des Analytikers
19. Geschlecht des Analytikers
20. Agieren
21. Negative therapeutische Reaktion
22. Wirkfaktoren
23. Beendigung der Analyse
24. Ergebnisforschung

Inhalt

Geleitwort 11

Vorwort 13

1 Historischer Überblick über die Entwicklung der psychoanalytischen Therapie 17

1.1 Entwicklung der psychoanalytischen Technik bei Freud 18

1.1.1 1886 bis 1896: Die voranalytische Zeit 19
1.1.2 1896 bis 1910: Zeit der grundlegenden Entdeckungen 29
1.1.3 1910 bis 1919: Zeit der Konsolidierung 42
1.1.4 1919 bis 1926: Neuformulierung der Triebtheorie und die Entwicklung der Strukturtheorie .. 55
1.1.5 1926 bis 1939: Psychoanalytische Ich-Psychologie ... 57
1.1.6 Zusammenfassung 62
1.1.7 Empfohlene Literatur 64

1.2 Einige Weiterentwicklungen und Innovationen bei Schülern und Nachfolgern Freuds 66

1.2.1 Otto Rank 67
1.2.2 Sándor Ferenczi 69
1.2.3 Franz Alexander 75
1.2.4 James Strachey 78
1.2.5 Michael Balint 85
1.2.6 Empfohlene Literatur 89

1.3 Einflüsse verschiedener Theorieansätze auf die Behandlungstechnik 90

1.3.1 Der Einfluß der Ich-Psychologie auf die Behandlungstechnik 91
1.3.2 Der Einfluß von Objektbeziehungs-Theorien auf die Behandlungstechnik 94

1.3.3	Der Einfluß der Selbstpsychologie auf die Behandlungstechnik	103
1.3.4	Der Einfluß der neonatologischen Forschung auf die Behandlungstechnik	112
1.3.5	Zusammenfassung	118
1.3.6	Empfohlene Literatur	119
2	Behandlungsziele der Psychoanalyse	123
2.1	Historischer Überblick	128
2.2	Analytische Behandlungsziele	138
2.2.1	Auflösung einer Übertragungsneurose	138
2.2.1.1	Empirische Untersuchungen zur Auflösung der Übertragung	141
2.2.1.2	Auflösung der Übertragungsneurose und therapeutischer Nutzen	142
2.2.2	Aufhebung von Deckerinnerungen	143
2.2.3	Wiederaufnahme des unterbrochenen Entwicklungsprozesses	144
2.2.4	Entwicklung selbstanalytischer Fähigkeiten	146
2.2.5	Veränderung kognitiver Prozesse	148
2.3	Der Einfluß soziokultureller Normen und Wertvorstellungen	149
2.4	Zusammenfassung	158
2.5	Empfohlene Literatur	158
3	Indikation zur Psychoanalyse und analytischen Psychotherapie	160
3.1	Historischer Überblick	161
3.2	Phänomenologische und strukturelle Kriterien der Eignung	164
3.3	Psychodiagnostischer Gesamtstatus: Diagnostische Profile	168

3.4	Niveau des Organisationsprozesses	174
3.5	Objektivierungstendenzen bei der Diagnostik struktureller Ich-Störungen	177
3.6	Diagnostische Urteilsbildung und Wahrnehmungsstereotypien bei Psychoanalytikern	178
3.7	Informationsverarbeitungsprozesse bei der Indikationsstellung	181
3.8	Neuere empirische Untersuchungen	182
3.9	Analysierbarkeit in Abhängigkeit vom Analytiker – auf dem Weg zu einer interaktionsorientierten Indikation	185
3.10	Zusammenfassung	189
3.11	Empfohlene Literatur	190
4	Psychoanalyse, psychoanalytische Psychotherapie und tiefenpsychologisch fundierte Psychotherapie	192
4.1	Historischer Überblick	194
4.2	Unterschiede zwischen Psychoanalyse und analytischer Psychotherapie	200
4.3	Psychoanalyse unter dem Aspekt von »Wirtschaftlichkeit«	207
4.4	Tiefenpsychologisch fundierte Psychotherapie	211
4.4.1	Dynamische Psychotherapie	212
4.5	Psychotherapie auf psychoanalytischer Grundlage (Kutter)	214
4.6	Entwicklungspsychologisch orientierte Psychotherapie (Blanck und Blanck)	216

4.7	Psychoanalytisch-interaktionelle Therapie (Heigl-Evers und Heigl)	218
4.8	Psychoanalytische Psychotherapie bei schweren Charakterstörungen und Borderline-Persönlichkeiten (Kernberg)	221
4.9	Stufenmodell psychoanalytischer Behandlungsmethoden (Gedo und Goldberg)	225
4.10	Übergang von Psychotherapie zur Psychoanalyse	228
4.11	Zusammenfassung	232
4.12	Empfohlene Literatur	234
5	Psychoanalytisches Erstinterview	236
5.1	Historischer Überblick	237
5.2	Psychoanalytisches Erstinterview und tiefenpsychologische Anamnese	241
5.3	Balints »Empfehlungen«	243
5.4	Die Erkenntnisdimensionen des Erstinterviews	245
5.5	Orientierungsmöglichkeiten im Erstinterview	250
5.6	Die biographische Anamnese unter tiefenpsychologischem Aspekt	257
5.7	Kernbergs »strukturelles Interview«	258
5.8	Zusammenfassung	261
5.9	Empfohlene Literatur	262
	Literaturverzeichnis	264
	Personenverzeichnis	282

Geleitwort

Die Psychoanalyse hat in der Bundesrepublik nach den dehumanisierenden und zerstörenden Auswirkungen der Nazizeit wieder einen enormen Aufschwung genommen. Das Interesse an ihr ist – trotz der seit jeher bestehenden Vorbehalte (derzeit unter dem Vorwand der »Unwissenschaftlichkeit«) – nicht nur in Medizin und Psychologie, sondern auch in anderen Bereichen sehr groß. Und es erscheint größer, als die immer wieder durch erhebliche Widerstände gefährdete und daher stets neu zu erkämpfende Ansiedlung in den akademischen Lehrinhalten der Universitäten und Hochschulen vermuten läßt. Wurde eine psychoanalytische Ausbildung noch zu meiner Zeit fast wie eine ganz persönliche, wenn auch vielleicht liebenswerte Verschrobenheit angesehen, so ist sie heute z. B. innerhalb der Heilkunde durch die Zusatzbezeichnung »Psychoanalyse« weitgehend institutionalisiert, allerdings in oft allzu pragmatischer Einengung. Sie ist damit auch zum Zugang zu einer recht gut etablierten und kassenrechtlich abgesicherten Praxis geworden, die oft schon als allzu gesellschaftskonform verdächtigt werden muß und nicht selten mit Vernachlässigung grundlegender psychoanalytischer Kernfragen einhergeht.

Das psychoanalytische Schrifttum hat sich überall in der westlichen Welt zu unübersehbaren Lesetürmen angehäuft, wobei es angesichts des Spektrums der verschiedensten Schulrichtungen kaum mehr möglich ist, einen für alle verbindlichen Begriff dessen, was als Psychoanalyse zu definieren ist, aufrechtzuerhalten. Erfreulich ist dabei, daß sich die Psychoanalyse vor allem an manchen Hochschulen der Konfrontation mit anderen Wissenschaften geöffnet und gestellt hat, Wissenschaften, die auf anderen ätiologischen Theorien über die Entwicklung des Erlebens und Verhaltens des Menschen beruhen. Dies führte dazu, daß sich die Psychoanalyse mit der dort erarbeiteten Empirie auseinandersetzt, was angesichts mancher Arroganz und Ignoranz, zu der auch Psychoanalytiker gelegentlich neigen, nur gut sein kann.

In dieser Phase unübersehbar gewordener Vielfalt und tiefgehender Neuentwicklungen ist es aber immer wieder notwendig, sich eine Übersicht über die neueren Ergebnisse auch hinsichtlich der Behandlungstechnik zu verschaffen, um die wesentlichen Leitlinien unserer Methode nicht aus dem Auge zu verlieren. Vor allem für den Anfänger in dieser so sehr mit den eigenen persönlichen Problemen konfrontierenden Arbeit mit unseren Patienten, die eine für alles Menschliche und Allzumenschliche offene verstehende analytische Haltung voraussetzt und nicht mit »Technik« allein gemeistert werden kann, sind kritische Übersichtsarbeiten gefragter als je. Und zwar sind Arbeiten gefragt, die nicht nur die sehr persönlichen Erfahrungen des einzelnen Analytikers weitergeben, sondern die auch die kontroversen Auffassungen und Standpunkte darzustellen vermögen. Für einen solchen Überblick, der mit viel Lesefleiß, wissenschaftlicher Neugierde und kritischer Durchdringungskraft aufgebaut sein muß, bedarf es eines Autors, der durch diese Eigenschaften ausgezeichnet ist. Die ursprüngliche, auch mich verlockende Absicht, dieses Lehrbuch gemeinsam mit Wolfgang Mertens zu schreiben, hat sich nicht aufrecht erhalten lassen, da ich zwar meine persönlichen Erfahrungen und meine individuelle Behandlungsweise hätte einfließen lassen können, dies jedoch als Lehr-Buch oder Lehr-Meinung vorzugeben mir innerlich sehr widerstrebt hätte. Ein solches Werk hat möglichst das gesamte Wissensspektrum zu berücksichtigen, das mir jedoch aus mancherlei und nicht zuletzt aus Altersgründen nicht mehr ausreichend zugänglich erschien.

Ich bin daher dankbar, daß nunmehr Wolfgang Mertens diese Aufgabe allein übernommen hat, erfreut, daß er mich um ein Geleitwort bat, und froh, daß er als Vertreter einer jüngeren Generation diese immense Arbeitslast auf sich genommen hat. Mir bleibt nur übrig, ihm hierfür von Herzen aus unserer langjährigen Zusammenarbeit an der Münchener Akademie für Psychoanalyse und aus unserer freundschaftlichen Beziehung heraus ein gutes Gelingen zu wünschen. Ich hoffe, daß dieses Buch dazu beitragen kann, daß viele Analytiker über die Kenntnis und Reflexion verschiedenster Aspekte und Sichtweisen eine spezifische Behandlungsweise entwickeln können, die ihrem eigenen Wesen gemäß ist, und zu der Erkenntnis gelangen, daß aus Regeln keine Gesetze werden dürfen, wenn Psychoanalyse nicht zu unpersönlicher Handhabung einer nicht mehr hinterfragbaren, zum rigiden Über-Ich gewordenen »Technik« verkommen soll.

München-Grünwald, im Winter 1989　　　　　　　　*Siegfried Elhardt*

Vorwort

Ein Jahr nach Erscheinen meines Taschenbuches »Psychoanalyse« (1981) und elf Jahre seit der ersten Auflage von Siegfried Elhardts Buch »Tiefenpsychologie« (1971) trat der damalige Lektor des Kohlhammer-Verlags an uns beide mit der Idee heran, eine Einführung in die psychoanalytische Behandlungstechnik zu verfassen. Da ich als junger Student Ende der sechziger Jahre das Glück hatte, in Siegfried Elhardt einen mich sehr überzeugenden Hochschullehrer entdeckt zu haben, der uns auf ansprechende und lebendige Weise die wesentlichen Erkenntnisse der Tiefenpsychologie und vor allem der Psychoanalyse beigebracht hat, faszinierte mich die Vorstellung, zusammen mit ihm ein Buch über Behandlungstechnik schreiben zu können. Die Zustimmung erfolgte deshalb nach wenigen Wochen, aber die Realisierung des Vorhabens nahm aus einer Reihe von Gründen mehr Zeit in Anspruch als ursprünglich geplant. Meine Ende des Jahres 1982 erfolgte Berufung zum Professor für Klinische Psychologie mit Schwerpunkt Psychoanalyse an die Universität München und die vielfältigen Aufgaben, die sich dadurch ergaben, sowie andere Umstände verzögerten immer wieder die konsequente Arbeit an diesem Buch. Andererseits bedingte das altersgemäße Ausscheiden Siegfried Elhardts aus der Universität und damit aus der Priorität wissenschaftlicher Verpflichtungen eine Interessenverlagerung auf andere Bereiche, die ihm nunmehr wichtiger wurden, so daß er mir schon 1984 zu verstehen gab, daß ich das geplante Vorhaben wahrscheinlich allein ausführen müsse. 1985 erschien der erste Band des umfangreichen Opus »Lehrbuch der psychoanalytischen Therapie« von Thomä und Kächele aus Ulm. Viele der Fragestellungen und Themen, die ich in den zurückliegenden Jahren zusammengetragen hatte, waren hier in komprimierter Form dargestellt. Einige Zeit schwankte ich, ob ich nicht das Buchprojekt aufgeben sollte. Haben Thomä und Kächele nicht bereits alles gesagt, was es zu dieser Thematik zu sagen gibt?

In dieser Situation half mir, daß der jetzige Lektor des Kohlhammer-Verlages, Herr Dr. Beyer, mich ermutigte, dieses Buch dennoch zu schreiben. Es müsse ja nicht so kompakt und komprimiert sein, wie das von Thomä und Kächele. Man könne sich auch eine didaktisch günstigere Form der Darstellung, etwa in Form einer Einführung, vorstellen.

Die Theorie der psychoanalytischen Behandlungstechnik ist aufgrund ihres relativen Alters und der vielen z. T. stark divergierenden Schulrichtungen ein äußerst umfangreiches Gebiet, in dem zwangsläufig sehr viele Themen weiterer Forschung bedürfen. Für Studenten der Psychoanalyse und für Weiterbildungsteilnehmer in psychoanalytischer Psychotherapie, natürlich auch für ausgebildete Therapeuten und für andere Leser ist es hilfreich, die wichtigsten Problembereiche identifizieren zu können, die heutzutage in dieser Disziplin bestehen. Es sind nicht wenige, und sie sind meistens sehr vertrackt. Das hängt zum einen sicherlich damit zusammen, daß die Grundlagenforschung ihrer Anwendung hinterherhinkt, zum anderen aber vor allem, daß die Psychoanalyse mit dem Anspruch der Erforschung ganzheitlicher und unbewußter Sinnzusammenhänge mit einer großen Komplexität konfrontiert wird, die es in anderen Bereichen der Psychologie in dieser Form nicht gibt.

Obwohl ich die immer wieder in der Praxis anzutreffenden Bemühungen um Reduzierung der Komplexität sehr gut verstehen kann, muß sich eine wissenschaftliche und auf eine Weiterentwicklung der Psychoanalyse bedachte Forschung darum bemühen, manche scheinbare Selbstverständlichkeiten und leicht eingängliche reduktionistische Theorien immer wieder auf ihre Gültigkeit zu hinterfragen. Es wird auch immer deutlicher, daß es *die* psychoanalytische Theorie nicht geben kann und geben wird und daß sich die Psychoanalyse – freilich unter Wahrung ihrer Eigenständigkeit – auch mit anderen Disziplinen auseinandersetzen muß. Ich denke hierbei z. B. an Forschungen im Bereich der Entwicklungspsychologie, der Gedächtnisforschung, der Therapieforschung, der Frauenforschung, der Sozialpsychologie u. a. m.

Dieses Buch vermittelt keine Ratschläge oder Regeln, wie man bei einzelnen Patienten vorzugehen hat (wobei ein Regelverständnis in der Psychoanalyse, die dem Individuum mit seiner einmaligen Lebensgeschichte und seinen unbewußten Erlebniszusammenhängen gerecht werden will, ohnehin nur eine randständige Bedeutung hat), sondern es möchte dem Leser in Grundzügen eine psychoanalytische Haltung vorstellen, die einem modernen Psychoanalyseverständnis entspricht und die sich auf so unterschiedliche Themen bezieht, wie z. B.: Welche Behandlungsziele existieren in der psychoanalytischen Therapie? Kann es überhaupt einen wertfreien Raum geben? Für welche Patienten hält man eine Psychoanalyse geeignet, und was hat das mit einem selbst zu tun? Was ist überhaupt Psychoanalyse im Unterschied zu anderen psychoanalytischen oder aus der Psychoanalyse abgeleiteten Verfahren, und wie kann man sein eigenes Tun als Psychoanalytiker angemessen begreifen? Welches ist die für einen Patienten förderlichste Haltung des Zuhörens, Interpretierens und Deutens? Sagen Übertragungen des Patienten mehr über diesen aus, oder bekommt man auch als Therapeut einen Spiegel vorgehalten? Wie kann man seine eigene Subjektivität in Maßen kontrollieren, ohne sich zu stark aus dem gemeinsamen Prozeß auszublenden? Wie kann ich vor mir selbst und vor dem Patienten begründen, was in der psychoanalytischen Therapie hilfreich und verändernd wirkt und vieles mehr.

In den letzten Jahren hat sich in Publikationen und bei vielen Analytikern ein beziehungsorientiertes Wahrnehmen, Erleben und Konzeptualisieren entwickelt. »Beziehungsanalyse«, »Intersubjektivität«, »Analyse im Hier und Jetzt«, »analytische Transaktion« sind Begrifflichkeiten, die immer häufiger in Veröffentlichungen, Falldiskussionen, Supervisionen und anderswo auftauchen. Der jahrzehntelange Streit zwischen einer interpersonellen Sichtweise (am pointiertesten von dem amerikanischen Neo-Psychoanalytiker Sullivan vertreten) und der herkömmlichen intrapsychischen Sichtweise scheint so gut wie beigelegt zu sein (vgl. Mitchell 1988; Abend 1988). Dies drückt sich z. B. darin aus, daß bei den Überlegungen, was im analytischen Behandlungsprozeß am meisten verändernd bzw. heilend wirkt, der neuen »Beziehungserfahrung« ein ungleich größeres Gewicht eingeräumt wird als dem »Bewußtmachen des Unbewußten« (wobei beide Ziele sich nicht auszuschließen brauchen, sondern sich in der Regel ergänzen). Oder daß Diagnosen mehr über den Analytiker aussagen können als über den Patienten; daß Deutungen und Rekonstruktionen gemeinsam entworfene Erzählungen darstellen und keinen historischen Wahrheitsanspruch mehr haben, daß sich die unbewußten Erlebnismomente von Analytiker und Analysand bis zur Ununterscheidbarkeit synergistisch verbinden. Obwohl vieles an diesen Annahmen berechtigt ist, gilt es doch, auch die Unterschiede festzuhalten; zwar sind die Erlebnisweisen und Deutungsmuster von Analytiker und Analysand oftmals kollusiv, d. h. in einem unbewußten Zusammenspiel miteinander verbunden, aber die analytische Beziehung gleicht (im idealen Fall) nicht einer neurotischen Partnerschaft. Differenzierend ist also herauszuarbeiten, inwieweit jeweils die Annahme einer transaktionellen Beziehung zwischen den beiden Beteiligten gerechtfertigt ist und wo sich – allerdings nicht leicht erfaßbare – Unterschiede zwischen dem Modell einer transaktionellen Beziehung und den Besonderheiten einer analytischen Beziehung ergeben.

Ich möchte mich bei all jenen herzlich bedanken, die mich auf diesem Weg des Fragens in den letzten Jahren begleitet haben, und vor allem bei meinen Lehrern an der Akademie für Psychoanalyse und Psychotherapie in München während meiner Ausbildungszeit in den Jahren 1972 bis 1979, Siegfried Elhardt, Ursula Grunert, Heinz Holfeld und dem Weiterbildungsleiter von 1974 bis 1984, Ludwig Barth, jenen Psychoanalytikern, die mich in die praktischen Grundlagen der Psychoanalyse eingeführt haben.

Frau Bettina Fack vom Lektorat des Kohlhammer-Verlages danke ich für die kompetente Betreuung des Manuskripts.

München, im Winter 1989 *Wolfgang Mertens*

1 Historischer Überblick über die Entwicklung der psychoanalytischen Therapie

Dieses erste Kapitel ist etwas umfangreicher geworden, als es ursprünglich geplant war. Dies hat seinen Grund vor allem darin, daß mir im Laufe der letzten Jahre immer klarer geworden ist, daß heutige Studenten der Psychoanalyse zwar viel Literatur von neueren Autoren (wie z. B. Kohut, Kernberg, Mahler, McDougall und vielen anderen) gelesen haben, aber relativ wenig Kenntnis von der Kontinuität psychoanalytischer Diskussionen über bestimmte behandlungstechnische Themen und Kontroversen haben. Wenngleich auch dieses Kapitel notwendigerweise kurz und im zweiten und dritten Teil sehr selektiv ist, so ist es mir doch ein Anliegen, die Entwicklung der Freudschen Auffassung über die psychoanalytische Behandlungstechnik und die Überlegungen einiger seiner Schüler und Nachfolger zumindest umrißhaft zu skizzieren. An manchen Stellen versuche ich, diesen Überblick mit einigen gegenwärtigen Problemen der psychoanalytischen Theorie der Technik zu verbinden, um einerseits die Aktualität vergangener Überlegungen und andererseits die geschichtlichen Vorläufer mancher sich als modern gerierender Auffassungen anzudeuten. Wissenschaftlicher Fortschritt geschieht stets auf den »Schultern von Riesen« (vgl. Merton 1980), und auch die Psychoanalyse hat in ihrem fast einhundertjährigen Bestehen einige »Riesen« vorzuweisen.

So gibt es, mit Freud beginnend, eine Kontinuität des Fragens, wie z. B. eine persönliche Beziehung in der analytischen Situation mit einer Haltung von Abstinenz zu vereinbaren ist, ob die Übertragung nur eine verzerrte Sichtweise des Patienten darstellt oder ob sie – wenngleich auch selektiv – bestimmte Anteile der Therapeutenpersönlichkeit durchaus richtig erfaßt, ob mit der Deutung der Übertragung abgewartet werden sollte oder ob sie von Anfang an zum Zentrum der analytischen Vorgehensweise gemacht werden soll, ob eine Regression verhindert oder als Chance für das Bewußtwerden verschütteter Kindheitserinnerungen begriffen werden kann, ob in dem Bewußtmachen unbewußter Erinnerungen der hauptsächliche Wirkfaktor zu erblicken ist oder in der neuen Beziehungserfahrung, die der Analysand mit seinem Therapeuten erlebt und vieles mehr. Viele der folgenden Ausführungen bleiben aufgrund des beschränkten Platzes kursorisch, aber in jedem der nachfolgenden Kapitel findet sich ein historischer Rückblick zur Entwicklung des jeweiligen Konzeptes und der betreffenden Fragestellungen.

1.1 Entwicklung der psychoanalytischen Technik bei Freud

Zur besseren Orientierung über die Entwicklung der psychoanalytischen Technik bei Freud soll eine Zeittafel dienen, welche die wichtigsten Stationen aus voranalytischer Zeit und dann die wichtigsten behandlungstechnischen (und metapsychologischen) Schriften Freuds auflistet (vgl. Bergmann 1977).

Abb. 1: Zeittafel zur Entwicklung der psychoanalytischen Technik bei Freud

	1880	Josef Breuer beginnt mit der Behandlung von Anna O.
	1882	Breuer erzählt Freud von dieser Krankengeschichte
	1885–1886	Aufenthalt Freuds an der Salpêtrière bei Charcot
	1886	Freud eröffnet seine Privatpraxis: Elektrotherapie nach Erb, Bäder und Massagen
	1887	Erste Verwendung der hypnotischen Suggestion
1886–1896: voranalytische Zeit	1889	Reise nach Nancy, um die hypnotische Technik noch besser zu erlernen
	1889	Anwendung des kathartischen Verfahrens bei Frau Emmy von N.
	1893–1895	»Studien über Hysterie«
	1892–1896	Übergang von der hypnokathartischen Methode zur freien Assoziation: bei Frau Elisabeth von R. verzichtete Freud zum ersten Mal auf die Hypnose und wen-

		dete die Druckprozedur an. Allmählicher Übergang zur freien Assoziation
	1896	Entstehung der Psychoanalyse

1896–1910: Zeit der grundlegenden Entdeckungen	1900	»Traumdeutung«
	1905	»Drei Abhandlungen zur Sexualtheorie«
	1905	»Dora«
	1909	»Kleiner Hans«
	1909	»Rattenmann«

1910–1919: Zeit der Konsolidierung	1911	»Die Handhabung der Traumdeutung in der Psychoanalyse«
	1912	»Zur Dynamik der Übertragung«
	1912	»Ratschläge für den Arzt bei der psychoanalytischen Behandlung«
	1913	»Zur Einleitung der Behandlung«
	1914	»Erinnern, Wiederholen, Durcharbeiten«
	1915	»Bemerkungen über die Übertragungsliebe«

1919–1926: Neuformulierung der Triebtheorie und die Entwicklung der Strukturtheorie	1920	»Jenseits des Lustprinzips«
	1921	»Massenpsychologie und Ich-Analyse«
	1923	»Das Ich und das Es«

1926–1939: Psychoanalytische Ich-Psychologie	1926	»Hemmung, Symptom und Angst«
	1937	»Konstruktionen in der Analyse«
	1937	»Die endliche und die unendliche Analyse«

1.1.1 1886 bis 1896: Die voranalytische Zeit

Im Dezember 1880 begann der in Wien sehr angesehene Arzt Josef Breuer die Behandlung der 21jährigen Bertha Pappenheim (Pseudonym Anna O.), die bis zum Juni 1882 dauerte.

13 Jahre später schrieb Breuer zusammen mit Freud ein Buch mit dem Titel »Studien über Hysterie« (1893 bis 1895), in dem auch der Fall Anna O. veröffentlicht ist.

Anna O., die eine Fülle von Symptomen aufwies, wie psychogenen Husten, Seh- und Sprachstörungen, Mutismus, veränderte Bewußtseinszustände, Halluzinationen, Suizidgedanken, Kontrakturlähmungen, Anästhesien, hatte nach heutiger Einschätzung wahrscheinlich eine hysterische Störung auf Borderline- oder psychotischem Niveau.

Wann immer die Patientin in einem Zustand von Autohypnose über ihre Halluzinationen und Begebenheiten vom Tage sprach, konnte sie sich beruhigen. Sie selbst nannte diese Vorgehensweise »talking cure« oder »chimney-sweeping«. Breuer, der dieses Verfahren aufgriff und gezielt einsetzte, entdeckte, daß Anna O.s Symptome, so z. B. ihre Unfähigkeit zu trinken, verschwanden, wenn sie sich gewisse traumatische Ereignisse bewußt machen konnte (als ihr einfiel, mit welchem Ekel sie miterlebt hatte, wie ihre Gesellschafterin einmal ihrem Hund aus einem Wasserglas zu trinken gab).

Freud entwickelte in den »Studien über Hysterie« ein erstes ätiologisches und Behandlungsmodell: »Wir fanden anfänglich zu unserer größten Überraschung, daß die einzelnen hysterischen Symptome sogleich und ohne Wiederkehr verschwanden, wenn es gelungen war, die Erinnerung an den veranlassenden Vorgang zu voller Helligkeit zu erwecken, damit auch den begleitenden Affekt wachzurufen, und wenn dann der Kranke den Vorgang in möglichst ausführlicher Weise schilderte und dem Affekt Worte gab.

Affektloses Erinnern ist fast immer völlig wirkungslos; der psychische Prozeß, der ursprünglich abgelaufen war, muß so lebhaft als möglich wiederholt, in *statum nascendi* gebracht und dann ›ausgesprochen‹ werden. Dabei treten ... Krämpfe, Neuralgien, Halluzinationen noch einmal in voller Intensität auf und schwinden dann für immer« (S. 85).

Die traumatischen Anlässe und die daran geknüpften Affekte waren vergessen, aber die Wirkung dauerte in Form der Symptome an; wenn es jedoch gelang, das ursprüngliche Erlebnis in der Hypnose wiederzuerinnern, mitsamt dem »eingeklemmten Affekt«, fand eine Katharsis, eine Reinigung und Befreiung, vom eingeklemmten Affekt statt.

Erstaunlich, daß schon in diesem ersten Entwurf eines Behandlungsmodells die therapeutische Wirkung des Erinnerns eng an das gefühlsmäßige Erleben gekoppelt wird: »Affektloses Erinnern ist fast immer wirkungslos« (S. 85).

Immer wieder wird in der Geschichte der Psychoanalyse die Dimension des gefühlsmäßigen Erlebens eingeklagt werden: so z. B. bei Freuds Betonung der Übertragungsanalyse, daß man »niemanden in absentia oder in effigie erschlagen« könne; bei Ferenczi und Rank (1924), die in der bis dahin praktizierten Psychoanalyse ein intellektuelles Übergewicht vorzufinden glaubten; so bei Strachey (1934), der nur in der Übertragungsdeutung eine verändernde Kraft erblickte oder bei Balint, Winnicott, Nacht u. a., die gegenüber der Deutung immer wieder die Wichtigkeit des Erlebens in der Beziehung unterstrichen. Ein wichtiger Unterschied gegenüber der frühen Therapievorstellung ist freilich nicht zu übersehen: während Freud (1895) fordert, daß der Patient sich von seinen Erinnerungen ergreifen und bewegen lassen soll, wird später die interpersonelle Bedeutung dieses Vorgangs betont.

Allerdings muß man auch von Anfang an unterscheiden, was die offizielle Version einer objektivistischen naturwissenschaftlichen Betrachtungsweise des damaligen Therapeut-Patient-Verhältnisses war und was tatsächlich praktiziert wurde. Langs (1987) vermutet – unter Verwendung der Angaben von Jones (1960 bis 1962), daß Breuer seiner Patientin Bäder verordnete, sie massierte und ihr Morphium gab. Auf jeden Fall fütterte er sie, und wahrscheinlich hat er sie auch körperlich untersucht. Anfänglich suchte er sie einmal täglich auf, später in der Regel zweimal täglich.

Bevor diese Beziehungsdimension noch genauer betrachtet wird, noch ein Blick auf die Charakterisierung der Gesprächsstruktur. Nach Lorenzer (1984) ist das grundlegend Neue gegenüber der Psychiatrie der damaligen Zeit nicht nur das Erzählen der Lebensszenen bis zurück zum traumatischen Ausgangspunkt, sondern die »radikale Umkehrung des Arzt-Patient-Verhältnisses« (S. 117). Der Patient ergreift nun die Initiative, er bestimmt das Thema bis in die Einzelheiten und kann in freier Themenwahl sein Leiden selbst darstellen, während dem Arzt zugemutet wird, »sich in einen interpretierenden Zuhörer zu verwandeln« (S. 118).

Diesen großen Kontrast kann man nach Lorenzer nur dann voll würdigen, wenn man sich vor Augen führt, welches schrankenlose Machtrepertoire im Nationalsozialismus, vor allem in der Psychiatrie, eingesetzt wurde, was natürlich auf eine eingeschliffene ärztliche Machttradition zurückgeht (vgl. S. 120 f.).

Die Umkehrung des Arzt-Patient-Verhältnisses eröffnete auch ein neues Verständnis von Intimität, die als Inszenierung eines Zusammenspiels (später als Einheit von Übertragung und Gegenübertragung gefaßt) psychoanalytisch bedeutsam wird.

Diese Inszenierung, die Breuer »in die Rolle des ›Liebhabers‹

brachte« (S. 35), blieb diesem freilich verborgen. Er, der eine starke Gegenübertragung entwickelt hatte, brach die Therapie von Anna O. ab, als diese ihn eines Abends mit den Wehen einer hysterischen Geburt empfing. Freud (1914a) hat später die Vermutung angestellt, daß Breuer von der Sexualität seiner Patientin überrascht worden sei: »Wer die Breuersche Krankengeschichte im Lichte der in den letzten zwanzig Jahren gewonnenen Erfahrung von neuem durchliest, wird die Symbolik der Schlangen, des Starrwerdens, der Armlähmung nicht mißverstehen und durch Einrechnung der Situation am Krankenbette des Vaters die wirkliche Deutung jener Symptombildung leicht erraten ... Ich habe nun starke Gründe zu vermuten, daß Breuer nach der Beseitigung aller Symptome die sexuelle Motivierung dieser Übertragung an neuen Anzeichen entdecken mußte, daß ihm aber die allgemeine Natur dieses unerwarteten Phänomens entging, so daß er hier, wie von einem ›untoward event‹ betroffen, die Forschung abbrach« (S. 49).

Langs (1987) glaubt, am Vorabend der Entstehung der Psychoanalyse eine geheime Verschwörung entdeckt zu haben: die Nichtbeachtung der Beziehung zwischen dem Patienten und seinem Therapeuten. Beide hätten sich in einem heimlichen Einverständnis darauf geeinigt, den Einfluß nicht wahrnehmen zu müssen, den jeder von ihnen auf den anderen ausübt. Das eigentlich Schokkierende an der These von Langs ist allerdings, daß seiner Auffassung nach derart geheime Absprachen, die Beziehung in ihren bewußten, vorbewußten und unbewußten Dimensionen nicht weiter zu explizieren, nicht nur die meisten nichtpsychoanalytischen Therapieformen durchziehen, sondern auch – von wenigen Ausnahmen abgesehen – die Psychoanalyse. Im Falle von Anna O. meint Langs, daß die sexuelle Symbolik eines Hundes, der Wasser aus einem Glas schleckt, nicht nur unbewußte Übertragungsphantasien und -wünsche von Geschlechtsverkehr und Cunnilingus gegenüber ihrem Vater heraufbeschworen hat, sondern auch und vor allem eine verschlüsselte sexuelle Vorstellung von Breuer enthält (vgl. Langs 1987, S. 90).

Langs rekonstruiert die folgenden Motive Breuers für diese ungewöhnlich intensive Beziehung zu seiner Patientin Anna O. (vgl. Langs ebd., S. 108 f.):

- Die Patientin trug den gleichen Vornamen wie seine Mutter, die bei der Geburt seines Bruders starb, als er drei oder vier Jahre alt war.
- Im Alter von 23 oder 24 Jahren starb sein Bruder an Tuberkulose, einer Krankheit, die der von Anna O.s Vater sehr ähnlich war.
- Die Redekur ermöglichte ihm, eine so enge Beziehung zu einer Frau her-

zustellen, wie er sie zuvor niemals erlebt hatte, zumal seine Mutter früh gestorben war.
- Das Füttern, die täglichen Besuche, der besondere Umstand, daß beide nur Englisch miteinander sprachen, schufen ein Gefühl der Nähe ganz besonderer Art.
- Unbewußt hatte er den Wunsch, eine sexuelle Beziehung zu dieser sehr intelligenten und ansprechenden jungen Frau einzugehen, was er sich aber versagen mußte. Die eingebildete Schwangerschaft Annas stellt eine Reaktion auf diesen unbewußt wahrgenommenen Wunsch Breuers dar, wobei nicht ausgeschlossen ist, daß sie selbst auch diese Wünsche hatte. Die Schwangerschaft könnte aber auch noch eine andere destruktive Wahrnehmung von Breuer als jemanden enthüllen, der schwängert und zerstört, so wie Breuers Vater seine Mutter geschwängert und »zerstört« hatte.
- Breuer wollte nicht, daß Anna O. von Liebe und Sexualität ihm gegenüber sprach, weil das wahrscheinlich seine Abwehr durchbrochen hätte. So konnte Anna O. nur in verschlüsselter Form über das Sexuelle zwischen ihnen beiden sprechen, z. B. die Bezeichnung der Redekur als »Kaminfegen«, Schlangen als phallische Symbole u. a. m.

Beide konnten unter dem Deckmantel von Therapie ihre beiderseitige Anziehung und Liebe ein Stück weit leben. In beiderseitigem Einverständnis kamen sie überein, über sexuelle Anziehung und Leidenschaft nicht zu sprechen. »Anna fand eine nichtsexuelle Form sexueller Verstrickung, einen Ersatz für ihren Vater und vielleicht sogar für ihre toten Schwestern, und sie konnte sich unter Bedingungen bewundern lassen, die ein sexuelles Verhältnis oder eine Ehe wahrscheinlich ausschlossen« (Langs ebd., S. 113).

Trotzdem: die sexuelle Unterströmung in der Beziehung zwischen Breuer und Anna O. ließ sich eines Tages nicht länger verleugnen: die Patientin phantasierte, ein Kind von Breuer zu bekommen.

Die meisten Psychoanalytiker haben Freud folgend die Schwangerschaftsphantasie von Anna O. als Manifestation ödipaler Übertragungswünsche betrachtet. Die Phantasien und Wünsche galten nicht Breuer, sondern ihrem Vater. Dieser geniale Einfall ermöglichte zwar eine Rekonstruktion der psychischen Störungen im zwischenmenschlichen Feld der Übertragung, war aber andererseits nur ein halbherziger Versuch, die Subjekt-Objekt-Distanz der herkömmlichen Arzt-Patient-Beziehung aufzubrechen. Halbherzig deshalb, weil die Einführung des Konzepts der Übertragung die Relevanz des Hier und Jetzt und die Notwendigkeit, die Beziehung zwischen Analytiker und Patient als eine viel umfassendere Interaktion zu begreifen, auszublenden half. Die analytische Beziehung setzt sich nicht nur aus der Wiederholung früherer

Beziehungserlebnisse des Patienten zusammen, sondern auch – in einem unbestimmt großen und variierenden Ausmaß – aus dem tatsächlichen Beziehungsgeschehen zwischen Analytiker und Patient (vgl. Bd. 2, Kap. 11, 12 und Bd. 3, Kap. 13, 14).

Langs (1987) betrachtet aus diesem Grund die Einführung des Konzepts der Übertragung bei seinen hysterischen Patienten als eine geniale Verleugnung Freuds, um sein eigenes erotisches Involviertsein nicht wahrnehmen zu müssen. Etwas überspitzt und vereinfachend argumentierend, führt Langs aus:

»Da Freud glauben konnte, daß er nicht wirklich betroffen sei, konnte er als passiver Partner, als Beobachter weitermachen. Er konnte das Verhalten der Patientin als einen Irrtum betrachten und damit an seiner Unschuld und Unbeteiligtheit festhalten. Die Therapie war dazu bestimmt, die Quellen der unangemessenen Verhaltensweisen und Phantasien der Patientin in anderen, gegenwärtigen und vergangenen Beziehungen aufzuspüren – man nannte sie Übertragungen. Diese Behandlung erhielt die Bezeichnung Psychoanalyse ... Die grundlegende Ansicht vom Charakter der Übertragung ist im wesentlichen dieselbe geblieben. Zwar ist der Begriff der ›Übertragung‹ erheblich erweitert worden, doch halten praktisch alle Psychoanalytiker immer noch daran fest, *daß sie das Phantasieleben des Patienten widerspiegele* und *buchstäblich nichts von ihnen selbst*. Die Hypothese, daß ein Individuum in Gegenwart eines anderen und in Interaktion mit ihm etwas erlebt, das mit diesem zweiten überhaupt nichts zu tun hat, klingt an und für sich schon falsch. Wenn der Patient diese Voraussetzung akzeptiert ..., ist der Grund für eine große therapeutische Verschwörung gelegt« (S. 127).

Immerhin ermöglichte es diese »Verleugnung« Freud aber auch, Breuer dazu zu bewegen, die Krankengeschichte der Anna O. zu veröffentlichen. Schon 1895 spricht Freud von einer »falschen Verknüpfung« der Person des Arztes mit »peinlichen Vorstellungen, die aus dem Inhalt der Analyse auftauchen« (S. 308 f.). Die Beruhigung darüber, daß nicht er, sondern Anna O.s Vater gemeint war, ließ Breuer einwilligen, die Krankengeschichte für eine Veröffentlichung niederzuschreiben.

Nach einem Studienaufenthalt an der Salpêtrière bei Charcot in Paris eröffnet Freud 1886 als Dreißigjähriger seine Privatpraxis, wo er neben der Elektrotherapie von Erb, Bädern und Massagen auch zunehmend mit der hypnotischen Technik arbeitete. »Mein therapeutisches Arsenal umfaßte nur zwei Waffen, die Elektrotherapie und die Hypnose, denn die Versendung in die Wasserheilanstalt nach einmaliger Konsultation war keine zureichende Erwerbsquelle. In der Elektrotherapie vertraute ich mich dem Handbuch von W. Erb an, welches detaillierte Vorschriften für die

Behandlung aller Symptome der Nervenleiden zur Verfügung stellte. Leider mußte ich bald erfahren, daß die Befolgung dieser Vorschriften niemals half, das, was ich für den Niederschlag exakter Beobachtungen gehalten hatte, eine phantastische Konstruktion war. Die Einsicht, daß das Werk des ersten Namens der deutschen Neuropathologie nicht mehr Beziehungen zur Realität habe als etwa ein ägyptisches Traumbuch, wie es in unseren Volksbuchhandlungen verkauft wird, war schmerzlich, aber sie verhalf dazu, wieder ein Stück des naiven Autoritätsglaubens abzutragen, von dem ich noch nicht frei war. So schob ich denn den elektrischen Apparat beiseite« (1925d, S. 39 f.).

Im Sommer 1889 besuchte Freud Bernheim und Liébault in Nancy, um seine hypnotische Technik zu verbessern. Denn es gelang Freud zum damaligen Zeitpunkt nicht, alle Patienten zu hypnotisieren, vor allem nicht so tief, wie er es sich vorstellte. »Sonst aber war die Arbeit mit der Hypnose wirklich verführerisch. Man hatte zum erstenmal das Gefühl seiner Ohnmacht überwunden, der Ruf des Wundertäters war sehr schmeichelhaft« (1925d, S. 41).

Das von Breuer und Anna O. praktizierte kathartische Verfahren wandte Freud zuerst bei Frau Emmy von N. im Jahr 1889 an, der ersten der vier Fallgeschichten aus den »Studien über Hysterie«. Interessanter und illustrativer sind die Ende 1892 begonnenen Behandlungen von Miss Lucy R. und Fräulein Elisabeth von R. sowie die kurze Analyse von Katharina, dem 18jährigen Bergbauernmädchen aus den Hohen Tauern. Die letzte Krankengeschichte, die des Fräuleins Elisabeth von R., »liest sich ... wie eine spannende Novelle mit dem Zeitkolorit des ausgehenden 19. Jahrhunderts« (Köhler 1987, S. 98). Bei dieser Patientin verwendete er auch vorübergehend das von Bernheim in Nancy gelernte Verfahren der Druckprozedur: »Wenn ich ... zu einem Punkt gekommen war, wo ich auf die Frage: ›Seit wann haben Sie dies Symptom?‹ oder ›Woher rührt es?‹, die Antwort bekam: ›Das weiß ich wirklich nicht‹, so verfuhr ich folgendermaßen: Ich legte der Kranken die Hand auf die Stirne oder nahm ihren Kopf zwischen meine beiden Hände und sagte: ›Es wird Ihnen jetzt einfallen unter dem Drucke meiner Hand. Im Augenblicke, da ich mit dem Drucke aufhöre, werden Sie etwas von sich sehen oder wird Ihnen etwas als Einfall durch den Kopf gehen, und das greifen Sie auf. Es ist das, was wir suchen. Nun, was haben Sie gesehen oder was ist Ihnen eingefallen?‹« (1905, S. 168).

Diese neue Methode, die auch als Vorläufer der freien Assoziation zu betrachten ist, ersetzte schrittweise die Hypnose. Freud hat das Aufgeben der Hypnose später vor allem damit begründet, »daß selbst die schönsten Resultate plötzlich wie weggewischt waren, wenn sich das persönliche Verhältnis zum Patienten getrübt hatte. Sie stellten sich zwar wieder her, wenn man den Weg zur Versöhnung fand, aber man wurde belehrt, daß die persönliche affektive Beziehung doch mächtiger war als alle kathartische Arbeit, und gerade dieses Moment entzog sich der Beherrschung. Sodann machte ich eines Tages eine Erfahrung, die mir im grellen Licht zeigte, was ich längst vermutet hatte. Als ich einmal einer meiner gefügigsten Patientinnen bei der Hypnose die merkwürdigsten Kunststücke ermöglicht hatte, durch die Zurückführung ihres Schmerzanfalls auf seine Veranlassung von ihrem Leiden befreite, schlug sie beim Erwachen ihre Arme um meinen Hals. Der unvermutete Eintritt einer dienenden Person enthob uns einer peinlichen Auseinandersetzung, aber wir verzichteten von da an in stillschweigender Übereinkunft auf die Fortsetzung der hypnotischen Behandlung. Ich war nüchtern genug, diesen Zufall nicht auf die Rechnung meiner persönlichen Unwiderstehlichkeit zu setzen und meinte, jetzt die Natur des mystischen Elements, welches hinter der Hypnose wirkte, erfaßt zu haben. Um es auszuschalten oder wenigstens zu isolieren, mußte ich die Hypnose aufgeben« (S. 52).

Nach und nach verzichtete Freud auf alle erotisch körperlichen Momente: erst auf das Hypnotisieren, dann auf das Handauflegen und schließlich noch auf den Blickkontakt: hinter der Couch saß Freud so, daß er den Patienten sah, aber selbst nicht gesehen wurde. Alles, was der Patient jetzt über die Person des Analytikers phantasierte, konnte seiner Meinung nach nur noch eine Übertragung sein.

Die Hypnose hatte den Widerstand des Ichs umgangen – vielleicht mit besonderer Unterstützung der durch die Hypnose erzielten starken Übertragungsverliebtheit; diesen Widerstand bekam Freud nun zu spüren: »Der Kraftaufwand des Arztes war offenbar das Maß für einen Widerstand des Kranken« (1925d, S. 54). Dieser Widerstand war identisch mit der Kraft der Abwehr oder der Verdrängung, die das Auftauchen einer peinlichen Erinnerung verhinderte. »All das Vergessene war irgendwie peinlich gewesen, entweder schreckhaft oder schmerzlich oder beschämend für die Ansprüche der Persönlichkeit. Es drängte sich von selbst der Gedanke auf: gerade darum sei es vergessen worden, d. h. nicht bewußt geblieben. Um es doch wieder bewußt zu machen, mußte man eigene Anstrengung aufwenden, um ihn zu drängen und zu nötigen« (S. 54).

Mit Hilfe dieses neuen Verständnisses mußte auch die therapeutische Aufgabe anders gefaßt werden: nicht mehr das Abreagieren eingeklemmter Affekte, sondern die Aufdeckung der Verdrängungen wurde zum eigentlichen Ziel. Freud trug dem Rechnung, indem er sein neues Verfahren nicht mehr Katharsis nannte, sondern Psychoanalyse.

Die Studien zur Hysterie hatten auch eine Konkretisierung des symptomauslösenden Ereignisses mit sich gebracht. Hieß es von diesem zunächst nur, daß es aus der Vergangenheit stamme, so präzisierte Freud in drei Arbeiten seit 1896 den pathogenen Einfluß dahingehend, daß dieses traumatische Krankheitsereignis Folge einer sexuellen Verführung in der Kindheit sei. Freud hatte damit auch eine klare Gegenposition zu den zeitgenössischen Hysteriekonzepten bezogen, welche die Disposition zur Hysterie in einem erblichen Defekt begründet sahen. Mit dieser milieutheoretischen Betrachtungsweise (frühkindliche Erlebnisse sind die Ursache psychoneurotischer Phänomene) wurde auch endgültig eine psychotherapeutische Vorgehensweise legitim, die an der Form der psychischen Verarbeitung des Traumas ansetzte.

In dem Aufsatz »Zur Ätiologie der Hysterie« (1896) nimmt Freud noch reale koitusähnliche Vorgänge in der Kindheit als unerläßliche Bedingung für das spätere Auftreten hysterischer Symptome an. In dem 1898 erschienenen Aufsatz »Die Sexualität in der Ätiologie der Neurosen« drückt er sich zurückhaltender aus. Er sieht nun die spezifische Ursache der Psychoneurosen in »Erlebnissen der Kindheit, und zwar wiederum – und ausschließlich – in Eindrücken, die das sexuelle Erleben betreffen« (S. 510 f.).

1896 unterscheidet Freud die von ihm behandelten 18 Fälle (sechs Männer und 12 Frauen) nach drei Gruppen, je nach der Herkunft der sexuellen Reizung: »In der ersten Gruppe handelt es sich um Attentate, einmaligen oder doch vereinzelten Mißbrauch meist weiblicher Kinder von seiten erwachsener, fremder Individuen ... Eine zweite Gruppe bilden jene weit zahlreicheren Fälle, in denen eine das Kind wartende erwachsene Person – Kindermädchen, Kindsfrau, Gouvernante, Lehrer, leider auch allzu häufig ein naher Verwandter – das Kind in den sexuellen Verkehr einführte und ein ... förmliches Liebesverhältnis, oft durch Jahre, mit ihm unterhielt. In die dritte Gruppe endlich gehören die eigentlichen Kinderverhältnisse, sexuelle Beziehungen zwischen zwei Kindern verschiedenen Geschlechts, zumeist zwischen Geschwistern ...« (S. 444).

Die Verführungstheorie wurde Freuds erste systematische Theorie der Neurose. In einer Zusammenfassung aus dem Jahr 1933 beschrieb Freud, auf welchem Wege er zu seinen Schlußfolgerungen 35 bis 40 Jahre zuvor gekommen war: »Unter dem Drängen meines damaligen technischen Verfahrens reproduzierten die meisten meiner Patienten Szenen aus ihrer Kindheit, deren Inhalt die sexuelle Verführung durch einen Erwachsenen war. Bei den weiblichen Personen war die Rolle des Verführers fast immer dem Vater zugeteilt. Ich schenkte diesen Mitteilungen Glauben und nahm also an, daß ich in diesen Erlebnissen sexueller Verführung in der Kindheit die Quellen der späteren Neurose aufgefunden hatte. Einige Fälle, in denen sich solche Beziehungen zum Vater, Oheim oder älteren Bruder bis in die Jahre sicherer Erinnerung fortgesetzt hatten, bestärkten mich in meinem Zutrauen ...« (S. 59).

Schimek (1987) hat nachzuweisen versucht, daß Freuds Verführungstheorie nicht auf den Berichten seiner Patienten basierte, sondern zu einem großen Teil eine Rekonstruktion darstellte. Als Freud die Verführungstheorie revidierte, unterdrückte er nicht (wie z. B. Miller 1981 und Masson 1985 kritisiert haben) eine klare und eindeutige Evidenz, sondern er veränderte lediglich einige Aspekte der Interpretation seiner Daten, vor allem was ihren letztendlichen Ursprung in intrapsychischen Phantasien und nicht so sehr in äußeren Ereignissen betraf.

Die Aufgabe bzw. Revision der Verführungstheorie, die er schon in dem bekannten Brief vom 21. Sept. 1897 seinem Berliner Freund Fliess mitteilte, hat Freud in verschiedenen Arbeiten veröffentlicht. In »Meine Ansichten über die Rolle der Sexualität in der Ätiologie der Neurosen« (1905c) z. B. führt er aus, daß er die Häufigkeit dieser sonst nicht anzuzweifelnden Vorkommnisse überschätzte und vor allem zu jener Zeit noch nicht imstande war, »die Erinnerungstäuschungen der Hysterischen über ihre Kindheit von den Spuren der wirklichen Vorgänge zu unterscheiden« (S. 153). Unmißverständlich macht Freud (1924) jedoch auch klar, daß er zwar dem ätiologischen Moment der Verführung eine Allgemeingültigkeit zugeschrieben hatte, die ihm nicht zukomme, doch sei nicht alles Frühere zu verwerfen: »Der Verführung bleibt eine gewisse Bedeutung für die Ätiologie gewahrt, und manche psychologische Ausführungen halte ich auch heute noch für zutreffend« (S. 385).

Von einer polarisierenden Gegenüberstellung, Freud habe nach Aufgabe der Verführungstheorie nur noch die Phantasie gelten lassen und die tatsächlichen Sozialisationsverhältnisse ausgeblendet, kann somit keine Rede sein. Die Revision der Verführungstheorie bedeutete für Freud vielmehr die Aufgabe der ›Überschätzung der Realität‹ (1896, S. 440), nicht hingegen die Aufgabe der Anerkennung der Realität. Wie Becker und Becker (1987) ausgeführt haben, bleibt die Vorstellung,

»das Trauma verursache unmittelbar die Neurose ... einer mechanistisch-erklärenden Psychologie verhaftet und schließt den verstehenden Zugang der Psychoanalyse zum verarbeitenden Subjekt aus. Wenn Freud also seine ›Überschätzung der Realität‹ relativierte, blieb für ihn weiterhin klar, daß die Realität der jeweils herrschenden elterlichen Gewaltverhältnisse erheblichen Anteil an der Entstehung der Neurosen hat ... Freud wußte sehr wohl und schrieb das auch *nach* Aufgabe der Verführungstheorie, daß es realen Inzest gibt. Aber auch für das Verstehen der psychischen Folgen realen Inzests ist das Wissen um die Existenz inzestuöser Phantasien von erheblicher Bedeutung – gerade sie komplizieren oft die Verarbeitung des Realtraumas so erheblich. Bei Freud existiert ... eine dialektische Spannung zwischen innerer und äußerer Realität. Bei reinen Traumatheoretikern wird der Patient zum Opfer gemacht, als Subjekt entmündigt« (Becker und Becker 1987, S. 294 f.).

Daß es nicht immer einfach ist, dieser Dialektik auch behandlungstechnisch gerecht zu werden, hat U. Grunert (1988) anhand der Abwehr- und Schutzfunktion des Selbstmitleids jüngst ausgeführt.

Zusammenfassend läßt sich festhalten, daß gegen Ende des vorigen Jahrhunderts in Umrissen das Fundament für die Psychoanalyse bereits gelegt ist: Behandlungstechnisch wurde die Methode der freien Assoziation eingeführt; es gilt nun, mit ihrer Hilfe Widerstände zu überwinden und Verdrängungen rückgängig zu machen, um Erinnerungslücken ausfüllen zu können. Das Konzept der Übertragung taucht bereits auf, wird aber noch als Hindernis betrachtet. An die Stelle einer mechanistischen Reiz-Reaktions-Psychologie in Gestalt der Verführungstheorie tritt die Auffassung von einer kognitiven Aneignung und phantasmatischen Verarbeitung äußerer Ereignisse. Und schließlich entdeckt Freud im Zuge seiner Selbstanalyse den Ödipuskomplex als Kernkomplex der Neurose (vgl. *Abb. 2*).

1.1.2 1896 bis 1910: Zeit der grundlegendenEntdeckungen

In diesen Abschnitt fallen Freuds wichtigste Entdeckungen: die Traumdeutung, die kindliche Sexualität in ihrer Bedeutung für das spätere Leben, die Gesetzmäßigkeiten des Unbewußten und die Technik der freien Assoziation. »Die Traumdeutung.« (1900) und die »Drei Abhandlungen der Sexualtheorie« (1905b) sind die herausragenden Veröffentlichungen dieser Schaffensperiode. Nach der Traumdeutung erfolgte der nächste bedeutende Schritt auf dem Gebiet der Technik anhand der Fallgeschichten, die zwi-

Abb. 2: Überblick über therapeutische und ätiologische Faktoren

Zeit	therapeutisches Mittel	therapeutischer Vorgang	traumatisches Agens
1886–1892	Hypnose Hypnokatharsis	die vergessenen Ereignisse werden in der Hypnose erinnert, und die dazugehörigen Affekte werden kathartisch abreagiert. Mit Hilfe der Hypnose gibt der Patient seine bewußte Kontrolle auf und wird zu einem willfährigen Kind	ein vergessenes Ereignis der Vergangenheit, dessen Affekt nie adäquat entladen wurde
1892–1896	Hypnose, Wachsuggestion, Drücken auf die Stirn, Ausfragen	Erinnern und Abreagieren. Bei Weglassen der Hypnose nimmt der Widerstand gegen das Erinnern zu. Die Übertragung ist ein Hindernis für das Abreagieren	das vergessene Ereignis stammt aus der Kindheit und betrifft das sexuelle Leben
1896–1905	immer stärkere Anwendung der freien Assoziation	die Grundregel der freien Assoziation hilft die Widerstände zu reduzieren; unbewußte Erinnerungen sollen ungehindert aufsteigen können; nicht mehr die Abreaktion, sondern die Überwindung der Amnesie wird zum Ziel. Die Übertragung auf den Analytiker nimmt zu	das traumatische Kindheitsereignis ist Folge einer sexuellen Verführung in der Kindheit
ab 1905	ständige Analyse von Übertragung und Widerstand	der Patient überträgt neurotische Beziehungen aus der Vergangenheit auf den Analytiker; die Übertragung wird zum »mächtigen Hilfsmittel«; Katharsis in kleinen Dosen anhand von Übertragungsdeutungen und Rekonstruktionen	sexuelle Kindheitserinnerungen beschränken sich nicht auf Verführung, sondern entstehen auch aufgrund ubiquitärer sexueller Phantasien in der Kindheit (Ödipus)

schen 1905 und 1909 und dann noch einmal 1919 veröffentlicht wurden.

In seinem epochalen Werk »Die Traumdeutung« gab Freud eine erste Beschreibung der psychoanalytischen Grundregel, der Technik der freien Assoziation (vgl. Bd. 2, Kap. 6: Psychoanalytische Grundregel). Im Zuge ihrer seit einigen Jahren praktizierten Anwendung war er auf die Bedeutung der Träume gestoßen: »Die Patienten, die ich verpflichtet hatte, mir alle Einfälle und Gedanken mitzuteilen, die sich ihnen zu einem bestimmten Thema aufdrängten, erzählten mir ihre Träume und lehrten mich so, daß ein Traum in die psychische Verkettung eingeschoben sein kann, die von einer pathologischen Idee her nach rückwärts in der Erinnerung zu verfolgen ist. Es lag nun nahe, den Traum selbst wie ein Symptom zu behandeln und die für letztere ausgearbeitete Methode der Deutung auf ihn anzuwenden« (S. 105).

Zur Erläuterung seiner von ihm entwickelten Deutungsweise wählte Freud einen seiner eigenen Träume aus, den Traum von Irmas Injektion. Dieser »Initaltraum der Psychoanalyse« (Grunert, J., 1975, S. 725), in dem Freud mit großer Offenheit seine Einfälle (freilich nicht alle, was man jedoch auch nicht erwarten kann) darlegte, kann auch schon als Vorgriff auf die Haltung der systematischen Selbstreflexion begriffen werden, die später in dem Konzept der Gegenübertragung zu einem Pfeiler der psychoanalytischen Erkenntnishaltung wird. Erdheim und Nadig (1979) haben von der »Traumdeutung« gesagt, daß man sie auch als Chronik eines »sozialen Sterbens« lesen könnte, als ein allmähliches Aufgeben der Größen- und Allmachtsphantasien, die mit bestimmten phantasierten Berufsrollen einhergingen. Erdheim und Nadig vermuten, daß es nicht so sehr die Erkenntnisse der Traumdeutung waren, welche die damalige Fachwelt schokkierten, sondern die Art des Diskurses: »Noch nie hatte ein Psychiater, geschweige denn ein Naturwissenschaftler, so über sich selbst gesprochen; die Traumdeutung anzuerkennen hätte geheißen, denselben Anspruch auch für sich akzeptieren zu müssen, und dazu war man damals wie heute nicht bereit« (Erdheim und Nadig 1979, S. 121).

Die Traumdeutung schuf die Möglichkeit für ein tieferes Verständnis der neurotischen Erscheinungen, indem sie die Aufmerksamkeit vor allem auf die verschlüsselten Kommunikationsinhalte lenkte. Nachdem Freud zur Methode der freien Assoziation übergegangen war, schenkte er auch den Erzählungen seiner Patienten über nächtliche Träume genausoviel Aufmerksamkeit wie ihren Schilderungen über Symptome und Vorkommnisse aus dem realen

Leben. Und die freie Assoziation eignete sich auch vorzüglich dazu, um dem latenten Trauminhalt auf die Spur zu kommen. Angesichts der Analyse des Irma-Traums kam Freud auf die Unterscheidung von zwei Denk- und Wahrnehmungsmodi, die er mit Primärvorgang und Sekundärvorgang bezeichnete. Die Erklärungsweise des primärprozeßhaften Denkens (mit den Merkmalen der Verdichtung, Verschiebung, Symbolisierung, ganz allgemein der Suspendierung eines kausallogischen Denkens) ließ sich nicht nur zum Verständnis der verschlüsselten Trauminhalte heranziehen, sondern auch für die neurotische Kommunikation in der analytischen Behandlungssituation. Psychische Symptome ließen sich ebenfalls als eine Form der Kommunikation verstehen, die auf primärprozeßhaften Mechanismen beruhten. So wie der Träumer oder der Erzähler des Traums das Bedürfnis hat, sich selbst und demjenigen gegenüber, dem er seinen Traum erzählt, verständlich zu erscheinen und deshalb eine sekundäre Bearbeitung des Traums vornimmt, so versucht auch der Patient beim freien Assoziieren eine logische Abfolge von Ereignissen und Erinnerungen einzuhalten. Dennoch enthält auch dieser Text in verschlüsselter Form die primärprozeßhaft organisierten Kommunikationsinhalte, deren Dechiffrierung ein Verständnis der momentanen Interaktionsszene und vergangener Objektbeziehungsmuster, die zur neurotischen Störung geführt haben, ermöglicht (vgl. Bd. 2, Kap. 6: Psychoanalytische Grundregel). Viele Entdeckungen über Funktion und Deutung des Traums haben bis zum heutigen Tag Gültigkeit und auch klinische Nützlichkeit (vgl. hierzu ausführlicher Bd. 3, Kap. 17: Traumanalyse), wenngleich auch in den letzten Jahren seit Eriksons (1954) grundlegender Arbeit der manifeste Trauminhalt vor allem bei der Therapie von Frühstörungen stärkere Berücksichtigung findet (vgl. z. B. Spanjaard 1969; Sloane 1975; U. Grunert 1982).

Drei Abhandlungen zur Sexualtheorie

Der Ödipuskomplex verdankt seine Entstehung der Revision der Verführungstheorie; nicht mehr die elterliche Verführung war ausschlaggebend für das Entstehen der kindlichen Neurose, sondern der universelle Ödipuskomplex. In den »Drei Abhandlungen zur Sexualtheorie« formulierte Freud die komplexen Entwicklungssequenzen und entwicklungsmäßigen Herausforderungen, die dem Auftauchen des Ödipuskonfliktes vorausgehen. Die analytische Behandlung blieb während dieser Zeit weitgehend symptomorientiert, und Symptome und Konflikte wurden überwiegend im Kontext des Ödipuskomplexes aufgefaßt. Die präödipale Färbung der Neurose (vgl. z. B. Rohde-Dachser 1987) blieb unberücksichtigt, und die damalige kurze Dauer der Analysen erlaubte auch keine an präödipalen Themen orientierte Charakteranalyse, obwohl Freud in »Charakter und Analerotik« (1908d) präödipale Konflikte aufdeckte und sie auf die Charakterentwicklung bezog.

Dora

Die erste Fallgeschichte aus dieser Zeit handelt von der Patientin Dora, die 18jährig auf Anraten ihres Vaters 1899 zu Freud kam, um eine Analyse zu machen. Die Behandlung dauerte ganze elf Wochen und wurde von Dora selbst abgebrochen. Dora litt unter Migräne, Atemnot, nervösem Husten, Verlust der Stimme und Depressionen. Freud klassifizierte sie als einen »Fall von kleiner Hysterie«. Ihre hysterischen Symptome gingen nicht bis auf die Kindheit zurück, wie es die damalige Theorie eigentlich verlangt hätte, sondern nur bis zu ihrem vierzehnten Lebensjahr. Sie entwickelte diese Symptome, um mit widersprüchlichen Wünschen umgehen zu können, die durch die sexuellen Annäherungsversuche eines Freundes der Familie ausgelöst worden waren, dessen Frau die Geliebte von Doras Vater war.

Der Fall handelt im wesentlichen von der Deutung zweier Träume. Da Doras Analyse um die Zeit der Entstehung der Traumdeutung stattfand, illustriert der Fall hauptsächlich, wie Freud Träume in seiner klinischen Arbeit verwendete.

Nach den Vorstellungen Freuds sollte diese Arbeit nichts Geringeres werden als eine anschauliche Exemplifizierung der Grundgedanken aus den vorausgegangenen Arbeiten, der »Studien über Hysterie« (1895) und der »Traumdeutung« (1900), denen er nun die neue Dimension des »sexuell-organischen Fundaments« hinzufügte, nämlich die Theorie der psychosexuellen Entwicklungsphasen, die er bald darauf in allen Einzelheiten in den »Drei Abhandlungen zur Sexualtheorie« (1905b) vorlegte. So war »Bruchstück einer Hysterie-Analyse« zugleich ein Fazit, eine neue Synthese, ein Übergang und ein großer Sprung vorwärts.

Freud stellte fest, daß seine Technik eine »gründliche Umwälzung« erfahren habe. »Damals ging die Arbeit von den Symptomen aus und setzte sich die Auflösung derselben der Reihe nach zum Ziel. Ich habe diese Technik seither aufgegeben, weil ich sie der feineren Struktur der Neurose völlig unangemessen fand. Ich lasse nun den Kranken selbst das Thema der täglichen Arbeit bestimmen und gehe also von der jeweiligen Oberfläche aus, welche das Unbewußte in ihm seiner Aufmerksamkeit entgegenbringt« (S. 169).

In Ansätzen entwarf Freud im Dora-Fall eine neue Theorie über die Entstehung des psychischen Leidens. Hatte er in den »Studien über Hysterie« ausgeführt, daß Hysteriker unter ihren Erinnerungen leiden, so stellte er jetzt die Hypothese auf, daß sie nicht im Besitz ihrer wahren Biographie seien. Die Abfolge der lebensgeschichtlichen Ereignisse würde falsch erinnert, Lücken in der Lebensgeschichte seien aufgetaucht und bedeutsame Verbindungen auseinandergerissen worden. Erst im Verlauf der analytischen Behandlung werde es dem Patienten ermöglicht, sich seine wahre Biographie anzueignen. Habermas (1968) entwickelte eine tiefenhermeneutisch konzipierte Theorie über diese Form der Selbsttäuschung.

Am bedeutungsvollsten aber wird gemeinhin die Tatsache gewertet, daß Freud die Rolle der Übertragung für den Heilungsvorgang neu und anders einschätzte. Die Übertragung, die er zehn Jahre zuvor noch als »falsche Verknüpfung« und als Hindernis für die Heilung eingeschätzt hatte, wurde von nun an zum hauptsächlichen Werkzeug der Psychoanalyse. Allerdings gelang es ihm im Dora-Fall noch nicht, »der Übertragung rechtzeitig Herr zu werden« (S. 282), und er führte hauptsächlich auf diesen Umstand den frühzeitigen Abbruch der Analyse von Dora zurück.

Neben einer ersten systematischen Diskussion über die Handhabung der Übertragung demonstrierte Freud auch in großer Ausführlichkeit, wie die Traumdeutung klinisch zu praktizieren ist. Zum ersten Mal entwickelte er auch Hypothesen über den Einfluß der kindlichen Sexualentwicklung auf spätere Entwicklungsphasen und erwähnte bereits Konzepte wie Ausagieren, Symptomhandlungen und Deckerinnerungen.

Aus diesen Gründen war der Fall Dora immer schon eine lehrreiche Fallstudie, und Generationen von angehenden Psychoanalytikern haben sich mit diesem für die Geschichte der Psychoanalyse wohl bedeutsamsten und literarisch als »Meisterwerk« (Marcus, 1974) bezeichneten Fall beschäftigt. Seit den fünfziger, vor allem aber in den siebziger und achtziger Jahren, erschien eine beträchtliche Anzahl von Abhandlungen über Freuds Dora, die hauptsächlich aufgrund des heutigen Wissensstandes Kritik an einzelnen Auffassungen und Vorgehensweisen von Freud übten.

1957 teilte Deutsch mit, daß er Dora 1922 noch einmal psychoanalytisch behandelt hatte. Dora, zum damaligen Zeitpunkt eine

42jährige Frau, hatte bis dahin ein schwieriges, durch andauernde hysterische Symptome beeinträchtigtes Leben geführt.

1962 demonstrierte Erikson anhand des Dora-Falles die Unterscheidung zwischen »psychologischer Realität und historischer Aktualität«. Er postulierte, daß der Jugendliche in erster Linie nach dem Ideal der Glaubwürdigkeit strebe, weshalb die Aufrichtigkeit und Zuverlässigkeit der Erwachsenen gerade für ihn von allergrößter Bedeutung sind. Als 18jährige Adoleszente war Dora natürlich ganz stark mit diesem Thema befaßt, zumal sie in ein Gespinst von sexuellen Heimlichkeiten um sie herum eingesponnen war.

> »Sie ist im Gefüge dieser Beziehungen so etwas wie die Verfügungs- und Verschiebungsmasse, die Münze, mit der gezahlt wird. Die Welt, in der sie lebt, scheint durch einen unbewußten Mythos bestimmt zu sein, der besagt: wenn zwei in Liebe miteinander lebendig sind, muß ein anderes Lebendiges geopfert werden ... Schon am Anfang ihrer Beziehung zu Freud steht ihre Verwandlung in ein Objekt, über das andere verfügen. Der Vater treibt sie, die sich sträubt, einen Arzt zu konsultieren, durch sein ›Machtwort‹ zu Freud ... In der Folge enthüllt sich eine Kette der Opferungen und Instrumentalisierungen« (Wellendorf 1987, S. 74 f.).

Während es Freud nun in erster Linie darum ging, eine genetisch sexuelle Erklärung für Doras hysterische Symptome zu finden, und er unerbittlich in der Verfolgung seiner »wissenschaftlichen Wahrheit« vorging, war Dora an dem Nachweis gelegen, daß ihr Geopfertwerdensollen eine ganz aktuelle Realität beinhaltete. Aus diesem Grund konnte sie Freuds Anliegen, die verdrängten Erinnerungen aufzudecken, um auf diese Weise die psychische Realität ohne Verzerrungen wahrnehmen zu können, nicht teilen. Freud überschüttete Dora mit unverblümten sexuellen Deutungen. Diese Diskrepanz zwischen Doras und Freuds Anliegen bewirkte den abrupten Abbruch der Analyse nach elf Wochen (vgl. Erikson 1962; Langs 1976; Scharfman 1980; Bernstein 1980).

Blos (1972) zeigte ebenso wie Adatto (1966) auf, daß Freud Dora irrtümlicherweise so behandelt hat, als hätte sie eine Erwachsenenneurose, und daß aus diesem Grund das adoleszente Ich von Dora von Deutungen überschwemmt wurde, die sie unmöglich integrieren konnte. Freuds Deutungen wurden von Dora wie inzestuöse elterliche Verführungen erlebt.

In den siebziger Jahren setzte dann eine wahre Flut von Arbeiten ein: Schimmel (1973) argumentierte, daß Freud die Traumdeutung zuungunsten der Übertragungsdeutungen überbetont hatte; Moscovitz (1973) arbeitete heraus, daß Doras homosexuelle Konflikte im Übertragungsmaterial enthalten gewesen sind, und schlug Deutungen vor, die diese Übertragungslinie besser berücksichtigen; Viderman (1974) ging davon aus, daß Freud wegen seines deutungsbesessenen Vorgehens keinen ausreichenden »analytischen Raum« zur Verfügung gestellt habe, der unerläßlich für das Zustandekommen einer analysierbaren Übertragungsneurose ist. Lewin (1973) übte Kritik an Freuds Versäumnis, seine intensive negative Gegenübertragung rechtzeitig zu erkennen. Darüber hinaus habe Freud fälschlicherweise Doras intensive Zuneigung ihrem Vater gegenüber als Abwehr gegen ihren primären Konflikt, der Verführung von seiten Herrn K.s zu widerstehen, aufgefaßt. Im Gegenteil, so meint Lewin (1973), sei Doras wirkliches Motiv ihr durchdringendes, besitzergreifendes, sehnsuchtsvolles Begehren gegenüber ihrer Mutter gewesen, wie ihre späteren Bindungen an ihre Gouvernante und an Frau K. beweisen würden (vgl. hierzu: Geschlechtskonstellationen in der ödipalen Übertragung in Kap. 19, Bd. 3). Muslin und Gill (1978) demonstrierten mit Hilfe des Dora-Falles, wie der Widerstand gegen das Bewußtwerden der Übertragung rechtzeitig erkannt werden kann, wenn man auf die Übertragungsanspielungen achtet; Decker (1982) arbeitete die Freud selbst unbewußt gebliebenen Gegenübertragungskomponenten anhand der Wahl des Namens Dora für diese Fallgeschichte heraus, und feministisch orientierte Psychoanalytikerinnen nahmen diese Krankengeschichte zum Anlaß, um über die weibliche Hysterie und über das Arzt-Patientinnen-Verhältnis im 19. Jahrhundert nachzudenken (z. B. Decker 1981; Moi 1981; Ramas 1980).

Slipp (1977) nahm den von Freud formulierten Anspruch – »vor allem wird sich unser Interesse den Familienverhältnissen zuwenden« (S. 176) ernst und postulierte aus psychoanalytisch familientheoretischer Perspektive fünf Faktoren (ein symbiotisches Überlebensmuster der Familienbeziehungen; eine verführerische Bindung durch einen narzißtischen Vater; eine frühe Versagung und einen Mangel an Beschützung von seiten der Mutter; eine dominant-submissive Familienmacht-Struktur und eine Kollusion zwischen den Familienmitgliedern, über bestimmte Vorfälle nicht zu kommunizieren), die mit dem Auftreten hysterischer Symptome bei Frauen korreliert sind. Für Slipp ist der Dora-Fall ein gutes Beispiel, um diese von ihm postulierten Faktoren zu demonstrieren.

Der »Kleine Hans«

Die zweite Fallgeschichte war die des »Kleinen Hans«, des berühmtesten Kindes in der Geschichte der Psychotherapie. Bei dieser Fallgeschichte, dem ersten dokumentierten Fall einer Kindertherapie – wobei die Therapie in erster Linie vom Vater des Patienten durchgeführt wurde –, ging Freud davon aus, daß der kleine Hans wegen seiner ödipalen Eifersucht in eine aggressive Haltung gegenüber seinem Vater geraten war. Um der Kastrationsangst zu entgehen und sich die zärtliche Liebe zum Vater weiterhin bewahren zu können, mußte er seine aggressiven Affekte abwehren. Der kleine Hans entwickelte eine Pferdephobie. Nicht er ist bedrohlich, sondern er wird bedroht. Und nicht vom Vater, sondern von einem Pferd. Neben der Verwandlung ins Gegenteil und der Verschiebung kommt bei dieser neurotischen Kompromißbildung auch noch eine Regression hinzu, in der orale Erlebnisinhalte zum Ausdruck kommen, die Angst vor dem Gebissenwerden. Die ursprünglichen aggressiven Regungen sind aus dem Bewußtsein verschwunden; die Kastration ist im Symptom der Pferdeangst gebunden und diese kann durch die phobische Haltung vermieden werden: der kleine Hans will schließlich nicht mehr auf die Straße gehen.

Freud (1909c) machte unter anderem mit Hilfe dieser Fallgeschichte deutlich, wie wichtig die Einfühlung in das Selbstverständnis des Patienten bzw. in seine Abwehr ist, um unbewußte Regungen bewußt zu machen:

> »Es ist aber nicht der therapeutische Erfolg, den wir an erster Stelle anstreben, sondern wir wollen den Patienten in den Stand setzen, seine unbewußten Wunschregungen bewußt zu erfassen. Dies erreichen wir, indem wir aufgrund der Andeutungen, die er uns macht, mit Hilfe unserer Deutekunst den unbewußten Komplex *mit unseren Worten* vor sein Bewußtsein bringen. Das Stück Ähnlichkeit zwischen dem, was er gehört hat, und dem, was er sucht, das sich selbst, trotz aller Widerstände, zum Bewußtsein durchdrängen will, setzt ihn in den Stand, das Unbewußte zu finden. Der Arzt ist ihm im Verständnisse um ein Stück voraus; er kommt auf seinen eigenen Wegen nach, bis sie sich am bezeichneten Ziel treffen. Anfänger in der Psychoanalyse pflegen diese beiden Momente zu verschmelzen und den Zeitpunkt, in dem ihnen ein unbewußter Komplex des Kranken kenntlich geworden ist, auch für den zu halten, in dem der Kranke ihn erfaßt. Sie erwarten zu viel, wenn sie mit der Mitteilung dieser Erkenntnis den Kranken heilen wollen, während er das Mitgeteilte nur dazu verwenden kann, mit dessen Hilfe den unbewußten Komplex in seinem Unbewußten, *dort wo er verankert* ist, aufzufinden« (S. 354).

Lorenzer (1970) hat anhand der Krankengeschichte des kleinen Hans seine Theorie des neurotischen Prozesses als eine »Aufspaltung des Sprachspiels« exkursartig aufgezeigt. Aus der Menge der symbolischen Repräsentanzen «Vater» wurden bestimmte Repräsentanzen als bedrohlich ausgeklammert; sie werden zu desymbolisierten Interaktionsformen, die für den kleinen Hans sprachlich nicht mehr verfügbar sind. Diese von Lorenzer als Klischees bezeichneten, aus dem Bewußtsein ausgeschlossenen Objektrepräsentanzen behalten aber dennoch eine Handlungspotentialität, die situativ ausgelöst werden kann. Das Gesamtsymbol »Vater« erfährt eine Verengung seiner Bedeutung, dafür wird diejenige des Wortes Pferd ausgedehnt. Der Begriff »Pferd« enthält einen zusätzlichen Bedeutungsanteil, der ihm umgangssprachlich nicht zukommt. Bei diesem Begriff ist die Sprache somit zur Privatsprache geworden, wobei diese unbemerkt bleibt und nur indirekt erschlossen werden kann. In den Worten Lorenzers zielt nun die psychoanalytische Therapie darauf ab, »die sprachliche Privatisierung aufzulösen, die Privatsprache zu korrigieren und mit den kommunizierten öffentlichen Bedeutungen in Übereinstimmung zu bringen« (S. 100 f.). Ein psychologisches Verstehen, das eine allgemein gültig geteilte Bedeutung eines Begriffes unterstellt, ist deshalb auch noch kein psychoanalytisches. Dieses, ein tiefenhermeneutisches Verfahren, muß die jeweilige semantische Privatisierung an ihrem individuell-lebensgeschichtlichen Ursprungsort aufsuchen, was am besten unter Hinzuziehung von Übertragung und Gegenübertragung gelingt (vgl. auch Bd. 2, Kap. 7: Erkenntnishaltung des Psychoanalytikers).

Der »Rattenmann«

Die dritte große veröffentlichte Fallgeschichte war die eines jungen Offiziers, bekannt geworden als der »Rattenmann« (1909d), der Symptome einer schweren Zwangsneurose aufwies. Neben der Phantasie, sein Vater könnte sterben und er selbst sich mit einem Rasiermesser den Hals durchschneiden, litt er vor allem unter der Zwangsbefürchtung, daß an einer von ihm sehr geschätzten Frau die sog. Rattenstrafe (ein Topf mit Ratten wird über dem Gesäß festgebunden) ausgeführt würde. Freud konnte rekonstruieren, daß die Ratten unbewußt für den Penis standen und die Penisbedeutung der Ratten auf der Analerotik beruhte; ferner, daß die »schmutzigen und zubeißenden Ratten auch Aspekte seines kindlichen Selbst verkörperten und schließlich, daß zwei infantile

Sexualtheorien zu einer weiteren Bedeutung der Zwangsbefürchtung beigetragen hatten: »Die erste dieser Theorien geht dahin, daß die Kinder aus dem After herauskommen; die zweite schließt konsequent mit der Möglichkeit an, daß Männer ebensowohl Kinder kriegen können wie Frauen. Nach den technischen Regeln der Traumdeutung kann das Aus-dem-Darm-Herauskommen durch seinen Gegensatz: ein In-den-Darm-Hineinkriechen (wie bei der Rattenstrafe) dargestellt werden und umgekehrt« (1909d, S. 438).

Zetzel (1966) wies darauf hin, daß Freud zwar in einer längeren Fußnote die Bedeutung der frühen Objektbeziehungen beim Rattenmann in Betracht gezogen hat und daß es in seinen ursprünglichen klinischen Aufzeichnungen mehr als vierzig Bezugnahmen auf ein höchst ambivalentes Mutter-Sohn-Verhältnis gibt, daß aber in der Veröffentlichung von 1909 die Mutter nur in sechs kurzen Äußerungen erwähnt wird. Entsprechend ihrer Einschätzung wußte Freud zu diesem Zeitpunkt noch nicht so recht, wie er die Mutter des Rattenmannes in die Übertragung hätte einbeziehen können; vielleicht erwartete er auch in Übereinstimmung mit seiner realen Geschlechtszugehörigkeit eine Vater-Übertragung (vgl. Bd. 3, Kap. 19: Geschlecht des Analytikers). Daß Freud überhaupt noch nicht so recht wußte, wie er die Übertragung für therapeutische Zwecke zu mobilisieren hatte (vgl. Kanzer 1952), und daß man die Art der Therapie, die der Rattenmann erhielt, heute eher als tiefenpsychologisch fundierte Psychotherapie (vgl. Kap. 4) bezeichnen würde (vgl. Zetzel 1966), sind aus heutiger Sicht andere Begrenzungen dieses Falles. Der Patient wurde im Ersten Weltkrieg getötet, so daß die Dauerhaftigkeit der symptomatischen Besserung nie überprüft werden konnte.

Der »Wolfsmann«

Freuds Darstellung des »Wolfsmannes«, die unter dem Titel »Aus der Geschichte einer infantilen Neurose« (1918a) erschienen ist, ist für die Entwicklung der psychoanalytischen Behandlungstechnik ebenfalls aus einer Reihe von Gründen bedeutsam. Schon mit der Formulierung des Titels: »Aus der Geschichte einer infantilen Neurose« betonte Freud eine der Grundannahmen der Psychoanalyse, nämlich die Bedeutung der infantilen Neurose für die Erwachsenenneurose. Die infantile Neurose wurde beim Wolfsmann erst fünfzehn Jahre nach ihrem Ablauf analysiert. Obwohl die Kindheitsneurose bei Freud in der Regel mit den Ereignissen des Ödipuskonfliktes ihren Anfang nimmt, und wir gewohnt sind,

Freud aus heutiger Sicht den Vorwurf zu machen, daß er die ersten drei Lebensjahre, und vor allem die Mutter-Kind-Interaktion, so gut wie ausgeblendet hat, gehen doch die meisten seiner Rekonstruktionen in diese Zeit zurück. Auch die Rekonstruktion im Falle des Wolfsmannes – vielleicht die berühmteste – ist eine präödipale Rekonstruktion (vgl. hierzu Bd. 2, Kap. 8: Deutung und Rekonstruktion).

Freud versuchte nämlich beim Wolfsmann ein traumatisches Ereignis aus dem zweiten Lebensjahr des Patienten zu rekonstruieren und benützte dazu einen Traum, den dieser aus seinem vierten Lebensjahr erinnerte und der für den Patienten eine Periode der Wolfsangst und -phobie einleitete. In seiner detaillierten Rekonstruktion führte Freud aus, daß der Wolfsmann als Kind – ungefähr mit 18 Monaten – die Urszene seiner Eltern miterlebt hatte und daß dieses unverständliche Ereignis für ihn zu einer Quelle archaischer Angst vor Wölfen und Menschenfressern wurde. Freuds rekonstruierende Bemühungen umfaßten ferner die Tageszeit, die Koitusposition der Eltern, das Fieber des kleinen Wolfsmannes, seine unmittelbaren Reaktionen und die aus diesem Erlebnis resultierenden weitreichenden Entwicklungskonsequenzen.

Das präödipale Erlebnis, als traumatische sexuelle Verführung konzipiert, wird aber erst als phasenspezifisches ödipales Trauma krankheitswirksam, als der Wolfsmann mit vier Jahren träumt, daß nachts plötzlich das Fenster von selbst aufgeht und sechs oder sieben weiße Wölfe, auf einem Baum sitzend, bewegungslos auf ihn, der im Bett liegt, hinunterschauen. So konnte Freud das singuläre traumatische Ereignis des Miterlebens der Urszene mit der universellen ödipalen Konfiguration verknüpfen (vgl. Esman 1973; Blum 1974).

Viele Jahre wurde in der Psychoanalyse als Regel angenommen, daß die kindliche Neurose während der Latenzzeit unterdrückt wird, um dann in einer wenig veränderten Form in der Erwachsenenneurose wieder aufzutreten. Erst nach dem Zweiten Weltkrieg wurde es für Psychoanalytiker nach und nach deutlich, daß die Erwachsenenneurose selten eine einfache Neuauflage der Kindheitsneurose ist. So schrieb Blos (1972):

>»Die Auffassung, daß eine kindliche neurotische Störung jeder Erwachsenenneurose zugrundeliege, wurde viele Jahre lang vertreten. Die Erwachsenenneurose wurde in aller Regel als eine Neuauflage, Wiederholung oder Fortsetzung der kindlichen Störung betrachtet. Diese allzu einfache Formulierung wurde aber durch Kinderbeobachtung, Längsschnittstudien und Kinderanalysen in Frage gestellt, die die diffuse und

vorübergehende Natur der meisten kindlichen Störungen aufzeigen konnten und die Ansicht vertraten, daß die meisten dieser Störungen mehr oder weniger ein ubiquitärer Bestandteil der normalen kindlichen Entwicklung sind. Darüber hinaus geht man heutzutage davon aus, daß Störungen in der Prälatenz wenig reliable Prädiktorvariablen für die Art und Schwere einer Erwachsenenneurose sind. Weder konnte eine klinische Krankheitsentität von Beobachtern der frühen Kindheit aufgefunden werden, die eine infantile Neurose konstituiert, noch fehlen umgekehrt neurotische Konfliktlösungen eines internalisierten Konflikts jemals in der Kindheit; in jeder Erwachsenenneurose ... jedoch taucht eine Kindheitsneurose auf« (Blos 1972, S. 107).

Und A. Freud stellte 1965 fest:

»... daß die einzelnen Formen der infantilen und erwachsenen Neurosen nicht glatt und ohne Änderung ineinander übergehen. Das Gegenteil ist häufiger der Fall. So sehr ein ›schlimmes‹ vierjähriges Kind im aggressiven Benehmen, in Rücksichtslosigkeit, Triebhaftigkeit etc. dem späteren Verwahrlosten oder Delinquenten ähnlich ist, so wenig sind wir in der Diagnose berechtigt, den infantilen Zustand als Vorläufer der erwachsenen Störung anzusehen; was wir vor uns haben, kann etwas ganz anderes sein, zum Beispiel das Anfangsstadium einer Zwangsneurose oder eines Zwangscharakters. Eine frühe Phobie oder Angsthysterie verwandelt sich oft (nicht regelmäßig) in eine spätere Zwangsneurose. Eine frühe Zwangsneurose mit klassischen Symptomen, die sich von der erwachsenen Form in nichts unterscheidet, entwickelt sich vielleicht später zur Schizophrenie« (1968, S. 141 f.).

Neben dieser Erkenntnis (vgl. auch Tolpin 1970; Ritvo 1974; Shapiro 1975) wurde auch darauf aufmerksam gemacht, daß bei der Betrachtung des präödipalen Traumas die kindlichen pathologischen Objektbeziehungen des Wolfsmannes von Freud so gut wie außer acht gelassen wurden (vgl. Blum 1974). Heutzutage geht man ja davon aus, daß es nicht so sehr ein singuläres Trauma ist (obwohl es dies natürlich nach wie vor in Gestalt einer sexuellen Verführung oder Mißhandlung des Kindes, bei Tod, Krankheit eines Elternteils u.a.m. auch gibt, aber gewöhnlich nicht die Regel ist), sondern die »Beziehung an sich zum Trauma wird« (Müller-Pozzi 1984). Es sind zu wenig auf die Bedürfnisse des Kindes eingestellte, unempathische, überfordernde, das Kind als Selbst-Objekt mißbrauchende Objektbeziehungen der Eltern, welche die psychische Entwicklung eines Kindes blockieren können. Miller (1981) hat die These aufgestellt, daß Freud bei der Rekonstruktion von Kindheitserinnerungen des Wolfsmannes von seinen eigenen, ihm selbst nicht bewußten, Kindheitserlebnissen ausgegangen ist. So sehe Freud die Bedeutung der Urszene beim Wolfsmann auch im Zusammenhang mit der Geburt eines möglichen Geschwisters, was aber ein Ereignis sei, das nicht zu den Kindheitsvorkommnissen des Wolfsmannes gehörte, im Leben Freuds hingegen siebenmal auftrat (vgl. Miller, S. 211). Hinsichtlich des projektiven Anteils an Rekonstruktionen sind heutige Psychoanalytiker – auch auf dem Hintergrund des heute verfügbaren Wissens über die ersten Lebensjahre – sicherlich reflektierter und umsichtiger als Freud dies vor 70 Jahren sein konnte (vgl. hierzu auch Bd. 2, Kap. 8: Deutung und Rekonstruktion).

Die Freudschen Fallgeschichten sind nicht dazu geeignet, um die Wirksamkeit der psychoanalytischen Therapie aufzuzeigen (allein der Wolfsmann brachte es im Lauf seines Lebens zu vier analytischen Behandlungen), aber sie sind Meilensteine in der Entwicklung der psychoanalytischen Theorie und Technik, und Freud gelang es, mit ihrer Hilfe zu überraschenden Einsichten in die menschliche Seele zu gelangen.

1.1.3 1910 bis 1919: Zeit der Konsolidierung

Während dieser Zeit schrieb Freud seine Arbeiten über die psychoanalytische Technik. Ein von ihm geplantes Lehrbuch zu diesem Thema kam nie zustande, so daß die Aufsätze aus den Jahren 1911 bis 1915 von manchen Autoren als Ersatz für dieses betrachtet werden. Freud schrieb während dieser Jahre auch seine Arbeiten über die Metapsychologie, und tatsächlich gibt es auch manche Verbindung zwischen metapsychologischen Vorstellungen und behandlungstechnischen Konzepten. Die Schar seiner Anhänger wuchs, die ersten Abspaltungen hatten stattgefunden, und so wurden Richtlinien für den therapeutischen Umgang mit psychisch Kranken erforderlich. Die folgenden Aufsätze werden von Psychoanalytikern als die Grundlegung der psychoanalytischen Behandlungstechnik betrachtet, und für viele haben diese Empfehlungen immer noch einen verbindlichen Charakter.

1911: »Die Handhabung der Traumdeutung in der Psychoanalyse«

Weil für Freud der Traum der Königsweg zum Unbewußten war, begann er vermutlich seine Serie von technischen Schriften mit diesem Aufsatz. Es muß für ihn selbst schwierig gewesen sein, den Ratschlag, den er für die Handhabung der Traumdeutung gab, zu befolgen. Er verlangte nämlich, daß sich der Analytiker bei der Traumdeutung mit Deutungen um des Traumes willen zurückhalten solle. Der Analytiker sollte in jeder Stunde wieder aufs neue beginnen, wo immer ihn die freien Assoziationen seines Patienten eben hinführen. Praktisch bedeutet dies, daß vielleicht nur ein paar Träume im Verlauf einer Analyse vollständig gedeutet werden können. Man sollte auch Träume als Beitrag zur Analyse nicht überbewerten, weil Patienten sehr schnell herausfinden, was ihrem Therapeuten wichtig ist, und das Berichten oder Zurückhalten von Träumen dann zu einem speziellen Widerstand werden kann. Patienten z. B., die ahnen, daß ihr Analytiker besonders auf ihre Träume erpicht ist, träumen dann im Zustand der positiven Übertragung sehr viel und so gut wie gar nicht, wenn sie eine negative Übertragung aufweisen.

1912: »Zur Dynamik der Übertragung«

In dieser Schrift, die ausdrücklich der Übertragung gewidmet ist, nimmt Freud noch einmal einige Definitionen der Übertragung vor. Zugleich wird auch deutlich, wie stark der Zusammenhang von bestimmten metapsychologischen Konzepten (z. B. Libidotheorie) und behandlungstechnischen Überlegungen ist. Wenn libidinöse Regungen im Entwicklungsprozeß aufgehalten werden und dadurch unbewußt geblieben sind, gilt für den Betreffenden:

> »Wessen Liebesbedürftigkeit nun von der Realität nicht restlos befriedigt wird, der muß sich mit libidinösen Erwartungsvorstellungen jeder neu auftretenden Person zuwenden, und es ist durchaus wahrscheinlich, daß beide Portionen seiner Libido, die bewußtseinsfähige wie die unbewußte, an dieser Einstellung Anteil haben.
> Es ist also völlig normal und verständlich, wenn die erwartungsvoll bereitgehaltene Libidobesetzung des teilweise Unbefriedigten sich auch der Person des Arztes zuwendet. Unserer Voraussetzung gemäß, wird sich diese Besetzung an Vorbilder halten, an eines der Klischees anknüpfen, die bei der betreffenden Person vorhanden sind oder, wie wir auch sagen können, sie wird den Arzt in eine der psychischen ›Reihen‹ einfügen, die der Leidende bisher gebildet hat« (S. 365).

Freud macht des weiteren darauf aufmerksam, daß die Übertragung in den Dienst des Widerstandes gestellt werden kann: »Es scheint auf den ersten Blick ein riesiger methodischer Nachteil der Psychoanalyse zu sein, daß sich in ihr die Übertragung, sonst der mächtigste Hebel des Erfolgs, in das stärkste Mittel des Widerstandes verwandelt« (S. 367). Auf die Frage, warum sich die Übertragung so vorzüglich zum Mittel des Widerstandes eignet, gibt Freud die Antwort: »Es ist ja klar, daß das Geständnis einer jeden verpönten Wunschregung besonders erschwert wird, wenn es vor jener

Person abgelegt werden soll, der die Regung selbst gilt« (Seite S. 370).

Die volle Bedeutung des Widerstandscharakters wird aber erst klar, wenn man sich verdeutlicht, daß es neben der »positiven Übertragung« auch eine »negative Übertragung« gibt. Und in der Regel zeigen sich Mischformen der beiden, so daß man von Ambivalenz sprechen kann: »... ein hoher Grad von Ambivalenz der Gefühle ist gewiß eine besondere Auszeichnung neurotischer Personen« (S. 373).

Während nun der Patient seine Leidenschaften agieren statt erinnern will, muß ihn der Analytiker dazu bringen, seine Übertragungsreaktion mit seinen lebensgeschichtlichen Erfahrungen in Zusammenhang zu bringen.

Der Schluß dieses Aufsatzes stellt die grundlegende Behandlungsphilosophie der Psychoanalyse dar, an der sich bis zum heutigen Tag nur wenig geändert hat. »Dieser Kampf zwischen Arzt und Patienten, zwischen Intellekt und Triebleben, zwischen Erkennen und Agierenwollen spielt sich fast ausschließlich an den Übertragungsphänomenen ab. Auf diesem Felde muß der Sieg gewonnen werden, dessen Ausdruck die dauernde Genesung von der Neurose ist. Es ist unleugbar, daß die Bezwingung der Übertragungsphänomene dem Psychoanalytiker die größten Schwierigkeiten bereitet, aber man darf nicht vergessen, daß gerade sie uns den unschätzbaren Dienst erweisen, die verborgenen und vergessenen Liebesregungen der Kranken aktuell und manifest zu machen, denn schließlich kann niemand in absentia oder in effigie erschlagen werden« (S. 374).

24 Jahre später wird Strachey diesen Standpunkt erneut bekräftigen, wenn er der Übertragungsdeutung die am meisten verändernde Kraft zuschreibt (siehe Kap. 1.2.4), und in den siebziger Jahren ist es vor allem Merton Gill, der diese zwar niemals vergessene, aber immer wieder erneut daran zu erinnernde Option ins Gedächtnis der Psychoanalytiker zurückruft. Obwohl die meisten Psychoanalytiker von der Wichtigkeit der Übertragungsanalyse überzeugt seien, würden doch nur wenige diese konsequent und systematisch betreiben (vgl. Bd. 2, Kap. 11: Handhabung der Übertragung).

1912: »Ratschläge für den Arzt bei der psychoanalytischen Behandlung«

In diesem Aufsatz stellte Freud die folgenden, aus langjähriger Erfahrung gewonnenen Regeln auf, die sich ihm für *seine Person* als »einzig zweckmäßige« (S. 376) ergeben hatten:

- Eine gleichschwebende Aufmerksamkeit allem, was man zu hören bekommt, entgegenbringen und sich nichts Besonderes merken wollen; dies kann als Pendant zur psychoanalytischen Grundregel der freien Assoziation für den Patienten betrachtet werden.
- Sich keine Notizen in größerem Umfange machen (außer Daten, Traumtexte oder einzelne bemerkenswerte Ereignisse), weil man hierbei notwendigerweise selektiv vorgehe und ein Stück der eigenen Geistestätigkeit binde.
- Nicht aus Gründen der Scheinexaktheit, wie sie in der »modernen« Psychiatrie üblich sei, Protokolle anfertigen, sofern man einen Fall später publizieren wolle.
- Absichtslos verfahren, einen Fall nicht wissenschaftlich bearbeiten, bevor er nicht abgeschlossen ist. Synthetische Denkarbeit erst nach Beendigung des Falles.
- Affekte, selbst Mitleid, vor allem aber therapeutischen Ehrgeiz beiseite drängen, den Chirurgen zum Vorbild nehmen.
- Das Material des Patienten in keiner Hinsicht zensieren, sondern »dem gebenden Unbewußten des Kranken sein eigenes Unbewußtes als empfangendes Organ zuwenden, sich auf den Analysierten einstellen, wie der Receiver des Telephons zum Teller eingestellt ist« (S. 381) und mit Hilfe des eigenen Unbewußten das Unbewußte des Patienten wiederherstellen. Dazu darf man in sich keine Widerstände dulden (aus heutiger Sicht Widerstände gegen die Regression, gegen die Identifikation, die Übertragung und Gegenübertragung).
- Obwohl es gerade für junge und eifrige Psychoanalytiker verlockend sei, dem Patienten Einblick in eigene seelische Defekte und Konflikte zu gestatten, um auf diese Weise, sich als Leidensgenossen anbietend, den Widerstand des Patienten schneller zu beseitigen, sei dies aber eine bewußtseinspsychologische Illusion und behindere die Arbeit an tieferen Widerständen. Deshalb gilt: »Der Arzt soll undurchsichtig für den Analysierten sein und wie eine Spiegelplatte nichts anderes zeigen, als was ihm gezeigt wird« (S. 384).
- Auf allen erzieherischen Ehrgeiz verzichten, mehr von der Eignung des Patienten als von eigenen Wünschen ausgehen.
- Vorsichtig und zurückhaltend sein, was die Inanspruchnahme intellektueller Mitarbeit anbelangt. Bei Patienten, die zur Intellektualisierung neigen, unerbittlich auf der Befolgung der analytischen Grundregel bestehen.

Freud wurde oft entgegengehalten, daß er sich selbst nicht an diese Ratschläge gehalten habe. Freud »ging mit festen, sogar präfabrizierten Vorstellungen in die Therapien: Er wollte das Ich stärken, das Über-Ich ermäßigen, den Raum des Es durch das Ich einengen ... ›dem Ich Nutzen und Prämien versprechen‹, wenn es bereit sei, auf (den Widerstand) zu verzichten. Er forderte, der Analytiker ... solle vom Phobiker fordern, sich der gefährlichen

Situation auszusetzen (1919a, S. 191), er solle erziehen und beraten ... und definierte als Ziel der Therapie die Erreichung der genitalen Stufe der Libidoentwicklung ... Mit erstaunlicher Unbefangenheit gibt Freud ... Urteile über Menschen, Mitarbeiter, Dissidenten wie Jung, Kunstwerke, Literatur und Autoren ab, die seine Urteile und Vorurteile als Zeitgenosse offenlegten« (Cremerius 1981, S. 15ff.).

Cremerius gelangt aus diesen Gründen zu dem folgenden Urteil:

»Wenn das Wesen der psychoanalytischen Behandlung darin gesehen wird, daß sie absichtslos in dem Sinn solle, daß der Analytiker nichts wollen dürfe, sondern alles der Entfaltung überlassen müsse, so ist das eine achtenswerte Zielsetzung, die ohne Zweifel dem Analysanden weite Räume des Wachstums anbietet. Für sie aber den Terminus Psychoanalyse ausschließlich beschlagnahmen zu wollen, hieße Freud zum Nicht-Psychoanalytiker erklären. Denn er war alles andere als absichtslos« (S. 15).

Vieles, was Freud in diesen Regeln im Hinblick auf die Erkenntnishaltung des Analytikers zum Ausdruck gebracht hat, ist jedoch bleibender Bestandteil der Psychoanalyse; anderes, vor allem das Gleichnis von der Spiegelplatte, wurde zum bevorzugten Kritikpunkt insbesondere nicht-analytischer Therapierichtungen. Aber auch von den Psychoanalytikern selbst ist es oftmals kritisiert worden (vgl. Bd. 2, Kap. 10 und Bd. 3, Kap. 13). Janus (1986) hat darauf hingewiesen, daß bei der Darstellung der Geschichte der psychoanalytischen Behandlungstechnik oft vergessen wird, daß Freud mit seinen behandlungstechnischen Empfehlungen auch auf die vom psychoanalytischen Gedankengut wegführenden Gesichtspunkte, die durch die Abspaltung von Adler und Jung entstanden waren, reagierte. Adler (1912, 1920) hatte die Neurose – psychoanalytisch gesehen – als eine narzißtisch aggressive Entwicklungsstörung konzipiert und vor allem eine erzieherische Haltung des Therapeuten gefordert. »Aktivität und Überzeugungskraft erschienen als die Mittel zur Überwindung der narzißtisch aggressiven Widerstände der in ihrer Beziehungsfähigkeit gestörten Patienten« (S. 1). Gegenüber Jung, der Störungen der Ich-Selbst-Bildung vor allem anhand von Lebenskonflikten der zweiten Lebenshälfte in Zusammenhang mit archetypischen Wirkmächten betonte, galt es, die Bedeutung und Durcharbeitung der individuellen Lebensgeschichte hervorzuheben. Beide vernachlässigten zudem auch die Bedeutung des ödipalen Konflikts und die behandlungstechnischen Konzepte der Übertragung und des Widerstandes.

Eine Arbeitsgruppe des Sigmund-Freud-Instituts hat aus den

behandlungstechnischen Schriften Freuds die Anweisungen zur Behandlungstechnik extrahiert und als Regeln formuliert (vgl. Köhler-Weisker 1978). Die von dieser Forschergruppe formulierten 249 Regeln wurden z. B. in die folgenden Kategorien eingeordnet (vgl. S. 827 ff.):

Regeln für das Verhalten, z. B.:

- »Gestatte keine Einblicke in die eigenen seelischen Konflikte und mache keine vertraulichen Mitteilungen aus dem eigenen seelischen Leben«

Regeln für die Einstellung, z. B.:

- »Respektiere die Eigenarten des Patienten; bei allem Bemühen zu bessern und zu erziehen, lasse dich nicht von der Neigung fortreißen, Menschen nach deinem Vorbild zu schaffen«

Regeln für die Wahrnehmung unbewußter Zusammenhänge, z. B.:

- »Bringe dem Material eine gleichschwebende Aufmerksamkeit entgegen«

Regeln für die Deutung, z. B.:

- »Teile dem Patienten dein Wissen mit, wenn ihm nur noch ein Schritt zur entscheidenden Synthese fehlt«

Regeln für die Gesprächsführung, z. B.:

- »Beachte, daß das Erinnern affektvoll sein muß, wenn es im Patienten etwas bewirken soll«
- »Erteile dem Patienten keine Ratschläge, auch wenn sie sich analytisch rechtfertigen lassen, da sie sich dem Patienten als unausführbar erweisen, solange seine Widerstände bestehen«
- »Lasse dem Patienten die Wahl des Ausgangspunktes«
- »Erwarte keine systematische Erzählung und fordere sie auch nicht«
- »Auf die Bitte vom Patienten, ihm zu sagen, wovon er sprechen solle, gehe nicht ein, um an den Widerstand heranzukommen«

Regeln für die Entwicklung des psychoanalytischen Prozesses, z. B.:

- »Behandle die Krankheit des Patienten nicht als eine historische Angelegenheit, sondern als aktuelle Macht ... Das Wiederholenlassen während der analytischen Behandlung heißt ein Stück reales Leben heraufbeschwören«
- »Eröffne dem Patienten die Übertragung als den Tummelplatz, auf dem ihm gestattet wird, sich in fast völliger Freiheit zu entfalten, und auferlegt ist, uns alles vorzuführen, was sich an pathogenen Trieben im Seelenleben des Analysierten verborgen hat«

Regeln für die Entwicklung des Arbeitsbündnisses, z. B.:

- »Verhilf dem Kranken zu dem Mut, sich mit seiner Krankheit zu beschäftigen, damit die Krankheit ein würdiger Gegner für ihn werden kann«

Regeln für die Kontinuität der Deutungssequenz unter dem Aspekt des Widerstandes

Regeln für technische Variationen

Regeln für das Setting, z. B.:

- »Meide Patienten, bei denen eine frühere Bekanntschaft mit dem Arzt bestand«

Regeln für die Indikationsstellung, z. B.:

- »Beachte die äußeren Widerstände, die die Verhältnisse des Kranken und seine Umgebung setzen«

1913: »Zur Einleitung der Behandlung«

Am Anfang dieses Aufsatzes zieht Freud einen Vergleich mit dem Schachspiel: »Wer das edle Schachspiel aus Büchern erlernen will, der wird bald erfahren, daß nur die Eröffnungen und Endspiele eine erschöpfende systematische Darstellung gestatten, während die unübersehbare Mannigfaltigkeit der nach der Eröffnung beginnenden Spiele sich einer solchen versagt. Eifriges Studium von Partien, in denen die Meister miteinander gekämpft haben, kann allein die Lücke in der Unterweisung ausfüllen. Ähnlichen Einschränkungen unterliegen wohl die Regeln, die man für die Ausübung der psychoanalytischen Behandlung geben kann« (S. 454).

Im folgenden versucht Freud dann einige dieser Regeln für die Einleitung der psychoanalytischen Behandlung zusammenzustellen. Diese Regeln oder Ratschläge sollen als »ein durchschnittlich zweckmäßiges Verhalten des Arztes« betrachtet werden und sollen keine »unbedingte Verbindlichkeit« beanspruchen. Denn »die außerordentliche Verschiedenheit der in Betracht kommenden psychischen Konstellationen, die Plastizität aller seelischen Vorgänge und der Reichtum an determinierenden Faktoren widersetzen sich auch einer Mechanisierung der Technik« (S. 454 f.).

Diese Ratschläge betreffen die Probetherapie (von ein bis zwei Wochen), keine freundschaftlichen oder gesellschaftlichen Beziehungen, Vereinbarungen über Geld und Zeit, die Mitteilung an den Patienten, daß die Therapie länger als ein halbes Jahr dauern wird, monatliche Zahlung (»Ich meine, es ist doch würdiger und ethisch unbedenklicher, sich zu seinen wirklichen Ansprüchen und Bedürfnissen zu bekennen, als, wie es jetzt noch unter Ärzten gebräuchlich ist, den uneigennützigen Menschenfreund zu agieren, dessen Situation einem doch versagt ist, und sich dafür im stillen über die Rücksichtslosigkeit und die Ausbeutungssucht der Patienten zu grämen oder laut darüber zu schimpfen. Der Analytiker wird für seinen Anspruch auf Bezahlung noch geltend machen, daß er bei schwerer Arbeit nie so viel erwerben kann wie andere medizinische Spezialisten« (S. 465), dann das Lagern auf einem Ruhebett, der Couch, die Mitteilung der Grundregel, über die Analyse Außenstehenden nichts zu erzählen (»die Kur hat dann ein Leck, durch das gerade das Beste verrinnt« (S. 470), bei Notwendigkeit einer medizinischen Betreuung einen Kollegen in Anspruch nehmen, die Übertragung nicht ansprechen, »solange die Mitteilungen und Einfälle des Patienten ohne Stockung erfolgen« (S. 473). »Man warte mit dieser heikelsten aller Prozeduren, bis die Übertragung zum Widerstand geworden ist« (S. 473), mit Deutungen des Unbewußten nicht beginnen, bevor sich nicht ein Arbeitsbündnis, »ein ordentlicher Rapport«, bei dem Patienten hergestellt hat. »Das erste Ziel der Behandlung bleibt, ihn an die Kur und an die Person des Arztes zu attachieren. Man braucht nichts anderes zu tun, als ihm Zeit zu lassen. Wenn man ihm ernstes Interesse bezeugt, die anfangs auftauchenden Widerstände sorgfältig beseitigt und gewisse Mißgriffe vermeidet, stellt der Patient ein solches Attachment von selbst her und reiht den Arzt an eine der Imagines jener Personen an, von denen er Liebes zu empfangen gewohnt war. Man kann sich diesen ersten Erfolg allerdings verscherzen, wenn man von Anfang an einen anderen Standpunkt einnimmt als den der Einfühlung, etwa einen moralisierenden, oder wenn man sich als Vertreter ... einer Partei gebärdet, des anderen Eheteils etwa, usw.« (S. 473 f.).

Man sollte sich davor hüten, dem Patienten die »Übersetzungen seiner Symptome« sofort mitteilen zu wollen, sobald man sie selbst erraten hat ... »Es wird einem geübteren Analytiker nicht schwer, die verhaltenen Wünsche eines Kranken schon aus seinen Klagen und einem Krankenberichte deutlich vernehmbar herauszuhören: aber welches Maß von Selbstgefälligkeit und von Unbesonnenheit gehört dazu, um einem Fremden ... nach der kürzesten Bekanntschaft zu eröffnen, er hänge inzestuös an seiner Mutter, er hege Todeswünsche gegen seine angeblich geliebte Frau, er trage sich mit der Absicht, seinen Chef zu betrügen u. dgl.! Ich habe gehört, daß es Analytiker gibt, die sich mit solchen Augenblicksdiagnosen und Schnellbehandlungen brüsten, aber ich warne jedermann davor, solchen Beispielen zu folgen. Man wird dadurch sich und seine Sache um jeden Kredit bringen und die heftigsten Widersprüche hervorrufen ..., der therapeutische Effekt wird in der Regel zunächst gleich Null sein, die Abschreckung von der Analyse aber eine endgültige. Noch in späteren Stadien der Behandlung wird man Vorsicht üben müssen, um eine Symptomlösung und Wunschübersetzung nicht eher mitzuteilen, als bis der Patient knapp davor steht, so daß er nur noch einen kurzen Schritt zu machen hat, um sich dieser Lösung selbst zu bemächtigen!« (S. 474 f.).

Er schließt den Aufsatz mit einem kleinen Exkurs über die Bedeutung des Wissens. In den Anfängen der analytischen Technik, so schreibt Freud, hielt man es für einen »besonderen Glücksfall, wenn es gelang, Kunde von dem vergessenen Kindheitstrauma von anderer Seite her zu bekommen, zum Beispiel von Eltern, Pflegepersonen oder dem Verführer selbst ..., und wir beeilten uns, dem Kranken die Nachricht und die Beweise für ihre Richtigkeit zur Kenntnis zu bringen in der sicheren Erwartung, so Neurose und Behandlung zu einem schnellen Ende zu führen. Es war eine schwere Enttäuschung, als der erwartete Erfolg ausblieb« (S. 475).

Statt einer intellektualistischen Überschätzung des Wissens müsse man vielmehr den Akzent auf diejenigen Widerstände legen, welche das Nichtwissen seinerzeit verursacht hatten und jetzt noch bereit sind, es zu verteidigen. Eine Veränderung könne nämlich erst dann eintreten, wenn der bewußte Denkprozeß die Verdrängungswiderstände überwunden hat (vgl. S. 477).

1914: »Erinnern, Wiederholen, Durcharbeiten«

1914 klärt Freud entmutigte Kollegen, die geglaubt hatten, das Benennen des Widerstandes genüge, ihn zum Verschwinden zu bringen, dahingehend auf, daß dies ein Irrtum sei. Das Benennen des Widerstandes habe nicht das unmittelbare Aufhören desselben zur Folge.

»Ich bin oft in Fällen zu Rate gezogen worden, in denen der Arzt darüber klagte, er habe dem Kranken seinen Widerstand vorgestellt, und doch habe sich nichts geändert, ja der Widerstand sei erst recht erstarkt und die ganze Situation sei noch undurchsichtiger geworden. Die Kur scheine nicht weiterzugehen. Diese trübe Erwartung erwies sich dann immer als irrig. Die Kur war in der Regel im besten Fortgange; der Arzt hatte nur vergessen, daß das Benennen des Widerstandes nicht das unmittelbare Aufhören desselben zur Folge haben kann. Man muß dem Kranken die Zeit lassen, sich in den ihm unbekannten Widerstand zu vertiefen, ihn *durchzuarbeiten,* ihn zu überwinden, indem er ihm zum Trotze die Arbeit nach der analytischen Grundregel fortsetzt. Erst auf der Höhe desselben findet man dann in gemeinsamer Arbeit mit dem Analysierten die verdrängten Triebregungen auf, welche den Widerstand speisen und von deren Existenz und Mächtigkeit sich der Patient durch solches Erleben überzeugt. Der Arzt hat dabei nichts anderes zu tun, als zuzuwarten und einen Ablauf zuzulassen, der nicht vermieden, auch nicht immer beschleunigt werden kann. Hält er an dieser Einsicht fest, so wird er sich oftmals die Täuschung, gescheitert zu sein, ersparen, wo er doch die Behandlung längs der richtigen Linie fortführt. Dieses Durcharbeiten der Widerstände mag in der Praxis zu einer beschwerlichen Aufgabe für den Analysierten und zu einer Geduldprobe für den Arzt werden. Es ist aber jenes Stück der Arbeit, welches die größte verändernde Einwirkung auf den Patienten hat und das die analytische Behandlung von jeder Suggestionsbeeinflussung unterscheidet« (S. 135 f.).

Cremerius (1978) hat darauf hingewiesen, daß das Durcharbeiten für Freud zu dieser Zeit offenbar noch kein besonderes Problem gewesen ist. Denn in seinem Aufsatz widmet er ihm nur knapp eine Seite (vgl. Bd. 3, Kap. 16: Durcharbeiten).

1915: »Bemerkungen über die Übertragungsliebe«

Freud (1915) erwähnt die Übertragungsliebe als eine häufig vorkommende Komplikation im Verlauf des analytischen Prozesses:

»Ich meine den Fall, daß eine weibliche Patientin durch unzweideutige Andeutungen erraten läßt oder es direkt ausspricht, daß sie sich wie ein anderes sterbliches Weib in den sie analysierenden Arzt verliebt hat« (1915, S. 306).

Freud erkannte, daß dieses Verliebtsein einer Abwehrmaßnahme dient: »An dem Auftreten der stürmischen Liebesforderung hat der Widerstand unzweifelhaft einen großen Anteil« (1915, S. 310).

Er warnte den Analytiker davor, diese Verliebtheit als wirkliches Verliebtsein in seine Person mißzuverstehen, aber auch davor, sie zu unterdrücken:

»Man hält die Liebesübertragung fest, behandelt sie aber als etwas Unreales, als eine Situation, die in der Kur durchgemacht auf ihre unbewußten Ursprünge zurückgeleitet werden soll und dazu verhelfen muß, das Verborgenste des Liebeslebens der Kranken dem Bewußtsein und damit der Beherrschung zuzuführen« (1915, S. 314).

In den schweren Fällen von Übertragungsliebe sah Freud jedoch eine elementare Kraft am Werk:

>»Bei einer Klasse von Frauen wird dieser Versuch, die Liebesübertragung für die analytische Arbeit zu erhalten, ohne sie zu befriedigen, allerdings nicht gelingen. Es sind das Frauen von elementarer Leidenschaftlichkeit, welche keine Surrogate verträgt, Naturkinder, die das Psychische nicht für das Materielle nehmen wollen, die nach des Dichters Worten nur zugänglich sind ›für Suppenlogik mit Knödelargumenten‹. Bei diesen Personen steht man vor der Wahl: entweder Gegenliebe zeigen oder die volle Feindschaft des verschmähten Weibes auf sich laden« (1915, S. 315).

Aus den genannten Gründen schlug er vor, entweder die Analyse abzubrechen oder die Patientin an einen anderen Analytiker zu überweisen.

Die richtige Vorgehensweise im Umgang mit der Übertragungsliebe besteht aus drei Schritten (vgl. S. 315 f.):

- Man betone vor allem den unverkennbaren Anteil des Widerstandes an dieser »Liebe«.
- Man führe als Argument gegen die vermeintliche Echtheit dieser Liebe auf, daß sie keinen einzigen neuen Zug an sich trage, sondern Wiederholung früherer, auch kindlicher Reaktionen sei.
- Mit einem erforderlichen Maß an Geduld gelänge es dann, mit einer ermäßigten Verliebtheit die Arbeit forzusetzen.

Letztendliches Ziel der Analyse sei, daß die verliebte Patientin ihre Liebesbereitschaft nicht in der Analyse verausgabe, sondern sie fürs reale Leben bereithalte. Auch für den Analytiker sei der richtige Umgang damit eine Bewährungsprobe, denn »von einer edlen Frau, die sich zu ihrer Leidenschaft bekennt, geht trotz Neurose und Widerstand ein unvergleichbarer Zauber aus« (S. 319). Dabei sei es gar nicht so sehr das grobsinnliche Verlangen, was die Versuchung herstelle, sondern »die feineren und zielgehemmten Wunschregungen des Weibes sind es vielleicht, die die Gefahr mit sich bringen, Technik und ärztliche Aufgabe über ein schönes Erlebnis zu vergessen« (S. 319).

Die in den Analytiker verliebte Frau galt lange Zeit als Paradigma der Übertragungsliebe schlechthin. Erst vor einigen Jahren tauchte die Frage auf, ob männliche Patienten sich auch in ihre Analytikerin verlieben und eine ödipale Übertragung entwickeln können (vgl. Bd. 3, Kap. 19: Geschlecht des Analytikers).

In diesem Aufsatz machte Freud noch auf eine andere wichtige Einstellung der psychoanalytischen Behandlungstechnik aufmerksam, auf das Prinzip der Abstinenz, das zunächst für den Patienten formuliert wurde, in späteren Schriften aber immer mehr eine Abstinenzforderung an den Analytiker enthält (vgl. Bd. 2, Kap. 7: Erkenntnishaltung des Analytikers). Freud schrieb: »Die Kur muß in der Abstinenz durchgeführt werden; ich meine dabei nicht allein die körperliche Entbehrung, auch nicht die Entbehrung von allem, was man begehrt, denn dies würde vielleicht kein Kranker vertragen. Sondern ich will den Grundsatz aufstellen, daß man Bedürfnis und Sehnsucht als zur Arbeit und Veränderung treibende Kräfte bei der Kranken bestehen lassen und sich hüten muß, dieselben durch Surrogate zu beschwichtigen« (S. 313). In seinem Vortrag auf dem Budapester Kongreß (1918) »Wege der psychoanalytischen Therapie« hat Freud die Implikationen der Abstinenzregel noch genauer formuliert:

»Die analytische Kur soll, soweit es möglich ist, in der Entbehrung – Abstinenz – durchgeführt werden ... Unter Abstinenz ist aber nicht die Entbehrung einer jeglichen Befriedigung zu verstehen ... Die Gefahr droht, soviel ich sehe, besonders von zwei Seiten. Einerseits ist der Patient, dessen Kranksein durch die Analyse erschüttert worden ist, aufs emsigste bemüht, sich an Stelle seiner Symptome neue Ersatzbefriedigungen zu schaffen, denen nun der Leidenscharakter abgeht ... Man hat die Aufgabe, alle diese Abwege aufzuspüren und jedesmal von ihm den Verzicht zu verlangen, so harmlos die zur Befriedigung führende Tätigkeit auch an sich erscheinen mag ... Nebenbei bemerkt, unglückliche Ehe und körperliches Siechtum sind die gebräuchlichsten Ablösungen der Neurose. Sie befriedigen insbesondere das Schuldbewußtsein (Strafbedürfnis), welches viele Kranke so zähe an ihrer Neurose festhalten läßt. ... Leichter wird ihm die Verwahrung gegen die zweite, nicht zu unterschätzende Gefahr, von der die Triebkraft der Analyse bedroht wird. Der Kranke sucht vor allem die Ersatzbefriedigung in der Kur selbst im Übertragungsverhältnis zum Arzt und kann sogar danach streben, sich auf diesem Wege für allen ihm sonst auferlegten Verzicht zu entschädigen. Einiges muß man ihm ja wohl gewähren, mehr oder weniger, je nach der Natur des Falles und der Eigenart des Kranken. Aber es ist nicht gut, wenn es zu viel wird. Wer als Analytiker etwa aus der Fülle seines hilfsbereiten Herzens dem Kranken alles spendet, was ein Mensch vom anderen erhoffen kann, der begeht denselben ökonomischen Fehler, dessen sich unsere nicht analytischen Nervenheilanstalten schuldig machen. Diese streben nichts anderes an, als es dem Kranken möglichst angenehm zu machen, damit er sich dort wohlfühle und gerne wieder aus den Schwierigkeiten des Lebens seine Zuflucht dorthin nehme. Dabei verzichten sie darauf, ihn für das Leben stärker, für seine eigentlichen Aufgaben leistungsfähiger zu machen. In der analytischen Kur muß jede solche Verwöhnung vermieden werden. Der Kranke soll, was sein Verhältnis zum Arzt betrifft, unerfüllte Wünsche reichlich übrig behalten. Es ist zweckmäßig, ihm gerade die Befriedigungen zu versagen, die er am intensivsten wünscht und am dringendsten äußert« (1919a, S. 187 ff.).

Die darin zum Ausdruck kommende metapsychologisch beeinflußte Behandlungseinstellung Freuds, ein Ausweichen in Ersatzbefriedigungen zu verhindern und mittels Entbehrungen die Motivation für die analytische Therapie wachzuhalten, war offensichtlich von der Prämisse geleitet, daß ein sich wohlfühlender Patient jegliches Interesse an der analytischen Arbeit verliert. Werden Übertragungswünsche an ihrer Befriedigung gehindert, so nimmt der Druck in Richtung Bewußtsein zu, und der »Auftrieb des Unbewußten« wird dadurch intensiviert und beschleunigt.

Zehn Jahre später wird Ferenczi das entgegengesetzte Prinzip aufstellen: das der Verwöhnung. Die zeitliche Verlängerung der analytischen Stunde, das Antwortgeben auf die Fragen des Patienten, statt ihn nach seinen Beweggründen zu fragen (»Gegenfrageregel«), selbst anfangen zu sprechen, wenn der Patient aus Trotz schweigt, auf das Honorar verzichten, wenn Stunden ausfallen, und der Patient dafür nichts kann, seine Bücher oder sonstige Produkte des Patienten anschauen u.a.m., und schließlich auch das Austauschen körperlicher Intimitäten, die nicht nur auf Berührung eingeschränkt waren, stellten eine gänzlich andere Haltung dar. Diese Kontroverse zwischen Freuds und Ferenczis Standpunkten wirkt bis in die Gegenwart fort.

In den siebziger und achtziger Jahren stellten Weiss und Sampson und ihre Forschungsgruppe aus dem Mt. Zion Hospital in San Francisco die Hypothese auf, die sie auch empirisch überprüften, daß Patienten in der Therapie nicht den Wunsch haben, infantile Wünsche zu befriedigen, sondern lernen wollen, frühe Ängste und Konflikte zu bewältigen. Viele Patienten verfügen dabei schon über unbewußte Pläne, wie diese Meisterung aussehen könnte. Damit diese Handlungsintentionen bewußt werden können, braucht der Patient Sicherheit bietende Bedingungen, die für jeden individuell beschaffen sind und sich deshalb auch nicht a priori als »Akzeptanz« oder »positive Zuwendung« festlegen lassen. Diese für die Umsetzung unbewußter Handlungspläne notwendige und erwünschte Sicherheit kann durchaus auch aus einer abstinenten Haltung des Analytikers hervorgehen, läßt sich aber nicht mehr energietheoretisch erklären. Vielmehr stellt ein Patient den Analytiker pausenlos vor Testsituationen und vergleicht, ob dessen Reaktionen mit den gefürchteten Handlungskonsequenzen (z. B. beschimpft, ausgelacht, beschämt, verführt zu werden) übereinstimmen. Ist dies nicht der Fall, kann der Patient weitere Implikationen seiner Handlungsintentionen bewußt werden lassen. Das hat, nur in anderer Begrifflichkeit ausgedrückt, viel Ähnlichkeit mit den Auffassungen von Strachey und F. Alexander (vgl. 1.2.3 und 1.2.4 in diesem Kapitel).

1.1.4 1919 bis 1926: Neuformulierung der Triebtheorie und die Entwicklung der Strukturtheorie

In den Jahren nach 1919 wandte sich Freud von behandlungstechnischen Fragen ab, und sein Interesse an metapsychologischen und philosophischen Fragen nahm zu. Es entstanden so wichtige Schriften wie »Jenseits des Lustprinzips« (1920d), »Massenpsychologie und Ich-Analyse« (1921), »Das Ich und das Es« (1923b).

Die in diesen Arbeiten behandelten Themen, wie die Postulierung eines Gegenspielers der libidinösen Triebe, des sogenannten Todestriebes und seines Abkömmlings, des Aggressionstriebs in »Jenseits des Lustprinzips«, und die gänzlich neue Unterteilung der psychischen Phänomene nach strukturellen Gesichtspunkten in »Das Ich und das Es«, hatten auch behandlungstechnische Auswirkungen. So mußte z. B. die bis dahin gültige Auffassung, daß das Bewußtmachen des Unbewußten zu einer Verbesserung der Symptome führt, zumindest bei einer Gruppe von Patienten, eine Einschränkung erfahren. 1923 schrieb Freud:

> »Es gibt Personen, die sich in der analytischen Arbeit ganz sonderbar benehmen. Wenn man ihnen Hoffnung gibt und ihnen Zufriedenheit mit dem Stand der Behandlung zeigt, scheinen sie unbefriedigt und verschlechtern regelmäßig ihr Befinden. Man hält das anfangs für Trotz und Bemühen, dem Arzt ihre Überlegenheit zu bezeugen. Später kommt man zu einer tieferen und gerechteren Auffassung. Man überzeugt sich nicht nur, daß diese Personen kein Lob und keine Anerkennung vertragen, sondern daß sie auf die Fortschritte der Kur in verkehrter Weise reagieren. Jede Partiallösung, die eine Besserung oder zeitweiliges Aussetzen der Symptome zur Folge haben sollte und bei anderen auch hat, ruft bei ihnen eine momentane Verstärkung ihres Leidens hervor, sie verschlimmern sich ..., anstatt sich zu bessern« (S. 278).

Die negative therapeutische Reaktion hatte Freud schon einige Jahre zuvor im Fall des »Wolfsmannes« beobachten können, führte sie aber jetzt auf die Auswirkung eines unbewußten Schuldgefühls zurück, worin ein Aspekt des Über-Ichs zum Ausdruck kommt (vgl. Bd. 3, Kap. 21: Negative therapeutische Reaktion).

Die Strukturtheorie löste die topographische Theorie ab und hatte deutliche Auswirkungen auf die psychoanalytische Technik, wenngleich diese auch viele Jahre lang nicht explizit (bis zum Erscheinen der Arbeit von Arlow und Brenner 1964) festgehalten wurde.

Das strukturelle Denken macht es erforderlich, eine Phantasie, ein Symptom oder einen Traum als eine Kompromißbildung der drei psychischen Instanzen Es, Ich und Über-Ich zu betrachten. Die Analyse des Über-Ichs und aggressiver Phänomene rückte von nun an stärker in das Zentrum der analytischen Bemühungen (siehe 1.2.4). M. Klein stellte die Behauptung auf, daß der Aggressionstrieb bei der Geburt sogar stärker sei als der libidinöse Trieb.

In anderen Veröffentlichungen tauchten gelegentlich Bezugnahmen auf die Behandlungstechnik auf. In »Über die Psychogenese eines Falles von weiblicher Homosexualität« (1920a) erwähnte Freud, wie wichtig Eigenmotivation und Leidensdruck für die Aufnahme einer psychoanalytischen Behandlung sind und daß die psychoanalytische Vorgehensweise die Förderung von Einsicht in die unbewußten Konflikte intendiert, aber nicht in der Verschreibung eines bestimmten Sollzustandes, wie den der Heterosexualität (vgl. Kap. 2: Behandlungsziele der Psychoanalyse), ihr Ziel erblickt.

In seiner Schrift »›Psychoanalyse‹ und ›Libidotheorie‹« (1923a), kurze Zeit nach der Einführung der Todestrieb-Theorie und noch vor der Beschreibung des Strukturmodells in seiner endgültigen Form, merkte Freud an, daß sich die Wißbegierde nach der Grundlegung der Deutungstechnik dem Problem zugewandt habe, wie man den Patienten am zweckmäßigsten beeinflussen könne. Er führt aus, »daß das wesentliche Stück der Heilungsarbeit in der Überwindung der Widerstände besteht und daß ohne diese Leistung eine dauerhafte seelische Veränderung des Patienten nicht erzielt werden kann« (S. 225). Von suggestiven Verfahren unterscheide sich die Psychoanalyse darin, daß sie nicht per Autorität seelische Phänomene beim Patienten unterdrücken wolle. Der unvermeidliche suggestive Einfluß beschränke sich auf die Empfehlung an den Patienten, seine Widerstände zu überwinden.

In zwei Aufsätzen mit Ergänzungen zur Theorie und Praxis der Traumdeutung (1923d, 1924) warnte Freud davor, Träume eines Patienten überzubewerten, skizzierte verschiedene technische Verfahren (z. B. chronologisch vorzugehen, von den Tagesresten usf.), erwähnte das Wirken des Wiederholungszwanges in den Träumen bei traumatischen Neurosen, welche die einzige wirkliche Ausnahme von der wunscherfüllenden Tendenz des Traumes seien u.a.m. (vgl. Bd. 3, Kap. 17: Traumanalyse).

Die relative Zurückhaltung Freuds in bezug auf behandlungs-

technische Überlegungen ließ Raum für seine Schüler, ihre ersten –
häufig zwischen Verehrung des Meisters und ödipaler Rebellion
angesiedelten – Experimente zu unternehmen. So experimentierte
Ferenczi in den zwanziger Jahren mit seiner »aktiven Technik«
(vgl. 1.2.2); Rank vertrat mit dem Trauma der Geburt nicht nur eine
neue ätiologische Theorie, sondern kreierte auch eine neue technische Vorgehensweise. Die analytische Behandlung müsse dem
Patienten dabei helfen, sein Geburtstrauma noch einmal zu erleben und es in allen Facetten durchzuarbeiten. So wie die Schwangerschaft solle auch die Analyse nach neun Monaten zu einem
abrupten Ende kommen. Freud, der von den kühnen Überlegungen Ranks zunächst sehr eingenommen war, wandte sich später
deutlich von seiner Theorie ab (vgl. 1.2.1).

Ferenczi und Rank veröffentlichten 1924 »Entwicklungsziele
der Psychoanalyse«. Anknüpfend an Freuds Aufsatz »Erinnern,
Wiederholen und Durcharbeiten« (1914) gingen die Autoren im
Gegensatz zu Freud davon aus, daß auch das Agieren und das Wiederholen eine Form des Erinnerns darstellen. Entscheidende
Erlebnisse aus der frühen Kindheit können nämlich gar nicht verbal erinnert werden; so mußte auch die »Urneurose« verdrängt
werden, ohne jemals bewußt geworden zu sein. Es sei nicht nur
unökonomisch, sondern auch unrealistisch, wenn man erwarten
würde, daß Patienten diese Art von frühkindlichem Erleben in
Erinnerungen überführen können. Des weiteren forderten die
Autoren, daß die in der Behandlungssituation auftretenden Phantasien und Gefühle auf ihre Bedeutung für die gegenwärtige Situation untersucht und nicht sofort via genetischer Deutung auf die
Kindheit bezogen werden sollen; Themen, die auch heute wieder
von großer Aktualität sind (vgl. Bd. 2, Kap. 11: Handhabung der
Übertragung; Bd. 3, Kap. 20: Agieren).

1.1.5 1926 bis 1939: Psychoanalytische Ich-Psychologie

Die fünfte Phase läßt sich im Hinblick auf die Behandlungstechnik vor allem durch die Schriften »Hemmung, Symptom und
Angst« (1926a), »Konstruktionen in der Analyse« (1937a) und »Die
endliche und die unendliche Analyse« (1937b) kennzeichnen.

In »Hemmung, Symptom und Angst« (1926a) unterschied Freud
fünf Arten des Widerstandes und klassifizierte sie nach ihrer Herkunft aus dem Ich, Es und Über-Ich. Den ersten von insgesamt
drei Ich-Widerständen nannte Freud den Verdrängungs-Widerstand, den zweiten den Übertragungs-Widerstand, »der von der

gleichen Natur ist, aber in der Analyse andere und weit deutlichere Erscheinungen macht, da es ihm gelungen ist, eine Beziehung zur analytischen Situation oder zur Person des Analytikers herzustellen und somit eine Verdrängung, die bloß erinnert werden sollte, wieder wie frisch zu belegen« (S. 192 f.). Der dritte Ich-Widerstand geht vom Krankheitsgewinn aus und stellt ein Sträuben gegenüber dem Verzicht auf eine Befriedigung dar. Der Es-Widerstand gründet in der Klebrigkeit der Libido und dem Widerholungszwang. Der fünfte Widerstand, der des Über-Ichs, entsteht aus Schuldbewußtsein und Strafbedürfnis.

Abb. 3: Verschiedene Widerstände aus struktureller Sicht nach Freud (1926)

Über-Ich-Widerstand	→	Schuldbewußtsein und Strafbedürfnis
	→	Verdrängungs-Widerstand
Ich-Widerstand	→	Übertragungs-Widerstand
	→	Widerstand wegen sekundären Krankheitsgewinns
Es-Widerstand	→	Klebrigkeit der Libido Wiederholungszwang

Gill (1982) hat argumentiert, daß letztlich alle Widerstände Übertragungswiderstände sind. Ein gut Teil der Verwirrung geht nach ihm auf die unklare Verwendung der Begriffe Abwehr und Widerstand und auf Freuds obige Formulierung zurück. Abwehr ist für Gill ein intrapsychisches Konzept und Widerstand ein interpersonelles Konzept. Widerstand kann deshalb folgerichtig nur in der Übertragung zum Ausdruck kommen. Die Übertragung kann deshalb auch nicht eine Quelle des Widerstandes sein, wie Freud annahm, sondern ist das Mittel für seinen Ausdruck. Und die Analyse des Widerstandes kann nichts anderes sein als die Analyse der Übertragung in ihren zwei wesentlichen Formen, wie sie Gill beschrieben hat (siehe Bd. 2, Kap. 11: Handhabung der Übertragung). Viele als Widerstandsdeutungen bezeichnete Interventionen seien in der Tat nur Deutungen der Abwehr, denn diese Deutungen zielen auf das Intrapsychische des Patienten und nicht auf den interpersonellen Vorgang. Vielleicht hat die Angst davor, daß man nur eine interpersonelle Psychologie betreiben würde, viele Psychoanalytiker bislang von der Erkenntnis abgehalten, daß Widerstandsdeutungen immer interpersonelle Deutungen sind. Aber diese Polarisierung ist nicht gerechtfertigt, denn intrapsychische Konflikte finden ja ihren interpersonellen Ausdruck in der analytischen Situation (Gill, S. 41).

Hatte Freud 1913 die Auffassung geäußert, daß die ursprüngliche Auffassung der Psychoanalyse, Heilung trete stets dann ein, wenn der Kranke Wissen über sein traumatisches Erlebnis erlangt habe, nicht mehr haltbar sei (1913e, S. 475), und mußte er wenig später erkennen, daß auch das Benennen des Widerstandes noch nicht genüge, sondern daß man ihn vielmehr gründlich durcharbeiten müsse (1914c, S. 135), so gelangt er 1926 zu dem Schluß, daß auch die durch das Durcharbeiten erzielte Einsicht in die Widerstände nicht immer zum Behandlungserfolg führe, weil die Einsicht des Ichs nicht notwendigerweise auch Änderungen nach sich ziehe.

Diese ihm durch die Kompliziertheit menschlicher Leidenszustände aufgezwungene, bittere Schlußfolgerung veranlaßte Cremerius (1978) zur folgenden Einschätzung:

»Es zieht sich also von Anfang an durch die Geschichte der Psychoanalyse wie ein roter Faden die Erkenntnis, daß sich ihre beiden Grundannahmen, »Bewußtmachung des Unbewußten« und »Gewinnung von Einsicht« seien die die Heilung bewirkenden Faktoren, nicht mit der klinischen Erfahrung decken. Diese Erkenntnis mußte für eine als Einsichtspsychologie entworfene Psychologie mit therapeutischem Anspruch schwere Erschütterungen im Gefolge haben« (S. 200).

Cremerius führt des weiteren aus, daß fast alle Analytiker verschämt bei Nachfragen einräumen würden, daß sie noch keinen Patienten ausschließlich mit Deuten, Widerstandsanalyse, Herstellung des Behandlungsbündnisses usw. geheilt hätten. Dabei würden sie übersehen, daß Freud über dieses Basis-Repertoire hinaus eine ganze Reihe anderer Maßnahmen empfohlen hatte (Cremerius, S. 201); z. B. eine stärkere aktive Haltung bei der Bearbeitung der Widerstände, Intensivierung der Übertragung, Frustrierung von Triebwünschen, Terminsetzung, Einbeziehung von Erziehen, Beraten, Unterstützen, stärkere Betonung des kathartischen Erlebens beim Durcharbeiten.

Die Frage ist aber, ob Cremerius hierbei nicht die Möglichkeiten des Durcharbeitens im psychoanalytischen Sinne unterschätzt, wenn er mehr oder weniger explizit einen Rückgriff auf von Freud praktizierte, nicht analytische Maßnahmen behandlungstechnisch nahelegt (vgl. Bd. 3, Kap. 16: Durcharbeiten), wenngleich auch in den Empfehlungen Freuds zum Ausdruck kommt, daß eine rigide Grenzziehung zwischen Psychoanalyse und Psychotherapie unangemessen ist (vgl. Kap. 4: Psychoanalyse und psychoanalytische Psychotherapie).

In seiner Arbeit »Konstruktionen in der Analyse« (1937a) erinnerte Freud daran, daß nicht nur der Patient Leistungen zu erbringen hat, sondern auch der Analytiker: »Er hat das Vergessene aus den Anzeichen, die es hinterlassen, zu erraten oder richtiger ausgedrückt, zu *konstruieren*. Wie, wann und mit welchen Erläuterungen er seine Konstruktionen dem Analysierten mitteilt, das stellt die Verbindung her zwischen beiden Stücken der analytischen Arbeit, zwischen seinem Anteil und dem des Analysierten« (S. 45).

Freud verglich die Arbeit der Konstruktion oder der Rekonstruktion mit der des Archäologen, wobei der Analytiker freilich den Vorteil habe, mit Menschen zu tun zu haben, deren Übertragung ihm einen privilegierten Zugang zu dem früh Verschütteten ermögliche. Er definierte die Deutung als eine Intervention, die sich auf ein einzelnes Element, einen Einfall, eine Fehlleistung bezieht, während die Konstruktion einen größeren Zusammenhang vermittelt und komplexer ist, z. B. von folgender Art: »Bis zu Ihrem nten Jahr haben Sie sich als alleinigen und unbeschränkten Besitzer der Mutter betrachtet, dann kam ein zweites Kind und mit ihm eine schwere Enttäuschung. Die Mutter hat Sie für eine Weile verlassen, sich auch später Ihnen nicht mehr ausschließlich gewidmet. Ihre Empfindungen für die Mutter wurden ambivalent, der Vater gewann eine neue Bedeutung für Sie und so weiter« (S. 47 f.).

Gegen den vermuteten Vorwurf der Suggestion führt Freud ins Feld, daß der Analytiker sehr wohl auf die Reaktionen des Patienten nach einer gegebenen Konstruktion achte. Ein »Ja« sei allerdings genauso vieldeutig verwendbar wie ein »Nein«, aber es gibt indirekte Arten der Bestätigung, z. B., wenn der Patient mit einer Assoziation antwortet, die etwas dem Inhalt der Konstruktion Ähnliches oder Analoges enthalte. »Nur die Fortsetzung der Analyse kann die Entscheidung über Richtigkeit oder Unbrauchbarkeit unserer Konstruktion bringen. Wir geben die einzelne Konstrukion für nichts anderes aus als für eine Vermutung, die auf Prüfung, Bestätigung oder Verwerfung wartet. Wir beanspruchen keine Autorität für sie, fordern vom Patienten keine unmittelbare Zustimmung, diskutieren nicht mit ihm, wenn er ihr zunächst widerspricht« (1937a, S. 52); vgl. zum Problem der Validierung und der historischen versus narrativen Wahrheit: Bd. 2, Kap. 8: Deutung und Rekonstruktion.

Ebenfalls im Jahr 1937 erschien Freuds Aufsatz »Die endliche und die unendliche Analyse«, in dem er so etwas wie eine Bilanz über die Heilbarkeit der Neurosen zieht. Im Unterschied zu seinen früheren optimistischen Äußerungen über die Heilungskraft der Analyse wirken die Argumente des 81jährigen Freud in diesem Essay eher düster. So weist er darauf hin, daß alte Konflikte auch nach erfolgreicher analytischer Arbeit wieder auftauchen können (vgl. hierzu Kap. 2: Behandlungsziele der Psychoanalyse) und daß es keinen definitiven Schlußpunkt der psychoanalytischen Arbeit gebe. Die konstitutionelle Triebstärke, ungünstige Veränderungen des Ichs, der gewachsene Fels des Penisneides bei der Frau und das Sträuben gegen eine feminine Einstellung beim Mann, all diese Faktoren stimmten Freud pessimistisch. Daneben gibt es auch noch die Eigenart des Analytikers, der auf die Heilungsaussichten der psychoanalytischen Kur Einfluß nimmt:

> »Es ist unbestreitbar, daß die Analytiker in ihrer eigenen Persönlichkeit nicht durchwegs das Maß von psychischer Normalität erreicht haben, zu dem sie ihre Patienten erziehen wollen. Gegner der Analyse pflegen auf diese Tatsache höhnend hinzuweisen und sie als Argument für die Nutzlosigkeit der analytischen Bemühung zu verwenden. Man könnte diese Kritik als ungerechte Anforderung zurückweisen. Analytiker sind Personen, die eine bestimmte Kunst auszuüben gelernt haben und daneben Menschen sein dürfen wie auch andere« (1937b, S. 93).

Auf dem 35. Internationalen Kongreß in Montreal lautete das Thema »Die endliche und die unendliche Analyse – 50 Jahre danach«. Blum (1987) arbeitete heraus, daß Freuds Aufsatz in vielerlei Hinsicht anregend auf die nachfolgende Analytikergeneration gewirkt habe. »Ungünstige Ichveränderungen« z. B. lassen sich heutzutage sehr viel genauer als bestimmte Ichfunktionen beschreiben, die im Verlauf der Entwicklung als Produkte einer komplexen Interaktion zwischen Anlage des Kindes und Einfluß der mütterlichen Phantasien und Verhaltensweisen entstehen.

> »Säugling und Pflegeperson wurden jetzt als reziproke Faktoren in einer komplexen Entwicklungschoreografie erkannt. Die Komponenten in dem Kräftefeld aus Trieb, sich entfaltender Ichausstattung und -organisation sowie ein unvollständig differenziertes Objekt definieren – nach der neueren Sicht – einander und tragen zur Ausformung der verschiedenen Affekte bei ... Die Psychoanalyse machte ihre eigene theoretische Transformation durch, die zu einem sehr viel komplizierteren Entwick-

lungsmodell und einer sich entfaltenden Metapsychologie führte« (Blum, S. 8).

1.1.6 Zusammenfassung

Zur Entwicklung der psychoanalytischen Technik

Angefangen von den »Studien über Hysterie« (1893 bis 1895) bis hin zu den Aufsätzen über die psychoanalytische Technik, die in den Jahren 1912 bis 1914 formuliert wurden, war Freud beständig bestrebt, die Grundlagen der psychoanalytischen Behandlung immer grundsätzlicher und präziser von herkömmlichen Verfahren therapeutischer Heilkunst abzugrenzen. Schon in den »Studien über Hysterie« läßt sich diese schrittweise Herausformung anhand der einzelnen Fallbeschreibungen klar erkennen. Bemerkenswert ist daran auch, daß Freud das jeweils ätiologische Konzept mit den Konzepten des therapeutischen Heilungsvorganges und der technischen Behandlungsmaßnahmen logisch stringent verbindet (z. B. hysterische Störung – Hypnose für die Erforschung und Rekonstruktion der traumatischen Ereignisse – Befreiung des eingeklemmten Affekts, Bewußtwerden der traumatischen Erinnerung, Verschwinden des Symptoms).

Sorgfältige Beobachtungen der Auswirkungen therapeutischer Interventionen auf den Patienten, auf den Therapieverlauf und vor allem auf die Therapeut-Patient-Beziehung führten Freud schrittweise dazu, Methoden der Suggestion, der Hypnose, der Hypnokatharsis, der Belehrung, des Ratschlaggebens, Bäder, Massagen, Ruhekuren aufzugeben. So hörte er z. B. mit den Massagen bei Frau Emmy von N. auf, als er bemerkte, daß diese Form der Behandlung zu einer Erotisierung der therapeutischen Beziehung geführt hatte.

Unter Verwendung der hypnotischen Technik der voranalytischen Zeit sollten unbewußte Inhalte unmittelbar zur Äußerung kommen; Ichfunktionen galten als störende Einflüsse. Mit Hilfe der Hypnose sollten das Ich und das Über-Ich (Selbstkritik, Schamgefühle, normative Vorstellungen, Ideologismen, Alltagsbewußtsein) außer Kraft gesetzt werden. Die per Hypnose zustandegekommene Bewußtmachung löst das Symptom auf. »Aber das Ich selbst ist in den therapeutischen Prozeß nicht mit einbezogen. Es duldet den Eindringling nur, solange der Einfluß des Arztes fortwirkt, der die Hypnose durchgeführt hat. Dann revoltiert es, beginnt einen neuen Abwehrkampf gegen das ihm aufgenötigte

Stück des Es und zerstört damit den mühsam erreichten therapeutischen Erfolg« (A. Freud 1936, S. 13).

Freud hat den Verzicht auf die Hypnose als den »folgenschwesten Schritt« bezeichnet: »Die Hypnose hatte aber den Dienst geleistet, das vom Kranken Vergessene seiner bewußten Erinnerung zuzuführen. Sie mußte durch eine andere Technik ersetzt werden. Freud verfiel damals darauf, an ihre Stelle die Methode der freien Assoziation zu setzen, d. h., er verpflichtete die Kranken dazu, auf alles bewußte Nachdenken zu verzichten und sich in ruhiger Konzentration der Verfolgung ihrer spontanen (ungewollten) Einfälle hinzugeben (›die Oberfläche ihres Bewußtseins abzutasten‹). Diese Einfälle sollten sie dem Arzt mitteilen, auch wenn sie Einwendungen dagegen verspürten, wie z. B. der Gedanke sei zu unangenehm, zu unsinnig oder zu unwichtig und er gehöre nicht hierher ... Freie Assoziation und Deutungskunst leisteten also nun das Gleiche wie früher die Versetzung in Hypnose« (Freud 1924e, S. 410 f.).

Nachdem Freud die Hypnose aufgegeben hatte, legte er immer größeren Wert auf die Bewußtwerdung und Rekonstruktion der Kindheitsgeschichte. Beim wachen Patienten sollte das gleiche Phänomen wieder hervorgerufen werden, das er und Breuer in der Hypnose beobachtet hatten: die Erinnerung an längst vergessene traumatische Kindheitserlebnisse.

Wie Alexander (1937) aufgezeigt hat, führte die Einführung der Methode der freien Assoziation vorübergehend zu einer Überschätzung der Wichtigkeit der Rekonstruktion der Kindheitsgeschichte. »Dies wird daraus ersichtlich, daß ... viele analytische Pioniere augenscheinlich mit großer Beharrlichkeit den analytischen Prozeß überintellektualisierten, die Inhaltsdeutung sowie die Rekonstruktion der Kindheitsentwicklung besonders betonten und dabei die dynamische Handhabung von Widerstand und Übertragung vernachlässigten« (Alexander, S. 82).

Die Veröffentlichung von Ferenczi und Rank (1924) über die »Entwicklungsziele der Psychoanalyse« war eine Reaktion auf diese Überintellektualisierung, und es war von daher nicht verwunderlich, daß diese Autoren nun in das andere Extrem verfielen. Hauptsächliches Ziel der Analyse sei die Wiederbelebung infantiler Konflikte in der Übertragungsneurose und die Verknüpfung mit aktuellen Schwierigkeiten in den Alltagsbeziehungen. Erinnerung und Rekonstruktion traumatisierender Kindheitseindrücke seien nicht notwendig. Einsicht in die psychodynamischen Hintergründe von Verhalten und Erleben sei auch ohne Erinnerung an entsprechende biographische Konstellationen zu erreichen (was häufig auch tatsächlich der Fall ist). Viele vorsprachliche Lebenseindrücke seien zudem gar nicht rekonstruierbar (vgl. Bd. 2, Kap. 8: Deutung und Rekonstruktion).

Nach Auffassung der Kritiker vernachlässigt diese Variante psychoanalytischer Therapie allerdings die integrierende oder synthetische Funktion des Ichs (vgl. Nunberg 1930), die Freud in den letzten Jahren seines Schaffens aus ichpsychologischer Sicht, vor allem in seinem Aufsatz »Konstruktionen in der Analyse«, besonders hervorhob.

1.1.7 Empfohlene Literatur

zu 1.1

Bally, G.: (1961) Einführung in die Psychoanalyse Sigmund Freuds. Hamburg: Rowohlt
Ellenberger, H. F.: (1985) Die Entdeckung des Unbewußten. Geschichte und Entwicklung der dynamischen Psychiatrie von den Anfängen bis zu Janet, Freud, Adler und Jung. Zürich: Diogenes
Görres, A.: (1965) Methode und Erfahrungen der Psychoanalyse. München: Kindler
Haynal, A.: (1988) Probleme aus der Geschichte der psychoanalytischen Praxis und Technik. Psyche 42: 561–576
Freud, S.: (1892 bis 1899) Studien über Hysterie / Frühe Schriften zur Neurosenlehre. G. W. I, Frankfurt/M.: Fischer (1964)
Janus, L.: (1986) Zur Geschichte der psychoanalytischen Behandlungstechnik. Forum Psychoanal. 2: 1–19
Jones, E.: (1984a,b,c) Sigmund Freud – Leben und Werk, Band 1, 2 und 3. München: Deutscher Taschenbuch-Verlag. Deutsche Erstausgabe (1960 bis 1962): Das Leben und Werk von Sigmund Freud. Bern: Hans Huber
Langs, R.: (1987) Die psychotherapeutische Verschwörung. Stuttgart: Klett-Cotta
Lorenzer, A.: (1984) Intimität und soziales Leid. Archäologie der Psychoanalyse. Frankfurt/M.: Fischer
Köhler, T.: (1987) Das Werk Sigmund Freuds. Bd. 1: Von der hypnotischen Suggestionsbehandlung zur Theorie des Traums. Frankfurt/M.: Fachbuchhandel für Psychologie
Wyss, D.: (1961) Die tiefenpsychologischen Schulen von den Anfängen bis zur Gegenwart. Entwicklung, Probleme, Krisen. Göttingen: Vandenhoeck und Ruprecht

zu 1.1.2

(Dora)

Bernheimer, C./Kahane, C. (eds.): (1985) In Dora's Case. Freud – Hysteria – Feminism. New York: Columbia Univ. Press
Bernstein, I.: (1980) Integrative summary: On the reviewing of the Dora case. In: Kanzer, M./Glenn, J. (eds.): Freud and His Patients. New York: Aronson, 83–91

Decker, H. S.: (1982) The choice of a name: »Dora« and Freud's relationship with Breuer. J. Am. Psa. Ass. 30: 113–135
Decker, H. S.: (1981) Freud and Dora: Constraints on medical progress. J. Soc. Hist. 14: 445–464
Kanzer, M.: (1980) Dora's imagery: the flight from a burning house. In: Kanzer, M./Glenn, J. (eds.): Freud and His Patients. New York: Aronson, 72–82
Krohn, A./Krohn, J.: (1982) The nature of the oedipus complex in the Dora case. J. Am. Psa. Ass. 30: 555–578
Jennings, J. L.: (1986) The revival of »Dora«: Advances in psychoanalytic theory and technique. J. Am. Psa. Ass. 34: 607–635
Langs, R.: (1976) The misalliance dimension in Freud's case histories. I. Dora. Int. J. Psychanal. Psychother. 5: 301–318
Lewin, K.: (1973) Dora revisited. Psa. Rev. 60: 519–532
Ramas, M.: (1980) Freud's Dora, Dora's hysteria: The negation of a woman's rebellion. Fem. Stud. 6: 472–510
Possick, S.: (1984) Termination in the Dora case. J. Am. Acad. Psychoanal. 12: 1–11
Sand, R.: (1983) Confirmation in the Dora case. Int. Rev. Psycho-Anal. 10: 333–358
Spence, D. P.: (1986) When interpretation masquerades as explanation. J. Am. Psa. Ass. 34: 3–22

(Kleiner Hans)

Baumeyer, F.: (1952) Bemerkungen zu Freuds Krankengeschichte des »Kleinen Hans«. Prax. Kinderpsychol. Kinderpsychiatr. I: 129–132
Chasseguet-Smirgel, J.: (1986) Erneute Lektüre des »Kleinen Hans«. In: J. Chasseguet-Smirgel: Kreativität und Perversion, Frankfurt: Nexus, 55–66
Etchegoyen, R. H.: (1988) The analysis of little Hans und the theory of sexuality. Int. Rev. Psycho-Anal. 14: 37–43
Gardner, R. A.: (1972) Little Hans – the most famous boy in child psychotherapy literature. Int. J. Child Psychother. 1: 24–50
Loch, W./Jappe, G.: (1974) Die Konstruktion der Wirklichkeit und die Phantasien. Anmerkungen zu Freud's Krankengeschichte des »Kleinen Hans«. Psyche 28: 1–31
White, J. H./Hornsby, L. G.: (1972) The treatment of Little Fritz, a modern day Little Hans. Int. J. Child Psychother. I: 7–23

(Rattenmann)

Grunberger, B.: (1988) Einige Überlegungen zu Freud's »Rattenmann«. In: Ders.: Narziß und Anubis. Die Psychoanalyse jenseits der Triebtheorie. München, Wien: Verlag Internat. Psychoanalyse, 47–68
Holland, N. N.: (1975) An identity for the Ratman. Int. Rev. Psycho-Anal. 2: 157–169
Mahony, P. J.: (1986) Freud and the Ratman. New Haven, London: Yale Univ. Press
Shengold, I.: (1971) More about rats and rat people. Int. J. Psycho-Anal. 52: 277–288

(Wolfsmann)

Blum, H.: (1974) The borderline childhood of the Wolf man. J. Am. Psa. Ass. 22: 721–742

Mahony, P. J.: (1984) Cries of the Wolf Man. New York: Int. Univ. Press
Gardiner, M.: (1972) Der Wolfsmann vom Wolfsmann. Frankfurt/M.: Fischer
Miller, A.: (1981) Du sollst nicht merken. Variationen über das Paradies-Thema. Frankfurt/M.: Suhrkamp
Obholzer, K.: (1980) Gespräche mit dem Wolfsmann. Reinbek: Rowohlt

1.2 Einige Weiterentwicklungen und Innovationen bei Schülern und Nachfolgern Freuds

Es wird in den letzten Jahren immer klarer, daß Freud kein allzu großes Interesse daran hatte, die psychoanalytische Therapie, ihre Mittel, ihre taktischen und strategischen Ziele, ihre Prozeßverläufe zu kodifizieren. In seinen behandlungstechnischen Aufsätzen aus den Jahren 1911 bis 1915, die ja als Grundlegung der psychoanalytischen Technik angesehen werden, verhehlte er nicht, daß es sich dabei um Empfehlungen handele, die sich für seine Person als zweckmäßig herausgestellt hatten. Andererseits konnte er auch scharfe Grenzlinien ziehen, wenn es um die Festlegung ging, wer sich Psychoanalytiker nennen dürfe. So überließ er in manchem die theoretische Erforschung der psychoanalytischen Technik seinen Schülern, und nur, wenn die Essentials der Psychoanalyse auf dem Spiel standen, schritt er ein. Dieses nicht allzu große Interesse Freuds an Theorie und Praxis analytischer Behandlungstechnik ließ Raum für seine Schüler und nachkommende Generationen, selbst zu experimentieren, innerhalb des psychoanalytischen Behandlungsparadigmas eigene Wege auszuprobieren und einen eigenen analytischen Stil zu finden. Auch eine »normative Idealtechnik«, die in den fünfziger Jahren als Verdienst von Eissler (1953) entstand, konnte daran wenig ändern. Dieser kreativen Flexibilität steht allerdings eine verwirrende Vielfalt von behandlungstechnischen Konzepten und Optionen – mitunter in eigenwilliger Diktion – gegenüber. Dennoch: Ein historischer Überblick läßt erkennen, daß bestimmte Auffassungen und Kontroversen immer wiederkehren und daß gelegentlich das, was als Novum ausgegeben wird, vor 50, 60 oder 70 Jahren schon intensiv diskutiert wurde. Der folgende Überblick kann allerdings nur einen kleinen Ausschnitt über die Weiterentwicklungen nach Freud geben.

1.2.1 Otto Rank

Der zu den frühesten Schülern Freuds zählende Otto Rank, geboren 1884 in Wien, ist heutzutage weitgehend noch wegen seines Konzepts der Geburtsangst bekannt. Viele Jahre galt Ranks Lehre von den Folgen des Geburtstraumas für die Entwicklung des Menschen als reduktionistisch, spekulativ und letztlich schon von Freud in seiner Bedeutung relativiert. Erst in den letzten Jahren gibt es ein Interesse an der Beschäftigung mit dem Thema der Geburt und vorgeburtlicher Zustände.

Im selben Jahr, in dem Rank auch zusammen mit Ferenczi den kritischen Aufsatz zur Behandlungstechnik »Entwicklungsziele der Psychoanalyse« (1924) verfaßte, gab er auch das Buch »Das Trauma der Geburt« heraus, das Orban (1988) ein »erschreckend aktuelles Buch« genannt hat. Hier beschrieb er, daß es nicht so sehr das Trauma des Angstanfalles sei, welches das Kind bei der Geburt erlebt und das für Freud zum Prototyp von späteren Angstzuständen wurde, sondern die Trennung des Kindes vom Uterus der Mutter, in dem es ein Höchstmaß an Geborgenheit erlebt hat. In jedem Menschen bleibt deshalb auch eine tiefe unbewußte Sehnsucht, zu diesen vorgeburtlichen paradiesischen Zuständen zurückzukehren. Dem stehen freilich die Erinnerung an den Geburtsvorgang und die dadurch erlebte Angst im Wege. Dieser Konflikt zwischen regressiver Sehnsucht und einer Flucht ins Leben hinein ist für Rank die Grundform aller späteren Konflikte.

Anhand einer Fülle von Beispielen kindlicher Ängste, Symptome, Spiele, infantiler Geburtstheorien und Perversionen bei Erwachsenen (so basiert nach Rank die männliche Homosexualität auf dem Abscheu vor dem weiblichen Genitale wegen der engen Beziehung zum Geburtsschock), Träumen und kulturellen Produktionen zeigte Rank die psychischen Verarbeitungen und Umgestaltungen dieses grundlegenden Konfliktes auf.

Janus (1987) hat die Gründe für die ziemlich umfangreiche Verdrängung dieser Thematik in der Geschichte der Psychoanalyse mit der zwiespältigen Einstellung Freuds zu seiner Mutter in Verbindung gebracht. Weil Freud eine überwiegend idealisierende Abwehr gegenüber frühen Angst- und Wutgefühlen im Zusammenhang mit der Imago der bösen Mutter zeit seines Lebens aufrechterhielt, konnte es – abgesehen von einigen beiläufigen Bemerkungen zu diesem Thema – zu keiner Systematisierung der Geburtsangst-Theorie kommen (vgl. Janus, S. 834).

Freud konzediert zwar in »Hemmung, Symptom und Angst«, daß der Geburtsvorgang die erste Gefahrensituation darstelle und zum Vorbild für alle späteren Angstreaktionen werde, wobei das Gemeinsame die Trennung von der Mutter sei, aber der Haupteinwand gegen die Ranksche Theorie blieb für Freud, »daß sie in der Luft schwebt, anstatt sich auf gesicherte Beobachtung zu stützen. Es gibt keine guten Untersuchungen darüber, ob schwere und protrahierte Geburt in unverkennbarer Weise mit Entwicklung von Neurose zusammentreffen, ja, ob so geborene Kinder nur die Phänomene der frühinfantilen Ängstlichkeit länger oder stärker zeigen als andere ... Es scheint ein Vorteil der Rankschen Ätiologie, daß sie ein Moment voranstellt, das der Nachprüfung am Material der Erfahrung zugänglich ist; solange man eine solche Prüfung nicht wirklich vorgenommen hat, ist es unmöglich, ihren Wert zu beurteilen« (1926a, S. 183 f.).

Die interessante These von Janus (1987) lautet dahingehend, daß die Fokussierung Freuds auf das ichpsychologische Thema der Signalangst von den frühen Primäraffekten von Wut und Angst ablenkte und deren Bedeutung relativierte. Sie tauchen allerdings im Werk von Melanie Klein wieder auf (vgl. Klein, S. 834). Behandlungstechnisch wurde ebenso die Bedeutung des Geburtserlebens und der Geburtsreminiszenzen weitgehend ausgeblendet. Verhaltens- und Körpererlebensveränderungen, aber auch klaustrophobe Ängste wurden von Freudschen Psychoanalytikern nie oder nur selten mit traumatischen Geburtskonstellationen in Zusammenhang gebracht. Dabei dürfte – nach Schätzung von Janus – bei etwa 20 bis 30 Prozent der Patienten eines Analytikers die Art der Regression durch diese Konstellation mitbestimmt sein (was auch damit korrelieren könnte, daß etwa ein Drittel der neurotischen und milieureaktiv verhaltensgestörten Kinder eine frühkindliche Hirnschädigung i. S. v. Lempp 1978 aufweist). Janus bringt u. a. ein Beispiel dafür, wie die Durcharbeitung einer geburtstraumatischen Situation schrittweise zu einer allmählichen Integration führt, was sich auch an Träumen deutlich machen läßt: »So träumte ein Patient mit einer Kaiserschnittgeburt von immer neuen Unfällen und mißlingenden Fahrversuchen. Er aktualisierte damit die traumatische Bedingung seiner ersten Fahrt ins Leben, bis er schließlich Träume hatte, in denen er einen Serpentinenweg geschickt herabfuhr. Man kann in der angedeuteten Traumsequenz eine Restitution der Geburtssymbolik sehen, des geschickten Durchkommens. Gleichzeitig veränderte sich das Lebensgefühl des Patienten, der bis dahin immer das Gefühl hatte, in allen Lebenssituationen anzuecken und aufzuschlagen« (Janus, S. 840).

Während eine Reihe von Forschern die von Rank (1924) initiierten Themen außerhalb der Psychoanalytic Community weiterverfolgt hat, dabei aber noch vor die Geburt, ins pränatale Leben zurückgehend (Janus [1987] nennt z. B. Graber, E. Freud, Hau, Meistermann-Seeger), ist in letzter Zeit durch Grunberger (1976, 1985) die vorgeburtliche Zeit mit seinen Konzepten des Urnarzißmus (»Paläonarzißmus« oder »kosmischer Narzißmus«) und der archaischen Aggression (»anubische Aggression«) psychoanalytisch wieder salonfähig geworden.

1.2.2 Sándor Ferenczi

S. Ferenczi, 1873 als drittjüngster Sohn von insgesamt 11 Kindern in der nordungarischen Stadt Miskolc geboren, nahm als 34jähriger zum ersten Mal Kontakt zu Freud auf (nachdem er es Jahre zuvor abgelehnt hatte, eine Rezension über die Traumdeutung zu schreiben, weil sie nicht wissenschaftlich genug sei, um eine Besprechung zu verdienen, vgl. Balint 1970). Freud war sehr beeindruckt von ihm und forderte ihn auf, beim 1. Internationalen Psychoanalytischen Kongreß in Salzburg (1908) einen Vortrag zu halten. Aus diesen ersten Kontakten wurde eine über 26 Jahre andauernde Freundschaft, die erst in den letzten Jahren Ferenczis, der als knapp Sechzigjähriger 1933 starb, durch seine provozierenden behandlungstechnischen Innovationen empfindlich gestört wurde.

Wir beginnen erst heute zu begreifen, welche wichtigen Phänomene Ferenczi im Verlauf seines kreativen Experimentierens mit therapeutischen Regeln und Grundsätzen entdeckte. Viele behandlungstechnische Kontroversen, die seit den sechziger Jahren in der Literatur diskutiert werden, lassen sich auf Ferenczi zurückführen. So beschrieb er z. B. (vgl. Balint 1966, S. 905):

- den positiven Stellenwert der Regression in der analytischen Situation, falls diese richtig gehandhabt wird;
- die vor allen anderen Deutungsformen rangierende Übertragungsdeutung;
- den Einfluß der »berufsmäßigen Heuchelei« des Analytikers auf die Beziehung zum Analysanden;
- die damit in Zusammenhang stehende Bedeutung der Aufrichtigkeit des Analytikers;
- die zu ausschließlich vorgenommene passive Spiegelhaltung, welche die Gefahr einer Wiederholung des ursprünglichen, pathogenen Traumas in sich birgt.

Beginnend mit einigen Aufsätzen zu behandlungstechnischen Problemen (wie z. B. »Über passagère Symptombildungen während der Analyse«, in denen er auf die Bedeutung der Körpersprache aufmerksam machte), kam er zu zwei deutlich unterscheidbaren Vorgehensweisen, die »aktive Technik« und »Relaxationstechnik« genannt wurden (vgl. *Abb. 4*).

Abb. 4: Überblick über S. Ferenczis Arbeiten zur psychoanalytischen Technik

---

1912 Über passagère Symptombildungen während der Analyse
1919 Zur psychoanalytischen Technik

Zur aktiven Technik
1919 Technische Schwierigkeiten einer Hysterieanalyse
1921 Weiterer Ausbau der ›aktiven Technik‹ in der Psychoanalyse
1924 Über forcierte Phantasien
1925 Psychoanalyse von Sexualgewohnheiten
1926 Kontraindikationen der aktiven psychoanalytischen Technik
1924 Ferenczi und Rank: Entwicklungsziele der Psychoanalyse

Zur Relaxationstechnik (Entspannungsmethode)
1929 Das unwillkommene Kind und sein Todestrieb
1930 Relaxationsprinzip und Neokatharsis
1931 Kinderanalyse mit Erwachsenen

Die aktive Technik

Zwischen den Jahren 1919 bis 1926 arbeitete Ferenczi mit der sog. aktiven Technik, wobei Freud mit dem Mittel der Terminsetzung beim Wolfsmann (1918a) hierbei Pate gestanden hatte, weshalb er auch die Experimente Ferenczis aus dieser Zeit zunächst mit Wohlwollen betrachtete. Nach Ferenczi bezieht sich die Aktivität auf den Patienten, wobei freilich der Therapeut durch bestimmte Aufforderungen (z. B., sich einer angstmachenden Situation zu stellen) und durch Verbote (z. B. Selbstbefriedigung) diese Aktivität stimuliert. Die zugrunde liegende Idee bei dieser aktiven Technik, über die Ferenczi in fünf Aufsätzen berichtete (siehe *Abb. 4*), war einmal, anhand der Labilisierung des Widerstandes zu einer Verschlimmerung der Symptome beizutragen, und zum anderen, auf diesem Weg Erlebnisse bewußt zu machen, die auf dem Weg über die Erinnerung nicht zu erfahren sind. Als Ferenczi jedoch erkannte, daß diese Vorgehensweise Rückwirkungen auf die Übertragungsbeziehung hatte, z. B. an autoritäre Eltern-Kind-Verhältnisse erinnerte, erteilte er nur noch Ratschläge von »elastischer Nachgiebigkeit«, um aber auch diese alsbald völlig zu unterlassen.

In diese Zeit fällt auch die Veröffentlichung der mit Rank zusammen verfaßten Schrift »Entwicklungsziele der Psychoanalyse« (1924). Die Autoren äußerten ihr Unbehagen an dem (angeblichen) Übergewicht, das auf kognitive Einsichten via genetischer Deutungen und Rekonstruktionen gelegt wurde, was ihrer Meinung nach die Gefahr einer übermäßigen und unnötigen Intellektualisierung mit sich brachte. Sie plädierten statt dessen für ein Wiederauflebenlassen der alten Konflikte in der Übertragungsbeziehung, anstatt in längst vergangenen Erinnerungen herumzusuchen.

»Dieses genuine ›psychoanalytische Erlebnis‹ dem Deutungsfanatismus therapeutisch überzuordnen, mußte provozierend wirken« (Thomä 1983, S. 18).

Franz Alexander (1935) z. B., der später allerdings selbst die Vernachlässigung des Beziehungsgeschehens einklagen wird, warf Ferenczi und Rank vor, daß sie die Notwendigkeit des Durcharbeitens nicht genügend anerkennen würden.

Die Relaxationstechnik

Die eigentliche Bedeutung Ferenczis liegt darin, daß er zu einer Haltung gefunden hat, die von einem tiefen Respekt für den Patienten zeugt. Wie kein anderer Psychoanalytiker plädierte Ferenczi für die Aufrichtigkeit des Psychoanalytikers gegenüber seinem Patienten, der vielleicht die stärkste heilende Wirkung zukommt.

Neben dieser Haltung ging Ferenczi nun immer stärker davon aus, daß nicht Spannungssteigerungen, sondern Entspannungsübungen (Relaxation) dazu angetan seien, die Widerstände eines Patienten zu reduzieren. Die Intensivierung der Entspannung führte nach und nach zu einer Einstellung mütterlicher Freundlichkeit gegenüber den – wohl meist recht frühgestörten – Patienten.

»Das Verfahren, das ich meinen Analysanden gegenüber anwende, kann man mit Recht eine Verzärtelung nennen. Mit Aufopferung aller Rücksichten auf eigene Bequemlichkeit gibt man den Wünschen und Regungen, soweit als irgend möglich, nach. Man verlängert die Analysenstunde, bis eine Ausgleichung der vom Material angeregten Emotionen erreicht ist; man läßt den Patienten nicht allein, bevor die unvermeidlichen Konflikte in der analytischen Situation durch Aufklärung der Mißverständnisse und Rückführung auf die infantilen Erlebnisse in versöhnlichem Sinne gelöst sind. Man verfährt also etwa wie eine zärtliche Mutter, die abends nicht schlafen geht, ehe sie alle schwebenden kleinen und großen Sorgen, Ängste, bösen Absichten, Gewissensskrupel mit dem Kind durchgesprochen und in beruhigendem Sinn erledigt hat. Mit dieser Hilfe gelingt es uns, den Patienten in alle frühen Stadien der passiven Objektliebe versinken zu lassen, in denen er – wirklich wie ein eben einschlafendes Kind – in hingemurmelten Sätzen Einsicht in seine Traumwelt gewährt« (Ferenczi 1931, S. 284).

Cremerius (1983, S. 996) weist darauf hin, daß an die Stelle der Deutung bei Ferenczi die reale Aktion trete, daß »das Als ob der Mütterlichkeit ... durch das Angebot realer Mutterqualitäten ersetzt (wird)«, und Balint (1968) brachte zum Ausdruck, daß man unterscheiden müsse zwischen dem »Geben primärer Liebe« und dem »Sich-als-›primäres-Objekt‹-Darbieten«. Es reiche aus, wenn der Analytiker dem Patienten eine bessere, verständnisvollere Umwelt bereitet, was jedoch nicht in Form von mehr Fürsorge, Liebe, Beachtung, Befriedigung oder Schutz zu geschehen braucht (Balint, S. 217 f.).

Hatte Freud in aller Deutlichkeit klargestellt, daß der Patient keine Befriedigung aus dem Übertragungsverhältnis mit dem Analytiker ziehen dürfe, um die Energien für das wirkliche Leben übrig zu behalten, so ging Ferenczi den entgegengesetzten Weg, wobei er freilich auch sah, daß irgendwann der Punkt kommt, wo man der »Schrankenlosigkeit ein Ende zu setzen« (1931, S. 284) hat. So kann es nicht ausbleiben, daß der Patient am Ende dieses zärtlichen Verhältnisses »in die uns so wohlbekannte Versagungssituation (gerät), die zunächst die hilflose Wut und die darauf folgende Lähmung aus der Vergangenheit reproduziert, und es gehört viel Mühe und taktvolles Verständnis dazu, die Versöhnung auch unter solchen Umständen im Gegensatz zur dauernden Entfremdung in der Kindheitssituation wiederherzustellen« (1931, S. 284). Es verwundert nicht, daß Freud von einer »Technik der Mutterzärtlichkeit« gesprochen hat und Ferenczi vor einer »Verwilderung der Psychoanalyse« warnte, die drohe, »in eine Pettingparty auszuarten«. Gegenüber seinem Analysanden Blanton (ein Beispiel für mangelnde Abstinenz auf seiten Freuds?) führte er die neue Methode Ferenczis darauf zurück, daß seine Mutter ihm als eines von 11 Kindern nicht genügend Liebe geben konnte und daß nun Ferenczi versuche, die Liebe, die er einst nicht erhielt, zu geben, um auf diese Weise von seinen Patienten geliebt zu werden (vgl. Blanton 1971, S. 61).

Die nachfolgenden Analytiker, die im Gefolge Freuds von der Einschätzung ausgingen, daß die Experimente Ferenczis gescheitert seien, bekannten sich in der Regel zu dem impliziten Glaubensgrundsatz, daß die Befriedigung von Bedürfnissen etwas völlig Unanalytisches sei. Sie übersahen dabei aber, daß auch empathische oder nicht verurteilende Deutungen tiefe Befriedigungserlebnisse darstellen können, so daß es nicht um ein Entweder-Oder gehen kann, sondern nur um die Frage der richtigen Dosierung. Was für den einen Patienten eine massive Verführung bedeuten kann, ist für den anderen vielleicht nur Ausdruck einer verständnisvollen Geste.

Was Ferenczi aber auf jeden Fall durch seine Haltung der Aufrichtigkeit und mütterlichen und väterlichen Zärtlichkeit gelang, war eine analytisch fruchtbare Regression im Patienten zu bewirken (vgl. hierzu Bd. 3, Kap. 22: Wirkfaktoren). Dazu müsse man es als Analytiker auch aushalten können, selbst von der Position des immer überlegenen, rechtschaffenen und biederen Analytikers auf eine kindliche Entwicklungsstufe zu regredieren; ferner ertragen können, daß intellektuelle Deutungen in sekundärprozeßhafter Sprache den Patienten gar nicht mehr erreichen und der Patient vorübergehend den Als-Ob-Charakter der analytischen Situation aus den Augen verliert. Diese Einstellung zur Regression war natürlich auch aus der Einsicht geboren, daß in Analysen allzu häufig nur versucht werde, per intellektueller Deutung den Patienten zum Aufgeben seiner »neurotischen Unarten« zu bewegen; daß man aber nur von dem lernen kann, den man lieben und hassen darf, bleibt dabei unberücksichtigt.

Die Implikationen der Entdeckungen von Ferenczi werden erst heute – vielleicht nachdem an die Standardtechnik Eisslerscher Kodifizierung niemand mehr so recht glauben mag – wieder entdeckt und zugelassen, wenngleich auch vieles in den behandlungstechnischen Positionen von Balint in modifizierter Form über die Jahre gerettet worden ist.

Cremerius (1983) hat in seinem Aufsatz über die Bedeutung Ferenczis für die Theorie und Therapie der Psychoanalyse die bleibenden Verdienste aus der Sicht »50 Jahre danach« festgehalten (vgl. Cremerius, S. 997 ff.):

- Die stärkere Betonung der sozialen Ursachen der Neurose stellt den Beginn einer analytischen Sozialpsychologie dar; erste Aspekte einer Theorie der Objektbeziehung treten auf.
- Das Trauma wird bei Ferenczi nicht mehr als Akt einer sexuellen Verführung angesehen, sondern als Ausdruck einer Kommunikationsstörung

zwischen Eltern und Kind; in Umrissen rückt so die Familie mit ihrem traumatischen Einfluß in den Mittelpunkt der Betrachtung.

- Er legt das Fundament zu einer Psychologie der frühen Störungen; entdeckt frühe Abwehrmechanismen (vor allem Spaltungsvorgänge) und beschreibt bereits gestörte Ich-Funktionen.
- Für ihn besteht beim Säugling vom Beginn des Lebens bereits eine Beziehung, während er bei Freud durch Narzißmus gekennzeichnet ist.
- Die Regression erhält – im Unterschied zu Freud – einen hohen diagnostischen Wert. Störungen in den ersten Objektbeziehungen können nur über das Agieren, nicht über die Sprache ausgedrückt werden. Der Analytiker ist aufgefordert, die Regression des Patienten mit seiner eigenen zu begleiten. Balint wird später von der »Regression auf die Grundstörung« sprechen.
- Die Regression ist kein intrapsychischer autonomer Prozeß, sondern sie ereignet sich in der Objektbeziehung; dazu kann der Analytiker nicht in der Position des zwar teilnehmenden, aber doch draußen stehenden Beobachters verbleiben: Seine Person werde wichtig; an ihm könne der Patient neue emotionale Erfahrungen machen.
- Da die Analysierbarkeit nicht allein durch Umgehenkönnen mit Deutungen definiert ist, erweitert sich auch der Indikationsrahmen der Psychoanalyse. Aus einer methodenzentrierten Technik wird eher eine patientenzentrierte.
- Neben den klassischen Wirkfaktor der Einsicht treten andere, nicht die Triebbefriedigung als solche, sondern das Angebot von Objektbeziehungen, Balints »primärer Liebe«.
- Übertragung wie Gegenübertragung müssen neu definiert werden. Die Übertragung ist nicht nur das Ergebnis eines autonom-endopsychischen Prozesses, sondern auch Resultat realer Wahrnehmung.
- Die Übertragung wird nicht mehr ausschließlich von der Ödipussituation aus gesehen; frühe Formen der Beziehung, wie sie zwischen Mutter und Kind herrschen, werden wichtig.
- Aufgrund der Regression herrscht eine primärprozeßhafte Wahrnehmungsfähigkeit vor (jenseits konventioneller Höflichkeiten unter Erwachsenen); deshalb nimmt der Patient die wirkliche Gefühlseinstellung des Analytikers wahr;
- Damit wird die Person des Analytikers zum zentralen Instrument der Behandlung. Er und sein Tun bestimmen den analytischen Prozeß stärker als die unbewußten Prozesse im Patienten;
- Dazu ist es notwendig, daß der Analytiker im gleichen Maße wie der Patient sich selbst beobachtet und für die Interaktion sensibel wird.

Im Anschluß an diese imposante Auflistung arbeitet Cremerius den Einfluß von Ferenczi auf die Weiterentwicklung der psychoanalytischen Technik hauptsächlich anhand von Balint heraus und erläutert, in welchen Punkten Balint seinen Lehrer Ferenczi korrigiert hat, so z. B. Ferenczis Verwechslung von primären Objekten mit guter Mütterlichkeit, seine »Verzärtelung« des Patienten und seine Übersteigerung der emotionalen Erfahrung zu einer korrigierenden emotionalen Erfahrung.

Balint betont, wie wichtig es ist, den Patienten seinen eigenen Weg finden zu lassen, weil gerade dies für den Patienten als Kind kaum möglich war; bei der korrigierenden Erfahrung sei hingegen der Analytiker zu aktiv, dränge sich z. B. zu stark als gute Mutter auf, was der Patient dankbar annehmen solle, was ihn aber auch von seinem Weg abbringen kann.

1.2.3 Franz Alexander

Der 1891 in Budapest geborene Franz Alexander, der erste Student von Karl Abraham und spätere Assistent am Berliner Psychoanalytischen Institut, der spätere Gründer und Direktor des Chicagoer Instituts für Psychoanalyse, ist in der Psychoanalyse hauptsächlich durch seine Pionierarbeit in der Psychosomatik bekannt geworden.

Im Hinblick auf behandlungstechnische Vorschläge und Neuerungen ist vor allem sein Konzept der korrigierenden emotionalen Erfahrung von Wichtigkeit. In psychoanalytischen Kreisen hatte dieser Begriff von Anfang an zwiespältige Reaktionen ausgelöst: Während sich die einen spöttisch darüber mokierten und ihn in den Bereich der nichtpsychoanalytischen Therapie verwiesen, sahen andere in ihm einen wesentlichen Wirkfaktor in der psychoanalytischen Behandlung (vgl. Bd. 3, Kap. 22: Wirkfaktoren).

Franz Alexander wurde z. B. vorgeworfen, daß er wesentliche psychoanalytische Prinzipien unterminiere, vor allem daß er die Erfahrung in der Beziehung auf Kosten der Einsicht betone, daß er die Übertragung manipuliere, statt sie zu analysieren, und daß er die persönliche Bindung, die der Patient zum Analytiker entwickkele, unaufgelöst lasse.

Diese Kritik läßt sich auch darin zusammenfassen, daß Alexander die Bedeutung der persönlichen Beziehung zu sehr betonte.

Nach Alexanders Definition müsse der Patient neue gefühlsmäßige Erfahrungen durchlaufen, die geeignet seien, die krankmachenden Auswirkungen traumatisierender Erlebnisse seines früheren Lebens aufzuheben (vgl. Alexander und French 1946, S. 33). Deshalb sei die Aufgabe des Analytikers, sich von »der Autoritätsperson der Vergangenheit zu unterscheiden« (1946, S. 67), damit der Patient in der Übertragungsneurose zwar zunächst seine alten, ungelösten Konflikte wiederbelebt, aber nunmehr mit einem neuen Ausgang. Die bemerkenswerteste Abweichung von der damaligen psychoanalytischen Orthodoxie lag in der Auffassung, welche Bedeutung das Verhalten des Analytikers gegenüber seinem Patienten hat. Alexander glaubte nämlich, daß der Unterschied in der Haltung (zwischen der jetzigen des Analytikers und der ursprünglichen der Eltern) der hauptsächliche dynamische Faktor sei, der es ermögliche, daß verdrängtes Material bewußt werde (1950, S. 490) und nicht seine Widerstands- und Übertragungsdeutungen. Wenn ein Patient z. B. realisieren kann, daß seine selbstbehauptenden Impulse vom Analytiker nicht bestraft werden, sondern wohlwollend aufgenommen und sogar verstärkt werden, dann kann er nach und nach lernen, sich immer freier auszudrücken. Nicht so sehr die Einsicht in unbewußte Bedeutungszusammenhänge, sondern die emotionale Erfahrung sei der ausschlaggebende Wirkfaktor.

Alexander trat dafür ein – und dies wird in der Regel als der kontroverseste Punkt betrachtet –, daß der Analytiker versuchen sollte, seine spontanen Gegenübertragungsreaktionen (die gewöhnlich den elterlichen Haltungen gleichen) durch Einstellungen zu ersetzen, die bewußt geplant sind (1950, S. 491). In diese Formulierung ist vieles hineingesehen worden, von durchaus angemessener und notwendiger Reflexion der Gegenübertragung bis hin zum unechten und künstlichen Verhalten einer z. B. aufgesetzt wirkenden Freundlichkeit oder Besorgtheit.

Mintz (1972) z. B. hat die Befürchtung geäußert, daß jegliche falsche Geste von Akzeptanz oder Zuneigung seitens des Therapeuten vor allem bei solchen Patienten schädlich sein kann, die bezüglich der wirklichen Gefühle ihrer Eltern traumatisiert worden sind (Mintz, S. 155). Der Patient kann dann das übertrieben freundliche oder unterstützende Verhalten des Therapeuten als eine Wiederholung des nicht vertrauenswürdigen Verhaltens seiner Eltern erleben, was eine negative Übertragung intensivieren und das Arbeitsbündnis schwächen kann. Bei anderen Patienten hingegen muß diese Haltung der(s) »guten Analytiker-Mutter oder -Vaters« nicht notwendigerweise zu einem Gefühl der Künstlichkeit führen; die während solcher Zeit in der Regel stattfindende idealisierende Übertragung ist auch als legitimer Wunsch zu sehen, die bislang verdrängten Bedürfnisse nach einer guten Eltern-Kind-Beziehung auf symbolische Weise zu befriedigen.

In der Orthodoxie der fünfziger Jahre, vor allem nordamerikanischer Provenienz, konnte sich Alexander mit seinem Konzept der korrigierenden emotionalen Erfahrung nicht durchsetzen. Obwohl er in vielen Punkten durchaus mit der bisherigen psychoanalytischen Auffassung konform ging (z. B., was die Rolle der Übertragung anbelangte), reduzierte er aber doch die Bedeutung der Einsicht und betonte statt dessen stärker die gefühlsmäßige Erfahrung einer guten Beziehung, was später von englischen Objektbeziehungstheoretikern, wie z. B. Balint und Winnicott, ebenso vertreten wurde und aus der modernen Psychoanalyse nicht mehr wegzudenken ist. Im Gegenteil: Hinsichtlich der Wichtigkeit von Einsicht für den Heilungsvorgang werden heutzutage immer mehr kritische Stimmen laut (vgl. Bd. 3, Kap. 22: Wirkfaktoren). Heigl und Triebel (1977) haben bei ihrer Skizzierung einer psychoanalytischen Lerntheorie in der korrigierenden emotionalen Erfahrung den essentiellen therapeutischen Faktor erblickt.

Heutzutage gehört die Bemühung, der vom Patienten angesonnenen Rollenerwartung nicht zu entsprechen, zu den grundlegenden Erkenntnissen bei der Handhabung der Übertragung. Bei der Erörterung der Konzepte der »Rollenbereitschaft« und des »Handlungsdialogs« (vgl. Bd. 2, Kap. 10: Übertragung) wird jedoch deutlich werden, daß man es als Therapeut manchmal gar nicht vermeiden kann, den Rollenerwartungen zu entsprechen, und darüber hinaus ist die Frage aufgetaucht, ob dies nicht auch therapeutisch nützlich sein kann. Dies wird vor allem bei Formen der projektiven Identifizierung deutlich (vgl. Bd. 3, Kap. 13: Gegenübertragung und Kap. 14: Handhabung der Gegenübertragung). Ein Patient, der unbewußt hofft, bei seinem Analytiker z. B. Leidenszustände auszulösen, die er als Kind durchlebt hat, ist enttäuscht, wenn sein Analytiker dieses Leiden nicht mit ihm teilt, sondern sich gleichermaßen wohlwollend und gelassen verhält und ihm die unerträgliche Stimmung sofort in einer genetischen Deutung als kindliches Erleben zurückgibt. Wenn nun der Analytiker aber eine Zeitlang die leidvollen Stimmungen und Vorstellungen in sich aufnimmt und mitträgt, kann sein Patient erfahren, daß er zum einen (bei einem Erwachsenen) etwas bewirken kann, was er als Kind nie oder nur ungenügend erfahren hat, zum anderen, daß nicht nur er immer diese »Schwächen« und »verachtenswerten Gefühlszustände« erlebt, sondern auch sein Therapeut, und drittens, daß dieser auch wirklich nacherlebt und mitempfindet, wie der Patient als Kind und auch noch später gelitten hat. Zur gleichen Zeit verlangt und erwartet der Patient aber auch, daß sein Therapeut stark genug ist, um nicht in seiner eigenen Traurigkeit und Wut zu versinken, sondern genügend Einfühlung und Neutralität aufrechterhalten kann, um sich dem Patienten zuzuwenden. Hoffman und Gill (1988) haben jüngst gegenüber der Mount Zion Forschungsgruppe um Weiss und Sampson einen ähnlichen Einwand erhoben; während Weiss et al. (1986) die Ansicht vertreten, daß eine korrigierende interpersonelle Erfahrung zustande kommt, wenn der Analytiker sich nicht in bestimmte Beziehungsmuster drängen läßt, wo ihn der Patient im Rahmen seiner neurotischen Übertragung hinhaben will, vertreten Hoffman und Gill die Auffassung, daß die unterschiedliche Erfahrung eine komplexe Kombination von Phasen des starken Involviertseins und von Momenten des Darüberstehens auf seiten des Analytikers voraussetzt. Die korrigierende Erfahrung stelle sich dann beim Patienten ein, wenn er erleben kann, daß sein Analytiker genau solche menschlichen Seiten hat, wie er auch und empfänglich für bestimmte Beeinflussungen ist, daß dieser aber andererseits auch diesen Gefühlen nicht ausgeliefert ist, sich in den Patienten einfühlt und dem Patienten hilft, sich zu verändern (Hoffman und Gill 1988, S.59).

1.2.4 James Strachey

1933 hielt der damals 45jährige James Strachey vor der Britischen Psychoanalytischen Gesellschaft einen Vortrag mit dem Titel »The nature of the therapeutic action of psychoanalysis«. Von vielen Psychoanalytikern wird dieser Aufsatz, der 1934 veröffentlicht wurde, als eine der wertvollsten und meistgelesenen Arbeiten zur Theorie der psychoanalytischen Technik betrachtet.

Auf dem 14. Internationalen Psychoanalytischen Kongreß in Marienbad im Jahr 1936, an dem Strachey zusammen mit Glover, Fenichel, Bergler, Nunberg und Bibring teilnahm, lautete das Thema »Über die Theorie der therapeutischen Resultate der Psychoanalyse«. Dort stellte er seine Theorie mit einigen Modifikationen erneut vor.

Strachey ging davon aus, daß es beim psychoanalytischen Heilungsprozeß vor allem darauf ankommt, eine Modifikation des Über-Ichs zu bewirken. Dies geschieht mit Hilfe der mutativen Deutung, die die psychische Struktur verändert, und nur eine Übertragungsdeutung hat diese mutative Kraft. Mit M. Klein nahm er an, daß der neurotische Patient sein Über-Ich oder seine introjizierten Objekte auf äußere Personen projiziert hat, denen gegenüber er Angst und feindselige Affekte empfindet. Die erneute Introjektion dieses projektiv erlebten äußeren Objektes erzeugt einen Circulus vitiosus. In der analytischen Behandlung projiziert der Patient nun auch seine introjizierten archaischen Objekte auf den Analytiker; die bösen Introjekte (oder das strenge

Über-Ich) sind beim neurotischen Menschen gegenüber den guten Introjekten (dem milden Über-Ich) bei weitem in der Überzahl.

Nach Strachey wird der Analytiker zum Hilfs-Über-Ich seines Patienten, dessen auf ihn gerichteten Es-Impulsen er nun erlaubt, bewußt zu werden. Da der Analytiker sich nicht wie die »guten« oder »bösen« archaischen Objekte benimmt, wird der Patient einen Unterschied zu seinen archaischen Phantasie-Objekten feststellen. Die Deutung ist dann zur mutativen geworden. Aufgabe des Analytikers ist es dabei, jede reale Äußerung zu vermeiden, die die Ansicht von ihm als einem »bösen« (oder »guten«) Phantasieobjekt bestätigen könnte. Wenn sich der Analytiker zu »Es-freundlich« benimmt, besteht andererseits die Gefahr, daß der Patient ihn mit dem Bild eines verräterischen Elternteils verwechselt, der ihn z. B. erst ermutigte, dann aber bestrafte. Ein ebensolcher Fehler wäre es, wenn der Analytiker den Patienten ermutigen würde, »sein ›gutes‹ introjiziertes Objekt auf ihn zu projizieren. Denn der Patient wird dann danach streben, ihn als gutes Objekt im archaischen Sinn anzusehen, wird ihn seinen archaischen ›guten‹ Imagines einverleiben und ihn als Schutz gegen die ›bösen‹ benützen. Auf diese Weise können seine infantilen positiven Regungen ebenso wie seine negativen der Analyse entgehen, denn dann gibt es vielleicht für sein Ich keine Möglichkeit mehr, zwischen dem äußeren Phantasieobjekt und dem realen einen Vergleich zu ziehen« (1935, S. 504).

Strachey führt des weiteren aus, daß es nur die Übertragungsdeutung ist, die den Patienten dazu befähigt, zwischen seinen Objektrepräsentanzen und den äußeren Objekten unterscheiden zu lernen und somit seinen Realitätssinn zu stärken. Die Übertragungsdeutung bringt deshalb das intensivste Ergebnis im Vergleich zu anderen Interventionen zuwege, weil sie gleichsam in vivo operiert:

»Denn einerseits wird die gedeutete Triebregung ... im Zeitpunkt, da die Deutung gegeben wird, aktuell sein, andererseits wird auch das Objekt dieser Triebregung ... wirklich gegenwärtig sein. So wird durch die unmittelbare Anwesenheit eines der zu vergleichenden Objekte die Vergleichung leichter gemacht werden, und die vorgenommene Richtigstellung wird die Korrektur eines lebendigen Prozesses im Augenblicke seines Ablaufs sein und nicht die bloße Revision eines vergangenen und historischen Vorfalls« (1937, S. 71).

Warum fällt es vielen Analytikern so schwer, Übertragungsdeutungen zu geben? Nach Stracheys Auffassung wird die Vermeidung oftmals mit dem Argument rationalisiert, daß es schwierig sei zu entscheiden, ob der für die Deutung geeignete Moment bereits eingetreten sei, ob es nicht noch zu früh sei usf. Tatsache aber sei wohl, daß es für den Analytiker eine ständige Versuchung gebe, statt Übertragungsdeutungen etwas anderes zu machen: »Er wird etwa Fragen stellen, Angstberuhigung oder Ratschläge, theoretische Erklärungen oder vielleicht Deutungen geben – aber Deutungen, die nicht mutativ sind, Nichtübertragungsdeutungen, Deutungen, die nicht unmittelbar sind oder zweideutig oder ungenau –, oder er kann zwei oder mehr Deutungen gleichzeitig zur Auswahl vorlegen oder endlich Deutungen geben und zugleich zeigen, wie skeptisch er selbst dazu steht. Dies alles erweckt deutlich den Eindruck, daß das Geben von mutativen Deutungen für den Analytiker ebensogut wie für den Patienten ein entscheidender Akt ist, bei dem sich der erstere einer ziemlichen Gefahr aussetzt. Und das wird wieder verständlich, wenn wir überlegen, daß der Analytiker im Augenblick der Deutung in der Tat vorsätzlich einen Teil der Es-Energie des Patienten wachruft, solange sie lebendig und gegenwärtig ist und sie direkt auf ihn richtet. Ein solcher Moment muß vor allem anderen sein Verhältnis zu seinen eigenen unbewußten Regungen auf die Probe stellen« (1935, S. 516).

Eine Patientin, die einige Minuten zu spät in die Stunde kommt, berichtet nach relativ kurzer Zeit, daß sie sich am vergangenen Abend wieder ziemlich über ihren Mann geärgert habe, weil dieser sich immer nur wenige Minuten für sie Zeit nehmen würde. Sie sei aus dem Zimmer gelaufen und hätte die Türe mit lautem Knall hinter sich zugeschlagen.

So könnte ein Analytiker z. B. die folgenden Interventionen, die alle die Übertragung unberücksichtigt lassen, geben:

»Können wir hinspüren, was Sie da so wütend gemacht hat?«

Oder:

»Da waren Sie so aufgebracht, daß Sie keine andere Möglichkeit gesehen haben, als aus dem Zimmer zu laufen?«

Oder:

»Mhm«

Oder:

»Da fiel's Ihnen schwer, Ihren Ärger Ihrem Mann direkt zu zeigen und mit ihm darüber zu sprechen.«

Oder:

»Das erinnert mich an Ihre Erzählungen von Ihrer Mutter, der gegenüber Sie sich ja nie getraut haben, Ihren Ärger unmittelbar auszusprechen, wenn diese so wenig Zeit hatte für Sie.«

»Nicht-Übertragungsdeutungen geben«, schreibt Strachey, »ist in der Tat so, als wollte man versuchen, einen Knoten mit einem Seil zu lösen, das einen in sich geschlossenen Ring bildet. Man kann ganz leicht den Knoten an einer Stelle auflösen, aber er wird sich von selbst im gleichen Augenblick an einer anderen Stelle des Kreises wieder schließen. Man kann den Knoten nicht wirklich lösen, wenn man nicht die Enden des Seiles in der Hand hält, und das ist in der gegebenen Situation nur dann der Fall, wenn wir eine Übertragungsdeutung übermitteln« (1937, S. 72).

Strachey wies mit Reich (1933) darauf hin, daß unerfahrene Analytiker große Mengen an Material aus ihren Patienten herauslocken und häufig dann in eine chaotische Situation hineingeraten, weil sie nicht wissen, was sie mit diesen unverbundenen Assoziationsbrocken anfangen sollen, und daß solche Situationen dort am ehesten eintreten, »wo zu übermäßig oder ausschließlich zu Nichtübertragungsdeutungen Zuflucht genommen wird. Das Mittel, das Chaos zu verhindern sowie, wenn es einmal eingetreten ist, das Heilmittel dagegen besteht in der Rückkehr zu Übertragungsdeutungen nach Maßgabe der Dringlichkeit. Denn wenn wir entdekken, welcher Teil des Materials im beschriebenen Sinn ›unmittelbar‹ ist, dann ist das Problem der Schichtung automatisch gelöst; und es ist charakteristisch für das meiste Nichtübertragungsmaterial, daß es keine Unmittelbarkeit hat und daß infolgedessen seine Schichtung viel schwerer zu entziffern ist« (1935, S. 513).

Natürlich geht Strachey nicht davon aus, wie ihm manche Kritiker unterstellt haben, daß der Analytiker pausenlos Übertragungsdeutungen geben sollte; er legte zwar großen Wert auf Übertragungsdeutungen, war sich aber auch darüber klar, daß es weder möglich noch wünschenswert sein kann, ausschließlich Deutungen des Hier und Jetzt Anteils in der Übertragung zu geben, sondern daß Deutungen außerhalb der Übertragung ebenfalls ihren Platz in der Analyse haben können. Wichtig war ihm aber, den Unterschied zwischen Übertragungsdeutungen und Nicht-Übertragungsdeutungen aus dynamischer Sicht klarzumachen. Mit Hilfe eines Beispiels, in dem der Analytiker einer Patientin ihren Wunsch deutet, ihr Mann möge sterben, zeigt Strachey, daß dieser Analytiker zwar die Hoffnung hat, er könne bei der Patientin die Unterscheidung zwischen ihrem aktuellen Objekt (ihrem Mann) und ihrem archaischen Phantasieobjekt (z. B. einer Vater-Imago) fördern, tatsächlich aber etwas ganz anderes erreicht. »Wenn die Deutung erfolgt ist, so wird der ganze Konflikt von der Situation, welche der Analytiker bespricht, auf eine andere Situation verschoben, über welche er *nicht* spricht. Die Patientin mag allerdings zugeben, daß sie ihrem Gatten den Tod wünschte, aber ihre emotionalen Einstellungen sind automatisch auf ein anderes Problem übergegangen – diesmal auf den Analytiker und seine Deutung. Sie ist nunmehr erfüllt mit konfliktuösen Gefühlen *ihm* gegenüber – Ärger, Angst, Argwohn, Dankbarkeit u. a. m. Und dieser gesamte neue Konflikt ist im gegebenen Zeitpunkt selbst außerhalb der Seh- und Reichweite des Analytikers« (1937, S. 72).

Bei Nicht-Übertragungsdeutungen ist es zudem schwierig, den Punkt der Dringlichkeit zu spüren, während dies bei Übertragungsdeutungen leichter ist, da man selbst unmittelbar davon betroffen ist. Bei Nicht-Übertragungsdeutungen ist deshalb auch das Risiko größer, unexakte Deutungen zu geben. Sie können deshalb nach Strachey nur einen vorbereitenden oder taktischen Wert haben; letztes Ziel bleibt die Übertragungsdeutung.

Die therapeutischen Mittel der Beruhigung oder Beschwichtigung (»Na schauen wir mal, das werden Sie schon schaffen«) haben nach Strachey zur Folge, daß der Analytiker zwar zu einem guten Objekt wird, der mit dem archaischen und idealisierten guten Objekt des Patienten konfundiert wird, daß aber auch keine Realitätskorrektur stattfinden und deshalb auch keine wirkliche Veränderung geschehen kann.

Mehrere Autoren haben sich in den letzten Jahren ausführlicher mit Stracheys Konzept der mutativen Deutung auseinandergesetzt. Einige Analytiker behaupteten, daß Stracheys Theorie der verändernden Wirkung einer Übertragungsdeutung schlicht und einfach darauf beruhe, daß sich der Patient mit dem toleranten Über-Ich seines Analytikers identifiziert. Etchegoyen (1983) hat aber unmißverständlich klargemacht, daß dies gerade nicht der Fall ist. Nicht weil er ihn suggestiv beeinflußt oder versucht, dem Patienten ein milderes Über-Ich nahezulegen (etwa »Ihre Vermutung ist falsch, daß ich ärgerlich auf Sie sein könnte, weil Sie mich kritisiert haben; Sie können mich ruhig kritisieren«), ändert der Analytiker das Über-Ich, sondern indem er dem Patienten aufzeigt, wie dieser immer wieder versucht, ihn nach Maßgabe seiner inneren (strengen) Introjekte wahrzunehmen. Der Analytiker braucht deshalb auch nicht dem Patienten sein eigenes Wertsystem nahezubringen, sondern ihm nur klarzumachen, daß er sich zu stark von seinen eigenen Überzeugungen leiten läßt.

Verschiedene Analytiker haben darauf hingewiesen, daß Stracheys Auffassung von den Über-Ich-Introjekten, die auf den Analytiker in der Übertragung projiziert werden, zu eng sei. Nicht nur Introjekte, sondern auch gute und böse Anteile von Selbstrepräsentanzen werden projiziert. Es ist sicherlich richtig, daß mit zunehmendem Wissen über den Aufbau der Repräsentanzenwelt, Prozesse der Spaltung und der projektiven Identifizierung (vgl. auch Bd. 2, Kap. 10: Übertragung) die Inhalte der Projektion und Übertragung differenzierter betrachtet werden, was aber an der grundlegenden These Stracheys wenig ändert.

Es wurde eingewendet, daß Stracheys Insistieren auf Übertragungsdeutungen vielleicht in den dreißiger Jahren angebracht und nützlich gewesen sein mag, daß aber heutzutage eher zuviel (vermeintliche) Übertragungsdeutungen gegeben werden, wenn z. B. ein Analytiker jegliches Material sofort in einer vagen Weise auf sich bezieht (»Könnte das auch was mit mir zu tun haben?«) oder die Worte des Patienten papageienhaft wiederholt (vgl. Rosenfeld 1972). Dieser Autor räumt allerdings ein, daß dieses Verständnis von Übertragungsdeutungen den wertvollen Beitrag von Strachey in etwas Absurdes verkehrt. Die Übertragungsbedeutung in der Mitteilung eines Patienten ist oft sehr versteckt, und es kann manchmal einige Zeit dauern, bis sie vom Analytiker verstanden werden kann. Wenn die Mitteilungen eines Patienten sehr unbezogen wirken und noch keine Idee über mögliche Übertragungs-Implikationen aufkommen lassen, muß der Analytiker erst weitere Klarifikationen vornehmen (vgl. auch Bd. 2, Kap. 8: Deutung und Rekonstruktion und Kap. 11: Handhabung der Übertragung).

Klauber (1972) hat gegenüber Stracheys Thesen eingewendet, daß dieser zu stark den Inhalt der Übertragungsdeutung betone, also den manifesten und bewußten Kommunikationsinhalt, und die unbewußte Kommunikation vernachlässige (was Strachey am Rande als »implizite mutative Deutung« erwähnt). Mit Rycroft (1956) geht Klauber davon aus, daß Deutungen nicht nur einen kognitiven Inhalt vermitteln, sondern auch die gefühlsmäßige Einstellung des Analytikers zum Ausdruck bringen, worin eine Beziehungsdefinition deutlich wird. »Deutung vollzieht sich ... im Kontext einer Beziehung. Wir müssen daher vorsichtig vorgehen, wenn wir ihre Wirkungen näher bestimmen wollen. Wieviel wird determiniert durch den Inhalt der Deutungen, wieviel durch subtiles Verstehen eines unbewußt verabredeten Codes, wieviel durch die Autorität, die dem Analytiker durch seine Überzeugung verliehen wird?« (Klauber, S. 388). Ohne den Inhalt einer Deutung gänzlich herunterzuspielen, geht Klauber dennoch davon aus, daß Patienten eher durch das geheilt werden, von dem sie *fühlen*, daß es wahr sein könnte. (Diese Auffassung rückt den Inhalt der Deutung allerdings in die Nähe der Suggestion und erklärt ihre Wirkung tendenziell als Placebo.)

Etchegoyen (1983) hat Klauber (1972) konzediert, daß dieser

durchaus recht habe, wenn er die Bedeutung der Beziehung und der (liebevollen) Präsenz (i. S. v. Nacht 1962) betont, aber es sei falsch, die Übertragungsdeutung und diese Einstellung dem Patienten gegenüber als gleichwertige Heilfaktoren anzunehmen. Vielmehr meint er, daß die liebevolle Präsenz des Analytikers zwar eine *notwendige Bedingung* für die Analyse sei, aber die mutative Deutung die *hinreichende Bedingung* darstelle; die erste Bedingung allein sei nicht ausreichend, und die zweite greife dann und nur dann, wenn die erste erfüllt sei.

Wenn es z. B. darum geht, eine Übertragungs-Rivalität aufzulösen, wird es für den Analytiker wichtig, sich nicht selbst rivalisierend erleben zu müssen, z. B. in dem Versuch, auf dem Wege einer Deutung die Oberhand über den Patienten zu gewinnen (»Aber wir wissen doch aus Ihrer Lebensgeschichte, wie schwer es Ihnen fällt, wenn Sie nicht überall der erste sind ...«), sondern die Rivalität des Patienten ohne Einschüchterung oder Ärger erleben zu können. Dies gelingt dem Analytiker in der Regel, wenn er seine eigene Gegenübertragung reflektiert: dies sind justament die notwendigen Bedingungen. Wenn es daran fehlt, dann wird der Analytiker niemals den Konflikt seines Patienten lösen können, so exakt auch immer seine Deutung ausfallen mag, weil diese Deutung ein verbales Agieren der Gegenübertragung ist; der Analytiker deutet zwar korrekt, aber die übermittelte Beziehungsbotschaft besteht darin, daß der Patient endlich die Überlegenheit des Analytikers anerkennen solle.

So notwendig eine empathische und die Gegenübertragung reflektierende Haltung auch ist, so ist sie jedoch keine hinreichende Bedingung für eine Veränderung. Zu diesem Zweck muß der Analytiker die rivalisierenden Bestrebungen dem Patienten tatsächlich deuten, bis dieser die tatsächlich vorhandene Entfernung realisiert, die sein archaisches inneres Objekt von dem gegenwärtigen Objekt, d. h. seinem Analytiker, trennt. Laut Strachey kann nur die Auswirkung der mutativen Deutung den neurotischen Circulus vitiosus durchbrechen. Wenn hingegen die Deutung nicht gegeben wird, fährt der Patient fort, seinen Konflikt zu wiederholen, und über kurz oder lang wird der Psychoanalytiker in eine neurotische Kollusion verstrickt sein.

1.2.5 Michael Balint

Michael Balint, 1896 in Budapest geboren, besuchte ab 1919 Vorlesungen von Sandor Ferenczi, begann während der Zeit seiner Promotion in Berlin eine Lehranalyse bei Hanns Sachs, später in Budapest eine zweite bei Ferenczi, für den er sich zeit seines Lebens eine tiefe Wertschätzung bewahrte. In Budapest und Berlin machte er auch die Bekanntschaft von Melanie Klein, die damals schon eine bekannte Persönlichkeit in psychoanalytischen Kreisen war. Zusammen mit seiner ersten Frau Alice Balint setzte er sich in den dreißiger Jahren mit Freudschen Auffassungen und später auch mit den Kleinianischen Lehrmeinungen auseinander.

Im Gegensatz zu Freud ging Balint nicht von einem primären Narzißmus des Säuglings aus, sondern er postulierte, beeinflußt von Ferenczi, der von »passiver Objektliebe« gesprochen hatte, eine »primäre Liebe«, bei der nicht nur das Kind geliebt werden will, sondern auch auf seine kindliche Weise lieben will. Wenn es beiden gelingt, ihre Liebe zum Ausdruck zu bringen, leben Mutter und Kind in »harmonischer Verschränkung«. Haß, Neid, narzißtischer Rückzug auf sich selbst sind reaktive Phänomene, die als Folge und Schutz gegen eine übermäßig frustrierende Mutter entstehen: »Wenn die Welt mich nicht genügend liebt, mir nicht genug Befriedigung bringt, so muß ich mich selbst lieben, selbst befriedigen« (Balint 1937, S. 102). Die primäre Liebe ist freilich eine »primitiv-egoistische Form der Liebe«. Nach dem Motto: Was mir gut tut, ist auch dir recht, kennt sie keine Rücksichtnahme auf die Eigeninteressen des anderen.

Kommt diese primäre Liebe nicht zustande, so entsteht nach Balint eine »Grundstörung«, die bei jeder schweren psychischen und psychosomatischen Erkrankung anzutreffen sei.

Der Unterschied zu Freud könnte nicht klarer zutage treten: bei Freud (und noch krasser bei Melanie Klein) ist der Säugling autistisch und narzißtisch in seinem Erleben und mit sexuellen und destruktiven Phantasien erfüllt; im Laufe der Entwicklung wird aus ihm ein zivilisiertes Geschöpf, das den Mitmenschen in sublimierter Form um seiner selbst willen lieben kann und ihn als Person in ihrem eigenen Recht anerkennen kann (objektbeziehungstheoretisch ausgedrückt wird der andere aufgrund von Objektkonstanz als »ganzes Objekt« erlebt; eine Subjekt-Objekt-Beziehung ist die Folge).

Dem normativen Konzept, von autistischer Unbezogenheit zur vollkommenen Form der Liebe, stellt Balint eine wesentlich bescheidenere, aber auch menschlich angemessenere Entwicklungslinie gegenüber: von einer primitiven Form der (egozentrisch erlebten) Liebe zu einer erwachseneren Form der Liebe, wo neben die eigene Bedürfnishaftigkeit auch die Einfühlung in die Bedürfnisse und Erwartungen der geliebten Person tritt.

Selbstpsychologisch formuliert, wird aus einer archaischen Selbst-Selbstobjektbeziehung eine reifere Form der Selbst-Selbstobjektbeziehung.

Den Zustand der primären Liebe (die immer auch noch Erfahrungen des intrauterinen Lebens enthält) hat Balint als einen der gegenseitigen Durchdringung beschrieben: »Ein schönes Bild dieser harmonischen, einander durchdringenden Verschränkung ist der Fisch im Meer (eines der archaischsten und verbreitetsten Symbole) – es ist sinnlos zu fragen, ob das Wasser in den Kiemen oder im Maul Teil des Meeres oder Teil des Fisches sei« (1968, S. 81/82).

Neben der ursprünglich harmonischen Verschränkung beschreibt Balint noch zwei weitere, spätere Arten von Objektbeziehungen: die oknophile Anklammerung an Objekte und die philobatäre Vorliebe für objektlose Weiten. Balint kritisiert in mehreren Arbeiten die herkömmliche triebtheoretische Nomenklatur der oralen Phase für die Bezeichnung des komplexen Kommunikationssystems, das sich im ersten Lebensjahr zwischen dem Kind und seinen Eltern entwickelt. In »Über Liebe und Haß« (1951, S. 155) schrieb er z. B.: »Ebenfalls wesentliche Aspekte sind Wärme, körperlicher Kontakt, vertraute Gerüche und Berührungen, mit einem Wort: angemessene Fürsorge und Pflege. Wir alle wissen, daß ... Kinder, die an sich unüberlegter ernährt werden, aber eine verständnisvollere, ihnen zugewendete Pflege genießen, sich gut entwickeln«. Zu Recht sprach Schultz-Hencke (1951) deshalb von einem »intentionalen Antriebserleben«, und Riemann (1970) arbeitete den Vorteil des Konzepts einer »präoralen Phase« heraus. Die neonatologische Forschung der »baby watcher«, die in den letzten 10 bis 15 Jahren entstanden ist (vgl. Kap. 1.3.4) hat aufgezeigt, daß das Neugeborene geradezu begierig nach Kontakt und Beziehung ist, worin man eine Bestätigung der Thesen von Balint und anderen Autoren (wie z. B. Ferenczi, Winnicott, Fairbairn, Kohut) erblicken kann.

Mit Ferenczi vertrat Balint die Auffassung, daß Kinder mit ihrer überwiegend passiven Liebe keine sinnlich-leidenschaftlichen Triebimpulse zum Ausdruck bringen, sondern zärtliche Strebungen. Zwar könne die Forderung nach Geliebtwerden leidenschaftlich vorgetragen werden, deshalb bestände aber nicht das Ziel in sinnlicher Leidenschaft. Die »Sprachverwirrung zwischen Eltern und Kind« (Ferenczi) führt vielmehr dazu, daß zärtliche Strebungen des Kindes von den Erwachsenen adultomorph sexualisiert werden. Ebenso seien oral- oder anal-sadistische Antriebe Resultat einer mißglückten Sozialisation und keine autochthonen Triebimpulse.

Bacal (1987) hat darauf hingewiesen, daß Kohut (1977) ganz ähnlich wie Balint (auf den er allerdings nicht Bezug nimmt) 42 Jahre später die gesunde psychische Entwicklung des Kindes von altersangemessener Bestätigung der selbstobjekthaften Bedürfnisse von seiten der Erwachsenen abhängig sieht und daß ein Versagen der elterlichen Selbstobjekte zu einer verzerrten Persönlichkeitsentwicklung mit abgespaltener Sexualität und Aggressivität führt.

Mit dem Konzept der Grundstörung verweist Balint wie vor ihm schon sein Lehrer Ferenczi auf einen Beziehungskonflikt zwischen Mutter und Kind, durch den der Zustand der primären Liebe unterbrochen oder beendet wird. Behandlungstechnisch folgt für Balint daraus, daß in der Analyse eine Regression in den Zustand vor Beginn der Grundstörung stattfinden muß, wenn es zu einer wirklichen Heilung, zu einem »Neubeginn«, kommen soll. Wesentlich wird hierbei die Fähigkeit des Analytikers, seinen Patienten in der Regression zu begleiten. Wichtiger als korrektes Deuten werde bei diesen Patienten und in dieser Phase der Analyse »die Heilkraft der Objektbeziehung« (Balint 1968, S. 193). Im Unterschied zu Ferenczi aber, der aufgrund seiner Experimente erleben mußte, daß seine Patienten immer abhängiger wurden, weil sie ihn immer übermächtiger empfanden, konnte Balint erkennen, welche Vorgehensweisen des Analytikers tatsächlich zu dieser Ungleichheit beitragen. Zum einen glaubte Balint, daß es bei der Bearbeitung der Grundstörung abträglich sei, die Übertragung zu deuten, weil dadurch ein »oknophiler Trend« gefördert werde:

»Diese sonst sinnvolle und leistungsfähige Technik bedeutet aber außerdem, daß wir uns unseren Patienten ständig als Objekte anbieten, an die sie sich anklammern können, und daß wir alles, was im Patienten dem Anklammern widerstrebt, als Widerstand, Aggressivität, Narzißmus, Empfindlichkeit, paranoide Angst, Kastrationsfurcht usw. deuten. Dadurch wird eine hochgradig ambivalente, gespannte Atmosphäre geschaffen; der Patient kämpft um seine Unabhängigkeit, findet seinen Weg jedoch an jedem Punkt durch ›oknophile Übertragungs‹-Deutungen blockiert« (Balint 1968, S. 213).

Zum anderen warnte Balint auch davor, den regredierten Patienten stillschweigend zu verwöhnen. »Jemanden zu verwöhnen, geschieht stets in einem Gefälle von Macht«, schreibt Cremerius (1983, S. 1003). Erforderlich sei auch eine andere Einstellung zum Agieren (vgl. auch Bd. 3, Kap. 20: Agieren), das als Kommunikationsmittel begriffen werden müsse.

Um dem Patienten nicht das Gefühl zu geben, daß die Objekte auf ihn eindringen und ihn bedrängen wollen, was die alte, bedrükkende Ungleichheit wieder fördern würde, sollte der Analytiker als unaufdringliches, bedürfniserkennendes und bedürfnisverstehendes Objekt vorhanden sein, das aber keine Beachtung oder Anerkennung (wie z. B. in einer objektalen Übertragung) erheischt, wie eine gute Mutter, die sich als Primärobjekt mit primärer Liebe besetzen läßt (vgl. Balint 1968, S. 217).

Bacal (1987, S. 91 f.), der die behandlungstechnischen Grundsätze von Balint und Kohut verglichen hat, kommt zu folgenden Gemeinsamkeiten und Unterschieden:

- Balint erkennt das spezifische Bedürfnis von Patienten, das sich in der analytischen Behandlung einstellt und das auf das Versagen primärer Objekte in der frühen Beziehung zum Kind zurückgeht. Kohut nennt dies später die »Selbstobjekt-Übertragung«.
- Ebenso beschreibt er auch schon, was Kohut als »Desintegrationsangst« bezeichnen wird, wenn er von der Angst des Patienten spricht, die dieser angesichts eines möglichen Unvermögens seines Analytikers, mit seiner Grundstörung umzugehen, erlebt.
- Balint geht davon aus, daß die Übertragung nicht endopsychisch entsteht, sondern ein Produkt der Interaktion zwischen einem bestimmten Patienten und einem bestimmten Therapeuten ist. 1983 wird Stolorow in Fortführung der Gedanken von Kohut das Konzept der Intersubjektivität entwerfen.
- Balint fordert, daß der Analytiker mit den regressiven Bedürfnissen arbeiten müsse, d. h. sie zu akzeptieren und dem Patienten zu gestatten, sie zu leben, anstatt sie als Regression zu deuten. Dies entspricht der Grundhaltung Kohuts im Umgang mit den verschiedenen Formen der Selbstobjekt-Übertragung.
- Während Balint aber die Bedeutung primärer Objektbeziehungen nur für die allererste Lebenszeit anerkennt, postuliert Kohut, daß die optimale Befriedigung von Selbstobjekt-Bedürfnissen während des gesamten Lebens von Bedeutung ist.
- Während die Selbstpsychologie Kohuts davon ausgeht, daß der analytische Fortschritt in Form einer Stärkung des Selbst aufgrund einer umwandelnden Verinnerlichung zustandekommt (vgl. Bd. 3, Kap. 22: Wirkfaktoren), spricht Balint von einem Neubeginn, der aus der Entwicklung neuer Muster von Objektbeziehungen resultiert, um solche zu ersetzen, die aufgegeben worden sind.

Damit hat Balint eine »Realitäts-Moral« (Kohut und Wolf 1978, S. 423) eingeführt. Irgendwann müsse der Patient sich an die Realität anpassen, Verantwortung für sein Leben übernehmen und erwachsen werden. (»Eine erfolgreiche Behandlung muß die Hinnahme der Tatsache umschließen, daß eine Grundstörung vorhanden war und daß man sich der Gegebenheit in realistischer Weise anpassen muß«, Balint 1968, S. 222).

1.2.6 Empfohlene Literatur

zu 1.2.1

(Rank)

Janus, L.: (1987) Die Bedeutung des Konzepts der Geburtsangst in der Geschichte der Psychoanalyse. Psyche 41: 832–845
Grof, S.: (1978) Topographie des Unbewußten. Stuttgart: Klett
Rank, O.: (1924) Das Trauma der Geburt. Mit einem Vorwort von Peter Orban. Frankfurt/M.: Fischer (1988)
Zottl, A.: (1981) Otto Rank. Das Lebenswerk eines Dissidenten der Psychoanalyse. (Geist u. Psyche 42229). Frankfurt/M.: Fischer

zu 1.2.2

(Ferenczi)

Balint, M.: (1966) Die technischen Experimente Sandor Ferenczis. Psyche 20: 904–925
Cremerius, J.: (1983) »Die Sprache der Zärtlichkeit und der Leidenschaft«. Reflexionen zu Sandor Ferenczis Wiesbadener Vortrag von 1932. Psyche 37: 998–1015
Dahmer, H.: (1976) Sandor Ferenczi – sein Beitrag zur Psychoanalyse. In: Eicke, D. (Hg.): Die Psychologie des 20. Jahrhunderts, Bd. 2 (Freud und die Folgen 1). Zürich: Kindler, 167–196
Falzeder, E.: (1985) Sandor Ferenczi und sein Beitrag zur Objektbeziehungspsychologie. Psychoanal. 6: 81–122
Ferenczi, S.: (1970) Schriften zur Psychoanalyse I. (1972) II. Herausgegeben von M. Balint. Frankfurt/M.: Fischer
Ferenczi, S.: (1988) Ohne Sympathie keine Heilung. Das klinische Tagebuch von 1932. Frankfurt/M.: Fischer
Gedo, J. E.: (1968) Noch einmal der »gelehrte Säugling«. Psyche 22: 301–319
Grubrich-Simitis, J.: (1980) Sigmund Freud/Sandor Ferenczi. Sechs Briefe zur Wechselbeziehung psychoanalytischer Theorie und Technik. Begleitende Überlegungen. In: Jappe, G./Nedelmann, C. (Hg.): Zur Psychoanalyse der Objektbeziehungen. Stuttgart: fromann-holzboog, 139–174
Grunberger, B.: (1974) Von der »Aktiven Technik« zur »Sprachverwirrung«. Studie zur Ferenczis Abweichung. Jb. Psychoanal. 11: 100–124 (1979)

zu 1.2.4

(Strachey)

Etchegoyen, R. H.: (1983) Fifty years after the mutative interpretation. Int. J. Psycho-Anal. 64: 445–459
Klauber, J.: (1972) On the relationship of tranference and interpretation in psychoanalytic therapy. Int. J. Psycho-Anal. 53: 385–391
Klauber, J.: (1980) Formulating interpretations in clinical psychoanalysis. Int. J. Psycho-Anal. 61: 195–202
Rawn, M. L.: (1988) Classics revisited: Some thoughts on Strachey's »The nature of the therapeutic action of psychoanalysis«. Int. J. Psycho-Anal. 69: 507–520

Rosenfeld, H.: (1972) A critical appreciation of James Strachey's paper on the nature of the therapeutic action of psychoanalysis. Int. J. Psycho-Anal. 53: 455–461

Strachey, J.: (1935) Die Grundlagen der therapeutischen Wirkung der Psychoanalyse. Int. Zschr. Psychoanal. 21: 486–516

zu 1.2.5

(Balint)

Bacal, H. A.: (1987) British object-relational theorists and self psychology: some critical reflections. Int. J. Psycho-Anal. 68: 81–98

Balint, M.: (1952) Die Urformen der Liebe und die Technik der Psychoanalyse. Frankfurt/M.: Ullstein (1981)

Balint, M.: (1959) Angstlust und Regression. Reinbek: Rowohlt (1973)

Balint, M.: (1968) Therapeutische Aspekte der Regression. Stuttgart: Klett (1970)

Brandshaft, B.: (1986) British object relations theory and self psychology. In: Goldberg, A. (ed.): Progress in Self Psychology, Vol. 2. New York, London: Guilford Press, 245–272

Hoffmeister, M.: (1977) Michael Balints Beitrag zur Theorie und Technik der Psychoanalyse. In: Eicke, D. (Hg.): Kindlers Psychologie des 20. Jahrhunderts: Tiefenpsychologie Bd. 3: Die Nachfolger Freuds. Weinheim, Basel: Beltz, 121–171

Khan, M.: (1960) On the clinical provision of frustration, recognitions and failures in the analytic situation: An essay on Dr. Michael Balints researches on the theory of psychoanalytic technique. Int. J. Psycho-Anal. 50: 237–249

Loch, W.: (1966) Studien zur Dynamik, Genese und Therapie der frühen Objektbeziehungen. Michael Balints Beitrag zur Theorie und Praxis der Psychoanalyse. Psyche 20: 881–903

Thomä, H.: (1984) Der »Neubeginn« Michael Balints (1932) aus heutiger Sicht. Psyche 38: 516–543

1.3 Einflüsse verschiedener Theorieansätze auf die Behandlungstechnik

Die Erweiterungen, die die psychoanalytische Theorie der Behandlung erfuhr, waren teilweise schon von Freud in seinen späteren Schriften erwähnt worden, so z. B. manche Erkenntnisse der Ich-Psychologie oder die Bedeutung der präödipalen Zeit für die Entstehung der Neurosen. Im folgenden werden vier Richtungen skizziert: die Ich-Psychologie, die Objektbeziehungstheorien, die Selbstpsychologie und die neonatologische Forschung, wobei die Einflüsse der Ich- und Objektbeziehungstheorien aus einer modernen psychoanalytischen Behandlungsauffassung nicht mehr wegzudenken sind, während die Impulse, die von Kohuts Selbstpsychologie ausgingen, einige wertvolle Anregungen vermitteln, aber auch viel Auseinandersetzung und Kritik ausgelöst haben. Inwieweit auch die Forschungsbefunde und Rekonzeptualisierungen einiger bisheriger entwicklungspsychologischer Annahmen von seiten der »baby watcher« oder Neonatologen Auswirkungen auf die psychoanalytische Behandlungspraxis haben, wird erst die Zukunft zeigen müssen.

1.3.1 Der Einfluß der Ich-Psychologie auf die Behandlungstechnik

Genau läßt sich der Beginn ichpsychologischer Theorieansätze nicht bestimmen; schon in Freuds behandlungstechnischen Empfehlungen 1912 bis 1915 wird so mancher ichpsychologische Gesichtspunkt angesprochen, und Ferenczi schreibt die erste ichpsychologische Arbeit über die »Entwicklungsstufen des Wirklichkeitssinnes« (1913). Die klinische Entdeckung, daß der Widerstand des Patienten in der Regel zum größten Teil unbewußt ist, ließ die bisherige (topographische) Einteilung psychischer Inhalte in »unbewußt«, »vorbewußt« und »bewußt« an Bedeutung für eine Beschreibung der psychischen Organisation verlieren und führte Freud zu der Erkenntnis, daß sich die Gleichsetzung von Ich und dem System Bewußtsein nicht halten läßt. Aus diesem Grund schuf er eine neue Unterteilung der Psyche in die Strukturen des Es, Ich und Über-Ich (1923 b). Freud definierte das Ich als Anpassungsorgan des Menschen, als Träger der Wahrnehmungs-, Gedächtnis-, Denk- und motorischen Funktionen, als Stätte der Angst und des Konflikts.

Zwei Funktionenkomplexe wurden dabei von Freud unterschieden: Die Auseinandersetzung mit der Umwelt und die des Ichs mit dem Es und dem Über-Ich. Das Ich besitzt die Fähigkeit zur Unterdrückung eines Triebimpulses, indem es dem Es den Zugang zur willkürlichen Motorik verwehrt; ferner die Möglichkeit der Phantasiebefriedigung, mit der es Trieb-Impulse durch vorgestellte Erfüllung schwächen kann. Eine weitere Schwächung geschieht in der Angst- und der darauf folgenden Unlusterzeugung, die auch als Signale von Konflikten die Vorbedingungen für das Einsetzen von Abwehrmechanismen darstellen (vgl. Freud 1926).

In ihrem bekannten Buch »Das Ich und die Abwehrmechanismen« (1936) zeigte Anna Freud auf, daß die klassische Es-Analyse

Unterstützung fand durch den spontanen Auftrieb der Es-Abkömmlinge, daß aber bei der notwendig gewordenen Abwehranalyse des Ichs von einer Gleichsinnigkeit keine Rede mehr sein kann. Wichtig wird deshalb die genaue Kenntnis der Abwehrtätigkeit des Ichs, die sich in der Analyse auch in der Übertragung (Übertragung von Abwehr) manifestiert. Bei der Analyse z. B. einer betont unterwürfigen, feminin-masochistischen Haltung des ehemals gegen den Vater aggressiven männlichen Patienten ist es sinnlos, den Patienten dazu zu bewegen, sich zu seinen Aggressionen zu bekennen; richtig ist vielmehr, die analytische Aufmerksamkeit auf die Triebabwehr zu lenken. »Nur die Analyse der unbewußten Abwehrtätigkeiten des Ichs ermöglicht uns, auch die Triebumwandlungen zu rekonstruieren. Ohne sie erfahren wir zwar viel über die Inhalte der verdrängten Triebwünsche und Phantasien, aber wenig oder nichts über ihre Schicksale und die Wege ihrer Verwendung im Aufbau der Persönlichkeit« (Anna Freud 1936, S. 23). Gleichwohl hielt A. Freud es für notwendig, daß der Analytiker seine Aufmerksamkeit gleichmäßig und objektiv auf alle drei Instanzen, soweit sie unbewußte Anteile enthalten, richtet, um seinem Auftrag, Unbewußtes bewußt zu machen, gerecht zu werden. Des weiteren gelang ihr eine differenzierte Beschreibung der vom Ich als Abwehr eingesetzten Ichfunktionen, wie z. B. der Identifikation mit dem Aggressor.

Nunberg (1939, 1931) charakterisierte die *synthetische Funktion* des Ichs als Vermittlungsinstanz zwischen Es und Über-Ich. Die Harmonie unter den Instanzen ist abhängig von dem permanenten Ausgleich zwischen den triebhaft-affektiven und den im Verlauf der Sozialisation erworbenen normativen Komponenten der Persönlichkeit. Jede Handlung stellt einen mehr oder weniger geglückten Kompromiß dar, der im Lauf der Zeit zumeist zu einem gewohnheitsmäßigen Ausgleich, zu einer automatisierten Konfliktlösung wird.

Hartmann (1939) gilt als der eigentliche Begründer der Ich-Psychologie. Bekannt wurde vor allem seine Auffassung von »Apparaten der primären Autonomie« i. S. von angeborenen Ich-Potentialen (wie Wahrnehmung, Gedächtnis, Motilität), die sich normalerweise in einer »konfliktfreien Sphäre« entwickeln, aber sekundär konfliktualisiert werden können. Die Annahme von Geburt an vorhandener Ich-Funktionen machte eine neue entwicklungspsychologische Betrachtung notwendig, die zwangsläufig über die psychosexuelle Phasenlehre hinausgehen mußte und den Weg für psychoanalytische Mutter-Kind-Beobachtungen schuf, wie sie z. B. von Spitz, Mahler, Galenson und anderen, z. T.

schon ab den vierziger Jahren, durchgeführt wurden. Auf der Basis eines präziseren Wissens über die Ich-Entwicklung erwarben Psychoanalytiker einen besseren Zugang zu psychischen Entwicklungsstörungen, die bis dahin nur sehr global und unzutreffend als regressive Verarbeitung eines ödipalen Konflikts aufgefaßt werden konnten. Es wurde auch deutlich, daß sich die psychosexuelle Entwicklung nicht im Einklang mit der Ich-Entwicklung zu vollziehen braucht und daß innerhalb der verschiedenen Ich-Funktionen ebenfalls eine ungleichmäßige Entwicklung stattfinden kann.

Ichpsychologisch argumentierende Forscher haben in behandlungstechnischer Hinsicht vor allem die Sorge des Analytikers für die Autonomie-Entwicklung des Patienten betont. Dazu müsse ein allzu aktives Vorgehen des Analytikers vermieden werden (vgl. Greenacre 1954). Wenn der Analytiker seinem Patienten hilft, zu seinen eigenen Deutungen zu kommen, fördert er das Ich-Wachstum und verhindert, daß Patienten aus der Analyse eine Übertragungsbefriedigung ziehen. Kris (1951) befürwortete deshalb auch die Ersetzung der Deutungen durch Fragen, was auch bedeute, vom Narzißmus wohlfeiler Formulierungen Abschied nehmen zu müssen.

G. Blanck (1968) wies darauf hin, daß die Ich-Psychologie größere Einblicke in die Abwehr und deshalb auch mehr Verständnis für den Umgang mit der Abwehr ermöglicht. Die Widerstandsanalyse müsse den adaptiven Anteil von Abwehrmechanismen berücksichtigen, der manchmal sogar noch zu verstärken ist. Am Beispiel von Onanietätigkeit zeigt die Autorin auf, daß es unter ichpsychologischen Gesichtspunkten wichtiger sein kann, genaue Informationen über den Beginn der Onanie zu erhalten, als Onaniephantasien zu analysieren. Denn aufgrund entwicklungspsychologischer Untersuchungen weiß man, daß das kindliche Onanieren das Gefühl für die eigene Identität festigt, die Trennung von der Mutter beschleunigt und Herrschaft über das Körper-Ich verleiht. Erzählt ein Patient z. B., sich nicht daran erinnern zu können, jemals onaniert zu haben, so wäre es nach Blanck (1958) falsch, die Verdrängung sexueller Triebwünsche anzusprechen. Vielmehr müßte erst einmal die Trennungsangst im Mittelpunkt der Bearbeitung stehen.

In zwei weiterführenden Arbeiten haben Blanck und Blanck (1974, 1978) die technischen Folgerungen aus der Ich-Psychologie für die Behandlung schwerer gestörter Patienten ausführlich vorgestellt (vgl. auch Kap. 3: Indikation; Kap. 4: Psychoanalyse und Psychotherapie) und deutlich gemacht, wie wichtig es ist, jeweils an der höchst erreichten Stufe der Ich-Entwicklung stützend anzusetzen. Die rasche Rezeption ihrer Arbeiten in den siebziger Jahren hat aber auch die Gefahr deutlich werden lassen, daß der ichpsychologische Ansatz wegen seiner Eingängigkeit dazu verleiten kann, an die Stelle von Übertragungs- und Widerstandsanalyse eine verbale Ermunterungstechnik zu setzen, die unbewußte Prozesse außer acht läßt und der auch die Analyse unbewußter Inszenierungen konflikthafter Themen in der Analytiker-Patient-Beziehung kein Anliegen mehr ist.

1.3.2 Der Einfluß von Objektbeziehungs-Theorien auf die Behandlungstechnik

Das Konzept der Objektbeziehungen gewinnt in der modernen Psychoanalyse immer stärker an Bedeutung. Während es bei Freud zwar als Begriff auftaucht (z. B. in »Trauer und Melancholie« 1916e), hat es in seiner Theorienbildung jedoch keinen systematischen Stellenwert (vgl. Laplanche/Pontalis 1972). Erst durch nichtorthodoxe Schulrichtungen (wie z. B. M. Klein 1948; W. D. Fairbairn 1952) angeregt, wurde es schließlich von ichpsychologisch orientierten Psychoanalytikern nach und nach in die psychoanalytische Theorie eingeführt (z. B. Kernberg 1966, 1967) und stellt in der modernen Psychoanalyse einen geradezu paradigmatischen Bestandteil der Theorie dar.

Somit hat es fast ein halbes Jahrhundert gedauert, bis der Beziehungsaspekt – der doch für die psychoanalytische Praxis von jeher konstitutiv war – auch in die Theorie Eingang fand. Denn wie Balint (1952) feststellte, ist die orthodoxe Theorie eine »one-body psychology« gewesen, da sich alle psychoanalytischen Begriffe mit Ausnahme einer Stelle in den »Drei Abhandlungen zur Sexualtheorie« (1905a) auf das Individuum beziehen und nicht auf die wechselseitigen Beziehungen zwischen dem Kind und seinen Bezugspersonen.

Innerhalb des klassischen metapsychologischen Bezugsrahmens wurde Objektbeziehung konzeptualisiert als die »Besetzung eines Objekts« mit libidinöser oder aggressiver Energie. Im Zuge der Weiterentwicklung der psychoanalytischen Theorie und der Kritik an dem mechanistischen und physikalischen Energiekonzept der Metapsychologie wurde jedoch immer klarer, daß eine Objektbeziehung sich nicht als eine »energetische Besetzung eines Objekts« definieren läßt (vgl. Joffe/Sandler 1967). Wenn wir uns eine Beziehung zu einer anderen Person vorstellen und dies mit entsprechenden Gefühlen erleben, ist es viel zu einfach, davon auszugehen, daß wir die Vorstellung von dieser Beziehung libidinös oder aggressiv besetzen. In die Objektbeziehung gehen auch immer Vorstellungen über die Erwartungen des Interaktionspartners über sein tatsächliches Verhalten, über den Situationskontext mit ein und bestimmen zu einem großen Teil das tatsächliche Interaktionsverhalten. Wie psychoanalytisch orientierte Beobachtungsstudien an Kleinkindern ergeben haben, findet bereits zwischen dem Neugeborenen und seiner Mutter ein komplizierter Austauschprozeß statt. Aufgrund sozialpsychologischer Untersuchungen des Kommunikationsverhaltens kann man davon ausgehen, daß ein Individuum in einer Kommunikationssituation nicht nur auf die Bedeutung verbaler Kommunikationsinhalte reagiert, sondern auch auf nonverbale Stimuli und auf den Beziehungsaspekt, der durch verbales und nonverbales Verhalten definiert wird. Es ist das Verdienst der symbolisch interaktionistischen Forschungstradition, herausgearbeitet zu haben, auf welche subtile Weise Interaktionspartner sich gegenseitig Erwartungen antragen, sich von Erwartungen distanzieren und auf interpretative Weise auf bestimmte gegenseitige Erwartungen einigen und festlegen. Diese – von sozialpsychologischer Seite thematisierte – Komplexität wird in der neueren psychoanalytischen Theorie über Objektbeziehungen zu berücksichtigen versucht. So schreiben z. B. Sandler und Sandler:

»Jedes Individuum richtet im Verlauf einer Interaktion Erwartungen an seinen Interaktionspartner und handelt mit diesem seine Erwartungen aus, um ihn dazu zu bewegen, in einer bestimmten Weise zu reagieren. Der Verlauf einer Beziehung kann deshalb durch eine Vielzahl von Gefühlen, Wünschen, Gedanken und Erwartungen, die der Interaktion zugrundeliegen, charakterisiert werden« (1978, S. 285/6).

Der Begriff des »Objekts« (aus dem philosophischen Sprachgebrauch entlehnt) ist allerdings nicht mehr so recht mit dem gemeinten Inhalt in Übereinklang zu bringen, denn er ist schon sehr stark mit der klassischen Sichtweise Freuds verbunden, nach der dem Objekt lediglich die Funktion zukommt, eine Triebrerregung aufzuheben.

Nach der Überwindung der »one-body psychology« (i. S. von Balint) wird in der zeitgenössischen Psychoanalyse unter Objekt der reagierende Partner verstanden, der die kindlichen Verhaltensweisen mit seinen Verhaltensweisen beantwortet, der geliebt, herbeigesehnt, gebraucht und gehaßt wird; der auf vielfältige Weise ein Modell für Imitation und Identifikation darstellt, mit dem das

Kind eine symbolische Dualunion erlebt und einen »Dialog« unterhält, an dessen Erwartungen es sich anzupassen lernt, dessen Sichtweise es aufnimmt und sein Selbsterleben danach ausrichtet usf.

Der Terminus »Objektbeziehung« ist aus psychoanalytischer Sicht vorbehalten für die Kennzeichnung der phantasierten bzw. vorgestellten Beziehung zu einer anderen Person im Unterschied zum tatsächlichen Interaktionsverhalten. Wenn wir uns vorstellen, wie wir mit einer Person interagieren, verdeutlichen wir uns in der Phantasie bestimmte Einstellungen, Verhaltensweisen und Erwartungen dieser Person; wir versuchen, uns vorzustellen, wie diese Person auf unser Ansinnen reagieren könnte usf. In der Psychoanalyse spricht man davon, daß man – von seinem eigenen Selbstbild und Selbstverständnis ausgehend (= Selbstrepräsentanz) – eine vorgestellte Beziehung zu einem Interaktionspartner eingeht (= Objektrepräsentanz), daß also Selbst- und Objektrepräsentanzen vorstellungsmäßig miteinander in Beziehung gesetzt werden. Objektbeziehungen besitzen hierbei oftmals viel größere Freiheitsgrade, vor allem was den wunscherfüllenden Aspekt der Beziehung anbelangt. Dabei geht man in der neueren Psychoanalyse davon aus, daß keineswegs nur die sog. primären Bedürfnisse, wie Hunger, Sexualität u. a., einen Wunsch konstituieren können, sondern auch viele andere Motive und Affekte. Ein derartiger Wunsch kann z. B. darin bestehen, die Ursachen von Unbehagen oder einer Verringerung des Sichwohlfühlens in einer Beziehung zu beseitigen. Wünsche entstehen somit nicht nur intrapsychisch aufgrund primärer Bedürfnisse, sondern auch durch die Interaktion des Individuums mit seiner Umwelt (vgl. Sandler 1974).

Die intrapsychischen Objektbeziehungen erfüllen für ein Individuum eine überaus wichtige Funktion: In den vorgestellten Beziehungen zu wichtigen Interaktionspartnern kann man den wunscherfüllenden Aspekt von Interaktionen antizipieren und damit sein Wohlbehagen und sein Selbstwertgefühl; ohne diese ständige Bestätigung und Rückversicherung gelingt es einem nur schwer, ein Gefühl der Sicherheit für sich zu konstituieren. Auch im Dialog mit seinem eigenen Selbst kann ein Individuum möglicherweise auftretende gefühlshafte und kognitive Disharmonien und Dissonanzen immer wieder mit seinem eigenen Selbstverständnis in Einklang bringen (vgl. A.-M. Sandler 1977).

Viele Objektbeziehungen werden im Verlauf der Entwicklung für unser Selbstverständnis nicht mehr akzeptabel, z B. weil sie mit dem Rollenverständnis eines Heranwachsenden oder Erwachsenen nicht in Übereinstimmung zu bringen sind; solche aus der Primärsozialisation stammenden Objektbeziehungen (wie z. B. die

Vorstellung, von einer anderen Person gehegt und versorgt oder über Gebühr bewundert zu werden) werden mit der Zeit modifiziert, aber auch teilweise verdrängt, wobei sie dann als unbewußte Wünsche virulent bleiben.

Man kann den Beginn des genaueren Nachdenkens über Objektbeziehungen auf das Jahr 1950 datieren, in dem Hartmann eine Unterscheidung zwischen dem Selbst und dem Ich traf. Seine eigenen weiteren Ausführungen und die Arbeit von Jacobson (1964) über das Selbst und die Welt der Objekte verbanden strukturelle mit entwicklungspsychologischen Überlegungen und integrierten Forschungsthematiken, die von einer Vielzahl von Forschern bereits vorbereitet waren.

Im Zuge der Beschäftigung mit Objektbeziehungs-Theorien läßt sich auch eine methodologische Schwerpunktsverschiebung erkennen. In zunehmendem Maße bemühen sich Psychoanalytiker, das Selbst und die Objekte anhand der subjektiven Erfahrungswelt und weniger durch die erlebnisferne Begrifflichkeit der klassischen Metapsychologie zu verstehen.

Zwischen den einzelnen Objektbeziehungstheoretikern gibt es allerdings bedeutsame Unterschiede, was den Einfluß der Umwelt, die phantasmatische Natur der inneren Objekte, die Rolle der Triebe u. a. betrifft. So ging z. B. M. Klein davon aus, daß das Kleinkind in der paranoid-schizoiden Position seine destruktiven Regungen auf die Mutterbrust projiziert, diese als böse verfolgend wahrnimmt, Verfolgungsangst entwickelt und daraufhin seine Aggression gegen den Verfolger richtet. Dieser Vorgang spielt sich auf phantasmatischer Ebene ab, d. h. wie die Mutter tatsächlich mit ihrem Kind interagiert, spielt in den ersten Lebensmonaten keine Rolle. Anders bei Winnicott: Zwar von dem Gedankengut M. Kleins beeinflußt, räumt er andererseits aber der Mutter einen starken Einfluß ein; seine Konzepte des »mütterlichen Besorgtseins«, der »haltenden Umwelt«; des »wahren« und des »falschen Selbst«, des »Übergangsobjekts« und anderes mehr wären ohne diese Annahme gar nicht vorstellbar. Fairbairn, auf den der Begriff der Objektbeziehung zurückgeht, war davon überzeugt, daß das Kind von Geburt an »objektsuchend« ist und jede kleinste reale Zurückweisung seiner Mutter mit größter Sensibilität richtig wahrnimmt; die daraus resultierende Spaltung ist ein Schutz gegen das Überwältigtwerden von dieser Erfahrung. Fairbairn wird von einigen Autoren als Vorläufer von Kohut und Kernberg betrachtet. Der ungarische Psychoanalytiker Imre Herrmann schrieb eine Anzahl von Aufsätzen über primitive Objektbeziehungen und beeinflußte wiederum Balint und Bowlby.

In Amerika sprachen als erste Sullivan und seine Schüler von Objektbeziehungen. Sie fühlten sich Winnicott und der britischen Objektbeziehungsschule verbundener als Freud und Klein mit ihrem triebtheoretischen Ansatz. Aufgrund der Vernachlässigung des Intrapsychischen und der Hervorhebung der zwischenmenschlichen Faktoren galt die Interpersonelle Schule um Sullivan viele Jahre in psychoanalytischen Kreisen als nicht diskutabel, was sich erst in den letzten Jahren verändert hat.

Den eigentlichen Beginn der amerikanischen Objektbeziehungstheorie kann man mit Hartmann, Erikson, Jacobson u. a. ab den fünfziger und sechziger Jahren datieren. Global betrachtet, steht die amerikanische Objektbeziehungstheorie den Vorstellungen von Winnicott, Fairbairn, Balint und Bowlby sehr viel näher als den Konzepten M. Kleins. Es verwundert nicht, daß M. Kleins Gedanken über erfahrungsunabhängige, angeborene Triebphantasien dem eher milieutheoretischen Denken amerikanischer Provenienz unsympathisch sind. So war ja auch die Dominanz der Kleinianer auf dem Gebiet objektbeziehungstheoretischer Ansätze für in Amerika tätige Analytiker ein Grund, am ichpsychologischen Paradigma und an der Relevanz des Ödipuskomplexes für die kindliche Entwicklung festzuhalten und erst relativ spät eine eigenständige Objektbeziehungstheorie zu entwerfen.

Jüngst hat ein Nicht-Kleinianer, Ogden (1986), darauf hingewiesen, daß man den in der Psychoanalyse sehr umstrittenen Begriff der »phylogenetischen Erblichkeit« von Klein (1952) mit Hilfe einer Analogie zu Chomskys (1968) Konzept von der linguistischen Tiefenstruktur plausibel machen kann. So wie das Kind mit einem Code, einer »Tiefenstruktur« der Sprache, ausgestattet ist, die ihm hilft, seine Sinneseindrücke zu ordnen und sie sprachlich sinnvoll wiederzugeben, könnte das Kleinianische »Konzept vom angeborenen ›Wissen, ... das in körperlichen Impulsen enthalten ist‹ (Isaacs 1952, S. 94) nicht als ererbte Gedanken, sondern als ein biologischer Code (verstanden werden), der ein wesentlicher Teil des Triebes ist« (Ogden 1986, S. 180).

Ogden nimmt an, daß in dem von M. Klein – allerdings nur als intrapsychischen Vorgang – dargestellten Konzept der projektiven Identifikation eine Möglichkeit eröffnet wird, daß das Kind aus dem geschlossenen System seiner inneren psychischen Welt herausfindet. Eine Mutter muß es dabei zulassen können, daß sie bei den Versuchen des Kindes, seine innere Welt auf die äußere zu übertragen, von ihm benutzt wird.

»Bei der projektiven Identifikation ruft der Projizierende in einem anderen Menschen einen Gefühlszustand hervor, den der Projizierende in sich selbst nicht erleben kann. Das Objekt wird dazu gebracht, eine Rolle in einer externalisierten Version des unbewußten psychischen Zustandes des Projizierenden zu spielen.

Wenn der ›Empfänger‹ einer projektiven Identifikation es zuläßt, daß der auf ihn übertragene Zustand in ihm bestehen bleibt, ohne daß er sofort versucht, sich von diesen Gefühlen zu befreien, wird für beide Beteiligte eine Möglichkeit geschaffen, das, was projiziert worden ist, in einer Weise zu erfahren, in der es der Projizierende allein nicht erfahren könnte« (Ogden 1986, S. 192).

Ogden weist darauf hin, daß in diesem Prozeß der projektiven Identifikation, so wie er ihn definiert, eine ganz neue Erfahrungsqualität entsteht und daß Bions (1962) Konzept vom Behälter (container) die skizzierte Situation gut wiedergibt (vgl. auch Bd. 2, Kap. 13: Gegenübertragung; und Bd. 3, Kap. 22: Wirkfaktoren).

Die vielfältigen Vorstellungen über Entwicklung und Sozialisation des Kindes und über die sich entfaltenden Objektbeziehungen, die hier nur angedeutet werden können, üben als Hintergrundwissen einen erheblichen Einfluß auf die Wahrnehmung und Interpretation der Daten und des Prozeßgeschehens aus; erinnert sei hier nur an die Kontroverse Kohut versus Kernberg im Hinblick auf die Herkunft aggressiver Affekte (vgl. Köhler 1978).

Oder sind die Phantasien des Kindes die hauptsächlichen Determinanten einer pathologischen Entwicklung, ist es der Einfluß pathologischer Elternschaft auf das heranwachsende Kind, oder ist es die Interaktion zwischen Eltern und Kind, von der ausgegangen werden muß? Obwohl eine Anzahl von Klinikern bereits seit vielen Jahren auf das »Glücken des Dialogs« hingewiesen hat und dabei z. B. auf die Rolle, die Temperamentsunterschiede von Kleinkindern auf die Interaktion mit ihren Eltern ausüben können, ist der Denkansatz einiger gegenwärtiger Theoretiker immer noch unidirektional. Für Kohut und seine Anhänger z. B. resultiert die narzißtische Pathologie aus einem Mangel an empathischem Bemuttern. Bei der Darstellung der neonatologischen Forschungsergebnisse wird hingegen deutlich werden, welch große Aktivität, ja fast schon Eigenverantwortung, dem Kleinkind für das Gelingen seiner Interaktionen zugesprochen wird.

Obgleich sich die Objektbeziehungstheoretiker in ihren einzelnen Auffassungen über die Mutter-Kind-Beziehung, über entwicklungspsychologische Abfolgen, über den Stellenwert von Triebimpulsen und Affekten bei der sich entwickelnden Objektbeziehung u. a. m. stark voneinander unterscheiden, lassen sich doch einige Gemeinsamkeiten feststellen. So lenkten Objektbeziehungstheoretiker den Blick vom Strukturmodell und vom Ödipuskomplex auf die frühen Interaktionsvorgänge zwischen Mutter und Kind. Sie beschrieben die Auswirkungen mangelhafter mütterlicher Fürsorge und Empathie im Hinblick auf so wichtige Entwicklungsphasen wie Symbiose, Differenzierung, Übungsphase, Wiederannäherung und Objektkonstanz. Sie machten auf die Konsequenzen mangelhafter Internalisierung für die Repräsentanzenwelt des Kindes aufmerksam und zeigten auf, wie verschiedene Ich-Funktionen beeinträchtigt werden. Konzepte wie die »Grundstörung« (Balint 1968), »wahres Selbst« und »falsches Selbst« (Winnicott 1960), »kumulatives Trauma« (Khan 1964), »Störungen in der Trennung und Individuation« (Mahler et al. 1975) weisen alle auf einen ähnlichen Sachverhalt hin, daß lange vor dem Erreichen eines neurotischen Konfliktpotentials die Ich-Entwicklung des Kindes in entscheidenden Punkten traumatisch beeinträchtigt, unterbrochen oder angehalten werden kann (vgl. auch Müller-Pozzi 1982, 1985, 1988).

Behandlungstechnisch rückte die »mütterliche Dimension« therapeutischen Handelns entsprechend in den Vordergrund. Mit Ferenczi beginnend, der noch geglaubt hatte, die Mutter der Kindheit dem Patienten tatsächlich ersetzen zu können, betonten Balint (1952), Winnicott (1954, 1965), Bion (1971) u. a. vor allem die haltende, beschützende, Affekte aufnehmende, Namen gebende, mütterliche Funktion im therapeutischen Geschehen. Verbale Deutungen, Einsicht in lebensgeschichtliche Zusammenhänge und Abwehrvorgänge, sprachlich klare Feststellungen wurden (zu Recht oder zu Unrecht) in die »väterliche Ecke« verwiesen.

Damit zusammenhängend, veränderte sich auch die Auffassung von der Analytiker-Patient-Beziehung. War das »väterlich« deutende Rollenverständnis des Therapeuten eher mit der klassisch distanzierten Position des tendenziell außenstehenden Beobachters verknüpft, so rückten nun die »mütterlich« atmosphärischen, beziehungsmäßigen Haltungen in den Vordergrund der Betrachtung. Einsichten über die Verschränkung der unbewußten Persönlichkeitsanteile von Analytiker und Patient, über die kreisförmige und dialogische Natur der therapeutischen Beziehung wurden sicherlich durch objektbeziehungstheoretische Konzepte beeinflußt.

Mit zunehmender Kenntnis der Entwicklung von Objektbeziehungen und wichtiger Ich-Funktionen (wie z. B. Objektbeziehungsniveau, Realitätsprüfung, Fähigkeit zur Signalangst, Affektdifferenzierung u. a. m.) wurde es auch möglich, Patienten mit einem Borderline-Syndrom und mit einer Borderline-Persönlichkeitsorganisation zu behandeln (vgl. Kap. 3 und 4). Aufgrund der mangelhaften Differenzierung von Selbst- und Objektrepräsentanzen neigen diese Patienten bei den geringsten Enttäuschungen sehr rasch zur Desintegration, und sie werden von intensiver Wut, panischer Angst und dem Erleben von unendlichem Alleinsein überschwemmt, was u. a. damit zusammenhängt, daß der Patient die beruhigenden, tröstenden, Halt und Geborgenheit vermittelnden Aspekte seiner Mutter nur unzulänglich verinnerlichen konnte. Bei Borderline-Patienten ist es deshalb nach Auffassung vieler Psychoanalytiker wichtig, als Therapeut immer wieder die Bereitschaft zu signalisieren, daß man sich im besonderen Maß um den Patienten kümmert und für ihn als reale Person stärker erlebbar wird, als dies bei neurotischen Patienten erforderlich ist, ohne dabei allerdings das psychoanalytische Anliegen, die Reflexion von Gegenübertragungsgefühlen und die Interpretation des Beziehungserlebens aus den Augen zu verlieren. Wenn auch aus objektbeziehungstheoretischer Sicht immer wieder darauf hingewiesen worden ist, daß vor allem bei Patienten mit Frühstörungen eine mütterliche Haltung angezeigt ist (z. B. Money-Kyrle 1956; Gitelson 1962; Spitz 1962; Winnicott 1974), so darf der Analytiker dennoch nicht auf zu direkte Weise mütterlich werden und auch nicht übersehen, welche anderen Rollen ihm darüber hinaus, zwischenzeitlich und immer wieder angetragen werden. Denn der Analytiker soll diese Rollenangebote nicht ausfüllen, sondern sich dieser bewußt werden und sie als Bedürfnis des Patienten einfühlsam deuten. Gelingt es dem Patienten hingegen, den Analytiker zu einer bestimmten Rolle zu verführen, kommt die analytische Funktion des Therapeuten zum Stillstand, und die Analyse gerät in eine Sackgasse. Nicht die Befriedigung unerfüllbarer Bedürfnisse, seien sie ödipaler oder präödipaler Natur, ist das Ziel der Analyse, sondern das allmähliche Abtrauern dieser Wünsche im Beisein eines einfühlsamen Therapeuten und die Meisterung neuer Entwicklungsaufgaben.

Anhand dieses komprimierten und zwangsläufig lückenhaften Abrisses einiger wichtiger Etappen und Positionen sollten einige Einflüsse auf die psychoanalytische Behandlungsauffassung deutlich gemacht werden. Diese beziehen sich vor allem auf ein interaktionell orientiertes Verständnis des analytischen Prozesses (und damit auch auf den wichtigen Wirkfaktor der »neuen Beziehungserfahrung« gegenüber dem bloßen Bewußtmachen defizitärer oder neurotischer Interaktionsformen, vgl. Bd. 3, Kap. 22: Wirkfaktoren), auf eine stärkere Berücksichtigung früher Entwicklungsabläufe, die dem ödipalen Konflikterleben vorangehen, und damit auf eine Hinwendung zu traumatisierenden Einflüssen und frühen

Beziehungsstörungen im Mutter-Kind-Verhältnis und familiendynamischen Feld.

Diese Veränderungen bedeuten u. a. für den Psychoanalytiker, daß er in größerem Ausmaß sein eigenes Tun oder »Nichttun« (wie z. B. sein Schweigen) beziehungsdynamisch reflektieren muß, daß Deutungen streckenweise zugunsten anderer Interventionen zurücktreten, daß er sich stärker in seinen mütterlichen Funktionen benutzen lassen oder als triangulierender präödipaler Vater in Erscheinung treten muß (anstatt sich z. B. in der ödipalen Vater-Übertragung erotischen Übertragungen zu widmen), daß also insgesamt mehr Anforderungen an seine therapeutische und menschliche Kompetenz gestellt werden.

Die Arbeiten über die wichtige präödipale Funktion des triangulierenden Vaters eröffneten seit den grundlegenden Gedanken von Abelin (1971, 1975) ein weiteres Spektrum therapeutischer Überlegungen (vgl. Rotmann 1978, 1985; Ermann 1985; Hirsch 1988). Ermann (1985) beschrieb z. B. eine spezifische Übertragungskonstellation, bei der es zu einem raschen Wechsel von der Übertragung einer präödipalen Mutterbeziehung zu einer Übertragung des sehnsuchtsvoll gewünschten, triangulierenden Vaterbildes kommt. Diese trianguläre Übertragungsdynamik kann zum einen gegen das Bewußtsein und Durcharbeiten des jeweils aktuellen Übertragungsgeschehens eingesetzt werden, birgt aber auch einen Entwicklungsfortschritt in sich, nämlich »die Möglichkeit, sich des einen zu bedienen, um sich vom anderen abzugrenzen, wenn er in die Position eines enttäuschenden dyadischen Objekts gerät« (Ermann 1985, S. 105).

Die skizzierte Schwerpunktverlagerung schließt allerdings keineswegs die Analyse ödipaler Konflikte aus, wenngleich diese heutzutage auf dem Hintergrund mehr oder weniger ausgeprägter ichstruktureller Defizite und früher Entwicklungskonflikte differenzierter zu betrachten sind, als dies in der ersten Hälfte des Jahrhunderts der Fall war (vgl. Rohde-Dachser 1987).

Bei manchen Objektbeziehungstheoretikern rückte die Triebentwicklung des Kindes mit ihrer tendenziellen Eigendynamik an die zweite Stelle oder verlor noch stärker an Bedeutung. Statt dessen rückten Fragen nach der Natur und Eigenart der Beziehung zwischen dem heranwachsenden Kind und seinen Eltern in den Mittelpunkt der Betrachtung. Wie wird diese Beziehung verinnerlicht, wie schlägt sie sich in der Vorstellungs- und Erlebniswelt als sogenannte Objektbeziehung nieder? Welche Phasen in der Konstituierung verschiedener Niveaus von Objektbeziehungen lassen sich unterscheiden? Sind Objektbeziehungen ein realistisches

Abbild der stattgefundenen Interaktionen? Welchen Einfluß haben diverse Traumata, wie werden sie vom Kind verarbeitet? Welche Internalisierungsprozesse sind zu unterscheiden (Introjektion, Inkorporation, Identifizierung; primäre Identifizierung, selektive Identifizierung)? Wie ist das Verhältnis von Interaktion zu Internalisierung? Aus welchen Gründen können sich Kinder von bestimmten Entwicklungsniveaus nicht trennen, warum als spätere Patienten bestimmte Funktionen ihres Therapeuten nicht verinnerlichen? Inwieweit entwickeln sich bestimmte Ich-Funktionen wie Wahrnehmung, Denken, Realitätsprüfung, Affektdifferenzierung in Abhängigkeit von Objektbeziehungen? Auf diese und andere Fragen haben Objektbeziehungstheoretiker zumindest ansatzweise eine Antwort zu geben versucht.

1.3.3 Der Einfluß der Selbstpsychologie auf die Behandlungstechnik

Die Selbstpsychologie ist mit dem Namen Kohut verbunden, der in den letzten 20 Jahren in einer Reihe von Arbeiten (z. B. 1966, 1973a,b, 1979, 1987) den Versuch unternahm, die psychoanalytische Trieb- und Ich-Psychologie in ihrer Erklärungskraft mehr und mehr einzuschränken.

Ausgehend von der klinischen Beobachtung von Übertragungsmanifestationen, nahm Kohut an, daß sich zusätzlich zu den objektalen Übertragungen sog. Selbstobjekt-Übertragungen beobachten lassen. In der Spiegel-Übertragung entfaltet sich das exhibitionistische Selbst des Patienten; in der idealisierenden Übertragung wird die Imago des Analytikers idealisiert. Bei der Behandlung narzißtisch gestörter Patienten stellen sich unweigerlich über kurz oder lang die pathognomischen Regressionen ein. Die behandlungstechnischen Annahmen folgen aus Kohuts Entwicklungspsychologie: Jedes Kind hat das Bedürfnis nach Selbstobjekten, d. h., es erlebt seine Eltern als Personen, die bestimmte Funktionen für das Kind ausüben, wie Reizschutz, Spiegelung, Beruhigung, Validierung seiner Affekte und Erfahrungen. Werden diese Funktionen mangels elterlicher Empathie dem Kind nur ungenügend vermittelt, kommt es zu narzißtischen Störungen. Das Kind bleibt an seine Selbstobjektbedürfnisse fixiert, d. h., daß es andere Menschen in der realen Interaktion dazu braucht, diese Funktion weiterhin für es auszuüben, weil es aufgrund unempathischer Eltern eine allmählich umwandelnde Verinnerlichung dieser Funktionen mit Hilfe optimaler Frustrationen nicht oder nur unzureichend vornehmen konnte. Die Folge davon ist eine narzißtische Störung, die sich in mannigfachen Symptomen, wie Leeregefühle, Schamanfälligkeit, Arbeitsunlust, depressiven Verstimmungen usw., äußern kann.

Das Hauptbehandlungsziel besteht nach Kohut nicht in dem Erlangen von Einsicht, sondern in einem Zuwachs an einer Kohärenz des Selbst auf dem Weg der umwandelnden Verinnerlichung. Kurz gesagt, lassen sich die wichtigsten behandlungstechnischen Grundlinien wie folgt umreißen:

- Dem Patienten wird ermöglicht, den Analytiker als Selbstobjekt zu gebrauchen, d. h., der Patient wird über lange Strecken vom Analytiker einfühlsam gespiegelt, und eine idealisierende Übertragung auf den Analytiker wird zugelassen, ohne dies als Ausdruck abgewehrter Aggression zu deuten. Der Analytiker führt für den Patienten wichtige Funktionen aus (wie z. B. Spannungsregulierung), über die der Patient noch nicht verfügen kann.
- Kindliche, archaische Bedürfnisse nach empathischer Spiegelung und nach Idealisierung können somit (nach anfänglichen Widerständen) zugelassen werden, ohne daß dieses Mal der Analytiker, wie die Eltern in der Kindheit des Patienten, diese unempathisch verweigert, enttäuscht oder unterbricht.
- Im Laufe der Zeit können anhand vieler kleiner, unvermeidbarer Enttäuschungen die realen Eigenschaften des Analytikers immer klarer gesehen werden. Diese wohldosierten Enttäuschungen führen zu dem Wunsch, die vormals vom Analytiker ausgeübten Funktionen in eigene Regie zu übernehmen (um auf diese Weise die vormalige Beziehung zu bewahren, dieses Mal in verinnerlichter Form).
- Im Zuge der Selbstobjekt-Übertragungen und der schrittweisen Verinnerlichung wichtiger empathischer Funktionen des Analytikers werden auch die bislang archaisch grandiosen Selbstanteile des Patienten allmählich in modulierter sublimierter Form in die Persönlichkeit des Patienten schrittweise integriert und werden zu ichgerechten Zielen, Strebungen und Idealen.

Die Arbeiten von Kohut erfuhren in den siebziger Jahren eine rasche Rezeption, zumal sie auch den Indikationsbereich erweiterten und ein neues Verständnis für Patienten mit narzißtischen Störungen schufen. Kohuts Fallgeschichten und Vignetten imponierten durch seine feinsinnige und äußerst differenzierte Betrachtung verschiedener Aspekte des Selbsterlebens und des Selbstwertgefühls. Seine klinischen Beispiele weckten viel Sympathie für das unempathisch behandelte Kind, dessen Bedürfnisse nach einfühlsamer Bemutterung, nach Bewundertwerdenwollen und Idealisierenkönnen in vielen Fällen grob mißachtet werden. Das Nachdenken über das, was Kinder wirklich für ihren seelischen Wachstumsprozeß von ihren Eltern benötigen, erfuhr eine kräftige Stimulierung. Empathie (im Kohutschen Sinn) tauchte als Konzept in vielen Fallseminaren und Besprechungen wie eine Wunderwaffe auf, und über nicht genügend Empathie zu verfügen, wurde in psychoanalytischen Kreisen wie eine berufliche Disqualifikation betrachtet. An die Stelle des durcharbeitenden Deutens trat das Spiegeln, d. h. das Eingehen auf die selbstobjekthaften Bedürfnisse des Patienten.

Ging Kohut anfänglich davon aus, daß seine Selbstpsychologie überwiegend für narzißtisch gestörte Patienten indiziert sei, während für neurotische Patienten nach wie vor das Instrumentarium und die Denkmodelle der klassischen Psychoanalyse in Frage kommen, so wurde sein Erklärungsanspruch im Laufe der Jahre immer größer, bis schließlich von der klassischen Betrachtungsweise nicht mehr viel übrigblieb. Triebimpulse wurden schließlich nur noch als Fragmentierungserscheinungen eines narzißtisch gestörten Selbst betrachtet, objektale Bedürfnisse, intrapsychische Autonomie und die Fähigkeit, einen anderen Menschen als Person in ihrem eigenen Recht zu sehen, verschwanden zugunsten der lebenslangen Selbstobjekt-Bedürfnisse, die sich in der Analyse einzig und allein als Selbstobjekt-Übertragungen manifestieren. Aus der Freudschen Konfliktpsychologie wurde eine Defektpsychologie, nach der von außen bewirkte Traumatisierungen (in Form elterlichen Empathiemangels) zu Defiziten in den Strukturen des Selbst führen. Das ätiologische Modell reduzierte sich auf eine simple Versagungstheorie und das therapeutische Handeln verkam bei vielen Kohut-Anhängern zu einem anteilnehmenden und einfühlsamen Paraphrasieren der Äußerungen eines Patienten.

Neben diesem eher malignen Einfluß, den das Denken von Kohut und seinen Schülern auf manche Therapeuten ausgeübt hat, sollen an dieser Stelle die unweigerlichen Verdienste der Selbstpsychologie aufgelistet werden, die weiterer Diskussion und Ausarbeitung bedürfen.

Ohne Zweifel hat Kohut zu einer differenzierten Betrachtungsweise des menschlichen Selbsterlebens beigetragen. Mit der Betonung elterlicher Empathie für den Entwicklungsprozeß des Kindes hat er (erneut) die Sinne dafür geschärft, was Kinder zur Entwicklung eines guten Selbstwertgefühls brauchen. Gegenüber manchen Auswüchsen einer ausschließlich komplementären Identifikation (»was macht der Patient mit mir in der Übertragung?«) hat er die empathische Identifizierung mit dem Selbsterleben des Patienten eindrücklich betont. Er hat seine psychoanalytischen Kollegen darauf aufmerksam gemacht, wie wesentlich der Einfluß des Psychoanalytikers auf die Gestaltung der analytischen Beziehung ist, wie oft dieser zu Widerständen, negativen therapeutischen Reaktionen oder gar Behandlungsabbrüchen des Patienten führen kann. Damit hat er auch an das transaktionale Verständnis der modernen Psychoanalyse angeknüpft. Gegenüber einer detektivischen Suchhaltung nach unbewußten Bedeutungen in der Rede des Patienten haben er und seine Schüler aufgezeigt, wie wichtig das Beim-Wort-Nehmen der Äußerungen des Patienten ist (vgl. z. B. Schwaber 1981, 1988). Mit dem Konzept des »Zustandstraums« hat er den manifesten Traum in der Psychoanalyse mit weiteren Argumenten rehabilitiert (vgl. Bd. 3, Kap. 17: Traumanalyse).

Die Ansichten der Selbstpsychologie haben in den letzten Jahren aber auch zu zahlreichen Einwänden geführt, von denen hier einige wiedergegeben werden (vgl. Coen 1981; Friedman 1980; Grossman 1982; Grunert, U. 1985; Kris 1983; Levine 1977, 1979; London 1985; Rangell 1982; Reed 1987; Richards 1981, 1982; Rothstein 1980; Schwartz 1978; Ticho 1982; Treurniet 1980, 1983; Wahl 1985).

Eagle (1984) z. B. hat die Vermutung geäußert, ob nicht der von den Selbstpsychologen behauptete Wirkfaktor schlicht und einfach in der Förderung einer unbewußten symbiotischen Phantasie besteht. Die therapeutische Wirkung der sog. Selbstobjekt-Übertragungen könnte dann in der impliziten und partiellen Ermöglichung und Befriedigung von symbiotischen Phantasien bestehen, die aber in allen Therapien – natürlich in unterschiedlichem Ausmaß – eine Rolle spielen und nicht nur für die Vorgehensweise der Selbstpsychologie charakteristisch ist. Levine (1979) hat zu bedenken gegeben, daß die therapeutische Ausrichtung auf das, was nach den Erinnerungen des Patienten tatsächlich so und nicht anders stattgefunden hat, bei diesem den Eindruck entstehen lassen kann, daß er schwere Defizite an Zuwendung in seiner Kindheit erleben mußte. Diese implizite oder explizite ätiologische Annahme des Patienten, die durch die Sichtweise und das therapeutische Vorgehen der Selbstpsychologen eine zusätzliche und fortlaufende Bestätigung erfährt, kann eine antitherapeutische Wirkung entfalten. Darüber hinaus ist zu bedenken, ob nicht die im Laufe der therapeutischen Behandlung entstehende Einsicht in die (vermeintlichen) Ursachen der psychischen Störung von großer Simplizität ist, eine Täter-Opfer-Polarisierung beim Patienten entstehen läßt, etwaige vorhandene Spaltungsprozesse in Gut und Böse verfestigt und eine Haltung von Selbstmitleid fördert. Sicherlich muß dieser Punkt aber differenziert betrachtet werden, denn es gibt genügend Patienten mit narzißtischen Störungen, die eher alle »Schuld« bei sich suchen und ihre Eltern permanent in Schutz nehmen müssen, was eine ähnliche Form der Polarisierung darstellt.

Kohut wird vorgeworfen, die Deutung unbewußter Sinnzusammenhänge zugunsten der Verabreichung narzißtischer Befriedigung aufgegeben zu haben. Levine (1979) z. B. fand bei einer kritischen Durchsicht der von dem Kohut-Schüler Goldberg (1978) veröffentlichten Fallbeschreibungen viele Beispiele von narzißtischen Befriedigungen (was auch Rückschlüsse auf das Geliebtwerdenwollen des Analytikers zuläßt). Nun findet sich aber auch im mainstream der Psychoanalyse eine zunehmende Anerkennung der Sicherheit und Einfühlung vermittelnden Beziehung zwischen Analytiker und Patient (vgl. Bd. 3, Kap. 22: Wirkfaktoren). Nur hat diese nicht per se oder als alleiniger Wirkfaktor Bedeutung, sondern die Beziehung gilt als notwendige Bedingung für den therapeutischen Prozeß mit der Funktion, anderen Wirkfaktoren, wie der Deutung, den Boden zu bereiten, d. h. sie für den Patienten annehmbar werden zu lassen. So erleichtern z. B. eine überwiegend positive Übertragung und ein gutes Arbeitsbündnis das freimütige Erzählen von scham- und angstbesetzten Erinnerungen, das Eingehen und Annehmen von Deutungen und Einsicht im Rahmen der Durcharbeitung (vgl. Bd. 2, Kap. 9: Arbeitsbündnis). Lampl-de Groot (1975) sprach von einem narzißtischen Band, und Treurniet (1985, S. 925) verglich dieses Beziehungserleben mit der »grundlegenden Verbundenheit in der frühen Mutter-Kind-Beziehung, wo die Mutter für das Kind keine psychische Existenz hat und ihre einzige Funktion darin besteht, über den Stimulus-Haushalt in dem von Lust und Unlust bestimmten Universum des Kindes zu wachen«.

Kohut vermittelt hingegen in seinen Schriften den Eindruck, als sei es die empathische Beziehung als solche, die therapeutisch wirkt. Überspitzt könnte man sagen, daß für ihn das therapeutische Ziel bereits erreicht ist, wenn der Therapeut es seinem Patienten ermöglicht, mit ihm als Selbstobjekt zu verschmelzen und sich von ihm idealisieren zu lassen, wodurch nach Kohut eine Stärkung der Kohärenz des Selbst erreicht wird.

Darüber hinaus ist das ätiologische und pathogenetische Modell Kohuts von bestechender kausaler Unilinearität, was vielleicht auch die rasche Verbreitung gefördert hat. Frühe traumatisierende Einflüsse – wie z. B. der Mangel an spiegelnden Eltern– bewirken einen Defekt im Selbst. Die therapeutische Verfügbarkeit eines einfühlsam spiegelnden und idealisierbaren Therapeuten gleicht diesen Defektzustand schrittweise aus und dadurch wird eine Wiederaufnahme der unterbrochenen Entwicklung ermöglicht. Dabei wird die Annahme gemacht – und insofern besteht bei Kohut eine große Nähe zu Freuds früherer Verführungstheorie –, daß die Ereignisse in der Kindheit tatsächlich so stattgefunden haben, wie sie vom Patienten berichtet werden. »Nie hat mich mein Vater als Kind gelobt, er konnte immer nur an mir herumkritisieren«, erzählt z. B. ein Patient. Es mag sein, daß es sich in etwa so abgespielt hat, und daß es für einen Kohutianer deshalb therapeutisch angemessen erscheint, das Selbstwertgefühl dieses Patienten nun besonders einfühlsam mit anerkennender Bewunderung und spiegelnder Zuwendung zu stützen. Was aber, wenn der Patient sich nur selektiv und projektiv verzerrt erinnern kann? Wie ist die Vermutung zu berücksichtigen, daß dieses Sich-zurückgewiesen-Fühlen vielleicht Ausdruck der ödipalen Auseinandersetzung zwischen Vater und Sohn gewesen ist? Wie kann zur Sprache kommen, daß der Sohn aus untergründigen Rivalitäts- und Haßgefühlen seinen Vater nur so erleben kann? Wo kann die liebevolle, die homoerotische Seite des Jungen ihren Platz finden? Kann der Kohutianer aufgrund seiner ätiologischen Prämissen genügend auf seine Gegenübertragungsgefühle achten, was dieser Patient mit ihm inszeniert? So tauchen viele Fragen auf, von denen hier nur einige angedeutet werden können.

Die Vorstellung eines Selbst, das durch einfühlsame Spiegelung und Bewunderung Kohärenz gewinnt, ist zu einfach konzeptualisiert. Viele Forschungsergebnisse der letzten Jahre weisen darauf hin, daß die Entstehung des Selbst, des Selbstwertgefühls, der Selbstwertregulierung und der Selbstreflexion einen äußerst komplexen Prozeß darstellt, bei dem unterschiedliche Interaktionserfahrungen in unterschiedlichen Entwicklungsphasen des Kindes mit seinen Bezugspersonen, aber auch mit der gegenständlichen Umwelt eine Rolle spielen (vgl. Lang 1988). Für die mannigfaltigen Konflikte, die selbst von sehr einfühlsamen Eltern nicht verhindert werden können, bleibt so gut wie kein Raum. Durch die theoretische Abschaffung der kindlichen Triebimpulse und die Verharmlosung kindlicher Affekte wird ein ideales Menschenkind konstruiert, das zum seelischen Wachstum nur die anerkennende Bewunderung einfühlsamer Eltern braucht. Ubiquitäre Entwicklungstraumen, wie das Aufgeben symbiotischer Wünsche und bedürfnisbefriedigender Beziehungserfahrungen, die Auseinandersetzung mit der narzißtischen Kränkung, nur über *ein* Geschlecht zu verfügen (vgl. Fast 1979), die Geburt eines Geschwisters, der Ausschluß aus der Urszene, das Zurückbleiben hinter kindlichen Erwartungen und Ich-Idealvorstellungen: all dies wird theoretisch unter das Konzept eines sich spontan entwickelnden Selbst subsumiert. Um nicht mißverstanden zu werden, natürlich ist die Validierung kindlicher Affekte, das einfühlsame Eingehen auf die kindlichen Gefühlsäußerungen, das empathische Anerkennen kindlicher Leistungen und das verständnisvolle Begleiten seiner Entwicklungsschritte von großer Bedeutung. Zu kritisieren ist aber die einseitige Konzeptualisierung der Entwicklung des Selbst, die Abschaffung der konflikthaften Natur menschlicher Sozialisation und die Vernachlässigung der – aufgrund von Konflikten und Traumatisierungen – unbewußt gewordenen Phantasien, die sich unter den gegebenen Sozialisationsverhältnissen allemal einstellen.

Reed (1987) hat unter behandlungstechnischen Vorzeichen an der Kohutschen Selbstpsychologie kritisiert, daß sie die Äußerungen des Patienten für bare Münze nimmt, ohne die unbewußten (und vorläufig noch unbekannten) Konnotationen und Beziehungsimplikationen einer genaueren Interpretation zu unterziehen. Statt dessen werden die Worte des Patienten in die Begrifflichkeiten der Selbstpsychologie übersetzt, und da der Patient in jeder Mitteilung immer auch sein Selbstverständnis thematisiert, fällt dies nicht schwer. Reed zitiert das Beispiel einer Patientin, die sich wieder einmal entmutigt fühlt, wobei ihr die früheren kritischen Kommentare ihrer Mutter über sie einfielen. »Sie hatte recht«, sagte die Patientin, »es ist nichts daran zu ändern, ich bin wie ein verfaulter Apfel.« Für Selbstpsychologen ist dies eine Äußerung über ein verarmtes, verrottetes Selbst, und es ist nur konsequent, diese Selbsteinschätzung mit der – als entmutigend und unempathisch erinnerten – Mutter in Zusammenhang zu bringen. Die genuin psychoanalytische Umgangsweise mit dieser Äußerung besteht aber darin, zusammen mit der Patientin zu erforschen, was ihr zum verfaulten Apfel an weiteren Phantasien und Erinnerungen einfällt. Ihre Assoziationen führten die Patientin zu einer Nachbarfarm in ihrer Kindheit, wo Äpfel zum Gärenlassen in ein Faß gegeben worden waren. Die verfaulenden Äpfel machten einen weichen und verfaulenden Eindruck, aber der vergorene Saft war in der Tat stark und potent – zu stark für ein Kind und verboten. Die nächsten Einfälle führten dann zu der Faszination des Verbotenen und zu dem Wunsch, etwas Geheimnisvolles zu probieren, was nur für Erwachsene bestimmt ist. Wenngleich es die klassische Theorie auch nahelegt, darin kindliche sexuelle Nachforschungen und Wünsche zu erblicken, so muß diese Schlußfolgerung noch suspendiert bleiben, bis weitere Einfälle diese deduktiv vermutete Idee möglicherweise bestätigen. Was an dieser Stelle jedoch augenfällig wird, ist die Verbindung zwischen dem Selbstvorwurf und dem Bild, an etwas Potentem und Verbotenem zu kosten.

Die psychoanalytische Erkenntnishaltung versetzt den Analytiker nach Reed in eine Position, in der er sich damit bescheiden muß, zunächst noch nichts zu wissen. Der manifeste Wortlaut (im Beispiel in Form einer metaphorischen Selbstbeschreibung) stellt eine Verdichtung unbewußter Phantasien, Erinnerungen, Wünsche, Gefahrensituationen und Abwehrformationen dar. Die psychoanalytische Prämisse ist dabei die der Konflikttheorie, die aus der Annahme konflikthaft erfahrener Wünsche, Impulse und Affekte im Verlauf der kindlichen Sozialisation abgeleitet wurde. Eine Kurzschließung der sprachlichen Mitteilung (verrotteter Apfel) mit einem theoretischen Konzept (fragmentiertes Selbst) weist hingegen mit einer genuin psychoanalytischen Erkenntnishaltung so gut wie keine Gemeinsamkeiten mehr auf (vgl. Bd. 2, Kap. 7: Psychoanalytische Erkenntnishaltung).

In ähnlicher Weise wie Reed (1987) hat auch Rubovits-Seitz (1988) in einer sehr gehaltvollen Arbeit herausgearbeitet, wie der multidimensionale Interpretationsprozeß der Psychoanalyse (vgl. Bd. 2, Kap. 7: Psychoanalytische Erkenntnishaltung) von Kohut und seinen Schülern mit ihrer ausschließlichen und einseitig überbetonten Verwendung der Empathie reduktionistisch verkürzt wird. Der Autor identifiziert vor allem die folgenden Trugschlüsse im interpretativen Vorgehen von Kohut (vgl. Rubovits-Seitz 1988, S. 941 ff.):

1. Subjektiver Trugschluß

Die bei hermeneutischen Verfahren ohnehin immer präsente Gefahr der projektiven Verfälschung wird bei Kohut noch größer, weil er sich auf die Empathie (die noch dazu von ihm verkürzt konzeptualisiert wird) als einzige subjektive Methode verläßt, während kognitive Verfahren, die eine zusätzliche Sicherung gegen projektive Einflüsse darstellen, so gut wie vernachlässigt werden. Da aus der Verwendung einer einzigen Methode eine noch größere Selektivität der Wahrnehmung resultiert, ergibt sich bei Kohut auch eine Tendenz zum dogmatischen Wissen auf Kosten einer wissenschaftlichen, d. h. die eigene subjektive Evidenz immer wieder in Frage stellenden, Vorgehensweise. Der Mangel an wissenschaftlicher Bescheidenheit und die fehlende Überzeugung von der Vorläufigkeit und dem hypothetischen Charakter all unseres Wissens gerade in einem so sehr komplexen Bereich wie dem Verstehen des Fremdseelischen sind deshalb auch von vielen Autoren in den letzten Jahren kritisiert worden.

2. *Reduktionistischer Trugschluß*

Die Verwendung einer einzigen Methode (was auch in den Sozialwissenschaften zunehmend auf Kritik stößt und zur Bevorzugung eines Multimethoden-Ansatzes führt) bringt bei Kohut mit sich, daß er singuläre, voneinander losgelöste und globale Bedeutungen im Material des Patienten identifiziert, die in der (herkömmlichen) Psychoanalyse nur den Ausgangspunkt für tentative Interpretationen bilden können. Die vielfältigen bewußten und unbewußten Querverbindungen zwischen den einzelnen Bedeutungen und Bedeutungsfragmenten und die sich oftmals überraschend einstellenden und zu völlig neuen Schlußfolgerungen führenden Erkenntnisse bleiben hinter diesen globalen Bedeutungszuschreibungen verborgen. Folgerichtig entfällt auch der gesamte hermeneutische Prozeß des Prüfens, des Verwerfens, des erneuten Überprüfens und der Validierung von Interpretationen und Deutungen. Dieser methodische Reduktionismus führt auch zu den simplifizierenden ätiologischen und pathogenetischen Auffassungen (wie weiter oben bereits an einem Beispiel ausgeführt wurde).

3. *Genetischer und dogmatischer Trugschluß*

Diese Kategorie stellt eine Unterkategorie des reduktionistischen Trugschlusses dar und besteht darin, daß kausale Eins-zu-Eins-Korrelationen zwischen bestimmten Kindheitsereignissen und späteren (erwachsenen) Verhaltensweisen und psychopathologischen Erscheinungen konstruiert werden.

Der doktrinär dogmatische Trugschluß wird von Rubovits-Seitz darin gesehen, daß Kohut nahezu jede Störung auf einen Mangel an elterlicher Empathie – dies ist seine monistische Theorie – bezieht. Mit diesem quasinarrativen Erklärungsansatz läßt sich nahezu jede Störung begreifen, und aus diesem Grund ist es auch nicht verwunderlich, daß z. B. die Kohut-Schüler Ornstein und Ornstein (1985) in den Rekonstruktionen nicht mehr primär das Aufspüren der historischen Wahrheit (vgl. Bd. 2, Kap. 8: Deutung und Rekonstruktion) verfolgen, sondern in ihnen Kreationen der therapeutischen Erfahrung erblicken. Aus dieser zirkulären, sich selbst immer wieder bestätigenden Vorgehensweise gehen einseitige Konzepte und enggefaßte heuristische Strategien hervor, so daß es nicht weiter verwunderlich ist, wenn Kohutianer bei ihren

Patienten natürlich immer das finden, was sie suchen: den Mangel an Empathie, den Patienten in ihrer Kindheit erleiden mußten.

1.3.4 Der Einfluß der neonatologischen Forschung auf die Behandlungstechnik

Die sich in den siebziger Jahren entwickelnde Forschungsrichtung der psychoanalytischen Kleinkindbeobachter – auch »baby watcher« genannt – hat es sich zur Aufgabe gestellt, empirische Forschungsergebnisse über Entwicklungsprozesse in der frühen Kindheit mit psychoanalytischen Theorieansätzen, z. B. mit dem von Mahler et al. (1975), zu verbinden. Da die meisten dieser Neonatologen selbst praktizierende Psychoanalytiker sind oder mit der Psychoanalyse vertraut (wie z. B. Emde, Lichtenberg, Stern), sind sie auch dazu in der Lage, psychoanalytische Auffassungen über die Säuglingszeit einer tiefgehenden Kritik zu unterziehen. Obwohl Forscher wie Anna Freud, René Spitz, Margret Mahler den klassischen rekonstruktiven Ansatz mit Beobachtungen von Kindern kombiniert haben, unterscheidet sich das methodische Herangehen der neuen Forschungsrichtung der »infant research« doch erheblich von den geradezu als gemütlich zu nennenden Beobachtungsstudien der vorangegangenen Jahrzehnte. Der Forschungsfokus liegt hierbei nahezu ausschließlich auf den interpersonellen Mikro-Interaktionen zwischen Mutter und Kind, die sich in Sekunden oder Bruchteilen von Sekunden als reziproke Verhaltensanspassungen vollziehen und mit dem bloßen Auge häufig nicht mehr zu erkennen sind. Die sich aus dieser auch methodisch als neuartig zu bezeichnenden Direktbeobachtung und Mikroanalyse von Eltern-Kind-Interaktionen ergebenden Forschungsbefunde führen nach Emde (1981) zu einer »Erschütterung der Grundfesten der Psychoanalyse«. Es seien vor allem mehrere Mythen, die zu Grabe getragen werden müssen: die des autistischen, narzißtischen, inkompetenten, passiven und nur triebmäßig stimulierten Säuglings, der an nichts anderem als am Dösen, Trinken und Schlafen interessiert sei und sich am liebsten in seine autistische Welt flüchte, wenn er nicht gerade mit destruktiven und paranoiden Phantasien beschäftigt sei.

Die Säuglingsbeobachter gehen statt dessen davon aus, daß schon der Säugling ein aktives, kompetentes, kontaktsuchendes und Interaktion stimulierendes Wesen ist, dem von Geburt an die Dispositionen hierfür zur Verfügung stehen. So können Neugeborene z. B. visuell fokussieren und ein bewegtes Objekt verfolgen, auf einen visuellen Reiz mit glänzenden Augen und feinen Nuancen im Gesichtsausdruck reagieren; sie zeigen frühe Wahrnehmungspräferenzen für Bewegungsmuster; suchen und initiieren die soziale Interaktion nicht nur, sondern können auch soziale Stimulation angesichts aversiver Bedingungen mit Hilfe selbstberuhigender Mittel modulieren oder regulieren.

Diese erstaunliche Kompetenz zur Interaktion verändert die Auffassung über die einseitige Dominanz der (mütterlichen oder elterlichen) Pflegeperson. In vielen psychoanalytischen Untersuchungen – vor allem aus der objektbeziehungstheoretischen Ära – wurde ja davon ausgegangen, daß die mütterlichen Einstellungen und Verhaltensweisen zum größten Teil die kindliche Persönlichkeit formen. Dieser einseitige Einfluß der Mutter wiederholte sich in der therapeutisch-klinischen Perspektive. Die neonatalogische Forschung postuliert hingegen, daß die Mutter-Kind-Interaktion als gegenseitige Beeinflussung oder als reziproke Regulation studiert werden muß. Nicht nur der mütterliche Stimulus löst beim Kind eine Reaktion aus, sondern auch der kindliche Stimulus bei der Mutter, deren Reaktion wiederum als Stimulus für das Kind fungiert usf., so daß die Interaktion als kreisförmiger Prozeß von Reiz-Reaktions-Sequenzen betrachtet werden muß. Darüber hinaus sind auch erstaunliche simultane Synchronisationen, wie z. B. gemeinsame Rhythmen und Kopfbewegungen, beschrieben worden. Eine adäquate Methodologie muß also sowohl dialogische (»Seitenwechsel«) als auch koaktive (simultane) Interaktionsmodelle berücksichtigen, um die Komplexität früher Kommunikationsprozesse zu erfassen. Mit Hilfe von Mikroanalysen läßt sich aufzeigen, daß Mutter (Vater) und Kind in einer »Sekundenbruchteil-Welt« leben, in der Ereignisse von nachweisbarer Bedeutung in der Interaktion ungefähr eine halbe Sekunde dauern. Für die Analyse der Repräsentanzenwelt folgt daraus, daß nicht mehr die Handlungen des Kindes und die Reaktionen der Umwelt darauf internalisiert werden, sondern das dynamische, dialogische oder simultane Wechselspiel zwischen zwei Interaktionsteilnehmern (vgl. z. B. Beebe 1986; Silverman 1986).

Können aus den Befunden der Neonatologen Schlußfolgerungen für die psychoanalytische Behandlungspraxis gezogen werden? Zunächst einmal ist festzuhalten, daß die Kleinkindbeobachter von beobachtbaren Interaktionen ausgehen, wenn sie die erstaunliche Interaktionskompetenz des Kleinkindes feststellen, daß sie dies ferner nur während bestimmter Zustände (»states«) des Kindes tun, wenn das Kind z. B. wach ist, und daß sie auf das Erleben ebenso hypothetisch rückschließen müssen, wie dies Mahler,

Spitz, Winnicott oder andere Forscher vor ihnen getan haben. Die auf der Verhaltensebene beobachtbare interaktive Kompetenz sagt nichts darüber aus, wie das Kind den interpersonellen Vorgang erlebt. Des weiteren haben auch nicht empirisch forschende Psychoanalytiker den primären Narzißmus des kleinen Kindes negiert, wie z. B. Ferenczi und Balint (»primäre Liebe«), die Objektsuche betont (wie Fairbairn) oder die Reziprozität der Interaktion beschrieben (wie z. B. Spitz), der von einem »stochastischen Netz« sprach, als er den Mutter-Kind-Dialog beschrieb.

Dennoch läßt sich davon ausgehen, daß einige Annahmen der herkömmlichen Psychoanalyse revidiert werden müssen und daß sich – vorerst allerdings noch reichlich hypothetisch – einige Konsequenzen für das behandlungspraktische Vorgehen abzeichnen. Vorauszuschicken ist allerdings, daß es sich hierbei nicht um eine einfache Parallelisierung der Mutter-Kind-Interaktionen, wie sie von Emde, Sander, Stern u. a. erforscht worden sind, mit den Prozessen, wie sie sich zwischen Analytiker und erwachsenem Patienten ergeben, handeln kann. J. Sandler (1988, S. 340) zitiert in diesem Zusammenhang Garza-Guerrero und Kernberg: »Es gibt keine direkte lineare Beziehung zwischen primitiven Übertragungsmanifestationen im ›Hier und Jetzt‹ und frühen Objektbeziehungen im ›Dort und Damals‹«. Allerdings räumt J. Sandler ein, daß die Integration der bemerkenswerten Forschungsergebnisse der psychoanalytisch orientierten »baby-watcher« in die psychoanalytische Theorie von großem Nutzen sein könnte, wenn sichergestellt ist, daß sie an die psychoanalytische Modellbildung mit ihren spezifischen Dimensionen, vor allem der unbewußten inneren Objektbeziehungen und der unbewußten Phantasien, adaptiert werden.

Zunächst einmal sind die Neonatologen skeptisch, was die Rekonstruktion von Vorgängen anbelangt, die sich in den ersten achtzehn Lebensmonaten des Kindes ereignet haben. Psychoanalytiker können nur Aussagen darüber machen, wie diese Ereignisse gegen Ende des zweiten und im dritten Lebensjahr symbolisch organisiert worden sind (vgl. Bd. 2, Kap. 8: Deutung und Rekonstruktion). Gefährlich sind Rückschlüsse, die quasi pathologische Seinszustände beim Kind erschließen wollen, wie primären Narzißmus, Autismus, ein Überwiegen oraler Destruktivität oder primäre Spaltung zwischen guten und bösen Introjekten. Diese Zuschreibungen lassen die positiven, nach Bindung und Interaktion suchenden Kräfte eines kleinen Kindes unberücksichtigt und verlagern seinen reaktiven narzißtischen oder schizoiden Rückzug in eine anthropologisch vorgegebene Menschennatur. Die Aufgabe eines unilinear wirkenden Prägungsmodells macht allerdings auch eine Revision der »Opfertheorie« notwendig: Das Kind ist kein rein passiver Teil der Dyade, sondern versucht im Wachzustand unablässig mit seiner Bezugsperson zu kommunizieren; manche Kinder machen dies aufgrund bestimmter Dispositionen mehr, andere weniger, und selbst bemühte Eltern haben es mitunter schwer, ein Zusammenpassen im wechselseitigen Regulationsprozeß zu bewerkstelligen.

Nach Lichtenberg (1983, 1987) läßt sich nicht länger vertreten, daß das Kind seine innere Welt aus Teilen getrennter Funktionen und Repräsentanzen konstituiert, die dann allmählich anhand von Differenzierung und Integration zu einer kohärenten intrapsychischen Welt heranwachsen. Die neonatologische Forschung geht vielmehr davon aus, daß die Wahrnehmung von Anfang an ganzheitlich ist, daß sehr komplexe und differenzierte Affektzustände erlebt werden können und Spaltungen nicht zum entwicklungspsychologischen Ausgangspunkt des Kleinkindes gehören. Die Gefahr adultomorpher und pathomorpher Rückschlüsse der herkömmlichen Psychoanalyse besteht überhaupt darin, vom pathologischen Erleben des Erwachsenen – z. B. von den Abhängigkeitswünschen eines Depressiven – auf eine frühe Phase zurückschließen zu wollen, die dann »depressive Position« oder »depressive Phase« genannt wird, so als ob das Leben bereits schon mit dem Krankhaften beginnt. Das Gegenteil ist der Fall: Das Kleinkind ist lebenshungrig, immer auf der Suche nach neuen Reizen und Eindrücken und in großem Ausmaß motiviert zu lernen. Das schon von White (1960, 1963) beschriebene (ichpsychologische) Kompetenzstreben kommt wieder zu Ehren; das Streben nach Bewältigung, die Lust, etwas (beim anderen) bewirken zu können, ist eine herausragende Motivation schon beim Säugling. Kleine Kinder können nicht nur lernen, sondern sie sind geradezu versessen darauf, Neues zu lernen, neue Situationen zu bewältigen und dabei ein Kompetenzgefühl zu erfahren. Diese Auffassung unterscheidet sich deutlich von der Anthropologie Freuds, nach der Kinder nur aus Angst vor Bestrafung durch Liebesverlust lernen. Die damit korrelierte Behandlungsphilosophie war eine der Versagung (vgl. Freuds Auffassung über die Notwendigkeit der Abstinenz für den Patienten).

Die neuen Forschungsbefunde legen es nahe, daß Affektsignale schon beim Säugling, teilweise sogar schon im vorgeburtlichen Stadium auftreten. Affekte sind dabei aber nicht, wie Freud annahm, Triebmanifestationen, sondern sie bilden ein relativ selbständiges Kontrollsystem des Verhaltens. Handlungen werden durch affektive Reaktionen ausgelöst, die durch bestimmte – tatsächliche oder vorgestellte Ereignisse hervorgerufen werden. Das Gefühl des »Getriebenseins«, das wir dabei erleben können, ist eine Manifestation der jeweils ausgelösten Affektintensität.

Die angeborenen affektiven Muster mit verhaltensmäßigen, kommunikativen und psychophysiologischen Manifestationen haben die Funktion, der Mutter oder anderen Pflegepersonen die Bedürfnisse des Kindes anzuzeigen und auf diese Weise die Kommunikation zwischen Mutter und Kind zu initiieren, was gleichzeitig auch den Beginn des intrapsychischen Lebens bedeutet. Die jüngste Forschung hat dabei den erstaunlich hohen Grad an Differenziertheit in der Mutter-Kind-Kommunikation aufzeigen können, der schon seit den ersten Lebenstagen beobachtbar ist.

Krause (1983) hat darauf hingewiesen, daß einer der Gründe, warum Psychoanalytiker (und auch Psychologen) so lange an der Konzeption der diffusen und undifferenzierten Lust-/Unlustmatrix festgehalten haben, in dem kulturellen und individuellen Selbstschutz gegenüber den Forderungen des Säuglings liegt. »Wenn er autistisch bzw. zu einem differenzierten Gefühlserleben nicht fähig ist, mag es ja auch nicht so gravierend sein, was geschieht« (Krause 1983, S. 1030). Psychohistorische Untersuchungen über die Kindheit tragen vielleicht nicht umsonst einen Titel, wie z. B. De Mauses Buch »Hört ihr die Kinder weinen?«, oder veranlassen zu Resümees wie: »Die Geschichte der Kindheit ist ein Alptraum, aus dem wir gerade erst erwachen« (De Mause 1974, S. 12).

Im Mutter-Kind-Dialog ist es Aufgabe der Mutter (und auch des Vaters), die kindlichen Affektsignale zu decodieren, was normalerweise automatisch und intuitiv richtig geschieht. Nur im Falle von Decodierungsschwächen, etwa in Form globaler Empathiestörungen oder spezifischer Empathielücken gegenüber bestimmten Affekten, kommt es zu mehr oder weniger tiefgreifenden Störungen des Dialogs.

Geht man nun davon aus, daß Affektvokalisierungen, mimische Interaktionen und Körperrhythmen zwischen Mutter und Kind von Anfang an dialogähnliche Strukturen haben und Vorläufer der gesprochenen Sprache darstellen, so wird deutlich, wie wichtig die adäquate Reaktion der Mutter (und des Vaters) für das Gelingen dieses Dialogs ist.

Ein gelingender Dialog aufgrund einer guten Synchronizität zwischen Mutter und Kind schafft ein basales Gefühl von Sicherheit und Wohlbehagen. Auch im Erwachsenenalter bleiben wir, wenn es uns gut gehen soll, auf diesen gelungenen Dialog angewiesen. »Wir sind in außerordentlich hohem Maße von winzigem Nicken des Einverständnisses und der Billigung anderer abhängig, von Zeichen, daß Freundlichkeit und nicht Feindseligkeit herrscht, von den Signalen der Sicherheit«, schreibt in diesem Zusammenhang Sandler (1982, S. 73).

Im Hinblick auf die Behandlungstechnik ist u. a. zu überlegen, inwieweit der übermäßig schweigende Analytiker überflüssige Verunsicherungen und möglicherweise iatrogene Artefakte beim Patienten hervorrufen kann.

Ein anderer komplexer Themenbereich betrifft die Annahme der Kontinuität. Die Kleinkindforschung hat große Schwierigkeiten, Vorhersagen aufgrund des Entwicklungsprofils des einjährigen Kindes für das zwei- oder dreijährige Kind zu treffen. Das Ausmaß der Aktivität, Ansprechbarkeit, Stimulierbarkeit, das Ausmaß des Lachens oder Schreiens, Entwicklungsquotienten, Aufmerksamkeit, verschiedene motorische Leistungen (wie der Zeitpunkt des Sitzens, Gehens, Sprechens): keine dieser Variablen hatte in den Untersuchungen der Kleinkindforscher Vorhersagekraft.

Das herkömmliche Entwicklungsmodell implizierte eine Kontinuitätsannahme; die emotionale und kognitive Entwicklung vollzögen sich stetig und linear. Das Diskontinuitätsmodell geht hingegen von plötzlichen Sprüngen, irregulären Veränderungen und Transformationen des Verhaltens aus. Neurologische und neuroanatomische Studien der Gehirnentwicklung unterstützen die Diskontinuitätsannahme (vgl. Emde et al. 1976).

Die neueren entwicklungspsychologischen Befunde lassen ebenfalls eine tendenzielle Diskontinuität plausibel erscheinen (vgl. Silverman 1986). Es liegt auf der Hand, daß dies aus der Sicht der »baby-watcher« Konsequenzen für das genetische Denken in der Psychoanalyse und für rekonstruktive Schlußfolgerungen haben muß (zumindest was das erste Lebensjahr betrifft).

Andererseits ist aus psychoanalytischer Sicht zu bedenken, daß es in erster Linie um die Kontinuität bestimmter unbewußter Szenen geht, die über die Jahre hinweg in ihren Bedeutungszusammenhängen relativ stabil bleiben, auch wenn natürlich altersentsprechend Transformationen der Phantasieinhalte auftreten. Diese unbewußten Interaktionsszenen sind aber nicht an einen kontinuierlichen Verhaltensausdruck gebunden. Zudem rekonstruieren Psychoanalytiker nicht Verhaltensweisen, Temperamentseigenschaften oder Intelligenzquotienten, sondern unbewußte Sinnzusammenhänge.

Viele interessante Forschungsbefunde, so manche Anstöße für

behandlungstechnische Themenkomplexe, aber auch noch viele offene Fragen kennzeichnen den derzeitigen Stand der neonatologischen Forschung aus psychoanalytischer Sicht.

1.3.5 Zusammenfassung

Der skizzierte Überblick über die Einflüsse verschiedener Theorieansätze auf die psychoanalytische Behandlungstechnik folgt auch einer historischen Entwicklung: Gegen die einseitige Triebpsychologie der Gründerjahre versuchte die psychoanalytische Ich-Psychologie, die teilweise angeborenen Ich-Funktionen in ihrem Einfluß auf intrapsychisches Erleben und Verhalten stärker zu gewichten. Folgerichtig mußten auch die dem Ich modellmäßig zugeordneten Abwehr- und Anpassungsstrategien therapeutisch stärker berücksichtigt werden und der Förderung der Autonomie des Patienten ein größerer Raum zugestanden werden. Die schon in den zwanziger Jahren einsetzende Kritik an der Einpersonen-Psychologie der klassischen Triebtheorie führte in einem weitläufigen Prozeß zu einer sozialpsychologischen und sozialisationstheoretischen Betrachtungsweise der menschlichen Entwicklung. Diese (objektbeziehungstheoretische) Perspektive, die von einer großen Zahl von Psychoanalytikern mit allerdings auch nicht unerheblichen Differenzen bezüglich bestimmter Fragestellungen geteilt wird, hatten schrittweise eine andere methodologische und therapeutische Haltung (Überwindung der Subjekt-Objekt-Spaltung, Fruchtbarmachen der Gegenübertragung, Relativierung der Spiegel- und Abstinenzhaltung, Erkennen der Wichtigkeit von Beziehung, stärkere Berücksichtigung der »mütterlichen« Dimension (u. a. m.) zur Folge.

Eine Reaktion auf die Erlebnisblässe und Blutleere mancher ichpsychologischer Konstruktionen im metapsychologischen Gewand war sicherlich der stärkere Ausbau der Selbstpsychologie, wo an die Stelle des nur funktional bestimmbaren Ichs das phänomenologische Selbst und Selbsterleben traten. Von den verschiedenen Theorieansätzen, die sich mit der Entwicklung und den Konstituenten des Selbst beschäftigten, wurde in diesem Kapitel die Theorie Kohuts erwähnt, da sie in den siebziger Jahren eine rasche Verbreitung erfuhr. Abgesehen von ihrer Einseitigkeit hat sie viele Therapeuten und Leser neugierig und sensibel dafür gemacht, was ein Kind an unterstützender Anteilnahme von seinen Eltern benötigt. Die Kohutsche Selbstpsychologie ist aber auch ein Beispiel dafür, wie wichtig für die Zukunft der Psychoanalyse die extraklinische Bestätigung von entwicklungs- und persönlichkeitspsychologischen und ätiologischen Theorien werden wird. Denn gerade dieser Theorieansatz führt uns in seiner Einseitigkeit vor Augen, wie wenig wir immer noch über die Entwicklung eines Menschen und über das Scheitern seiner Sozialisation wissen. Zugleich kann darin aber auch eine Herausforderung gesehen werden, die psychoanalytische Forschung intensiver als bislang zu betreiben (vgl. Bd. 3, Kap. 24: Ergebnisforschung).

Von dem jüngsten psychoanalytischen Forschungszweig der Säuglingsbeobachter kann trotz der Vorläufigkeit der Befunde deshalb auch angenommen werden, daß von ihm kräftige Impulse zur Weiterentwicklung der psychoanalytischen Entwicklungspsychologie und ihrer klinischen Konsequenzen ausgehen werden.

1.3.6 Empfohlene Literatur

zu 1.3.1

(Ich-Psychologie)

Blanck, G.: (1968) Einige technische Folgerungen aus der Ich-Psychologie. Psyche 22: 199–214
Blanck, G./Blanck, R.: (1978) Angewandte Ich-Psychologie. Stuttgart: Klett
Blanck, G./Blanck, R.: (1979) Ich-Psychologie II. Psychoanalytische Entwicklungspsychologie. Stuttgart: Klett
Boor, de, C.: (1968) Der Einfluß der Entwicklung der psychoanalytischen Theorie auf die Behandlungstechnik. Psyche 22: 738–746
Hartmann, H.: (1968) Die Bedeutung der Ich-Psychologie für die Technik der Psychoanalyse. Psyche 22: 161–172

zu 1.3.2

(Objektbeziehungs-Theorien)

Balint, M.: (1970) Die Grundstörung. Stuttgart: Klett
Balint, M.: (1966) Die Urformen der Liebe und die Technik der Psychoanalyse. Stuttgart: Klett
Eagle, M. N.: (1988) Neuere Entwicklungen in der Psychoanalyse. Eine kritische Würdigung. München, Wien: Verlag Internationale Psychoanalyse
Greenberg, J. R./Mitchell, S. A.: (1983) Object Relations Theory. Cambridge, Mass.: Harvard Univ. Press
Kernberg, O. F.: (1988) Innere Welt und äußere Realität. Anwendungen der Objektbeziehungstheorie. München, Wien: Verlag Internationale Psychoanalyse
Kernberg, O. F.: (1981) Objektbeziehungen und Praxis der Psychoanalyse. Stuttgart: Klett

Kutter, P./Pàramo-Ortega, R./Zagermann, P. (Hg.): (1988) Die psychoanalytische Haltung. Auf der Suche nach dem Selbstbild der Psychoanalyse. München, Wien: Verlag Internationale Psychoanalyse
Kutter, P. (Hg.): (1982) Psychologie der zwischenmenschlichen Beziehungen. Psychoanalytische Beiträge zu einer Objektbeziehungs-Psychologie. Darmstadt: Wissenschaftliche Buchgesellschaft
Loewald, H. W.: (1986) Psychoanalyse. Aufsätze aus den Jahren 1951–1979. Stuttgart: Klett
Minden, v., G.: (1988) Der Bruchstück – Mensch. Psychoanalyse des frühgestört-neurotischen Menschen der technokratischen Gesellschaft. Basel: Ernst Reinhardt
Modell, A. H.: (1968) Object Love and Reality. New York: Int. Univ. Press
Modell, A. H.: (1981) Die »bewahrende Umwelt« und die therapeutische Funktion der Psychoanalyse. Psyche 35: 788–808
Schafer, R.: (1983) The Analytic Attitude. New York: Basic Books

zu 1.3.3

(Selbstpsychologie)

Blum, H. P.: (1982) Theories of the self and psychoanalytic concepts: discussion. J. Am. Psa. Ass. 30: 959–978
Cremerius, J.: (1982) Kohuts Behandlungstechnik. Eine kritische Analyse. Psyche 36: 17–46
Grunert, U.: (1985) Zur Integration von Selbstpsychologie und Psychoanalyse auf entwicklungspsychologischer Grundlage. Dargestellt am Fall Louisa A. von P. Tolpin. Psyche 39: 708–737
Levine, F. J.: (1977) Review of Kohut, H., The Restoration of the Self. J. Philad. Ass. Psychoanal. 4: 238–247
Levine, F. J.: (1979) On the clinical application of Kohut's psychology of the self: comments on some recently published case studies. J. Philad. Ass. Psychoanal. 6: 1–19
Loewald, H.: (1973) Reviews of Kohut, H.: The Analysis of the Self. Psa. Quart. 42: 441–451
London, N. J.: (1985) An appraisal of self psychology. Int. J. Psycho-Anal. 66: 95–107
Levy, S. T.: (1985) Empathy and psychoanalytic technique. J. Am. Psa. Ass. 33: 353–378
Moore, B. E.: (1981) Review of Goldberg, A. (ed.), The Psychology of the Self: A Casebook. J. Am. Psa. Ass. 29: 249–252
Reed, G. S.: (1987) Rules of clinical understanding in classical psychoanalysis and in self psychology: a comparison. J. Am. Psa. Ass. 35: 421–446
Rothstein, A.: (1980) Toward a critique of the psychology of the self. Psa. Quart. 49: 423–455
Rubinstein, B. B.: (1983) Person, organism and self: their worlds and their psychoanalytically relevant relationships. Psa. Quart. 52: 158–160
Rubovits-Seitz, P. F. D.: (1979) Review of Goldberg, A. (ed.), The Psychology of the Self: A Casebook. J. Nerv. Ment. Dis. 167: 454–456
Rubovits-Seitz, P. F. D.: (1988) Kohut's method of interpretation: A critique. J. Am. Psa. Ass. 36: 933–959
Treurniet, N.: (1980) On the relation between the concepts of self and ego in Kohut's psychology of the self. Int. J. Psychoanal. 6: 325–333
Treurniet, N.: (1983) Psychoanalysis and self psychology: a metapsycholo-

gical essay with a clinical illustration. J. Am. Psa. Ass. 31: 59–100
Schwaber, E. A.: (1987) Review of P. Stepansky and A. Goldberg (eds.), Kohut's Legacy: Contributions of Self Psychology. J. Am. Psa. Ass. 35: 743–750
Shapiro, T.: (1974) The development and distortions of empathy. Psa. Quart. 43: 4–25
Spence, D. P.: (1981) Review of A. Goldberg (ed.), The Psychology of the Self: A Casebook. Contemp. Psychol. 26: 57–58
Spence, D. P.: (1984) Perils and pitfalls of free-floating attention. Contemp. Psychoanal. 20: 37–59
Stein, M. H.: (1979) Review of H. Kohut, Restoration of the Self. J. Am. Psa. Ass. 27: 665–680
Wahl, H.: (1985) Narzißmus? Stuttgart: Kohlhammer
Wallerstein, R. S.: (1985) How does self psychology differ in practice? Int. J. Psycho-Anal. 66: 391–404

zu 1.3.4

(Neonatologische Forschung)

Basch, M. F.: (1982) The significance of infant development studies for psychoanalytic theory. Psa. Inquiry 1: 731–739
Basch, M. F.: (1985) Some clinical and theoretical implications of infant research. Psa. Inquiry 5: 509–516
Emde, R. N.: (1981) Changing models of infancy and the nature of early development: Remodeling the foundation. J. Am. Psa. Ass. 29: 179–219
Gaensbauer, T. J.: (1985) The relevance of infant research for psychoanalysis. Psa. Inqu. 5: 517–530
Galenson, E./Sandler, L. (Rep.): (1980) New knowledge about the infant from current research. Implications for psychoanalysis. J. Am. Psa. Ass. 28: 161–198
Gedo, J. E.: (1985) On the dawn of experience: The past recaptured. Psa. Inqu. 5: 601–620
Köhler, L.: (1982) Neuere Forschungsergebnisse psychoanalytischer Mutter-Kind-Beobachtungen und ihre Bedeutung für das Verständnis von Übertragung und Gegenübertragung. Zschr. Psychoanal. I, 2/3: 238–265
Köhler, L.: (1986) Von der Biologie zur Phantasie. Forschungsbeiträge zum Verständnis der frühkindlichen Entwicklung aus den U.S.A. In: Stork, J.: a.a.O., Stuttgart, 73–92
Lang, H. J.: (1988) Die ersten Lebensjahre. Psychoanalytische Entwicklungspsychologie und empirische Forschungsergebnisse. München: Profil-Verlag
Lichtenberg, J. D.: (1983) Psychoanalysis and Infant Research. Hillsdale: The Analytic Press
Lichtenberg, J. D.: (1987) Infant studies and clinical work with adults. Psa. Inqu. 7: 311–330
Stern, D. N.: (1985) The Interpersonal World of the Infant. A View from Psychoanalysis and Developmental Psychology. New York: Basic Books
Stork, J.: (1986) Die Ergebnisse der Verhaltensforschung im psychoanalytischen Verständnis. In: Ders. (Hg.): Zur Psychologie und Psychopathologie des Säuglings – neue Ergebnisse in der psychoanalytischen Reflexion. Stuttgart: frommann-holzboog, 9–52

Wolff, P. H.: (1986) Alternative theories of development and their implications for studying the ontogeny of behavior and social adaptations. Am. J. Psychoanal. 46: 153–165

2 Behandlungsziele der Psychoanalyse

Wenn sich Menschen dazu entschließen, einen Psychoanalytiker aufzusuchen, haben sie meistens ganz bestimmte Therapieziele vor Augen. Sie möchten sich z. B. lebendiger fühlen, ihre häufigen Kopfschmerzen loswerden, sich besser gegenüber anderen Menschen abgrenzen und durchsetzen, eine tiefere sexuelle Erlebnisfähigkeit erlangen, quälende Zwangsgedanken aufgeben, Kontakt- und Beziehungsängste verlieren, wieder einen Sinn in ihrem Leben erblicken, sich endlich von einem ungeliebten Partner trennen, ohne dabei tiefe Verlassenheitsgefühle zu erleben, alte traumatische Erfahrungen bewältigen, peinigende Schuld- und Minderwertigkeitsgefühle endlich überwinden, ständige Angstzustände meistern lernen und vieles andere mehr. Die Therapieziele eines um Behandlung nachsuchenden Patienten verdienen ernstgenommen zu werden und haben sich in neueren Untersuchungen (vgl. z. B. Ruff und Werner 1987) als wichtige Prognose- und Erfolgskriterien herausgestellt, weil sie eine Einschätzung über die Eignung und Mitarbeitsbereitschaft enthalten können. Freilich müssen sich diese Zielvorstellungen und vor allem die Wege, wie diese Ziele zu erreichen sind, nicht immer und unbedingt mit den Vorstellungen des Analytikers decken. Hinter den häufig nur diffus vorgetragenen Beschwerden und Lebensbeeinträchtigungen verbergen sich manchmal hochgesteckte Erwartungen an ein glückliches und konfliktfreies Leben, das mit geringem Aufwand und im Vertrauen an die magisch überhöhte Omnipotenz des Psychotherapeuten innerhalb kurzer Zeit zu erreichen sei. Das bei vielen Patienten immer noch weit verbreitete medizinische Krankheitsmodell, das auch noch durch die pharmazeutische Industrie kräftig unterstützt wird (die Störung ist von außen oder durch innere, von Patienten nicht beeinflußbare Prozesse verursacht; durch äußere Eingriffe mit Hilfe der Apparatemedizin, Verabreichung von Medikamenten und Ratschlägen von seiten des Arztes bei weitgehender Passivität des Patienten kommt die Heilung zustande), erweckt bei diesen häufig die Hoffnung, auch von psychischen Problemen auf eine ähnliche Weise befreit werden zu können. Daß die psychotherapeutische Behandlung aber mitunter ein langwieriger und schwieriger Prozeß ist, der stark auf die Mitarbeit des Patienten angewiesen ist, und daß dabei sehr viel psychische Veränderungsarbeit notwendig ist, ja daß Psychotherapie über weite Strecken ein Aufgeben und Abtrauern liebgewordener Charaktereigenschaften, Wahrnehmungs- und Erlebnisformen, alter Bindungen an Eltern, Wertvorstellungen und Ideale beinhaltet, kann häufig erst im Laufe der Behandlung als Notwendigkeit erkannt werden. Die gleichsam privaten ätiologischen Theorien eines zukünftigen Patienten über die Verursachung seiner seelischen Beschwerden können deshalb schon einen ersten Fingerzeig auf die Motivation für eine ursächliche und konfliktaufdeckende Therapieform, wie sie die Psychoanalyse darstellt, geben. Neigt der Patient z. B. dazu, seinen Angehörigen oder Eltern alle Schuld zu geben, versucht er, ausschließlich äußere Umstände für seine Beschwerden verantwortlich zu machen? Hat er zumindest ansatzweise ein Gespür für psychodynamische Konstellationen und mitmenschliche Erlebnisweisen oder sieht er sich nur in der Rolle des Opfers, das immer wieder im Leben zu kurz gekommen ist? Diese und viele andere Fragen sind für die Reflexion der Behandlungsziele nicht unwesentlich, wenngleich sie auch nur einen ersten Einblick in die komplexe Thematik der Therapiemotivation, -erwartungen und -ziele ermöglichen. Die Behandlungsziele eines Patienten decken sich häufig – aber durchaus nicht immer – mit dem, was vor allem in der amerikanischen Literatur als *therapeutische* im Unterschied zu den *analytischen* Zielvorstellungen bezeichnet worden ist. Therapeutische Ziele beziehen sich überwiegend auf Symptombeseitigung (Kopfschmerzen oder depressive Verstimmungen sollen aufhören) und auf Verhaltensänderungen mit korrelierenden Änderungen im Erleben (der Patient will sich besser durchsetzen können und sich dadurch freier und selbstbewußter fühlen). Änderungen auf der Verhaltensebene und eine länger vorhaltende, wenn nicht gar endgültige Symptomfreiheit sind deshalb für viele Patienten aus verständlichen Gründen anstrebenswerte und lohnende Behandlungsziele. Können diese Ziele erreicht werden, würde ein Psychoanalytiker von einer therapeutischen Heilung sprechen, aber noch nicht von einer psychoanalytischen. Stellt dies nun eine elitäre und verwegene Einschätzung dar, die die Interessen von Patienten mißachtet? Handelt doch ein bekannter Witz über die Gründlichkeit des psychoanalytischen Vorgehens von einem Heizungsmonteur, der, damit beauftragt, lediglich ein neues Heizungsventil am Heizkörper anzubringen, sich statt dessen daran macht, die komplette Heizungsanlage im Keller des Hauses abzumontieren.

Nach psychoanalytischer Auffassung erzielen Behandlungen,

die überwiegend therapeutische Ziele anstreben, nicht immer dauerhaft Erfolge; manche Symptome kehren nach einiger Zeit wieder, neue Symptome treten auf und erreichte Verhaltensänderungen betreffen bei genauerer Betrachtung nur einen kleinen Ausschnitt wünschenswerter Änderungen. Aus diesen Gründen plädieren Psychoanalytiker dafür, so viel Psychoanalyse wie nur möglich zu machen, d. h. wann immer es nur geht, die unbewußten Konflikte eines Patienten zu erkennen und durchzuarbeiten, um damit strukturelle Veränderungen, die mit einer Vielzahl von Erlebnis- und Verhaltensweisen verbunden sind, zu ermöglichen. Dieses Durcharbeiten unbewußter Konflikte geschieht mit Hilfe des Entstehenlassens von Übertragungen bzw. einer Übertragungsneurose, wobei aufgrund der unbewußten (und deshalb auch dem Analytiker über mehr oder weniger lange Zeit auch unbekannten) Natur des Konflikts die Ziele der analytischen Reise zwangsläufig zunächst offen bleiben müssen. Fest steht nur, daß das Unbewußte des Patienten bewußt gemacht werden soll, aber über dieses globale Therapieziel hinaus existieren keine weiteren Wegbeschreibungen zum Bestimmungsort.

Daß man nicht mit jedem Patienten eine Psychoanalyse machen kann oder auch will (vgl. Kap. 3: Indikation zur Psychoanalyse), daß die Grenzen zwischen therapeutischen und analytischen Zielen fließend sind (vgl. *Abb. 5*), daß gelegentlich auch eine lediglich therapeutische Heilung genauso erfolgreich und dauerhaft sein kann wie eine analytische Heilung, relativiert zwar die polarisierende Gegenüberstellung, ändert aber wenig an der grundsätzlichen Sinnhaftigkeit dieser Unterscheidung. Denn es besteht bei Psychoanalytikern nach wie vor weitgehend Übereinstimmung darüber, daß Symptomverbesserungen nicht mit analytischen Veränderungen gleichgesetzt werden dürfen. So können Symptome – wie jeder erfahrene Psychoanalytiker weiß – bereits nach einigen Stunden Therapie verschwunden sein, was auch als »Flucht in die Gesundheit« bezeichnet worden ist oder Psychoanalytiker dazu veranlaßt hat, dieser scheinbaren Heilung den Namen »Übertragungsheilung« zu geben (z. B. um zu imponieren, sich an vermeintliche Erwartungen anzupassen oder weil Beschämung, Abhängigkeit oder Unterlegenheit, die das »Kranksein« für manche Analysanden mit sich bringt, nicht ertragen werden können). Natürlich kann ein Psychoanalytiker auch nicht damit zufrieden sein, wenn die Symptome über lange Zeit hinweg überhaupt nicht besser werden, indessen ein analytischer Erfolg nach seiner Einschätzung verzeichnet werden kann. Wünschenswert ist es deshalb, wenn sich im Zuge der Durcharbeitung der Übertragungsneurose (vgl.

Bd. 3, Kap. 16: Durcharbeiten) auch die Symptome auflösen lassen.

So litt z. B. ein Patient schon seit vielen Jahren an einem ihn sehr demütigenden und erfolglos bekämpften Symptom: er mußte – auch in der Öffentlichkeit – immer wieder an seinen Nägeln kauen. Unbewußt verkörperten bei diesem Patienten die Nägel seine Zähne, mit denen er die Brustwarzen von Frauen abbeißen wollte, worin seine unterdrückte Wut gegenüber seiner Mutter zum Ausdruck kam. Als sein Symptom als eine Kompromißbildung zwischen seinen unbewußten oral-aggressiven Impulsen und den damit einhergehenden Bestrafungstendenzen im Zuge der Durcharbeitung seiner Übertragungsneurose verstanden werden konnte, löste sich das Symptom innerhalb kurzer Zeit auf. Wäre dieses Symptom zu Beginn der Analyse verschwunden (und dies passiert ja tatsächlich in vielen nicht psychoanalytischen Therapien und wird dann als großer Therapieerfolg betrachtet), so wäre zu vermuten, daß dieser Patient z. B. aus Schamgefühlen oder um dem Therapeuten zu gefallen, sein Symptom unterdrückt hätte; die unbewußten Phantasiekonstellationen, die unterdrückte Wut gegenüber seiner Mutter und Frauen wären entweder vorübergehend noch stärker verdrängt worden oder hätten sich in Form einer anderen Kompromißbildung Ausdruck verschafft.

Es ist einleuchtend, daß Patienten mit dieser Art von (scheinbarer) Symptombeseitigung zunächst sehr zufrieden sein können, während Psychoanalytiker darüber nicht beglückt sind, sondern auf dem Analysieren der unbewußten Konflikte bestehen; rasche Symptombeseitigung, ohne daß der Betreffende dabei für die tiefen und zunächst vorbewußten und unbewußten Bedeutungszusammenhänge Interesse zeigt und sich in einen mitunter schmerzlichen, aber letzten Endes auch befreienden Prozeß der Aufarbeitung seiner Lebensgeschichte begibt, kann deshalb nicht das Behandlungsziel der Psychoanalyse sein, so nachvollziehbar dieser Wunsch auch immer sein mag, weil er der grandiosen kindlichen Gedankenwelt entspringt (und dem so manche moderne »Therapieangebote« auf dem Psychomarkt ihre Existenz verdanken). Aber die Zahl derjenigen, die an einer lebensgeschichtlichen Aufarbeitung ihrer Symptome und Beeinträchtigungen interessiert sind und ein anderes Krankheits- und Therapieverständnis entwickeln, nimmt in den letzten Jahren doch erstaunlich zu, vielleicht in dem Maße, wie Ideologien der Machbarkeit immer mehr als supernarzißtische und letztlich verhängnisvolle Wunschträume aufgedeckt werden können.

Wenn man die therapeutischen und die analytischen Zielvorstellungen in Form einer Pyramide darstellt (vgl. *Abb. 5*), dann stehen obenan Verhaltensänderungen und Symptomfreiheit; auf diese

Abb. 5: Therapeutische und analytische Behandlungsziele

wäre (zunächst) aus analytischer Sicht am ehesten zu verzichten; sie könnten am leichtesten abgetragen werden, ohne daß dadurch die Basis des analytischen Vorgehens erschüttert werden würde. Die Entwicklung, Durcharbeitung und Auflösung einer Übertragungsneurose (vgl. Bd. 2, Kap. 12: Übertragungsneurose), die Fortführung eines unterbrochenen Entwicklungsprozesses, die Entwicklung von selbstanalytischen Fähigkeiten und intrapsychischer Autonomie stellen hingegen die genuin analytischen Ziele dar, auf die nicht verzichtet werden kann. Zu Änderungen auf der Verhaltensebene und zum Wegfall von Symptomen kommt es natürlich auch im Zuge analytischer Behandlung, aber im idealen Fall erst nach der Bearbeitung der unbewußten Konfliktdeterminanten.

Diese idealtypische Unterscheidung wirft natürlich eine Reihe von Fragen auf. Gibt es tatsächlich die reine, »tendenzlose Psychoanalyse«, die keine anderen Absichten verfolgt, als das Unbewußte des Patienten in einem tiefenhermeneutischen Prozeß und unter Berücksichtigung von Übertragung und Gegenübertragung zu erforschen? Spielen hierbei nicht auch Vorstellungen über Entwicklungs- und Persönlichkeitsziele, ja vielleicht sogar unreflektierte Gesundheits- und Anpassungsnormen eine wichtige Rolle? Verfügt nicht auch der Psychoanalytiker über eine Reihe theoretisch und lebenspraktisch abgeleiteter Zielvorstellungen, die ihm bei seiner Reise ins Unbewußte des Analysanden zumindest ungefähr die Richtung weisen? Lassen sich Übertragungsreaktionen oder gar die Übertragungsneurose tatsächlich bei jedem analysierbaren Patienten durcharbeiten? Kann sich nicht auch manchmal ein dauerhafter therapeutischer Nutzen ergeben, wenn die Übertragungsneurose nicht im Mittelpunkt des therapeutischen

Geschehens stand? Wie ist mit den Einschränkungen umzugehen, die sich aufgrund der Krankenkassenregelung ergeben, wo wegen der Berücksichtigung von Gesichtspunkten der »Notwendigkeit, Zweckmäßigkeit und Wirtschaftlichkeit« in aller Regel die Therapieziele von vornherein auf die »krankheitswertigen Symptome« abgestimmt werden müssen und die zeitliche Befristung ein zügiges Reisetempo nahelegen? In welchem Ausmaß verändert sich die »tendenzlose Psychoanalyse«, wenn sie aufgrund der Krankenkassenfinanzierung in eine an den Interessen der Solidargemeinschaft orientierte, pragmatischere Vorgehensweise im Sinne der »analytischen Psychotherapie« oder »tiefenpsychologisch fundierten Psychotherapie« abgeändert werden muß (vgl. Kap. 4)? Wie notwendig ist es, den eher medizinischen Krankheitsbegriff der Richtlinienpsychotherapie dennoch immer wieder zu transzendieren, um nicht unversehens und unbemerkt in den Erwartungshorizont eines tendenziell normopathischen Anpassungsdruckes zu geraten?

2.1 Historischer Überblick

Freud hat sowohl in topographischer als auch in struktureller Hinsicht das Ziel einer Psychoanalyse zu bestimmen versucht: »Das Unbewußte bewußt machen« (1895, S. 381), »Wo Es war, soll Ich werden« (1933a, S. 86) und »die Analyse soll die für die Ich-Funktionen günstigsten psychologischen Bedingungen herstellen; damit wäre ihre Aufgabe erledigt« (1937b, S. 96). Etwas weniger abstrakt sprach er an verschiedenen Stellen seines Werkes von Arbeits-, Liebes- und Genußfähigkeit (z. B. 1916/17). Und am Anfang seiner analytischen Laufbahn erklärte Freud in seinen »Studien zur Hysterie« (1895): »Sie werden sich überzeugen, daß viel damit gewonnen ist, wenn es uns gelingt, Ihr hysterisches Elend in gemeines Unglück zu verwandeln. Gegen das letztere werden Sie sich mit einem wiedergenesenen Seelenleben besser zur Wehre setzen können« (S. 312). Und 1909 hielt er anläßlich der Analyse des Kleinen Hans fest: »Es ist aber nicht der therapeutische Erfolg, den wir an erster Stelle anstreben, sondern wir wollen den Patienten in den Stand setzen, seine unbewußten Wunschregungen bewußt zu erfassen« (S. 354).

Natürlich ließen diese klinisch abstrakten und überwiegend metapsychologischen Bestimmungen viel Raum für weitere Konkretisierungen. So erblickten z. B. Alexander (1925) und Strachey (1934) in der Modifizierung des beim neurotischen Patienten in der Regel allzu strengen und einschränkenden Über-Ichs das hauptsächliche Ziel einer analytischen Behandlung. Andere Veränderungen, wie das Bewußtwerden vormals unbewußter Es-Anteile, würden sich hieraus folgerichtig ergeben. Auf dem Marienbader Symposium über die »Theorie der therapeutischen Ergebnisse der Psychoanalyse« (1937) waren sich die meisten Teilnehmer darin einig, daß das Ziel der Analyse darin bestehen müsse, ein harmonisches Gleichgewicht zwischen Es-, Ich- und Über-Ich-Anteilen in der Persönlichkeit zu erreichen.

A. Freud hatte ja bereits in »Das Ich und die Abwehrmechanismen« (1936) darauf hingewiesen, daß die analytische Aufmerksamkeit den unbewußten Anteilen in allen drei Persönlichkeitsinstanzen gleichmäßig zuzuwenden sei.

Knight (1941/42) war einer der ersten Autoren, die den Versuch unternommen haben, eine Systematisierung der Behandlungsziele auszuarbeiten (vgl. *Abb. 6*).

In der Folgezeit hat nahezu jeder namhafte psychoanalytische Forscher aufgrund verschiedener Theorieschwerpunkte und -vor-

Abb. 6: Ziele der psychoanalytischen Therapie nach Knight (1941/42)

1. Verschwinden der anfangs geäußerten Symptome
2. Wirkliche Verbesserung im psychischen Funktionieren
    a) Erwerb von Einsicht, sowohl kognitiv als auch gefühlsmäßig, in die auf die Kindheit zurückgehenden Ursachen der Konflikte, in die in der Gegenwart liegenden Auslösefaktoren und in die Methoden der Abwehr, welche die Persönlichkeit und die spezifische Persönlichkeitsstruktur der neurotischen Erkrankung zur Folge haben
    b) Entwicklung von Toleranz gegenüber den Triebimpulsen
    c) Entwicklung der Fähigkeit, sich selbst objektiv einschätzen zu können, seine eigenen Stärken und Schwächen
    d) Erreichen einer relativen Freiheit gegenüber Spannungen und Hemmungen, welche die eigenen Fähigkeiten lahmlegen
    e) Verfügenkönnen über aggressive Kompetenzen, die für die eigene Selbstbewahrung, Leistenkönnen, Konkurrieren und Schutz der eigenen Rechte benötigt werden
3. Verbesserte Realitätseinstellung
    a) Konsistentere und loyalere zwischenmenschliche Beziehungen mit sorgfältig ausgewählten Personen
    b) Freie Verfügbarkeit von Fähigkeiten bei produktiver Arbeit
    c) Verbesserte Sublimierung in Erholung und Beruf
    d) Heterosexuelle Beziehungen mit Potenz und Lust

lieben bestimmte klinische Behandlungsziele genannt, die als klinische Präzisierungen durchaus mit den analytischen Zielvorstellungen vereinbar sind (und sich inhaltlich auch teilweise mit den in *Abb. 5* genannten Zielvorstellungen decken oder überschneiden) und die hier als Überblick nach der Zusammenfassung von McGlashan und Miller (1982) genannt werden (vgl. *Abb. 7*).

Nach diesem Überblick sollen die übergeordneten analytischen Globalziele (wie z. B. Auflösung einer Übertragungsneurose) noch einmal genauer betrachtet werden.

Abb. 7: Überblick über Zielvorstellungen der Psychoanalyse (nach McGlashan und Miller 1982, S. 377ff.)

Entwicklungshemmungen aufheben	Urvertrauen und Sicherheit Trennung und Individuation Gewissen konstruktive Aggression Sexualität
Aspekte des Selbst	Selbst-Verantwortlichkeit Selbst-Identität Selbstwertgefühl
Bezogenheit auf Mitmenschen	Außen- versus Innenorientierung Beziehung zu den Eltern Beziehung zu Gleichaltrigen und Gruppen Empathie Intimität Generativität
Akzeptierung der Realität	verringerte Omnipotenz Fähigkeit zum Trauern Triebkontrolle und Frustrationstoleranz Loslassen können Realitätsprüfung
Erlebnisfülle und Lebendigkeit	Gefühle Energie Entspannung Fähigkeit zur Freude
Coping-Mechanismen	Abwehrmechanismen Soziokulturelle Anpassung und Veränderung
Integrative Kapazität	Ambivalenztoleranz kognitive Ökonomie Übergangs-Kapazität
Selbstanalytische Fähigkeiten	Selbstbeobachtung und Selbstanalyse Auflösung der Übertragung

1. *Entwicklungshemmungen aufheben*

a) Urvertrauen und Sicherheit
   (z. B. wird die Welt nicht mehr als essentiell böse und schlecht wahrgenommen; paranoide Ängste beschränken sich auf ein Minimum; Internalisierung eines primär guten Introjekts; Fähigkeit, die Zufriedenheit und Fülle anderer Menschen zu ertragen, ohne neidisch zu sein)

b) Trennung und Individuation
   (z. B. Selbst-Objekt-Differenzierung mit der Fähigkeit, die eigenen Gefühle und Gedanken von denen anderer unterscheiden zu können; sich trennen können, ohne Angst vor Liebesverlust zu haben; Fähigkeit zum Alleinsein; Autonomie, Nein sagen können ohne Angst und Schuldgefühle; selbstbestimmt statt fremdbestimmt leben zu können; generationelle Autonomie: den Einfluß der eigenen Eltern durcharbeiten und die eigenen Kinder loslassen können)

c) Gewissen
   (z. B. Überwindung von archaischen, primitiven Über-Ich-Introjekten und Reduktion desjenigen Erlebens und Verhaltens, das durch irrationale Pflichtgefühle und moralischen Perfektionismus gekennzeichnet ist; klares und realitätsgerechtes Gewissen; Fähigkeit zu angemessenen Schuldgefühlen; das Über-Ich soll toleranter, liebevoller und verständnisvoller werden und in den Rest der Persönlichkeit integriert werden)

d) konstruktive Aggression
   (z. B. Durchsetzungsfähigkeit, Initiative und konstruktiver Ehrgeiz als Folge eines überwundenen Ödipuskomplexes; Mangel an Mißerfolgsangst: man darf und kann die eigenen Eltern überrunden, besser sein als sie; Motivation, andere anzuleiten und ihnen Vorbild zu sein)

e) Sexualität
   (z. B. klare Geschlechtsidentität und Akzeptanz des eigenen erwachsenen sexuellen Körpers, Kapazität für orgastische Potenz, genitaler Primat, Verringerung der dranghaften Beschäftigung mit sexuellen Phantasien)

2. *Aspekte des Selbst*

a) Selbst-Verantwortlichkeit
   (z. B. man kann sich selbst als Akteur seiner Handlungen erleben, fühlt sich nicht mehr unangemessen fremden Mächten ausgeliefert; Übernahme von Verantwortung für seine eigenen Impulse, Affekte und Handlungen; Stehen zu seinen eigenen

Entscheidungen; die Fähigkeit, sich selbst als »Täter« und nicht als »Opfer« sehen zu können, führt auch zu Wiedergutmachungstendenzen, Mitleid und Einfühlung)
b) Selbst-Identität
(z. B. Erleben eines kohäsiven Selbstgefühls; Gefühl für seine Person als Kontinuum in der Zeit, als Träger eines historischen und kulturellen Vermächtnisses; Aufrechterhaltung eines Identitätsgefühls über verschiedene Stimmungen und Aktivitätsgrade hinweg)
c) Selbstwertgefühl
(z. B. Selbstachtung, Selbstliebe und Selbstschätzung als Komponenten eines gesunden Selbstwertgefühls; relative Unabhängigkeit von äußerer Spiegelung und Akzeptanz sowie relatives Freisein davon, andere Menschen idealisieren zu müssen; gesundes Ich-Ideal und Fähigkeit, andere Menschen anzuerkennen, ohne sie zugleich wieder entwerten zu müssen; Vertrauen in die Zukunft; Integrität, Heiterkeit und Weisheit)
d) Selbsterleben und Kontinuität mit der früheren Störung
(z. B. die frühere Störung soll in das Selbsterleben integriert und nicht abgespalten oder verdrängt werden; das Verständnis für die Art der Störung und für ihr Gewordensein soll vorhanden sein und als Teil des eigenen Selbst akzeptiert werden)

3. Bezogenheit auf Mitmenschen

a) Außen- versus Innenorientierung
(z. B. autistische Beschäftigung mit sich selbst nimmt erheblich ab, ebenso schizoide Rückzüge; aus der Interaktion mit anderen Menschen wird Befriedigung gezogen; Kommunikationsbereitschaft, Aufgeschlossenheit für die Probleme anderer und sich dafür Zeit nehmen können)
b) Beziehung zu den Eltern
(z. B. die Einschätzung der eigenen Eltern wird realistischer, ausgewogener, weniger verurteilend, weniger idealisierend; man entdeckt neue, bislang unbekannte Züge an ihnen; der Wunsch kann aufgegeben werden, daß die Eltern sich noch verändern sollen; die unangemessene und dranghafte Beschäftigung mit ihnen tritt zurück; alte Familienmythen können aufgegeben, die Generationsschranke akzeptiert und die Bindung zwischen den Eltern anerkannt werden)
c) Beziehung zu Gleichaltrigen und Gruppen
(z. B. die Fähigkeit, mit Gleichaltrigen befreundet zu sein, wie überhaupt Freunde zu haben, dabei zwischen Bekanntschaft

und intimer Freundschaft abstufen zu können; sich auf Gruppen beziehen können und sich als Teil einer Gruppe erleben können, ohne das Gefühl zu haben, seine Individualität und Unabhängigkeit zu verlieren)
d) Empathie
(z. B. die Fähigkeit, sich die gefühlsmäßigen Erfahrungen wichtiger Mitmenschen genau vorstellen zu können; Fähigkeit zu vorübergehender und partieller Identifikation, ohne mit dem anderen total verschmelzen zu müssen)
e) Intimität
(z. B. stabile und andauernde Beziehungen mit einem nichtinzestuös erlebten Liebespartner; Nähe genießen können, aber auch allein sein können; die Liebe des anderen annehmen und wertschätzen können; gegenseitiges Geben und Nehmen)
f) Generativität
(z. B. Fähigkeit zur triadischen Bezogenheit; Bestreben, etwas für die nachkommende Generation zu hinterlassen in Form eigener Kinder oder produktiver Werke; Wunsch, das Erlebte und Erfahrene weiterzugeben an Kinder; Nächstenliebe und Besorgnis um seine Mitmenschen)

4. Akzeptierung der Realität

a) Verringerte Omnipotenz
(z. B. die eigenen Schwächen und Grenzen akzeptieren können; anerkennen können, daß man keine Ausnahme darstellt, der ein Sonderstatus gebührt oder eine narzißtische Anwartschaft zusteht; Aufgeben des unbedingten Geliebtwerdenwollens und der Forderungen, für vergangenes Leid entschädigt zu werden; Aufgeben ödipaler Grandiosität und Anerkennen der Bindungen anderer Menschen; Verzicht auf Kontrollierenwollen anderer Menschen; Entwicklung von Dankbarkeit)
b) Fähigkeit zum Trauern
(z. B. Fähigkeit, Verlust zu akzeptieren und die eigene Sterblichkeit anzunehmen; Akzeptieren der Vergänglichkeit, der Unvermeidbarkeit von Veränderung und Konflikt, der Unmöglichkeit, die Zukunft total kontrollieren und vorausplanen zu können; Kummer und Trauerarbeit ohne Rachegelüste und Vergeltungsstreben; Fähigkeit zur Sehnsucht)
c) Triebkontrolle und Frustrationstoleranz
(z. B. adäquaten Verzicht leisten können; Neinsagenkönnen gegenüber eigenen Versuchungen und den Verlockungen anderer; die Unvermeidbarkeit der Frustration kindlicher Wünsche

einsehen; Toleranz für Enttäuschung, Angst, Unglück und Leiden entwickeln)
d) Loslassen können
(z. B. auf sekundären Krankheitsgewinn und negative therapeutische Reaktionen verzichten können; destruktiven Neid, Anspruchlichkeit, Eifersucht aufgeben können; sadistische Wünsche nach Kontrolle sein lassen können, aber auch masochistische Haltungen, wie sich als Opfer fühlen, Selbstmitleid, Selbstgerechtigkeit)
e) Realitätsprüfung
(z. B. Fähigkeit, innere von äußeren Wahrnehmungen und Empfindungen zu unterscheiden, Phantasie von Realität; Übertragung soll auf ihren Vergangenheitsbezug zurückgeführt werden können; Wahrheitsliebe und Aufrichtigkeit)

5. *Erlebnisfülle und Lebendigkeit*

a) Gefühle
(z. B. eigene Gefühle können identifiziert und benannt werden; Fähigkeiten zu vielfältigen, angemessenen Gefühlen und Stimmungen, die differenziert, echt, moduliert, tiefgehend und relativ stabil sind)
b) Energie
(z. B. innere Lebendigkeit, Stärke, Kraft, Spontanität, Enthusiasmus, oft metaphorisch als Lebenskraft beschrieben)
c) Entspannung
(z. B. Fähigkeit zu angemessener Regression, zum Kindlichsein-Können; Akzeptierenkönnen der eigenen Abhängigkeitswünsche und passiven Strebungen; Fähigkeit zur Rezeptivität; Hilflosigkeit zugeben können; erneut um Analyse nachsuchen können, wenn es angezeigt ist)
d) Fähigkeit zur Freude
(z. B. sich freuen, genießen, entspannen können)

6. *Coping-Mechanismen*

a) Abwehrmechanismen
(z. B. weniger stereotyper, mehr adaptiver Einsatz von Abwehrmechanismen; weniger frühe, archaische Abwehrmechanismen, wie Spaltung, projektive Identifizierung, schizoider Rückzug, passive Aggression, statt dessen reifere Abwehrmechanismen, wie Reaktionsbildung, Isolierung, Verschiebung, Rationalisierung, Verdrängung; Abkömmlinge konflikthafter

Triebimpulse und Affekte können ohne größere Angst-, Scham- oder Schuldgefühle zugelassen werden)
b) Soziokulturelle Anpassung und Veränderung
(z. B. angemessene und kreative Änderungen in der Umwelt können durchgeführt werden: Arbeitsplatzwechsel, Sichtrennen-können; pathologische Konsequenzen einer Identifikation mit der Berufsrolle können reflektiert und verändert werden)

7. *Integrative Kapazität*

a) Ambivalenztoleranz
(z. B. Synthetisierung von Gut und Böse in einem selbst und bei anderen; der Abwehrmechanismus der Spaltung und die damit einhergehenden Vorgänge der Idealisierung und Entwertung werden aufgegeben; die Alles-oder-Nichts-Qualität von Erleben, aber auch von Denken weicht einer realistischen Sichtweise; Toleranz für Ambivalenz, Ambiguität für Gegensätze und Zweifel nimmt zu)
b) kognitive Ökonomie
(z. B. Fähigkeit zum gut funktionierenden sekundärprozeßhaften Denken; dranghafte Wünsche und Affekte stören nicht den Denkablauf, können in der Schwebe gehalten werden, brauchen nicht verdrängt zu werden und verleihen so dem Denken Anschaulichkeit und Lebendigkeit statt Abstraktheit und affektisolierter Unanschaulichkeit; Erinnerung tritt an die Stelle des Ausagierens; planendes, vorausschauendes Handeln ist möglich; gutes Erinnerungsvermögen und Konzentrationsfähigkeit, ohne von Konflikten beeinträchtigt zu sein)
c) Übergangs-Kapazität
(z. B. die Fähigkeit, eine Spannung zwischen dem Rationalen und dem Irrationalen aufrechtzuerhalten, die unbelebte Natur zu beleben, angemessene Illusionen zu kreieren und damit zu leben, primärprozeßhaftes Denken zu erleben und zu genießen, Fähigkeit zum Humor und Wertschätzung des Absurden, zur Imagination und zur Phantasie, Regression und Kontrollverlust im Dienste der Kreativität, Flexibilität der Charakterstruktur, Bereitschaft für neue Erfahrungen innerhalb einer gut etablierten Identität)

8. *Selbstanalytische Fähigkeiten*

a) Selbstbeobachtung und Selbstanalyse
(z. B. Selbstreflexionsfähigkeit, Neugierde für psychische Pro-

zesse, immer wieder erneutes Infragestellen der eigenen Wahrnehmungen und Schlußfolgerungen; persönliches Erfahrungswissen über die Ursachen und Bedeutungen der eigenen Konflikte, selbstdestruktiven Handlungen, neurotischen Partnerwahlen, Auslösefaktoren und charakteristischen Abwehrmechanismen; Fähigkeit, aus Einsicht Handlungen folgen zu lassen)
b) Übertragung
(z. B. Auflösung der Übertragungsneurose; negative Übertragungsgefühle können gut toleriert werden, sofern vorhanden; Gefühle der Ungleichheit gegenüber dem Analytiker verschwinden; Erkennenkönnen, daß der Analytiker Stärken und Schwächen hat; die in die Übertragungsneurose investierte psychische Energie wird wieder für andere Beziehungen frei)

Bei dieser Darstellung von Zielen für Psychoanalyse und psychoanalytischer Psychotherapie, die eine komprimierte Zusammenschau der Ansichten aus rund 190 Literaturstellen ist, fällt es nicht allzu schwer, sie mit Mahler, M. Klein, Winnicott, Erikson oder Kohut, um nur einige Autoren zu nennen, in Verbindung zu bringen, was aber aus Platzgründen unterlassen wurde. Zweifelsohne vermitteln diese Zielvorstellungen einen repräsentativen Querschnitt der zeitgenössischen psychoanalytischen Literatur, und ohne Übertreibung kann man sagen, daß in psychoanalytischen Behandlungen diese Vorstellungen von psychischer Gesundheit als Richtlinien tatsächlich eine wichtige Rolle spielen.
Es hat natürlich in Vergangenheit wie in Gegenwart nicht an Stimmen gefehlt, die zum einen vor übertriebenen Heilserwartungen gewarnt, und zum anderen auf die Unvereinbarkeit einer analytischen Haltung und Einstellung mit expliziten Zielvorstellungen aufmerksam gemacht haben.
Schon Freud schrieb 1937, daß man vor allem in Fällen der sogenannten Charakterneurose keine übertriebenen Erwartungen bezüglich der Heilung haben sollte: »Man wird sich nicht zum Ziel setzen, alle menschlichen Eigenarten zugunsten einer schematischen Normalität abzuschleifen oder gar zu fordern, daß der ›gründlich Analysierte‹ keine Leidenschaft verspüren und keine inneren Konflikte entwickeln dürfe. Die Analyse soll die für die Ichfunktionen günstigsten psychologischen Bedingungen herstellen; damit wäre ihre Aufgabe erledigt« (S. 96). Darüber hinaus sei es eine laienhafte Einstellung, schreibt Freud an anderer Stelle, daß Neurosen gänzlich überflüssige Erscheinungen seien, die keine Existenzberechtigung haben. Annie Reich (1950, S. 80) merkte an,

daß Psychoanalytiker nicht die Hoffnung haben, mit Hilfe der Analyse perfekte menschliche Wesen erzeugen zu können. Vielmehr seien sie damit zufrieden, »wenn wir einen Patienten von seinen Symptomen und Ängsten befreien können, wenn wir erreichen können, daß er erwachsene Objektbeziehungen leben kann, und wenn wir ihn dann dazu befähigen, gut arbeiten zu können und sich mit der Realität auseinanderzusetzen. ... Wir betrachten es als Zeichen der Gesundheit, wenn der Patient seine eigenen Begrenzungen akzeptieren kann«.

Freud warnte immer wieder vor dem »furor sanandi«, und es ist kein großes Geheimnis, daß einem zu großen therapeutischen Ehrgeiz narzißtische Motive und abgewehrte sadistische Strebungen zugrundeliegen können.

Das auf den ersten Blick paradox wirkende Nebeneinander von analytischer Abstinenz (im Hinblick auf narzißtische, ehrgeizige und pädagogische Intentionen) und anspruchsvollen Zielvorstellungen (einer fundamentalen Reorganisation der Persönlichkeit) läßt sich besser begreifen, wenn man zwischen Mitteln (mit Hilfe der Abstinenz den Analysanden seinen eigenen Weg finden lassen) und analytischen Zielen unterscheidet.

Mit knappen Worten und doch eine gesamte Behandlungsphilosophie beinhaltend, haben Sandler und Sandler (1983, S. 423) als Ziel der psychoanalytischen Behandlung beschrieben:

»Der Analytiker will dem Patienten dabei helfen, seine von infantilen Wünschen bestimmten Selbstanteile, die unangenehme Konflikte verursacht haben und im Laufe der Entwicklung bedrohlich geworden sind, schließlich zu akzeptieren. Er wird also versuchen, es dem Patienten zu ermöglichen, die Abkömmlinge dieser infantilen Selbstanteile in seinem bewußten Denken und seinen Phantasien zu tolerieren. Mit anderen Worten: ein wichtiges Ziel in der Analyse ist es, dem Patienten zu ermöglichen, sich mit seinen früher inakzeptablen Seiten anzufreunden, mit bisher bedrohlichen Wünschen und Phantasien gut umgehen zu können. Um das zu erreichen, muß der Analytiker durch seine Deutungen und die Art, wie er sie dem Patienten anbietet, eine Atmosphäre der Toleranz für das Infantile, Perverse und Lächerliche herstellen, eine Atmosphäre, die sich der Patient als Haltung sich selbst gegenüber aneignen, die er mit dem Verstehen, das er zusammen mit dem Analytiker erworben hat, internalisieren kann.«

2.2 Analytische Behandlungsziele

Den zuletzt genannten Heilungszielen lagen konkrete und z. T. auch klinisch operationalisierbare Vorstellungen zugrunde, die das Resultat einer analytischen Behandlung darstellen können. In der Praxis aber sind die Vorstellungen darüber, wohin die analytische Reise gehen soll, zunächst globaler und lassen von daher auch einen größeren Entwicklungsspielraum. Als wichtige analytische Therapieziele sind beschrieben worden: die Herstellung, Durcharbeitung und Auflösung einer Übertragungsneurose, die Fortführung des unterbrochenen Entwicklungsprozesses, das Erreichen von intrapsychischer Autonomie und die Entwicklung selbstanalytischer Fähigkeiten.

2.2.1 Auflösung einer Übertragungsneurose

Die Herstellung und die Durcharbeitung einer Übertragungsneurose mit dem letztendlichen Ziel, sie aufzulösen, gelten immer noch den meisten Psychoanalytikern als das Herzstück der psychoanalytischen Therapie. Die Übertragungsneurose schafft die Möglichkeit der Rückverwandlung einer verfestigten neurotischen Struktur in einen Interaktionsprozeß mit einer neuen Person, dem Therapeuten (zur genaueren Definition vgl. Bd. 2, Kap. 12: Übertragungsneurose). Obgleich im Laufe der Jahre viele Zweifel an diesem Konzept lautgeworden sind, vor allem was die Unterscheidung zwischen Übertragung und Übertragungsneurose betrifft (Greenacre 1954, 1959; Hoffer 1956; Kepecs 1966; Calef 1971; Loewald 1971; Bird 1972) besteht unter Psychoanalytikern doch ein stillschweigender Konsens, in der Entwicklung und Auflösung einer Übertragungsneurose das sine qua non eines wirklich erfolgreichen psychoanalytischen Prozesses zu erblicken (z. B. Firestein 1978).

In seiner Arbeit »Erinnern, Wiederholen, Durcharbeiten« (1914c) gelang Freud bereits eine Definition der Übertragungsneurose, die in nuce alle wesentlichen Kriterien enthält:

»Wenn der Patient nur so viel Entgegenkommen zeigt, daß er die Existenzbedingungen der Behandlung respektiert, gelingt es uns regelmäßig, allen Symptomen der Krankheit eine neue Übertragungsbedeutung zu geben, seine gemeine Neurose durch eine Übertragungsneurose zu ersetzen, von der er durch die therapeutische Arbeit geheilt werden kann. Die Übertragung schafft so ein

Zwischenreich zwischen der Krankheit und dem Leben, durch welches sich der Übergang von der ersten zum letzteren vollzieht. Der neue Zustand hat alle Charaktere der Krankheit übernommen, aber er stellt eine artefizielle Krankheit dar, die überall unseren Eingriffen zugänglich ist. Er ist gleichzeitig ein Stück des realen Erlebens, aber durch besonders günstige Bedingungen ermöglicht und von der Natur eines Provisoriums« (S. 134/35).

Im Verlauf der Übertragungsneurose erfährt der Patient eine Vielfalt von Wünschen, Affekten, Stimmungen mehr oder weniger konflikthafter Art, die alle mit der Person des Analytikers zu tun haben und Angst, Scham- und Schuldgefühle hervorrufen. Die Haltung des Analytikers ermöglicht ein Wiederaufleben und ein Wiedererfahren kindlicher Konfliktkonstellationen in einer neuen und angstfreien Beziehung. Werden zu Beginn der Entwicklung einer Übertragungsneurose erst die Zuverlässigkeit und die Sicherheit der analytischen Situation und Beziehung erprobt, so bekommen Patienten mit der Zeit immer mehr Mut, sich tieferen Übertragungsregressionen zu überlassen und entsprechende Übertragungsphantasien bewußt werden zu lassen. Im Unterschied zu den unsystematischen Übertragungsreaktionen zu Beginn der Behandlung treten mit zunehmender Konsolidierung der Übertragungsneurose organisierte Interaktionsmuster auf, die für die lebensgeschichtliche Abfolge der Konflikte, Abwehrmechanismen und Kompensationen des jeweiligen Patienten typisch und einmalig sind. Die regressiv aktivierten Übertragungswünsche, Über-Ich-Erwartungen, Ich-Zustände, adaptiven und defensiven Funktionen, Selbst- und Objektbilder erzeugen im Bewußtsein des Patienten eine Vielzahl von konflikthaften Verzerrungen des Interaktionsprozesses zwischen ihm und seinem Therapeuten; idealerweise erlebt er aber zwischendurch mit seinen gesunden und realitätsangepaßten Ich-Anteilen immer wieder die analytische Beziehung so, wie sie tatsächlich ist: unterstützend, mutmachend und so wenig angst-, scham- und schuldgefühlserzeugend wie nur möglich.

Was heißt nun Auflösung der Übertragung? Alle Konstellationen und Konflikte, die während des Verlaufs der analytischen Behandlung mit dem Analytiker erlebt werden (man erlebt sich z. B. abhängig und gedemütigt, ausgeliefert, beschämt, man ist voller Liebe und Verehrung, entdeckt homosexuelle und heterosexuelle Wünsche, erfährt Haß, Neid, Gier und Eifersucht, man gibt sich cool, unbeteiligt, selbständig usf. und dies alles in einer für den Patienten charakteristischen Mischung und Abfolge) sollen auf ihren angemessenen Kern zurückgeführt werden. Dazu müssen die infantilen Anteile der Konflikte und deren spätere Abkömmlinge ins Bewußtsein zugelassen werden und Angst, Scham- und Schuldgefühle auf ihre Berechtigung angesichts der jetzigen Beziehung mit einem verständnisvollen, wohlwollenden, nicht verurteilenden und bestrafenden Therapeuten überprüft werden. Der Patient erlebt all diese Konflikte nicht außerhalb der analytischen Sitzungen, sondern in ganz spezifischer Färbung und Zuspitzung in der Beziehung zum Analytiker. »Wenn dich der Kerl so fertig macht, dann geh' doch nicht mehr in die Analyse«, sagen manche besorgte Partner ihren übertragungsneurotisch gequälten und gestreßten Ehefrauen oder Freunden. Was wie überflüssige Quälerei aussieht, hat indessen seinen guten Grund: Die Gefahr, über Gefühle nur zu reden, ohne sie wirklich zu erleben, ist nicht nur bei zur Rationalität und zum Intellektualisieren neigenden Menschen groß, sondern eher bei jedermann. Und deshalb sollen die für den Patienten wichtigen Konflikte in vivo, d. h. in der Beziehung zum Analytiker, nochmals erlebt werden. Das Sprechen über die vermeintliche oder tatsächliche Gleichgültigkeit der Mutter vor 25 Jahren hilft wenig, solange nicht Patient und Analytiker die Möglichkeit haben, das Erleben von Gleichgültigkeit in ihrer Interaktion noch einmal zu erfahren und den Gründen dafür auf die Spur zu kommen (vgl. Bd. 2, Kap. 12: Übertragungsneurose).

Gelingt es nun tatsächlich, eine Übertragungsneurose ein für alle Mal aufzulösen? Erlebt man am Ende der Analyse seinen Analytiker so, daß man ihn wirklich als Person in ihrem eigenen Recht einschätzen kann? Kann man in seiner Gegenwart wirklich frei assoziieren, so als würde man mit sich ein Selbstgespräch führen?

Während sich die meisten Analytiker hinsichtlich der Bedeutung der Übertragungsneurose für den analytischen Prozeß einig sind, besteht doch ein Mangel an Übereinstimmung oder auch an Klarheit darüber, was unter Auflösung der Übertragung genau zu verstehen ist. Es hat sich aber die Auffassung durchgesetzt, daß die vollständige Auflösung der Übertragungsneurose ein Ideal darstellt, das man zwar anstreben sollte, das aber letztlich selten erreicht wird.

Diese Fragen, die am Ende einer jeden Analyse anstehen, wurden auch empirisch untersucht. Nachdem Oberndorf 1948 das erste Symposium über die Einschätzung therapeutischer Resultate in Boston organisiert hatte, begannen Psychoanalytiker, sich auch dafür zu interessieren, wie sich überhaupt einschätzen läßt, ob die psychoanalytischen Ziele tatsächlich erreicht worden sind. Kubie (1948) z. B. forderte damals schon, daß nur Tonbandaufnahmen von analytischen Sitzungen als zuverlässige Datenbasis für Erforschungen des Therapieerfolgs zu betrachten seien.

2.2.1.1 Empirische Untersuchungen zur Auflösung der Übertragung

Elf Jahre später berichtete Pfeffer (1959, 1961, 1963) zum ersten Mal über Nachuntersuchungen zu dieser Fragestellung, wobei aufgezeigt werden konnte, daß Anteile der Übertragungsneurose in Follow-Up-Studien mit einem Nachuntersucher wieder aktualisiert wurden; Ergebnisse, die in den nachfolgenden Jahren von Schlessinger und Robbins (1974, 1975); Oremland et al. (1975) und Norman et al. (1976) repliziert werden konnten und die den Mythos einer vollständigen Auflösung der Übertragungsneurose ins Wanken brachten.

Die Ergebnisse dieser Autoren lassen sich wie folgt zusammenfassen:

- Alle Personen erlebten den Analytiker, der die Follow-Up-Interviews durchführte (zumeist fünf Interviews über fünf Wochen zwei bis fünf Jahre nach Beendigung der Analyse), anfänglich wie den ursprünglich behandelnden Analytiker.
- Manche Patienten schienen noch einmal eine Übertragungsneurose en miniature zu entwickeln; ein Patient z. B. entwickelte Symptome, die er vor der analytischen Behandlung gehabt hatte; bei manchen Patienten trat der Wunsch auf, in die Analyse zurückzukehren.
- Bei einigen Patienten konnten Bereiche ungelöster Konfliktresiduen identifiziert werden; die ursprüngliche Übertragungsneurose ist niemals total aufgelöst worden.
- Die vollständige Auflösung des Ödipuskomplexes hat nicht stattgefunden, aber wesentliche Anteile des Loslösungs- und Individuationsprozesses, der durch die kindliche Neurose unterbrochen oder beeinträchtigt wurde, sind wieder in Gang gesetzt worden.
- Während der neurotische, unbehandelte Mensch die Konflikte seiner infantilen Vergangenheit im Verlauf seines Lebens wiederholt, erlebt der zufriedenstellend behandelte Patient zwar auch bestimmte Konflikte immer wieder, ist aber dazu in der Lage, die während der Analyse erlernten Konfliktlösungskompetenzen relativ rasch zu aktivieren und kann auf weitere neurotische Wiederholung verzichten.
- Somit ist auch das Potential für Toleranz und Bewältigung von Enttäuschungen, Ängsten und Depressionen aufgrund des Erwerbs selbstanalytischer Fähigkeiten eindeutig erhöht.
- Die Reaktivierung der Übertragungsneurose (oder Anteile davon) ist nicht nur als Wiederauftauchen ungelöster Konflikte in der zurückliegenden Behandlung zu sehen, sondern auch als Anzeichen dafür, daß ein Patient eine größere Offenheit für unbewußte Prozesse und eine größere

Toleranz für eine vorübergehende Erfahrung psychischer Ungleichgewichtzustände entwickelt hat.

2.2.1.2 Auflösung der Übertragungsneurose und therapeutischer Nutzen

In einer aus jüngster Zeit stammenden Untersuchung zur Eignung von Patienten für eine psychoanalytische Behandlung und zum Behandlungsergebnis legten Kantrowitz (1986); Kantrowitz et al. (1986, 1987a,b) großen Wert auf die auch von Bachrach und Leaf (1978) sowie Erle und Goldberg (1979, 1984) getroffene Unterscheidung von analytischem Behandlungsergebnis aus der Sicht des Analytikers und therapeutischem Nutzen, d. h. der tatsächlichen Erleichterung, die ein Patient durch die psychoanalytische Behandlung erfährt. Bezüglich der Analysierbarkeit hatten schon Erle (1979) und Erle und Goldberg (1984) aufgrund ihrer Untersuchung gefunden, daß sich diese erst nachträglich, wenn man also den gesamten Verlauf der Behandlung kennt, adäquat einschätzen läßt. Der therapeutische Nutzen bezog sich nicht allein auf die Analysierbarkeit: Von den als nicht analysierbar eingeschätzten Patienten aus der Untersuchung von Erle und Goldberg (1984) wiesen 39% ein hervorragend therapeutisches Behandlungsergebnis auf. Problematisch bei diesen und ähnlichen Studien bleibt allerdings, daß die Kriterien für Analysierbarkeit nicht systematisch definiert und gemessen wurden.

Kantrowitz (1986) hatte bereits herausgefunden, daß eine ausgiebige Einschätzung vor der Behandlung die analytischen Ergebnisse nicht erfolgreich vorherzusagen vermag, wobei als Kriterium für eine erfolgreiche Behandlung die zumindest teilweise Auflösung der Übertragungsneurose mit Hilfe von Deutungen angenommen wurde.

Im zweiten Teil ihrer Untersuchung schätzten Kantrowitz et al. (1986, 1987a,b) den therapeutischen Nutzen in mehreren Dimensionen ein: Niveau und Qualität der Objektbeziehungen, Verfügbarkeit, Toleranz, Komplexität und Modulation der Affekte und Ausmaß der Realitätsprüfung.

Die mit Hilfe verschiedener Methoden erzielten Einschätzungen (psychologische Tests, Selbsteinschätzung der Patienten, Einschätzung der Therapeuten, jeweils vor und nach Beginn der analytischen Behandlung) verwiesen eindeutig auf den therapeutischen Nutzen der Psychoanalyse. Bezüglich der Frage, ob die analytische Zielvorstellung der Auflösung einer Übertragungsneurose mit den festgestellten Veränderungen korreliert, fanden die

Autoren, daß sich in allen Dimensionen ein schwacher, aber nicht signifikanter positiver Trend zeigte (der nur dann eindeutig signifikant war, wenn man nur die Einschätzung des Analytikers zugrunde legte, was aber nicht weiter verwunderlich ist). Damit erhielten Kantrowitz et al. ähnliche Ergebnisse, wie sie auch in der Menningerstudie (vgl. Kernberg et al. 1972) gefunden worden waren: therapeutischer Nutzen ergab sich auch in analytisch orientierten Therapien, die nach analytischen Idealvorstellungen weniger als optimal waren.

Die Vorstellung einer völligen Auflösung des Ödipuskomplexes im Zuge der Durcharbeitung der Übertragungsneurose hat natürlich immer noch und immer wieder eine besondere Anziehungskraft auch im Sinne einer Idealisierung der psychoanalytischen Wirkmächtigkeit. Aber wenn man nicht erkennt, daß dieses Ziel einen analytischen Mythos darstellt, kann es auch einen unglücklichen Einfluß ausüben. Jede Psychoanalyse, in der es nicht gelingt, den Ödipuskomplex zu überwinden, ist dann nämlich eine nicht gelungene Psychoanalyse; und reale Erfolge können nicht als solche gesehen werden und Wertschätzung erfahren. Hätte Freud (1937b) dem zukünftigen Analytiker empfohlen, sich alle fünf Jahre erneut einer Analyse zu unterziehen, wenn er der Überzeugung gewesen wäre, daß eine Psychoanalyse ein für alle Mal dem Kernkonflikt der Neurosen den Garaus macht? Und bietet nicht das Leben selbst immer wieder erneut Variationen der ursprünglichen Konflikte, die es dann recht und schlecht zu lösen gilt?

2.2.2 Aufhebung von Deckerinnerungen

Im Zusammenhang mit der Durcharbeitung und Auflösung der Übertragungsneurose als analytischer Zielvorstellung ist auch auf das Schicksal von »Deckerinnerungen« (Freud 1899b) hingewiesen worden. Für Freud waren Deckerinnerungen quälende Überreste in der Erinnerung, die den Weg zu den Trümmern der Kindheit weisen, dabei aber mehr verbergen als enthüllen.

> »Es bezweifelt niemand, daß die Erlebnisse unserer ersten Kinderjahre unverlöschbare Spuren in unserem Seeleninnern zurückgelassen haben; wenn wir aber unser Gedächtnis befragen, welches die Eindrücke sind, unter deren Einwirkung bis an unser Lebensende zu stehen uns bestimmt ist, so liefert es entweder nichts oder eine relativ kleine Zahl vereinzelt stehender Erinnerungen von oft fragwürdigem oder rätselhaftem Wert ...« (1899b, S. 531).

Diese einzelnen Erinnerungen, die sich dem Gedächtnis unauslöschlich eingeprägt haben, sind als Kompromißbildungen zu betrachten, in denen zwar die konflikthaften Erinnerungen aufbewahrt sind, aber durch andere, harmlose repräsentiert werden. Die Deckerinnerung verdankt demnach »ihren Gedächtniswert nicht dem eigenen Inhalt, sondern dessen Beziehung zu einem anderen unterdrückten Inhalt« (1899b, S. 551).

Die Forderung erscheint naheliegend, daß am Ende einer erfolgreichen Analyse diese Deckerinnerungen, als hoch besetzte Residuen einer konflikthaften Vergangenheit, auf ihre wirkliche Bedeutung zurückgeführt sein sollten und nur noch als »Souvenirs der analytischen Reise« erinnert werden. Mahon und Battin (1981, 1983) haben auf dieses wichtige Kriterium einer erfolgreichen Analyse aufmerksam gemacht und in Analogie zur Realitätsprüfung von »Erinnerungsprüfung« (1981, S. 939) als einer Ichfunktion gesprochen, welche die Aufgabe hat, die Bedeutungsverzerrungen von Deckerinnerungen aufzuheben und zu einer neuen Synthese von Erinnerungen zu gelangen. Die Qualität der erreichten Erinnerungsprüfung kann zugleich auch als Indikator für die Endphase der Analyse (vgl. Bd. 3, Kap. 23: Beendigung der Analyse) betrachtet werden.

2.2.3 Wiederaufnahme des unterbrochenen Entwicklungsprozesses

Mit der stärkeren Orientierung an der psychoanalytischen Entwicklungspsychologie und dem Bewußtwerden, daß die Patienten, die um analytische Behandlung nachsuchen, nur noch selten unter ausschließlich neurotischen Konflikten leiden, sondern fast immer – in wechselndem Umfang – auch frühe, in den ersten Lebensjahren entstandene Beeinträchtigungen der Ich-Entwicklung und -Organisation aufweisen, hat sich ein entwicklungsorientiertes Denken hinsichtlich analytischer Zielvorstellungen ergeben. Wenn die neurotischen Hemmungen und Beeinträchtigungen im Verlauf der analytischen Behandlung beseitigt werden können, wird ein abgebrochener Entwicklungsprozeß wieder aufgenommen, was mehr ist als eine strukturelle Veränderung innerhalb eines als statisch gedachten Gleichgewichts zwischen Trieb und Abwehr. Loewald (1960) hat ausgeführt, daß die als Prozeß zunehmend stärkerer Integration und Differenzierung psychischer Funktionen gedachte Ich-Entwicklung nicht an einem bestimmten Punkt der Entwicklung aufhört, wenngleich es auch normalerweise zu einer ausgeprägten Konsolidierung der Ich-Organisation zur Zeit des Ödipuskomplexes und gegen Ende der Adoleszenz kommt. Phasen relativer Desorganisation und Reorganisation des Ichs werden von Phasen relativer Konsolidierung abgelöst und sind von Erikson (1950) als Identitätskrisen beschrieben worden. Entwicklung endet nicht mit der Adoleszenz, sondern dauert das ganze Leben über an (vgl. Erikson 1950; Settlage 1980; Colarusso und Nemiroff 1981).

Dabei ist freilich im Auge zu behalten, daß bei Patienten mit frühen Störungen ihrer Ich-Organisation nicht davon ausgegangen wird, daß sie in sämtlichen Entwicklungslinien (vgl. A. Freud 1965) Fortschritte machen und alle Entwicklungsblockierungen durcharbeiten können. Ein frühgestörter Patient, der gravierende Kontaktprobleme aufweist und dem es an Urvertrauen mangelt, wird vielleicht niemals die ödipalen Entwicklungsmeilensteine gänzlich erreichen können; ganz im Unterschied zu einem Patienten, der sich überwiegend wegen ödipaler Konflikte in Behandlung begibt und durchaus Chancen hat, die ödipalen Konfliktkonstellationen erfolgreich zu überwinden.

An einem Beispiel veranschaulichen Shane und Shane (1984) das Denken in Entwicklungskategorien (vgl. S. 748).

Der Patient wuchs die ersten dreieinhalb Lebensjahre mit seiner Mutter, Tante und Großmutter zusammen auf, während sein Vater bei der Armee war. Seine Mutter, eine chronisch ängstliche Frau, vorsichtig und überbehütend im Umgang mit ihm, ermutigte ihn während seiner frühen Kindheit zu einem extrem engen körperlichen Kontakt mit ihr. Als der Vater des Patienten aus dem Krieg zurückkehrte, versetzte er das bis dahin geliebte und überbehütete Söhnchen in erschreckende Situationen. Die brüske und einschüchternde Art des Vaters wurde vom Sohn als archaisch strenges und sadistisches Über-Ich verinnerlicht, das die ödipalen Strebungen des Jungen massiv unterdrückte und zu den bestrafenden Aspekten seines fetischistischen Verhaltens beitrug, bei dem er mit kratziger Wolle Haut und Genitalien in Berührung brachte. Während das fetischistische Interesse an Wolle von einem frühen Übergangsobjekt, einem Teddybär, stammte, und das Wollene ihn an die frühe Nähe zu seiner Mutter erinnerte, wurde das Kratzige als lustvoll schmerzliche Peitschenhiebe erlebt, die ihn in seiner Phantasie ein grausamer Militäroffizier verabreichte. So stellte der Fetisch ein Symptom dar, das sowohl präödipalen wie ödipalen Funktionen diente.

Im Verlauf der psychoanalytischen Behandlung war der Patient in der Lage, seinen Fetisch aufzugeben und zum ersten Mal in seinem Leben eine sexuell erfolgreiche Beziehung zu einer Frau zu haben. Dazu mußte er sich vorher eine intrapsychische Trennung von seiner Mutter und auch von seinem Analytiker in der Übertragung erarbeiten, sich mit seinen phallisch-exhibitionistischen und genitalen Wünschen seiner Mutter und anderen Frauen gegenüber konfrontieren, ohne von bestrafenden Kastrationsphantasien überwältigt zu werden. Er konnte sich auf diese Weise als Mann fühlen und nicht länger als Mutter-Söhnchen, dem es nicht gelungen war, den Stolz des Vaters auf männliche Verhaltensweisen zu erwecken. Die neu errungene Fähigkeit des Patienten, mit einer Frau lustvoll Sexualität erleben zu können, ohne dabei Schuldgefühle und Angst zu verspüren, zeigte an, daß er mehrere Entwicklungsschritte und strukturelle Veränderungen erreicht hatte. Zum einen hatte er in psychosexueller Hinsicht Fortschritte gemacht und konnte sich objektbeziehungsmäßig zum ersten Mal auf einem erwachsenen Level von Intimität bewegen, was bis dahin unerreichbar gewesen war. Zum zweiten änderten sich seine Selbstwertregulation und sein Selbstkonzept in Richtung auf ein größeres Selbstvertrauen und Selbstakzeptanz, so daß ihm seine Männlichkeit angemessen und erlaubt erschien. Mit anderen Worten konnte er seine Entwicklung, die auf verschiedene Weise präödipal, ödipal und postödipal fixiert und arretiert war, erfolgreich wieder aufnehmen.

2.2.4 Entwicklung selbstanalytischer Fähigkeiten

Man hat in der Psychoanalyse als Erkenntnisverfahren und Therapie psychischer Störungen den strengen Wahrheitswillen und den Versuch, zu einer umfassenden Selbsterkenntnis zu gelangen, besonders hervorgehoben. Die Konfrontierung mit dem Unbewußten macht erforderlich, daß Selbsttäuschungen aufgegeben werden und auf rationalisierende Absicherungen verzichtet werden kann. Während die Selbst-Infragestellung und das Streben nach Selbsterkenntnis uralte Themen der Philosophie sind, ist die interpersonale Struktur der Wahrheitsfindung innerhalb der psychoanalytischen Beziehung neu. »Die Wahrheit beginnt zu zweien« und nicht daheim im stillen Kämmerlein. Die Struktur der dialogisch gewonnenen Wahrheitsfindung soll nun nach psychoanalytischer Auffassung verinnerlicht werden und als Fähigkeit zur Selbstanalyse auch nach Beendigung der Behandlung weiterhin praktiziert werden können. Freilich verblaßt nach einiger Zeit der Analytiker als Dialogpartner, und die Übertragungen können ebenfalls nicht mehr verstanden und aufgelöst werden; aber die verinnerlichten Funktionen des Analytikers, wie sein Zuhörenkönnen, seine Geduld, seine Toleranz gegenüber dem Fremdartigen und Verpönten, seine Klärungen, Differenzierungen und Synthetisierungen, werden gleichsam in eigene Regie übernommen und vergrößern auf diese Weise beträchtlich den Spielraum des Erlebens in der Selbstanalyse. Selbstanalytische Fähigkeiten sind deshalb auch als vorbewußte Copingmechanismen beschrieben worden, die eine Fortführung der in der Therapie stattfindenden Ich-Spaltung (vgl. Sterba 1934) darstellen und eine Übernahme der therapeutischen Funktionen des Analytikers beinhalten (vgl. Schlessinger und Robbins 1975). Eine Anzahl von Autoren hat in der Entwicklung selbstanalytischer Fähigkeiten die wichtigste Errungenschaft der psychoanalytischen Therapie erblickt (z. B. Kramer 1959; Rangell 1970; Ticho 1971; Grinberg 1980; Thomä und Kächele 1985: Stolzenberg 1986). Ticho (1971) unterteilt den Prozeß der Selbstanalyse in verschiedene Fähigkeiten (vgl. S. 32). Dazu gehören

1. die Fähigkeit, Anzeichen eines unbewußten Konflikts überhaupt wahrzunehmen, wie z. B. eine übertriebene Reaktion auf die Äußerung eines anderen;
2. Phantasien und Vorstellungen aufsteigen lassen zu können, um auf diese Weise einen Zugang zu den vorbewußten Gedächtnisinhalten zu bekommen;
3. längere Zeit warten zu können, bis sich ein Verständnis für die Bedeutung des unbewußten Konflikts einstellt (so wie auch einst der Analytiker vertrauensvoll abwartete, bis die Zeit für eine Deutung gekommen war);
4. der auf diese Weise gewonnenen Einsicht auch Taten folgen zu lassen, was wiederum die Rolle und die Bedeutung der Einsicht für Veränderungen verstärkt (siehe Bd. 3, Kap. 22: Wirkfaktoren).

Es ist naheliegend, worauf G. Ticho hinweist, daß Analytiker die selbstanalytischen Fähigkeiten durch ihre Person, aber auch durch bestimmte Maßnahmen fördern können. Dazu gehört vor allem die Vermittlung der Einstellung, daß die Analyse eine Zusammenarbeit darstellt und daß es nicht darum gehen kann, daß der Analytiker den Patienten mit Deutungen überrascht und ihm dabei zwar wesentliche Arbeit abnimmt, ihn aber auch auf diese Weise um die Möglichkeit bringt, sich Einsichten selbständig zu erarbeiten (vgl. Bd. 2, Kap. 8: Deutung und Rekonstruktion). Deutungen sollten deshalb zu einem Zeitpunkt erfolgen, an dem der Patient kurz davor steht, diese Erkenntnis selbst zu entwickeln. »Diese Technik weckt nicht nur größere Überzeugung von der Existenz des Unbewußten, sondern vermittelt dem Analysanden auch den Eindruck, daß er zur Entdeckung der unbewußten Thematik aktiv beigetragen hat« (Ticho 1971, S. 33/34). Ein Analytiker, der vor seinem Patienten mit Deutungen brillieren will oder darin auch einen narzißtisch erlebten Machtvorsprung erblickt, kann in seinem Patienten nicht das Erlebnis gemeinsamer Arbeit fördern. »Der Analysand sieht bei einem solchen Verhalten seine Rolle hauptsächlich darin, die freien Assoziationen zu liefern, wofür er als Gegenleistung nach einiger Zeit vom Analytiker eine Deutung erhält« (Ticho 1971, S. 34).

Nicht nur der Zeitpunkt der Deutung, sondern auch die Art der Formulierung ist für die Förderung selbstanalytischer Fähigkeiten von großer Bedeutung. Wenn man einem Patienten, der in der vorausgegangenen Stunde auf seinen Analytiker wütend gewesen ist und in der jetzigen Stunde davon berichtet, daß er sich aus unerklärlichen Gründen schlecht und elend fühle, die folgende Deutung gibt: »Gestern waren Sie auf mich wütend. Heute müssen Sie sich schlecht und elend fühlen, weil Sie Schuldgefühle wegen Ihrer Feindseligkeit gegen mich haben«, nimmt man ihm die Möglichkeit, den Zusammenhang zwischen den verschiedenen Affekt- und Gefühlszuständen selbst zu entdecken. Die angemessenere Formulierung könnte hingegen lauten: »Wie können wir verstehen, daß Sie sich heute so schlecht und unglücklich fühlen müssen? Könnte das etwas mit Ihren feindseligen Gefühlen von gestern zu tun haben?« (vgl. G. Ticho 1971, S. 34).

Analytische Behandlungen können nicht verhindern, daß Analysanden nach der Behandlung ähnliche Konflikte wiederholen wie auch vor und während der Analyse, aber die analytische Behandlung kann bewirken, daß Analysanden Konfliktlösungen lernen, die sie auch später mit Hilfe ihrer Fähigkeit zur Selbstanalyse anwenden können. Darin kann gewiß ein wichtiges Ziel einer Psychoanalyse erblickt werden.

2.2.5 Veränderung kognitiver Prozesse

In nahem Zusammenhang mit den selbstanalytischen Fähigkeiten bzw. als Konkretisierung derselben sind Veränderungen kognitiver Prozesse zu sehen, die auch als »Problemlösungsstrategien im Umgang mit dem Unbewußten« (Leuzinger und Kächele 1985) oder als »reality processing« (Robbins und Sadow 1974) bezeichnet worden sind.

Für Gaskill (1980) besteht das wichtigste Kriterium für die erfolgreiche Durchführung einer psychoanalytischen Behandlung in der Entwicklung realistischen, i. S. realitätsprüfenden Denkens, wobei er davon ausgeht, daß die Organisation und die Verarbeitung von sowohl innerer als auch äußerer Realität nur schrittweise geschehen und niemals vollständig zum Abschluß gebracht werden können. Mit Robbins und Sadow (1974) sieht er im »reality processing« eine sich entwickelnde Fähigkeit, immer komplexere Aspekte der Realität zu begreifen, was eine zunehmende Dominanz des Funktionierens des Sekundärprozesses und eine graduelle Ersetzung des auf unmittelbare Bedürfnisbefriedigung bestehenden Lustprinzips durch das Realitätsprinzip beinhaltet. Die damit einhergehende komplexere Organisation befähigt den Analysanden, frühere Realitätsverzerrungen und Entwicklungsblockierungen zu modifizieren und aufzugeben, welche die normale Weiterentwicklung in Richtung auf Integration unterbrochen haben (vgl. Gaskill 1980, S. 11). Im Verlauf des analytischen Durcharbeitungsprozesses (vgl. Bd. 3, Kap. 16: Durcharbeiten) kann der Analysand die unerreichbaren kindlichen Wünsche, die z. T. auch reaktiv-reparativ als Folge von Enttäuschungen entstanden sind, allmählich aufgeben und angemessenere Konfliktlösungen in bezug auf die Durchsetzbarkeit realistischerer Wünsche entwickeln. Die schrittweise Differenzierung von Selbst- und Objektrepräsentanzen und die Reifung und Entwicklung von Ich-Funktionen tragen zu einer präziseren Wahrnehmung sowohl der inneren als auch der äußeren Wirklichkeit bei und damit zu einer zunehmenden Konfliktbewältigungskompetenz. Diese wiederum führt zu einer größeren intrapsychischen Autonomie gegenüber primärprozeßhaften Erlebnismodi und zu einer stabileren Selbst-Identität.

2.3 Der Einfluß soziokultureller Normen und Wertvorstellungen

Für die moderne Psychoanalyse besteht kein Zweifel daran, daß Werte und Normen bei der Handlungsregulierung eine überaus wichtige Rolle spielen. Gedo (1979) z. B. versteht die Persönlichkeit als Hierarchie von Handlungspotentialen, die durch ein System von Wertvorstellungen modifiziert werden. Für Meissner (1983) stellt die Internalisierung von Werten einen der hauptsächlichen Faktoren der therapeutischen Verbesserung und der Persönlichkeitsänderung im Verlauf einer analytischen Behandlung dar. In der Vergangenheit haben die Betrachtung und Reflexion von Wert- und Normvorstellungen innerhalb der psychoanalytischen Therapie jedoch eine erstaunlich geringe Rolle gespielt. Das starke Verdikt, dem Patienten überichhaft zu begegnen, in der Rolle des Schulmeisters aufzutreten oder dem Patienten die eigene Moral, Weltanschauung oder politische Überzeugung indoktrinierend nahezulegen, hat sicherlich zu der (überichhaften) Haltung geführt, dem Patienten wertfrei begegnen und ihm einen Raum bereitstellen zu müssen, in dem er seine alten neurotischen Über-Ich-Introjekte und perfektionistischen und unlebendigen Idealvorstellungen Schritt für Schritt aufgeben kann, ohne sich zugleich wieder mit neuen Über-Ich-Inhalten identifizieren zu müssen.

So löblich diese Einstellung (teilweise) auch ist, so liegt ihr doch eindeutig eine positivistische Erkenntnishaltung zugrunde, die davon ausgeht, daß das »Erkenntnisobjekt« vom »Erkenntnissubjekt« nicht beeinflußt werden darf, weil ansonsten die objektive Erkenntnis gefährdet wäre. Wie sich für den Bereich der Sozialwissenschaften leicht aufzeigen läßt, ist dieses mittlerweile auch in den Naturwissenschaften veraltete Erkenntnisideal nicht mehr haltbar: Beobachtungen geschehen stets im Lichte der Theorien; die Auswahl der Methoden, die Definition des Gegenstandsbereichs, die Operationalisierung der Konzepte, die persönliche Gleichung des Versuchsleiters sind allesamt von subjektiven Vorstellungen und Werten geprägt.

Im Bereich der psychoanalytischen Therapie (wo es ja nicht nur um Erkenntnis, sondern auch um Veränderung geht) kommt dieser subjektive Wertraum noch viel stärker zur Auswirkung: Die Auswahl unserer Theorien und anthropologischen Vorannahmen, die Bevorzugung bestimmter Behandlungskonzepte und Behandlungsziele gehen mit bestimmten Wertvorstellungen einher. Die Unbestimmtheit der Formel »das Unbewußte bewußt machen« kann nicht darüber hinwegtäuschen, daß das Bewußtmachen immer auf bestimmte Ziele hin erfolgt. Das wird an krassen Beispielen am deutlichsten, zeigt sich aber auch in kaum erkennbaren wertenden Nuancen. Ob man eine homosexuelle Partnerorientierung in eine heterosexuelle umbiegen will oder es dem Patienten selbst überlassen kann, wie er sein sexuelles Leben gestaltet, gehört sicherlich zu den leicht erkennbaren wertenden Einflüssen. Subtiler wird es schon, wenn es um die Frage geht, ob man einem Patienten die Möglichkeit einräumen soll, seinen Haß gegenüber seinen Eltern äußern zu können, oder ob man ihm schon frühzeitig eine Versöhnung nahelegen soll, eine Frage, mit der sich Miller (1980, 1981) temperamentvoll auseinandergesetzt hat. Oder welche Wertentscheidungen würden Analytiker z. B. bei dem von Kuiper (1975) berichteten Beispiel treffen?

> »Wir analysieren einen Mann mit neurotischer Untreue während der Schwangerschaft seiner Frau. Wenn die Analyse gelingt, wird er seine neu gefundene Freundin aufgeben und sich für seine Frau und sein Kind

entscheiden. Vielleicht. Aber es ist nicht unsere Aufgabe, den Analysanden dazu zu veranlassen, das zu tun, was entsprechend den Normen der Gesellschaft das Beste ist. In der Analyse wird wohl zur Sprache kommen, daß man nicht ohne Kummer und Leid eine Frau und ein Kind verläßt. Vielleicht wird der Mann bei seiner Familie bleiben und trotzdem nicht auf seine Freundin verzichten wollen. Wir müssen gesellschaftliche Vorurteile untersuchen und analysieren. Wir sind weder die Advokaten der monogamen Ehe noch Propagandisten für Dreiecksverhältnisse« (Kuiper 1975, S. 74f.).

Wie oft aber sind Analytiker nicht tatsächlich »Advokaten«, »Kryptomoralisten« und »Moralapostel«, und läßt sich dies überhaupt vermeiden? Kehrt nicht der verleugnete Moralapostel in der scheinbar wertfreien Theoriesprache wieder zurück, wenn wir z. B. bei dem Patienten von Kuiper darüber befinden würden, daß er »Symbiose-Angst«, eine »narzißtische Störung«, »Neid auf die Mutter«, »Gebärneid«, einen »unverarbeiteten ödipalen Konflikt« u.ä.m. aufweist, wobei die theoretische Sprache mit deutlichen Affekten aufgeladen wird? War Freud etwa ein »Perverser«, weil er seine Schwägerin jahrelang in einer fensterlosen Kammer neben seinem Schlafzimmer bei geöffneter Tür schlafen ließ? Kuiper empfiehlt für Analytiker eine Haltung der »docta ignorantia« und führt aus, daß es wichtig sei, die Analysanden erforschen zu lassen, was sie selbst wollen.

»Darum müssen wir auf Antworten verzichten, die wir auf die Frage, was für den anderen gut sei, glauben geben zu können, und dürfen die Neurosenlehre nicht als Form von Besserwisserei gebrauchen... Wir wollen unsere Ehre darein setzen, die Menschen selbst herausfinden zu lassen, nach welcher Moral sie leben wollen; das ist ihre Sache, ihr Recht, das wir ihnen nicht nehmen dürfen. Manche Menschen fühlen sich glücklich, wenn sie auf viel Triebbefriedigung verzichten, sie können leicht sublimieren und ziehen die Ruhe des Studierzimmers der Unruhe von sexuellen und emotionalen Abenteuern vor. Andere sind vollkommen befriedigt in der Beziehung zu ihrem Partner, und wenn sie es einmal nicht sind, wollen sie ihm beziehungsweise ihr keinen Kummer machen und stellen den inneren Frieden über die Aufregung, die eine neue Beziehung verursachen kann. Andere verzichten nicht auf Triebbefriedigung. Und es gibt auch Menschen, die die Spannungen lieben, die eine sexuelle Beziehung mit sich bringt, Abenteurer des Gefühls« (Kuiper 1975, S. 78f.).

Es ist nicht Aufgabe der Psychoanalyse, die Handlungen eines Analysanden in bezug auf ihre moralischen Aspekte hin zu bewerten, sondern die bewußten und unbewußten Handlungsgründe und -folgen zu erforschen. Jeder wertende Versuch läßt die Sprache des Analysanden verstummen und bringt seine Suchhaltung zu einem vorzeitigen Ende. »We don't need no education«: gerade die jüngere Generation ist gegenüber Indoktrinationen gleich welcher Couleur und Herkunft äußerst sensibel geworden. Wenngleich auch moralische und kryptomoralische Vorstellungen zum analytischen Alltag gehören und sich z. B. auch oft in Parteinahmen (gegen die rücksichtslosen oder uneinfühlsamen Ehemänner oder -frauen, unempathischen Eltern, quengeligen und nervenden Kindern) manifestieren, so sollte doch ihr Vorhandensein in Analogie zur Gegenübertragung einer ständigen Reflexion unterzogen werden. Moralvorstellungen und Normen sind nicht zu vermeiden, aber Analytiker sollten sie sich bewußt machen. »Wo Es war, soll Ich werden« oder »Das Unbewußte bewußt machen«, implizieren denn diese Forderungen Freuds nicht auch eine Wertvorstellung? Kann jemand nicht auch mit seinen Verdrängungen ruhig und zufrieden leben? Leben Menschen glücklicher, wenn sie bewußter leben? Wird die Wahrheit tatsächlich durch das Bewußtmachen zutage gefördert, und macht die Wahrheit wirklich glücklich und frei? Auf einem abstrakten metapsychologischen Theorieniveau stellt dieses psychoanalytische Behandlungsziel sicherlich eine Wertvorstellung dar, die davon ausgeht, daß Menschen, die in Selbstentfremdung leben, bezüglich ihres eigenen Selbstverständnisses Täuschungen unterliegen und somit ihre triebhaften Impulse, Affekte, Ichstrebungen, Normen und Ideale nicht in ein harmonisches Gleichgewicht miteinander bringen können. Daß die Formel »Wo Es war, soll Ich werden« triebpsychologisch zu einfach gestrickt ist, weil Menschen häufig im Dienste von Idealen und Ich-Interessen Mitmenschen ausbeuten, betrügen oder gar töten und gerade in solchen Handlungen die Verbindung zum Triebhaften und Affektiven verloren haben, hat jüngst Eagle (1988) überzeugend aufgezeigt. Die Forderungen Freuds, so revisionsbedürftig sie im Detail auch sein mögen, enthalten aber auch eine wissenschaftliche Haltung des Strebens nach Wahrheit und Erkenntnisfortschritt, die auf rechte Weise angewendet allein menschlichen und sozialen Fortschritt verbürgen kann.

Vielleicht noch wichtiger als diese allgemein philosophischen und metapsychologischen Überlegungen scheint abschließend zu dieser Thematik noch einmal eine Reflexion über die »klinischen Wertvorstellungen« zu sein, die in die Auswahl von Hintergrundtheorien und die theoretische Folie von Gegenübertragungseindrücken und konkreten Interventionen mit eingehen.

Denn jeder explizit ausformulierte »klinische Zielkatalog« (wie z. B. eingangs des Kapitels ausgeführt) enthält die Gefahr, den

Patienten bewußt oder unbewußt in Richtung auf bestimmte theoretisch präformierte Entwicklungsziele, wie z. B. »Individuation«, »Objektkonstanz«, »Primat des Genitalen«, »Heterosexualität« bringen zu wollen, ohne sich über diese scheinbar bewährten entwicklungspsychologischen und klinischen Normen noch einmal Gedanken zu machen. Zu schnell kann sich nämlich die Gefahr ergeben, einen Analysanden zu einem der jeweiligen Theorie entsprechenden, angepaßten Durchschnittsbürger, einem »glücklosen Normopathen« analytisch formen zu wollen, und es eben nicht ihm selbst zu überlassen, seinen eigenen Weg zu finden. Morgenthaler (1978, S. 140) hat aus diesem Grund eindrücklich darauf hingewiesen, daß der analytische Prozeß Übertragungsstrukturen und Entwicklungslinien folge, »die nicht den Strukturen der Gesellschaft entsprechen, in der wir leben«, und daß der analytische Prozeß auch kein Mittel sei, »um sich in einem linearen Verlauf immer besser und glücklicher zu fühlen«.

Haben sich Psychoanalytiker über die Abhängigkeit ihrer entwicklungspsychologischen Zielvorstellungen und Therapieziele von gesellschaftlichen Faktoren Gedanken gemacht?

Balint (1969, S. 64) z. B. stellte in Frage, ob die von der bisherigen Psychoanalyse postulierte Entwicklungsreihe der analsadistischen, phallischen und schließlich genitalen Objektbeziehungen biologisch begründet ist: »... So meine ich ernstlich, falls Kinder richtig erzogen werden könnten, müßten sie sich nicht durch die verschlungenen, ihnen aufgezwungenen Formen der prägenitalen Objektbeziehungen recht mühsam durchschlagen«. Reiche (1972, S. 169f.) hat darauf aufmerksam gemacht, daß alle positiven Konnotationen des psychoanalytischen Ich-Konzepts Vorgänge, wie Kontrolle, Herrschaft, Entscheidung, Abgrenzung, Überblick und Wachsamkeit, beinhalten, während die negativen Assoziationen mehr in die Richtung von Zerfließen, Die-Grenzen-nicht-mehr-ziehen-Können, Sich-gehen-Lassen verweisen, was auf die sozioökonomische und -kulturelle Abhängigkeit psychoanalytischer Konzepte hinweist. Loewald (1986, S. 396) stellte in Frage, ob nicht bei aller Wertschätzung des sekundärprozeßhaften rationalen Denkens und Handelns der Einfluß primärprozeßhaften Denkens in vielen Lebensbereichen zunehme und unsere Vorstellungen von Normalität erschüttere. Auch die vor allem durch die Arbeiten von Mahler und Mitarbeitern in den letzten 30 Jahren entwickelten Zielvorstellungen der Loslösung und Individuation müßten zunehmend durch die Berechtigung eines anderen Strebens, dem nach Einheit, Symbiose, Verschmelzung und Identifizierung relativiert werden (Loewald 1986, S. 397). Vor allem ethnopsychoanalytische Untersuchungen haben unser Bewußtsein dafür geschärft, daß unsere von den Normen unserer westlichen Industriegesellschaften geprägten und im Verlauf der Sozialisation verinnerlichten Zielvorstellungen für diese charakteristisch und auch funktional sind, beileibe aber nicht als anthropologische Norm oder menschliche Gesundheit schlechthin aufgefaßt werden dürfen. In ihrer Untersuchung »Die Weißen denken zuviel« haben Parin, Morgenthaler und Parin-Matthèy (1963) aufgrund ihrer umfassenden ethnopsychoanalytischen Studien über die »Dogon« herausgearbeitet, daß wir aufgrund unserer Trennungskämpfe mit der Mutter im Zuge der Loslösung und Individuation eine größere Selbständigkeit haben als die Dogon, die weniger gut gelernt haben, sich zu trennen, und deswegen auch ihre Mitmenschen zeitlebens mehr brauchen, um sich glücklich zu fühlen. Während wir bei der Anpassung an ungewohnte Verhältnisse rascher zurechtkommen, weil wir innerlich und äußerlich selbständiger sind, erleben die Dogon sich unter Fremden unsicherer, ausgestoßen und verloren. Andererseits haben wir es mit dieser größeren Unabhängigkeit von Eltern und Geschwistern und mit der größeren Autonomie des Selbst »oft schwer, einen Menschen zu finden, den wir wirklich lieben können« (Parin et al. 1963, S. 461). In jüngster Zeit hat Rohde-Dachser (1987, S. 797) ebenfalls die Frage aufgeworfen, ob nicht die in der Psychoanalyse verbreitete Vorstellung von »Loslösung und Individuation« als »männliches Bias der Theoriebildung« anzusehen sei.

Auf diesem Gebiet ist also doch einiges in Bewegung geraten, und ideologie- und gesellschaftskritische Überlegungen zur Relativität psychischer Gesundheit nehmen in den letzten Jahren deutlich zu.

Eng zusammenhängend mit dem Thema des (unreflektierten) Einflusses von Normen und Werten ist auch der folgende Fragenkomplex:

In welchem Ausmaß bekommt Gesellschaftskritik Raum in der analytischen Beziehung zwischen Analytiker und Analysand? Diese Frage wurde in einer ernstzunehmenden Weise zum ersten Mal von Parin (1975) gestellt. Dieser Autor zeigte auf, daß die Anpassung von Patienten an bestimmte gesellschaftliche Gruppen und deren Ideologien zu einer Pseudoheilung führt; der Analytiker dürfe deshalb nicht gesellschaftsblind sein, sondern müsse die Anpassungsleistungen seiner Analysanden gesellschaftskritisch analysieren. In einer Replik auf seine Kritiker hat Parin (1989, S. 111) noch einmal darauf hingewiesen, daß er keineswegs dafür plädiert, die Übertragungs- und Gegenübertragungsanalyse durch eine Gesellschaftsanalyse zu ersetzen, sondern die herkömmliche Behandlungstechnik um die Einbeziehung gesellschaftskritischer Betrachtungen zu erweitern und zu bereichern. Führt dies zu einer Indoktrination des Patienten mit politischen Wertvorstellungen des Analytikers? Wird der Patient in einer gesellschaftskritisch unterlegten Analyse dazu gezwungen, sein ehemals unpolitisches oder konservatives Weltbild durch ein linkes Politikverständnis dem Analytiker zuliebe zu ersetzen, anstatt sich seine eigene politische Meinung bilden zu können? Kann er zu seinem eigenen Wesen befreit werden, wenn er sich an die politischen Moralvorstellungen seines Analytikers anpassen soll? Verdeutlichen wir diese Fragen an Beispielen, wie sie sich oft in Analysen ereignen.

Ein Patient berichtet, daß er am Wochenende an einer Demonstration gegen die Wiederaufbereitungsanlage in Wackersdorf teilgenommen hat. In einiger Entfernung zum Bauzaun und in sicherem Abstand zu den Wasserwerfern hat er Gefühle von Ohnmacht und Empörung gegenüber dem Vorgehen der Polizei erlebt. Andererseits fühlte er sich auch stolz, für seine Überzeugung eingetreten zu sein, an dieser Demonstration teilgenommen und es nicht nur beim gedanklichen Protest belassen zu haben. Er fragt sich nun, warum er streckenweise auch mit solchen Demonstranten mitfühlen konnte, die handgreiflich wurden. Nachdem er dies erzählt hat, schweigt der Patient. Der Analytiker erlebt bei sich die folgenden Fragen: Soll er die wütenden Gefühle, die der Patient gegenüber dem Aufmarsch staatlicher Gewalt erlebt hat, mit dem Hier und Jetzt der Beziehung in Verbindung bringen? Klang nicht schon auch in vielen früheren Erzählungen dieses Patienten eine Kritik an der als autoritär und mächtig erlebten Person des Analytikers an? Und steht – genetisch betrachtet – nicht dahinter die furchteinflößende väterliche Repräsentanz der ödipalen Kinderjahre? Möchte der Analysand um Verständnis für seine Wutgefühle werben? Befindet sich der Analytiker in einer eher präödipalen triangulierenden Übertragungsposition, wo er die Enttäuschungs- und Wutgefühle des kleinen Jungen gegenüber seiner als übermächtig erlebten Mutter einfühlsam verstehen soll? Oder ist er direkt in der präödipalen Mutter-Übertragung, wo es um ein Austesten dessen geht, inwieweit die Analytiker-Mutter die ohnmächtigen Wutgefühle des sich verletzt fühlenden Kindes annehmen und verstehen kann? Will der Analysand herausfinden, ob sein Analytiker andere – als nur am Eigennutz orientierte – Moral- und Wertvorstellungen vertritt oder gutheißen kann, damit er seine eigenen, ambivalenten und in Gegenidentifikationen aufgesplitterten Idealvorstellungen mit Hilfe seines Analytikers integrieren lernen kann? Alle diese Fragen sind psychoanalytisch berechtigt und werden von Patient zu Patient unterschiedlich zu beantworten sein. Genauso berechtigt ist aber auch die Frage, inwieweit in den erlebten Gefühlen dieses Analysanden legitime Ich-Interessen zum Ausdruck kommen, in denen sich Ich-Ideale, politisches Wissen, realistische Angst und ein über egoistische und partikulare Belange hinausgehendes Verantwortungsgefühl zu einer Haltung verschmolzen haben, die sich nicht oder nur teilweise auf infantile Konfliktabkömmlinge reduzieren läßt. Würde ein Analytiker darin ausschließlich nur präödipale oder ödipale Wut gegen die übermächtigen Erwachsenen sehen, so würde dies einer ziemlich primitiven Es-Psychologie entsprechen, in der alle Handlungen auf infantile Haß-, Neid-, Wut-, Rivalitäts- und Zerstörungstendenzen zurückgeführt werden. Insofern kommt der Psychoanalytiker um eine politisch wertende Stellungnahme nicht herum, und die Frage ist, warum dies den analytischen Prozeß stören sollte, zumal nahezu jeder Analysand über kurz oder lang herausfindet, ob sein Analytiker politisch eher konservativ oder fortschrittlich eingestellt ist. Ein beifälliges Nicken oder Murmeln, ein neugieriges Nachfragen an bestimmten Stellen, ein ablehnender Tonfall – all dies transportiert an den entsprechenden Stellen politische Meinungen.

Ein anderer Analysand z. B. hätte sich gerne an einer Demonstration beteiligt, aber verinnerlichte Ängste vor autoritärer Obrigkeit und vor Kastration hinderten ihn daran. In der Analyse konnten seine Skrupel bearbeitet werden, und der Analytiker machte ihm indirekt Mut, an dieser Demonstration teilzunehmen. War dies eine politische Indoktrination? Obwohl der Analytiker seinen Analysanden nicht direkt aufgefordert hatte, diese Veranstaltung aufzusuchen, war doch aus der Art und Richtung seiner Klärungen und Deutungen zu entnehmen, daß er das Vorhaben seines Analysanden unterstützte. Viele Analytiker machen von dieser Vorgehensweise – manchmal mit analytischen Gewissensbissen – schon seit langem Gebrauch. Schließlich war und ist die Psychoanalyse eine Wissenschaft und Therapieform, die auf die Befreiung von irrationalen Kräften und Mächten abzielt. Und nicht nur lebensgeschichtlich verdrängte Phantasmata, sondern auch die Realität struktureller Gewalt in Form von atomarer Bedrohung, Rüstungswahn, Nichtermöglichung von Arbeit, skrupelloser Zerstörung der Umwelt und Lebensgrundlagen für die nachkommenden Generationen sind solche Mächte, die als politisch falsches Bewußtsein entlarvt werden müssen, soll die Psychoanalyse nicht nur aus einer Innenschau bestehen. Gewiß gilt es hierbei zu differenzieren: es gibt keine gesellschaftskritische Einstellung, die nicht zugleich auch unbewußte Themen mit enthält. Die Sühnehaltung eines linken Bewußtseins ist oft genug beschrieben worden; der moralisierende Machtanspruch im Gewande des linken Predigers und die bis zur verbalen Vernichtung des Andersgläubigen gehende Haltung mancher Pazifisten sind hierfür Beispiele. Gesellschaftskritik ist partyreif und gehört nachgerade zum guten Ton; ein Analysand kann mit gesellschaftskritischen Attitüden natürlich auch seinen unbewußten Neid gegen den als etabliert erlebten Analytiker zum Ausdruck bringen können, indem er ihm eine unpolitische Haltung vorwirft und ihn damit herabsetzen möchte. Eine vorschnelle Einigung zwischen Analytiker und Patient hinsichtlich bestimmter gesellschaftlicher und politischer Sachverhalte kann deshalb auch ein Ausweichen vor der vollen Wucht der Übertragung und der damit einhergehenden Affekte sein und auf einen Gegenübertragungswiderstand des Analytikers zurückzuführen sein (vgl. Bd. 3, Kap. 13: Gegenübertragung und Kap. 14: Handhabung der Gegenübertragung). Eine im Deutungsprozeß enthaltene Gesellschaftskritik muß deshalb immer auch den Übertragungs- und Gegenübertragungskontext im Auge behalten, und auch hinsichtlich gesellschaftspolitischer Themen muß deshalb der Analytiker seine eigenen Wert- und Normvorstellungen reflektieren und darf sie nicht unanalytisch seinem Patienten oktroyieren wollen. Es wäre aber zum einen unrealistisch, wenn man davon ausgehen würde, daß sich Wertvorstellungen gänzlich vermeiden lassen, und zum anderen ergibt sich in Fortsetzung des Freudschen kulturkritischen Ansatzes die Frage, ob nicht eine – wie ausgeführt analytisch reflektierte – gesellschaftskritische Einschätzung von Erlebnis- und Handlungszusammenhängen zum wesentlichen Bestandteil einer richtig verstandenen und praktizierten Analyse gehört. Denn nur diese kann doch offensichtlich zur vollständigen Bewußtmachung von undurchschauten Zwängen und Abhängigkeiten beitragen; nicht nur »Wo Es war, soll Ich werden«, sondern auch »Wo gesellschaftliche Einflüsse überflüssiges Leiden und charakterliche Verformung verursachen, sollen diese Einflüsse erkannt und für deren Beseitigung gekämpft werden«.

Aus psychoanalytischer Sicht ist beides wichtig: Die nur per Übertragungsanalyse vorgenommene Reduktion auf infantile Konflikte macht den erwachsenen Patienten zum unpolitischen Dummkopf; die alleinige Gesellschaftskritik verwandelt die Therapiesituation in eine Nachhilfestunde in Politik und Ökonomie; erst die Verbindung der beiden Analyseformen kann eine gehaltvolle Durchdringung unbewußter Abhängigkeiten von inneren und äußeren Mächten entstehen lassen.

2.4 Zusammenfassung

Wenn Patienten um eine psychoanalytische Therapie nachfragen, haben sie meistens ganz konkrete Ziele vor Augen. Diese therapeutischen Ziele decken sich in der Regel nicht mit den analytischen Zielen, denn diese bestehen in erster Linie darin, so viel Übertragung wie möglich herzustellen, damit sich eine analysierbare Übertragungsneurose durcharbeiten läßt. Manchmal gelingt es allerdings nicht, die Übertragungsneurose auf klare Weise zu analysieren oder sie sogar aufzulösen. Aber auch ohne diese analytische Leistung lassen sich viele unbewußte Konflikte bearbeiten, Entwicklungsprozesse in Gang bringen und Symptome analytisch bearbeiten. Die Fähigkeit zur Selbstanalyse nach Beendigung der Behandlung kann mit als das wichtigste analytische Ziel betrachtet werden. »Mythen der Perfektion« (Gaskill 1980) schaffen statt dessen unerreichbare Zielvorstellungen und können leicht zur Diffamierung anderer Kollegen benützt werden. »Die Übertragungsneurose wurde nicht bearbeitet«, kann dann soviel heißen wie: jemand ist kein guter Psychoanalytiker. Empirische Untersuchungen konnten zeigen, daß die Übertragungsneurose nie ganz aufgelöst wird, daß alte Konflikte auch nach einer psychoanalytischen Behandlung wiederholt werden, aber die Kompetenz für Konfliktlösungen erheblich zugenommen hat. Therapeutische Erfolgskriterien spiegeln oftmals einen fragwürdigen Gesundheitsbegriff wider, der mit dem jeweiligen Patienten wenig zu tun hat. Wichtig bleibt deshalb die ständige Reflexion über das, was in einer Psychoanalyse überhaupt erreicht werden kann und soll.

2.5 Empfohlene Literatur

zu 2.2

Balint, M.: (1966) Das Endziel der psychoanalytischen Behandlung. In: Ders.: Die Urformen der Liebe und die Technik der Psychoanalyse. Stuttgart: Klett, 219–231
Blarer, A. v./Brogle, I.: (1983) Der Weg ist das Ziel: Zur Theorie und Metatheorie der psychoanalytischen Technik. In: Hoffmann, S. O. (Hg.): Deutung und Beziehung. Frankfurt/M.: Fischer, 71–85
Cullander, C. C./Greenspan, S. I.: (1977) A systematic metapsychological assessment of the phases of a completed analysis. J. Philad. Ass. Psychoanal. 2: 109–145

Gaskill, H. S.: (1980) The closing phase of the psychoanalytic treatment of adults and the goals of psychoanalysis: »The myth of perfectibility«. Int. J. Psycho-Anal. 61: 11–23

Grinberg, L.: (1980) The closing phase of the psychoanalytic treatment of adults and the goals of psychoanalysis. »The search for truth about one's self«. Int. J. Psycho-Anal. 61: 195–201

Hurn, H. T.: (1973) On the fate of transference after the termination of analysis. J. Am. Psa. Ass. 21: 182–192

Kubie, I. S.: (1967) Die Auflösung der Übertragung, ein offenes Problem der psychoanalytischen Behandlung. Psyche 21: 84–96

Loch, W.: (1961) Heilung als Ich-Integration. In: Loch, W. (1972): Zur Theorie, Technik und Therapie der Psychoanalyse. Frankfurt/M.: Fischer, 135–155

Schlessinger, N./Robbins, F. P.: (1975) The psychoanalytic process: recurrent patterns of conflict and changes in ego functions. J. Am. Psa. Ass. 23: 761–782

Schlessinger, N./Robbins, F. P.: (1983) A Developmental View of the Psychoanalytic Process. Follow-up Studies and Their Consequences. New York: Int. Univ. Press

Ticho, G.: (1971) Selbstanalyse als Ziel der psychoanalytischen Behandlung. Psyche 25: 31–43

Weitere Literatur in Bd. 2, Kap. 12: Übertragungsneurose und Bd. 3, Kap. 23: Beendigung der Analyse.

Zu 2.3

Auchter, Th.: (1989) Gesundsein und Kranksein. Ein fiktives Gespräch mit Donald W. Winnicott. Forum Psychoanal. 5: 153–167

Bräutigam, W.: (1984) Werte und Ziele in psychoanalytischen Psychotherapien. Zschr. psychosom. Med. 30: 62–71

Burckstümmer, G./Kordy, H.: (1983) Empirische Beobachtungen zum Gesundheitsbegriff und seinen impliziten Wertvorstellungen. Psychother. med. Psychol. 33: 200–205

Kuiper, P. C.: (1975) Über Agieren. Psychoanalyse und bürgerliche Moral. In: Ders.: Psychoanalyse – zeitgemäß oder veraltet? Stuttgart: Klett, 56–79

Lichtenberg, J. D.: (1983b) The influence of values and value judgements on the psychoanalytic encounter. Psa. Inqu. 3: 647–664

Lichtenberg, J. D.: (1983c) Is there a Weltanschauung to be developed from psychoanalysis? In: Goldberg, A. (ed.): The Future of Psychoanalysis. New York: Int. Univ. Press, 203–238

Meissner, W. W.: (1983) Values in the psychoanalytic situation. Psa. Inqu. 3: 577–598

Nedelmann, C.: (1981) Behandlungsziel und Gesundheitsbegriff der Psychoanalyse. In: Bach, H. (Hg.): Der Krankheitsbegriff in der Psychoanalyse. Göttingen: Vandenhoeck und Ruprecht, 55–67

Post, S. C. (ed.): (1972) Moral Values and the Superego Concept in Psychoanalysis. New York: Int. Univ. Press

Sievers, E.: (1975) Zum Umgang mit Wertvorstellungen in der Psychoanalyse – Ein Beitrag zum Selbstverständnis des Psychoanalytikers. Materialien zur Psychoanalyse und analytisch orientierten Psychotherapie, 3–15

3 Indikation zur Psychoanalyse und analytischen Psychotherapie

Lange Zeit galt die Psychoanalyse – vor allem in Amerika – als Allheilmittel für alle Arten psychischer Schwierigkeiten; enthusiastisch pflegte man auch allen Freunden und Bekannten eine psychoanalytische Behandlung zu empfehlen. Erst als sich in den sechziger Jahren die Verhaltenstherapie als alternative Therapieform zu entwickeln begann und in der Folgezeit fast jedes Jahr neue Therapierichtungen entstanden, die schließlich zu einer für den Laien verwirrenden und kaum noch überschaubaren »Psychoszene« führten, verbreitete sich das Angebot an Verfahren. Viele dieser neuen »Schulrichtungen« und Trends, die eher auf den Originalitätsanspruch ihrer Gründer als auf ein solides klinisches Wissen und auf ein überprüfbares Krankheits- und Therapiemodell zurückgehen, sind mittlerweile auch schon wieder vom »Psychomarkt« verschwunden. Ihre vorübergehende Anziehung läßt sich unter anderem wohl auch damit erklären, daß sie den Eindruck suggerierten, mit ihrer Hilfe könne manchmal in wenigen Stunden oder an einem Wochenende nicht nur Ablenkung vom Alltagsstreß erreicht, sondern auch ein völlig neuer Mensch geboren werden. Die Psychoanalyse hat hingegen niemals daraus ein Hehl gemacht, daß eine psychoanalytische Behandlung, die zu einer wirklichen Änderung von Strukturen des Erlebens und Verhaltens führen soll, eine zeitaufwendige und in vielen Fällen auch anstrengende Erkundung der eigenen Lebensgeschichte darstellt. In einem gesellschaftlichen und historischen Klima, in dem Effizienz und Wirtschaftlichkeit vorrangige Kriterien sind, ist deshalb die Psychoanalyse auch für viele Menschen immer noch eine unproduktive Beschäftigung, die sich ihrer Meinung nach nur jene leisten können, die zuviel Zeit haben. In den letzten Jahren hat aber die Zahl derjenigen Menschen, die sich von einem technikanalogen Reparaturverständnis psychosomatischer und psychischer Beschwerden abgestoßen fühlen, eher zugenommen, weil auch die Grenzen technischer Machbarkeit und der lieblose Umgang mit der Natur immer mehr auf Kritik stoßen.

Angesichts der großen Zahl um psychoanalytische Behandlung nachsuchender Menschen kommt dem Problem der Indikationsstellung weiterhin eine erhebliche Bedeutung zu. Die Fragestellungen, die in diesem Zusammenhang auftreten, sind folgende: Gibt es bestimmte psychische Störungen, für die eine Psychoanalyse besonders geeignet ist; oder anders gefragt: Gibt es Störungen, bei denen eine psychoanalytische Behandlung auf keinen Fall indiziert ist? Ist weniger die Art der Störung entscheidend, oder sind es vielmehr bestimmte Eigenschaften, Motivationen, Lebensstile, die eine Eignung für diese Therapieform nahelegen? Spielen vielleicht nicht so sehr bestimmte Eignungskriterien eine Rolle, sondern die Analysierbarkeit, also eine psychische Bereitschaft und Fähigkeit, analytisch an sich zu arbeiten, seinen Gedanken freien Lauf zu lassen, auch verpönte und tabuisierte Themen anzusprechen, introspektiv mit sich selbst umgehen zu können? Wie können Eignung und Analysierbarkeit vom psychoanalytischen Therapeuten einigermaßen zuverlässig im psychoanalytischen Erstinterview eingeschätzt werden (vgl. hierzu auch Kap. 5)? Welche Rolle spielt dabei der psychoanalytische Diagnostiker, der mit seinem eigenen Unbewußten auf das Unbewußte seines Gegenübers reagiert? Hängt nicht auch die Einschätzung über die Analysierbarkeit des zukünftigen Patienten in einem starken Maße vom Analytiker selbst ab? Und schließlich: Ist es nicht erstrebenswert, die Methode dem Patienten anzupassen und nicht umgekehrt, den Patienten an die Methode? Wenn manche Patienten zumindest auf den ersten Blick nicht für eine Psychoanalyse oder analytische Psychotherapie geeignet zu sein scheinen, so gibt es ja noch andere Formen der psychoanalytisch begründeten Therapie (vgl. Kap. 4), was eine an den Interessen und Möglichkeiten des Patienten ausgerichtete Indikationsstellung, die sog. adaptive Indikation, nahelegt und wünschenswert macht. Inwieweit sind trotz einer interaktionsorientierten und adaptiven Indikationsstellung die klassischen Eignungskriterien nach wie vor von einer gewissen – wenn auch eingeschränkten – Bedeutung?

3.1 Historischer Überblick

Zunächst schien alles so einfach: Man nehme einen Patienten mit ausreichendem Leidensdruck, verläßlichem Charakter, guter Intelligenz, der nicht psychotisch ist und nicht zu alt und an keiner gefährlichen Erkrankung leidet, die ein rasches Eingreifen erforderlich macht (vgl. Freud 1904), und schon ist die Indikation für eine Psychoanalyse gegeben. Aber in den darauffolgenden Jahren wurde die Indikationsstellung für eine Psychoanalyse zunehmend komplizierter, und heute kann man wohl ohne Übertreibung sagen, daß die Einschätzung der Analysierbarkeit eines Menschen anhand klar definierter Kriterien mit zu den schwierigsten Aufgaben innerhalb der Psychoanalyse gehört (mit diesem Problem verwandt ist auch die Frage der Auswahl geeigneter Bewerber für eine psychoanalytische Weiterbildung; vgl. Pollmann 1985). Neben diesen wenigen Eignungskriterien, von denen Brähler und Brähler (1986) behaupten, daß sie schon damals dem Bild des Yavis-Patienten (young, attractiv, verbal, intelligent, successful) entsprochen haben, orientierte sich Freud weitgehend an diagnostischen Vorstellungen: Im Unterschied zu den sog. narzißtischen Neurosen (hierzu zählen nach Freud vor allem die Schizophrenie und Melancholie) seien nur die sog. Psychoneurosen, wie Hysterie, Angsthysterie, Zwangsneurose, Phobie und Hypochondrie, für eine Psychoanalyse geeignet, weil nur bei diesen Neurosen eine analysierbare Übertragung auftreten würde. Zu ähnlichen diagnostischen Indikationsstellungen kamen auch Jones (1920) und Fenichel (1945), wobei der letztere bereits erkannte, daß die Diagnosenstellung in bezug auf die Patientenauswahl nicht ausreiche und deshalb zusätzlich das Eignungskriterium der »Zugänglichkeit« einführte (vgl. Tyson und Sandler 1974).

Abb. 8: Indikationsstellung nach Diagnose und Zugänglichkeit (nach Fenichel 1945)

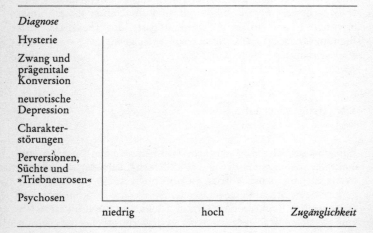

Dieses »Zwei-Faktoren-Modell« schien eine einigermaßen zufriedenstellende Indikations-Einschätzung zu gewährleisten, denn in den fünfziger Jahren erschienen nur wenige Arbeiten zur Indikationstellung in der Psychoanalyse. Das Interesse an einer nur an Diagnosen orientierten Einschätzung der Indikation ließ jedoch deutlich nach. Andererseits ging man geraume Zeit noch davon aus, daß z. B. hysterische Patienten als erster und zwangsneurotische Patienten als zweiter Ausbildungsfall für Ausbildungskandidaten gut geeignet seien (vgl. Limentani 1972), ohne hierbei weitere Kriterien zu berücksichtigen. Erst als Zetzel (1968) in ihrer aufschlußreichen Arbeit über die »sogenannten guten Hysteriker« hysterische Patienten in vier Gruppen unterteilte, angefangen vom ausschließlich neurotischen Hysteriker bis hin zur Borderline-Hysterie, begann in der Diagnostik ein allmähliches Umdenken und das Bedürfnis nach stärkerer Differenzierung im Hinblick auf das erreichte Ich-Funktions-Niveau.

> »Die sogenannten guten Hysterikerinnen entsprechen nach meiner Meinung nicht den Kriterien für die traditionelle Psychoanalyse. Ihre Hauptpathologie ist wesentlichen Ausfällen in der Entwicklung grundlegender Ich-Funktionen zuzuschreiben. Am Anfang können sie jedoch manchmal schwer von analysierbareren Frauen zu unterscheiden sein, die in der Zeit vor ihrer Überweisung regrediert sind. Eine ausgedehnte Eingangsuntersuchung leistet oft für diese Unterscheidung unschätzbare Dienste. Die analysierbaren Patienten ›fangen‹ sich oft ziemlich rasch wieder. Umgekehrt neigen die sogenannten guten Hysterikerinnen dazu, rasch eine intensive sexualisierte Übertragung zu entwickeln...« (Zetzel 1968, S. 244).

In den sechziger Jahren stellte sich immer deutlicher heraus, daß das Schwergewicht bei der Einschätzung der Indikation nicht mehr auf diagnostischen Kriterien liegt, sondern auf Kriterien der Eignung. Neben der Abwendung von einem eher medizinischen Modell der Symptombeurteilung zugunsten einer Sichtweise des ganzen Menschen ergab sich auch ein »Wechsel von einer ›Alles oder nichts‹-Anschauung, wie sie durch das Denken in Vorstellungen von Indikationen und Kontraindikationen geschaffen wird, zu einer – durch die Berücksichtigung von Eignungskriterien ermöglichten – flexibleren Einstellung. Dieser Ansatz gestattet uns beispielsweise die Überlegung, ob manche Patienten mit schizophrenen Symptomen sich für eine Analyse eignen könnten, manche Neurotiker hingegen nicht« (Tyson und Sandler 1974, S. 556).

In den folgenden Jahren beschäftigten sich eine Anzahl von Autoren mit Persönlichkeits- und Charakterzügen, biologischen und sozialen Faktoren beim Patienten, die auf eine Eignung schließen lassen (vgl. z. B. Aarons 1962; Knapp et al. 1960; Waldhorn 1960). Anfangs der siebziger Jahre legte Heigl eine umfassende Monographie zur »Indikation und Prognose in Psychoanalyse und Psychotherapie« vor, deren Gedanken bis heute noch die Indikationsstellung beeinflussen.

3.2 Phänomenologische und strukturelle Kriterien der Eignung

Heigl (1972) unterschied in seinem Buch zwischen phänomenalen prognostischen Kriterien und persönlichkeitsstrukturellen Kriterien.

Abb. 9: Überblick über phänomenologische und strukturelle Kriterien der Eignung für eine Psychoanalyse und psychoanalytische Psychotherapie (nach Heigl 1972):

Phänomenologische Kriterien

1. Symptomatik
a) Art der Symptomatik
b) Krankheitswert körperlicher oder seelischer Symptome
c) Dauer der psychogenen Symptomatik
d) Relation von Dauer der Symptome und Schwere der Neurose
e) Primordialsymptomatik
f) Einstellung des Patienten zu seinen Symptomen
g) Umgang mit der Symptomatik
h) Leiden an der Symptomatik
i) Auslösung der Symptomatik

2. Soziale Situation
a) Soziale Bewährung und Leistungstest
b) sozial geprägter Defekt
c) chronifizierende soziale Faktoren
d) Persönlichkeit des Partners

3. Biologische Gegebenheiten
a) Alter
b) Intelligenz
c) Talente und Begabungen
d) genotypische und angeborene Faktoren

4. Strukturelle Kriterien
a) Art des Leidensgefühls (Gehemmtheits- oder Haltungsstruktur)
b) Gestörtheit des Selbstwertgefühls (Kränkbarkeit, aktive und passive Rachetendenzen, geringe Frustrationstoleranz)
c) neurotische Ideologiebildung
d) Ausmaß illusionärer Erwartungen (Mitarbeitsbereitschaft)
e) Ersatzbefriedigung
f) Art der Freizeitgestaltung

Heigl erwähnte auch schon die Persönlichkeit des Therapeuten, deren Berücksichtigung – vor allem in ihrer Wechselwirkung mit dem Patienten – eine neue Perspektive für die Indikationsforschung in den achtziger Jahren eröffnen sollte.

Einige Beispiele zur Erläuterung dieser Kriterien:

ad 1 a) Charakteristische Manifestationsformen von Symptomen wie Perversionen, Süchte, Verwahrlosungserscheinungen deuten auf eine schwerere Neurose hin als psychische und körperliche Symptome.

b) Primär psychogene körperliche Symptome, die bereits zu Organschädigungen geführt haben, verweisen in der Regel auf eine schwere Neurose.

c) 1 d) Je länger eine Symptomatik besteht, desto schwerer kann sich der Patient an die auslösende Konfliktsituation erinnern, desto eher wird die Symptomatik in den Dienst neurotischer Interessen gestellt und desto größer wird der sekundäre Krankheitsgewinn.

e) Eine Primordialsymptomatik, d. h. eine bereits vor der Pubertät aufgetretene Krankheitserscheinung, die im Erwachsenenalter unverändert fortbesteht, deutet eine eher schwere Neurose an.

f) Die Einstellung, die Symptome seien auf eine körperliche Krankheit zurückzuführen, verweist auf eine schwere Neurose.

g) Stellt ein Patient seine Leiden in den Dienst egoistischer Tendenzen, z. B. durch das Verschaffen von Privilegien, liegt eher eine schwerere Neurose vor.

h) Ist das Leidensgefühl eher als ein echtes real bedingtes oder als ein irreal bedingtes anzusehen?
Leidet der Patient an seinen Symptomen und an ihren Folgen oder an dem sehr subjektiv narzißtischen Erleben seiner Beeinträchtigung?
Im letzteren Fall möchte ein Patient nur sein Symptom beseitigen, sich aber nicht selbst ändern.

i) Je schwerer die symptomauslösende Konfliktsituation, desto leichter ist die Neurose; wird eine neurotische Symptomatik bereits durch übliche Belastungssituationen hervorgerufen, dann handelt es sich um eine schwere Neurose.

Bezüglich der strukturellen Kriterien entwarf Heigl ein Strukturmodell der neurotisch charakterlichen Verarbeitung als Folgeerscheinung traumatisierender elterlicher Einflüsse, z. B. in Form von »Verwöhnung« und »Härte«.

Primäre Folgeerscheinungen traumatisierend erlebter Sozialisationsverhältnisse sind die Gehemmtheit (als Erlebnislücke im Hin-

Abb. 10: Strukturmodell zur diagnostischen Entscheidungshilfe nach Heigl (1972, S. 105)

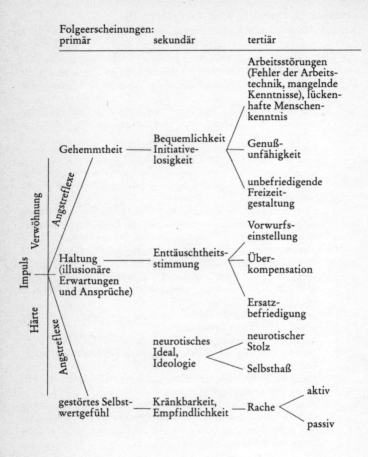

blick auf Triebimpulse und Affekte), die Haltung (die Dennochdurchsetzung unterdrückter Antriebe in Form passiver Erwartungs- und Anspruchshaltungen) und immer auch eine damit einhergehende Störung des Selbstwertgefühls.

Sekundäre und tertiäre Folgeerscheinungen sind einmal die Initiativelosigkeit (als Folge der unterdrückten Antriebe) mit daraus resultierenden Leistungsstörungen, Genußunfähigkeit und unbefriedigender Freizeitgestaltung; zum zweiten die Enttäuschtheitsstimmung (»wieso hast du meine Wünsche nicht erraten?«) mit den Weiterverarbeitungen einer gereizten Vorwurfseinstellung, einer Überkompensation und einer Ersatzbefriedigung und schließlich das gestörte Selbstwertgefühl, woraus neurotische Idealbildungen und Ideologien resultieren mit neurotischem Stolz, sofern die eigenen Ideale erfüllt werden können, und Selbsthaß (in Form von Selbstüberforderung und Selbstzerstörung), wenn die hohen Ideale nicht erreicht werden; die immer auch auftretende Empfindlichkeit führt zu aktiven und passiven Rachetendenzen.

Auf der Grundlage dieses Strukturmodells lassen sich nun die einzelnen Faktoren prognostisch einschätzen, so z. B. das Ausmaß der Gehemmtheit; das Verhältnis von Gehemmtheit und Haltung (überwiegt mehr die Gehemmtheit oder die Dennochdurchsetzung? – bei der Haltungsstruktur ist der Leidensdruck in der Regel geringer); Art und Intensität der Störung des Selbstwertgefühls: Überwiegen neurotische Ideale oder Ideologiebildungen? Wie verletzlich und überempfindlich ist der Betreffende? Liegen aktive und/oder passive Rachetendenzen (durch Wendung der Gekränktheitsaggression gegen sich selbst über den anderen moralisch triumphieren) vor, wobei letztere prognostisch ungünstiger sind und häufig die Grundlage für eine negative therapeutische Reaktion darstellen (vgl. Bd. 3, Kap. 21: Negative therapeutische Reaktion).

Welche Riesen- und Fehlerwartungen äußert der Betreffende? Welche Einstellung zur Behandlung zeigt der Patient (z. B. eine magische, kindliche oder realistische)? Liegen Ersatzbefriedigungen vor? Welche Art der Freizeitgestaltung bevorzugt der Patient bzw. über welche schöpferischen Kräfte verfügt er?

Diese Zusammenstellung klinischen Expertenwissens hat unzähligen angehenden Psychoanalytikern und Psychotherapeuten große Dienste geleistet; die durch die einzelnen prognostischen Kriterien angeregten Suchhaltungen (z. B. welcher Art der Leidensdruck ist) schufen eine erste Orientierung hinsichtlich des Schweregrads der Neurose. Allerdings halfen diese Ausführungen nicht, bezüglich der Differentialindikation zur Psychoanalyse, psychoanalytischen Psychotherapie und tiefenpsychologisch orientierten Therapieformen zu unterscheiden bzw. hinsichtlich Analysierbarkeit und Therapierbarkeit zu differenzieren. Darüber hinaus blieb auch unexpliziert, wie die einzelnen Kriterien gewichtet werden. »Wie die Gewichtung erfolgt, bleibt das Geheimnis des einzelnen Experten; das macht seinen Nimbus aus: Im Unterschied zum Koch, der seine Geheimnisse auch nicht verrät, aber sie kennt,

kennt der erfahrene Kliniker den Algorithmus seines Denkens nicht« (Kächele und Fiedler 1985, S. 201).

3.3 Psychodiagnostischer Gesamtstatus: Diagnostische Profile

Deskriptive Symptomdiagnosen sagen so gut wie nichts über die ätiologischen und psychodynamischen Faktoren, über Schweregrad und Behandelbarkeit aus. Eine Zwangssymptomatik kann z. B. auf neurotischem Strukturniveau eine regressive Verarbeitung des ödipalen Konfliktgeschehens anzeigen, aber auch eine psychotische Störung in Schach halten helfen (vgl. z. B. Quint 1984). Dieses Ungenügen an symptomorientierten, deskriptiven Diagnosen führte in den sechziger und siebziger Jahren zu verschiedenen Versuchen, den psychodiagnostischen Gesamtstatus nach metapsychologischen Gesichtspunkten (mit Hilfe sog. diagnostischer Profile) einzuschätzen (z. B. A. Freud et al. 1965; Greenspan und Cullander 1973; Schultz 1973; Bellak und Meyers 1975).

Aufgrund mehrjähriger Forschungen entwickelten z. B. Bellak und Mitarbeiter (1973, 1975) Ratingskalen zur präzisen Einschätzung des bis dahin nur sehr global verwendeten Konzepts der Ichstärke. Die Einschätzung der Ichfunktionen erlaubt nach Meinung der Autoren auch zuverlässigere Aussagen über die Analysierbarkeit eines Patienten.

1. Realitätsprüfung

- Unterscheidung zwischen inneren und äußeren Stimuli
- innere Realitätsprüfung (in der Psychoanalyse soll der Patient sich zunehmend klar darüber werden, wie Wahrnehmungen der äußeren Realität von inneren Zuständen beeinflußt sind. Ein starker Gebrauch von Verleugnung oder projektiven und introjektiven Abwehrmechanismen schränkt die innere Realitätsprüfung ein und gestaltet die psychoanalytische Therapie schwierig).

Die Ichfunktion der Realitätsprüfung ist zusammen mit der Fähigkeit zur adaptiven Regression eine wichtige Voraussetzung für das Erkennenkönnen und Durcharbeiten von Übertragungen; der Patient muß erkennen können, welche innere Realität in Form vergangener Beziehungseindrücke zur Wahrnehmung des Analyti-

Abb. 11: Systematische Einschätzung von Ichfunktionen (nach Bellak und Meyers 1975, S. 414)

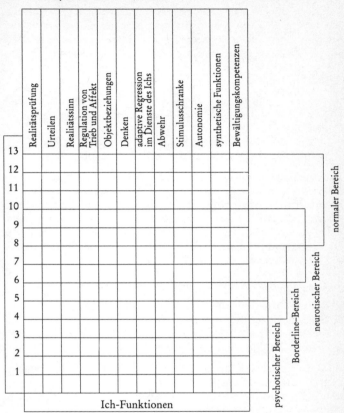

kers beiträgt. Patienten mit einem Borderline-Strukturniveau können häufig keine Distanz mehr zu ihrer regressiv ablaufenden inneren Realität gewinnen, so daß hier von seiten des Analytikers eine rasche Übertragungsdeutung angezeigt ist (vgl. Kap. 4).

2. *Urteilen*

– Antizipation der wahrscheinlichen Konsequenzen des eigenen Tuns
– Logische Schlußfolgerungen, Denken in Ursache- und Wirkungszusammenhängen

Wie realistisch sind die Behandlungserwartungen des Patienten? Kann der Patient den fiktiven Charakter der Übertragungsbeziehung, das psychoanalytische »Als ob« adäquat einschätzen? Neigt der Patient vermutlich zum Ausagieren seiner Konflikte, weil er die wahrscheinlichen Konsequenzen nicht antizipieren kann? Wie hat der Patient vergangene Konfliktsituationen gehandhabt?

3. Realitätssinn

- Äußere Ereignisse und der eigene Körper werden als wirklich erlebt (im Unterschied zur Derealisation und Depersonalisation)
- Erleben von Konstanz und Kohärenz des eigenen Selbst
- Selbst- und Objektrepräsentanzen sind getrennt

Patienten, die vorübergehend ihre Körper- und Selbstgrenzen verlieren, können Schwierigkeiten in der Übertragung erleben bis hin zu übertragungspsychotischen Episoden. Bei diesen Patienten müssen Modifikationen der psychoanalytischen Therapie eingeführt werden, damit die Existenz eines »beobachtenden Ichs«, das Arbeitsbündnis und die Realitätsprüfungsfähigkeit aufrechterhalten werden können.

4. Regulation und Kontrolle von Triebimpulsen und Affekten

- Unmittelbarkeit des Trieb- und Affektausdrucks
- Grad der Frustrationstoleranz
- Ausmaß der Kanalisierung von Triebabkömmlingen in Vorstellungen, Gefühlen und manifestem Verhalten

Eine beeinträchtigte Triebregulation ist direkt auf die Tendenz zum Acting out bezogen. Für den psychoanalytischen Umgang mit Übertragungswünschen ist es aber wichtig, daß diese nicht ausagiert werden (zur Differenzierung dieser Auffassung siehe Bd. 3, Kap. 20: Agieren), weil diese ja bezüglich ihres vergangenen Anteils erinnert und letztlich aufgegeben werden sollen. Patienten, die im Erstgespräch berichten, daß sie Angst oder depressive Gefühle nicht aushalten können, werden sich häufig in der Analyse durch die übertragungsbedingte Forcierung ihrer Triebwünsche überstimuliert fühlen. Ebenso können Schwierigkeiten bei Patienten, die zur Ersatzbefriedigung neigen, auftreten.

5. Objektbeziehungen

- Grad und Art des Bezogenseins auf andere
- Grad der Objektkonstanz

Patienten mit narzißtischen Persönlichkeitsstörungen können vorübergehend – bei ansonsten intakter Realitätsprüfung – andere Menschen als Ausdehnungen ihres eigenen Selbst erleben. In der Psychoanalyse werden dann Verlusterfahrungen wie Schweigen, Ferien, Wochenendunterbrechungen und Übertragungsdeutungen mit großer Angst erlebt. Störungen in den Objektbeziehungen führen zu intensiven Übertragungswiderständen. Kohut (1971), Kernberg (1968) und Jacobson (1971) haben die spezifischen Übertragungsbeziehungen bei Patienten mit narzißtischen Störungen, Borderline-Zuständen und Depressionen beschrieben und Modifikationen der Vorgehensweise vorgeschlagen (vgl. Kap. 4).
Für eine gute Entwicklung der Übertragungsneurose ist es notwendig, daß Patienten von einem optimalen Level der Objektbezogenheit auf frühere Stufen derselben regredieren können. Wenn die Individuation nicht genügend weit fortgeschritten ist, besteht die Gefahr symbiotischer Verschmelzung und der Einsatz früher Abwehrmechanismen wie Spaltung, archaischer Idealisierung und projektiver Identifikation, was die Analyse der Übertragung, wenn nicht verunmöglicht, so doch sehr erschwert.

6. Denken

– Fähigkeit zum klaren Denken
– Fähigkeit, Gedanken anderen klar zu vermitteln
– Konzentration, Begriffsbildung, Sprache, Gedächtnis

Patienten mit leichten frühkindlichen Gehirnschädigungen haben Schwierigkeiten, klar zu denken, sobald sie von starken Gefühlen bewegt werden. Für die Fähigkeit zum freien Assoziieren ist das Oszillieren zwischen primär- und sekundärprozeßhaften Denkmodi wichtig, ebenso Konzentration, Gedächtnis und Begriffsbildung.

7. Adaptive Regression im Dienste des Ichs

– Fähigkeit zur kontrollierten Aufmerksamkeitsverschiebung und zum Tagträumen

Die kreative Regressionsfähigkeit ist für den analytischen Prozeß von großer Bedeutung. Sie ermöglicht ein Lockerlassen der kognitiven Wachsamkeit und eine zeitweilige Suspendierung des logischen Denkens. Zwanghafte Persönlichkeitsstrukturen haben die größte Schwierigkeit, locker zu lassen, während Borderline-Patienten zwar leicht regredieren können, aber es dann schwer haben, wieder zum sekundärprozeßhaften Denken zurückzufinden, weshalb sie dann letztlich doch Angst vor der Regression haben. Auch hier ist wieder die anfängliche Einschätzung wichtig: Kann der Patient z. B. Kunst, Sinnlichkeit oder Humor wertschätzen? Kann er phantasieren und sich in Tagträumen ergehen? Oder regrediert er gar zu rasch und nicht im Dienste des Ichs?

8. Defensives Funktionieren

- Ausmaß der erfolgreichen Abwehr von dysphorischen Affekten
- Ausmaß des Einflusses von Abwehrprozessen auf Vorstellung und Verhalten

Wenn dysphorische Affekte (wie Angst und Depression) in der Therapie durchbrechen, werden oftmals stützende Therapiemaßnahmen benötigt. Wenn Angst und Depression aber total abgewehrt sind, dann ist die Motivation für eine Psychoanalyse zu gering. Werden, wie bei zwanghaften Persönlichkeitsstrukturen, Affektisolierung und Intellektualisierung zu stark eingesetzt, verhindert dies das Auftauchen, Bewußtwerden und Verstehen von Übertragungsgefühlen. Die Tendenz, Konflikte als von außen bewirkt zu betrachten, wirft ebenfalls Probleme für eine Psychoanalyse auf.

9. Stimulusschranke

- Ausmaß der Reaktionsbereitschaft gegenüber inneren und äußeren Reizen
- Ausmaß der Bewältigung der sensorischen Reize

Das analytische Setting soll die äußere Stimulation reduzieren und dadurch die Aufmerksamkeit auf die innere Welt lenken. Patienten mit Beeinträchtigungen der Stimulusschranke erleben bei dieser Aufgabe Schwierigkeiten (auch hier sind wieder leichte frühkindliche Hirnschädigungen von Bedeutung). Statt von inneren Reizen überflutet zu werden, muß der Analysand die Fähigkeit aufbringen, die analytisch fokussierte innere Realität wahrzunehmen, um sie für das eigene Selbstverständnis nutzen zu können.

10. Autonomes Funktionieren

- Ausmaß der primären und sekundären Autonomie

Zu den primär autonomen Ichfunktionen gehören nach Hartmann (1939, 1955) Wahrnehmung, Aufmerksamkeit, Intelligenz, Intentionalität, Gedächtnis, Sprache, Empfindung und motorischer

Ausdruck. Sekundär autonome Ichfunktionen sind solche, die nach vorübergehender Konfliktualisierung auf dem Wege der Sublimierung und Neutralisierung wieder autonom – sekundär autonom – geworden sind. Defizite in den primär und sekundär autonomen Ichfunktionen beeinträchtigen die Möglichkeit zur analytischen Arbeit. Wie weit haben die oben erwähnten Ichfunktionen der Realitätsprüfung, des Urteilens oder der Objektbeziehung Freiheit von Konflikten, d. h. intrapsychische Autonomie, erlangt?

11. Synthetisch-integrative Funktionen

– Fähigkeit, potentiell diskrepante oder widersprüchliche Erfahrungen zu integrieren
– Fähigkeit, Erfahrungen zu integrieren, die nicht widersprüchlich sind

Ohne ein ausreichend synthetisch-integratives Funktionieren könnten die manchmal sehr dissonanten Erlebnisse vor allem in der Übertragungssituation nicht ertragen werden. Beim freien Assoziieren käme es zum psychotischen Gedanken- und Wortsalat. Der psychoanalytische Prozeß fördert zunächst dissoziative Vorgänge: der Patient soll regredieren, sich dabei selbst beobachten und darüber noch berichten. Patienten mit Beeinträchtigungen in dieser Fähigkeit haben deshalb große Schwierigkeiten mit dem freien Assoziieren, und ebenso können sie auch Deutungen und Einsichten schwer gefühlsmäßig integrieren. Hier sind analytisch orientierte Therapieformen eher angebracht.

12. Bewältigungskompetenzen

– subjektives Gefühl der Kompetenz
– Übereinstimmung zwischen tatsächlicher Leistung und Leistungserwartung

In bezug auf die Analysierbarkeit interessieren hierbei vor allem die folgenden Fragen: Wie gut kann der Patient von den erworbenen Einsichten Gebrauch machen, um Konflikte durchzuarbeiten und zu lösen? Hat er unrealistische Größenphantasien oder übertrieben pessimistische Erwartungen? Passiv-abhängige und masochistische Charakterneurosen zeigen gewöhnlich eine ungenügend aktivierte Bewältigungskompetenz.

3.4 Niveau des Organisationsprozesses

Entwicklungspsychologische und ichpsychologische Anwendungen in der klinischen Psychoanalyse führten auch zu einem neuen Verständnis des Ichs als Organisationsprozeß.

Die Konzeption einer deskriptiven Entwicklungsdiagnose von Blanck und Blanck (1974, 1979) ermöglicht, über die nosologische Klassifikation hinausgehend (z. B. »schizoid-depressive Persönlichkeit«), das Ausmaß an Beeinträchtigungen wichtiger Ich-Funktionen in Form von Ich-Defekten, Ich-Abweichungen, Ich-Verzerrungen und Ich-Regression anzugeben (vgl. Blanck und Blanck 1974, S. 100).

Um Fehlbildungen im Organisierungsprozeß zu orten, entwarfen Blanck und Blanck (1979) das Konzept eines Entwicklungskontinuums, das auch als diagnostisches Psychogramm aufgefaßt werden kann. In Anlehnung an M. Mahlers (1971) Theorie über die Schicksale des Loslösungs- und Individuationsprozesses lassen sich mit Hilfe ihres Entwicklungskontinuums die prästrukturelle Ausprägung des Ichs als Organisationsprozeß vor der Entwicklungshürde der Wiederannäherungsphase und der Strukturierungsprozeß nach diesem »Angelpunkt« bestimmen, wobei die Autoren den Kontinuumsgedanken betonen und auf die wichtige diagnostische Unterscheidung von tatsächlicher Fixierung versus Regression von einem höheren Organisationsniveau hinweisen: »Übersieht man den Unterschied im Organisationsniveau, so könnte dies zu falschen oder gar schädlichen Maßnahmen führen. Die Behandlung würde sich dann auf eine geringere Organisationsfähigkeit beziehen, womit das Risiko einer Infantilisierung des Patienten verbunden wäre; die Fähigkeit, Angst und Versagung zu ertragen und seine Aufgabe zu erfüllen, würde nicht genügend gefordert werden« (Blanck und Blanck 1979, S. 80).

Berücksichtigt man nun das Niveau der Ich-Organisation (vgl. Kernberg 1976; 1984), so läßt sich ein neurotisches, Borderline- und psychotisches Niveau unterscheiden; die Persönlichkeitsstruktur kann mit »hysterisch«, »zwanghaft«, »depressiv« usw. und mit den entsprechenden Mischstrukturen (z. B. »depressiv-zwanghaft«) diagnostiziert werden. Kombiniert man nun beide Dimensionen, so hat man z. B. die Möglichkeit, eine hysterische Persönlichkeit auf neurotischem Niveau der Ich-Organisation von einer hysterischen Persönlichkeit auf Borderline-Niveau zu unterscheiden. Jedes Ich-Organisationsniveau kann mit jeder Persönlichkeit(s-Struktur) kombiniert sein (vgl. auch Lohmer 1985, 1988).

Abb. 12: Kontinuum des Organisationsprozesses des Ichs mit dem Angelpunkt der Wiederannäherungsphase (nach Blanck und Blanck 1979, S. 86)

Autismus	Symbiose	Differenzierung	Loslösung und Individuation		Auf dem Weg zur Objektkonstanz
			Übungsphase	Wiederannäherung	

A. Leben im Körper ··▲················· Leben im Geist (Struktur)
B. Interpersonelle Interaktion ···▲················· Inter- und intrasystemische Operationen
C. Primärprozeßhaftes Denken ··▲················· Sekundärprozeßhaftes Denken
D. Undifferenziertes Selbst-Objekt ··▲················· Differenziertes Selbst mit Geschlechtsidentität
E. Unmittelbare Impulsabfuhr ··▲················· Das Ich als Vermittler
F. Angst vor Vernichtung ····· Objektverlust ······ Liebesverlust ·····················▲················· vor Kastration ········· Überich
G. Organismisches Unbehagen ···· Besänftigung von außen ···· Selbst-
besänftigung ▲················· Signalangst
H. Nichtorganisierte Abwehrfähigkeit ··▲················· Abwehr- und Widerstandsfähigkeit
I. Einfache Affekte »für« und »gegen« ····· Affektdifferenzierung ·················▲················· vollständiges affektives Repertoire
J. Ambitendenz ···▲················· Ambivalenz
K. Gespaltenes Selbst und Objektbilder ··▲················· (Verschmelzung) ················
Ganzes Selbst und Objektpräsentanzen
L. Bedürfnisbefriedigung ··▲················· Objektliebe ········ Selbst- und Objektkonstanz
M. Suche nach dem primären Objekt (Erwiderung [von Gefühlen]) ············▲················· Übertragungsfähigkeit
N. Dyadische Beziehung ··· erweiterte Objektwelt ▲················· Ödipale Objektbeziehungen

Abb. 13: Diagnostischer Würfel (modifiziert nach Stone 1980)

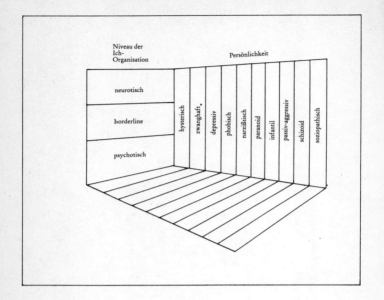

Bei diesem sehr einfachen Modell ist allerdings noch nicht berücksichtigt, daß sich konflikthafte Persönlichkeitsausprägungen hinsichtlich zugrundeliegender zentraler und daraus abgeleiteter sekundärer Konflikte und hinsichtlich charakteristischer Abwehr-, Kompensations- und Reparationsvorgänge – von Mentzos (1982) als Konfliktverarbeitungsmodus bezeichnet – weiter differenzieren lassen, was eine unendliche Vielfalt von Kombinationsmöglichkeiten nahelegt und das eher medizinische Denken in statisch konzipierten Krankheitseinheiten zugunsten einer multidimensionalen und psychodynamischen Nosologie nahezu als obsolet erscheinen läßt. Darüber hinaus muß daran erinnert werden, daß wohl jede menschliche Persönlichkeit eine komplexe Mischung psychotischer, neurotischer, perverser und auch suchtartiger Tendenzen und Konfliktverarbeitungen mehr oder weniger geglückter Art darstellt, so daß derartige Klassifizierungsversuche immer auch der Angstabwehr dienen können.

3.5 Objektivierungstendenzen bei der Diagnostik struktureller Ich-Störungen

Aufgrund der genauen Diagnostik der Persönlichkeitsorganisation des jeweiligen Entwicklungsstandes des Ichs und seiner Funktionen lassen sich strukturelle Ich-Störungen (vgl. Fürstenau 1977) einigermaßen präzise feststellen, und entsprechend kann eine Therapie geplant werden, die auf den Gebrauch von Übertragungs- und Widerstandsanalyse weitgehend verzichtet und statt dessen eher mit ich-reparativen und ich-stützenden Maßnahmen vorgeht (vgl. z. B. Blanck und Blanck 1974, 1979; Fürstenau 1977; Rohde-Dachser 1982 u. a.).

Es hat in den letzten Jahren nicht an Stimmen gefehlt, die auf die Gefahren eines vorschnellen Diagnostizierens von Funktionsstörungen des Ichs hingewiesen haben. Denn diese diagnostische Vorgehensweise bietet sich geradezu an, zu objektivierenden Aussagen über strukturelle Ich-Beeinträchtigungen anhand des bewußt geäußerten Materials des Patienten zu kommen. Damit wird aber die primär psychoanalytische Wahrnehmungseinstellung, nämlich das Verstehenwollen unbewußter, lebensgeschichtlich erworbener Sinnzusammenhänge zugunsten einer eher psychiatrischen Deskription und Klassifizierung, aufgegeben. Streeck (1983) hat darauf aufmerksam gemacht, daß Therapeuten, welche die Äußerungen ihrer Patienten nicht auf Anhieb verstehen, deren Störungen vorschnell auf strukturelle Ich-Störungen zurückführen.

> »Besonders deshalb, weil es in der therapeutischen Beziehung zu Patienten mit strukturellen Ich-Störungen zu schwer überschaubaren und oft nur mühsam zu kontrollierenden Übertragungen des Therapeuten auf diese Patienten kommt, bietet sich für den Therapeuten als Entlastung an, alleine Ich-Funktionsstörungen des Patienten zuzurechnen, was zumindest auch Ausdruck seiner eigenen Verstrickung in ängstigenden Gegenübertragungsreaktionen und unaufgelösten Gegenübertragungshaltungen ist« (Streeck 1983, S. 342).

Auch Weidenhammer (1987, S. 354) weist darauf hin, daß der Prozeß der Urteilsbildung bei strukturellen Ich-Störungen besonders leicht störbar sei; zu schnell könne die genuin psychoanalytische Diagnostik aufgegeben werden und einer »Neigung zur schnellen Objektivierung, zum bloßen Konstatieren von Ich-Einschränkungen, von ›Defizienzen‹, pathologischen Charakterhaltungen« Raum geben. Die distanzierende Beschreibung werde nicht auf das darin möglicherweise zum Ausdruck kommende Übertragungs- und Gegenübertragungsgeschehen reflektiert, und die Formulierung psychodynamischer Zusammenhänge bleibe fragmentarisch. Die Autorin führt als möglichen Grund für die Suspendierung des szenischen Verstehens das Erleben der eigenen Gefährdung des Therapeuten an. »Der Behandler hat es hier nicht selten mit hohen Graden von Feindseligkeit, mit Haß, mit Feindschaft, Verachtung und Hohn ihm gegenüber zu tun. Eine Persönlichkeit mit ausgeprägt narzißtischen Charakterzügen hält nichts von der Psychoanalyse, sie will sich diese allenfalls dienstbar machen« (Weidenhammer 1987, S. 354).

Wenn man zudem berücksichtigt, daß die Aufteilung in strukturelle Störungen des Ichs versus neurotische Störungen keine einander ausschließende Dichotomie ist, sondern nur Schwerpunkte setzt, und daß strukturelle Ich-Störungen einen neurotischen Überbau haben (vgl. Eagle 1984), dann wird deutlich, wie wichtig auch bei der Diagnostik präödipaler Störungen die Beibehaltung einer szenischen, an Übertragungs- und Gegenübertragungsvorgängen orientierten Wahrnehmungseinstellung ist (vgl. Bd. 2, Kap. 10: Übertragung und Bd. 3, Kap. 13: Gegenübertragung). Aus der Mitteilung »ich muß einmal in der Woche auch meine kranke Mutter besuchen« wird nicht sofort ein Autonomiemangel abgeleitet, sondern überlegt, was dies vor allem für die Beziehung zwischen Therapeut und Patient heißen mag. Oder »da habe ich unheimlich Panik bekommen« muß nicht automatisch heißen, daß der Betreffende in seiner Angstentwicklung vor dem »Angelpunkt« steckengeblieben ist und keine Signalangst entwickeln konnte. Die Äußerung »ich fühle mich so unheimlich leer vor allem am Wochenende« muß auch nicht zwangsläufig auf eine narzißtische Störung des Selbstwertgefühls hinauslaufen, sondern kann viele andere psychodynamische Konstellationen implizieren (vgl. Coen 1986) und z. B. auch ein unbewußtes Beziehungsangebot an den Therapeuten enthalten.

3.6 Diagnostische Urteilsbildung und Wahrnehmungsstereotypien bei Psychoanalytikern

Untersuchungen über Urteilsstereotype, implizite Persönlichkeitstheorien, den Einfluß von Erwartungen auf die Wahrnehmung waren seit den sechziger Jahren beliebte Themen der sozialpsychologischen »social perception«-Forschung (soziale Wahrnehmung) in verschiedenen Anwendungsfeldern (vgl. z. B.

Secord und Backman 1964; Hofer 1969; Ulich und Mertens 1973). Ein durchgängiges Forschungsergebnis zur interpersonalen Wahrnehmung besteht z. B. darin, daß (diagnostische) Urteile über andere Menschen auch sehr viel über die diagnostizierende Person selbst aussagen. Diese Auffassung, daß wir bei der Einschätzung anderer Menschen häufig an diesen eigene unterdrückte, ungern wahrgenommene, nicht mit dem eigenen Selbstverständnis kompatible Verhaltensweisen und Eigenschaften wahrnehmen, spiegelt im Grunde genommen eine alte psychoanalytische Auffassung über die Auswirkungen von Abwehrmechanismen (wie Verdrängung, Projektion, projektive Identifikation) auf die Wahrnehmung wider. Es hat jedoch den Anschein, daß Psychoanalytiker diese fundamentale Erkenntnis zwar für den analytischen Prozeß mit dem Konzept der Gegenübertragung bzw. der Reflexion der Gegenübertragung berücksichtigen, aber in der Vergangenheit die Treffsicherheit ihrer diagnostischen Urteile im Erstinterview überschätzt haben. Über den Vorgang der Urteilsbildung ist auf jeden Fall erst in den letzten Jahren publiziert worden. So konnte Beckmann (1974, S. 72) in einer varianz- und faktorenanalytischen Untersuchung den Nachweis erbringen, daß bei der Indikationsstellung und Auswahl von Patienten konkordante und komplementäre Übertragungen des Analytikers eine nicht unerhebliche Rolle spielen (z. B. depressiv-ängstliche, mißtrauisch-verschlossene Therapeuten suchen und finden depressiv-ängstliche und mißtrauisch-verschlossene Patienten; zwanghafte Therapeuten nehmen hingegen eher triebhaft-spontane Patienten in Therapie und umgekehrt.

Blaser (1977) konnte empirisch nachweisen, daß psychoanalytische Psychotherapeuten recht einfache Indikationsstereotypen aufweisen. Er fand, daß eine implizite Indikation, die sich aus den Idealvorstellungen über analysegeeignete Patienten zusammensetzt, mit der expliziten Indikation, welche die Einschätzung über tatsächlich diagnostizierte Patienten wiedergibt, eine hohe Korrelation aufweist. Dabei verfügten die von ihm untersuchten Psychotherapeuten nun aber nur über zwei implizite Indikationsstereotype, nämlich für »Psychoanalyse geeignet« und »nicht für Psychoanalyse« geeignet. Wenn schon solcherart stereotype Wahrnehmungstendenzen vorherrschen, wird der Bereich der Indikationsvorstellungen stark eingeschränkt, und das Therapieziel bestimmt dann vorrangig die Kriterien für die Patientenauswahl und nicht die Patientenselektion das Therapieziel.

Eine Replikationsstudie von Leuzinger (1980) bestätigte zwar die Bedeutung des ersten Eindrucks, die Autorin kam aber zu einer anderen Interpretation: Die Tatsache, daß die Mehrheit der Beurteiler schon nach den ersten acht Minuten des Interviews ihre Indikation gestellt hatten, war für sie nicht Ausdruck einer Indikationsstereotypie, sondern Ergebnis einer geschulten klinischen Wahrnehmungsfähigkeit, die aber interaktionell aktualisiert wird (vgl. Kächele und Schors 1981, S. 233).

Auch Rudolf und Stille (1985, S. 240) plädierten aufgrund ihrer Untersuchung, in der sie den individuellen Einfluß der Therapeutenpersönlichkeit auf die diagnostischen Entscheidungsprozesse nachzuweisen versuchten, dafür, in zukünftigen Forschungen die beruflich institutionellen, sozialen, biographischen und psychologisch strukturellen Eigenschaften des Therapeuten genauer zu studieren, um seine diagnostische Urteilsbildung noch besser verstehen zu können als bislang.

Blaser (1989) hat aufgrund der Interpretation weiterer empirischer Studien zum Indikationsprozeß erneut nachweisen können, daß bei der Auswahl von Patienten zu psychoanalytischen Psychotherapien starke Stereotypisierungen vorherrschen und daß die Beurteilung auch von Faktoren geprägt wird, die nicht aus der unmittelbaren Interaktion zwischen Analytiker und Patient entstammen. Wichtig ist für diesen Autoren auch, daß sich Gegenübertragungseindrücke und Wahrnehmungsstereotype nicht zu widersprechen brauchen. Aufgrund der verschiedenen Arbeiten ergibt sich mit hoher Übereinstimmung, daß Intelligenz, gute verbale Ausdrucksfähigkeit, Motiviertheit, Plastizität im Denken und körperliche Attraktivität als Patienteneigenschaften die ersten Rangplätze einnehmen. Damit korrelieren die folgenden Therapeuteneigenschaften: Interesse für den Fall, Sympathie für den Patienten und das Gefühl, helfen zu können (vgl. Blaser 1989, S. 64). Blaser kann empirisch den Nachweis führen, daß die – vermutlich im Verlauf der Ausbildung zum Psychotherapeuten entstehenden – stereotypen Indikationsmuster auch ohne Kommunikationsmöglichkeit mit dem Patienten (z. B. anhand des Lesenlassens von Interviewtexten) zustande kommen und daß diese Indikationsstereotype (vor allem das der »psychological-mindedness«) bei keinen anderen Therapieformen beobachtbar sind. Blaser (1989, S. 66) vertritt die Auffassung, »daß solche rasch und unbewußt wirkenden Attraktionsstereotype die Basis der Gegenübertragung bilden, die dann vom Therapeuten differenziert, abgewogen, aber auch rationalisiert wird. Der Inhalt des immer wieder aufgefundenen Attraktionsstereotyps führt zum ›Kompatibilitätsstereotyp‹, indem sich Therapeut und Patient auf Ebenen finden, die eine befriedigende Zusammenarbeit erhoffen lassen«.

3.7 Informationsverarbeitungsprozesse bei der Indikationsstellung

Während viele Jahre lang der klinische Prozeß der Eindrucksbildung als nicht weiter explizierbar galt, weil er intuitiv gewichtete, auf klinischer Erfahrung beruhende und nicht logisch-lineare Entscheidungsprozesse enthält, hat Leuzinger (1980, 1981) in einer originellen Arbeit den Versuch unternommen, mit Hilfe computerunterstützter, theoriegeleiteter Inhaltsanalysen von Denkprotokollen (vgl. Dörner 1976) und kognitiver Modelle aus der künstlichen Intelligenz-Forschung (vgl. Clippinger 1977; Pauker et al. 1976) relevante Denkprozesse bei der Indikationsstellung zu beschreiben, wovon hier nur ein kleiner Eindruck vermittelt werden kann.

So unterscheidet diese Autorin bestimmte »Kontexte«, die für die Selektion, Verarbeitung, Evaluation und weitere Prozesse bei der Indikationsstellung wichtig sind, und bezeichnet diese als »Mozart«-, »Calvin«-, »Machiavelli«-, »Cicero«- »Marx«- und »Freud«-Kontext (vgl. *Abb. 14*).

Der Mozart-Kontext oder Informationsselektor enthält »Programme«, die früheren Erfahrungen entstammen und intuitiv aus der Fülle diagnostischer Eindrücke eine erste Gestalt herausgreifen, was zu ersten Hypothesen führt.

Der Calvin-Kontext oder Wertraum enthält »Programme«, die die intuitiv generierten Hypothesen auf Akzeptanz überprüfen.

Der Machiavelli-Kontext oder die Strategie des Urteilsprozesses geht von »Programmen« aus, die Strategien der Informationsgewinnung und Urteilsbildung enthalten. Dieser Kontext zeigt z. B. auf, wie man vorzugehen hat, um noch weitere benötigte Informationen zu erhalten.

Der Cicero-Kontext oder der Umsetzer von Gedanken in Worte enthält »Programme«, die den gedanklichen Prozeß in eine sprachliche Formulierung umsetzen und eine Einschätzung darüber vornehmen, ob die Verbalisierung für den Empfänger (Patienten) annehmbar ist.

Der Marx-Kontext oder Umweltsimulator enthält jene »Programme«, die sich mit der Realisierbarkeit der Indikationsstellung z. B. im Hinblick auf sozioökonomische Faktoren befassen.

Der Freud-Kontext oder Selbstreflektor enthält jene »Programme«, die introspektive und selbstreflexive Vorgänge steuern und die entweder bewußt (Freud-Programme in voller Aktion) oder unbewußt (Freud-Programme gehemmt) stattfinden können.

Nach Leuzinger (1981) ist es für das Verständnis dieses Modells wichtig, daß man sich die verschiedenen Kontexte als voneinander unabhängige Aktionseinheiten vorstellt, deren Programme sich gegenseitig ergänzen, unterbrechen oder hemmen können. So können Programme unterschiedlicher Kontexte durch die gleichen Informationen aktiviert werden, die dann miteinander oder gegeneinander wirken. Wichtig ist auch, daß der Prozeß der Hypothesengenerierung und -überprüfung nicht linear abläuft, da in der Regel mehrere Hypothesen entworfen und miteinander in Beziehung gesetzt werden.

Abb. 14: Kommunikationsstruktur kognitiver Prozesse (nach Leuzinger 1981, S. 113)

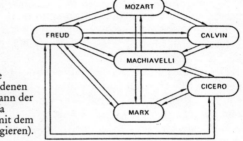

Die Pfeile stellen die Kommunikationswege zwischen den verschiedenen Kontexten dar (z. B. kann der Calvin-Kontext nur via Machiavelli-Kontext mit dem Cicero-Kontext interagieren).

3.8 Neuere empirische Untersuchungen

Erle (1979) fand in ihrer Untersuchung über Analysierbarkeit, daß sich von den 40 Patienten, die als analysegeeignet von erfahrenen Psychoanalytikern für Ausbildungskandidaten am New Yorker Psychoanalytischen Institut ausgewählt worden waren, nur bei 17 Patienten (42 %) ein analytischer Prozeß im Verlauf der Behandlung entwickelt hatte (wobei in dieser Stichprobe auch vorzeitige Behandlungsabbrüche aufgetreten waren).

Erle und Goldberg (1984) berichteten, daß zwischen 40 bis 60 % der Patienten, die von erfahrenen Psychoanalytikern (mindestens fünf Jahre nach Abschluß der Ausbildung) behandelt wurden, einen analytischen Prozeß entwickelten.

Zu ähnlichen Ergebnissen kamen Weber, Bachrach und Solomon (1985), die den Verlauf von 36 Psychoanalysen und 41 Psychotherapien studierten, die von Kandidaten am Ausbildungs- und Forschungszentrum der Columbia Universität in New York durchgeführt worden waren. Von knapp der Hälfte der ursprünglich als analysegeeignet eingeschätzten Patienten konnte nach Beendigung der Behandlung gesagt werden, daß bei ihnen eine Psychoanalyse durchgeführt worden war.

Andere interessante Ergebnisse aus der zuletzt genannten Untersuchung waren die folgenden:

- Patienten, die für eine psychoanalytische Behandlung ausgesucht wurden, befanden sich auf einem höheren Ich-Funktions-Niveau.
- Psychoanalyse-Patienten erzielten einen größeren therapeutischen Nutzen als Psychotherapie-Patienten.
- Patienten, welche die Kriterien der Analysierbarkeit erfüllten, zogen aus der Analyse den größten Nutzen.
- Alle bis auf drei Psychotherapie-Patienten gaben an, daß sie mit ihrem Behandlungsergebnis sehr zufrieden gewesen seien.
- Vorhersagen über die Analysierbarkeit aufgrund von Patienteneigenschaften waren so gut wie nicht möglich; dies veränderte sich auch nicht, wenn man Eigenschaften von Ausbildungskandidaten zur Prognose mit heranzog.
- Einzig die Länge der Behandlung war eindeutig und konsistent mit dem therapeutischen Nutzen und mit der Entwicklung eines analytischen Prozesses bei den Psychoanalysen korreliert, nicht jedoch bei den Psychotherapien.

Welche Schlußfolgerungen lassen sich aus diesen Arbeiten ziehen?

Auch bei einer sorgfältigen Auswahl von Patienten für Psychoanalyse oder Psychotherapie ist der Verlauf der Behandlung nur sehr eingeschränkt vorhersagbar (vgl. auch Appelbaum 1977; Sashin et al. 1975; Erle und Goldberg 1984).

Aus den Untersuchungen von Weber et al. (1985) und auch Erle und Goldberg (1979, 1984) geht eindeutig hervor, daß Patienten eher dazu in der Lage sind, einen größeren therapeutischen Nutzen aus ihrer Behandlung (Psychoanalyse und Psychotherapie) zu ziehen als einen analytischen Prozeß zu entwickeln, daß aber auch diejenigen Patienten, die eine analysierbare Übertragungsneurose entwickeln, den größten therapeutischen Nutzen von der Behandlung haben. Ungeklärt bleibt dabei die Beziehung zwischen der Entwicklung eines analytischen Prozesses und dem therapeutischen Nutzen; wie der therapeutische Nutzen beschaffen ist, wenn er mit der Durcharbeitung einer analytischen Übertragungsneurose einhergeht, und wie die Art und die Qualität desselben ist, wenn kein erkennbarer analytischer Prozeß stattgefunden hat (vgl. Weber et al. 1985).

Natürlich sind diese Arbeiten noch mit vielen methodischen Mängeln behaftet, so daß ihre Generalisierbarkeit auch beschränkt ist. Trotzdem zeigen sie interessante Trends auf und bestätigen auch manche bisher nur klinisch intuitive Erfahrungen, wie z. B. die Schwierigkeit, die Analysierbarkeit adäquat einzuschätzen oder den Verlauf einer analytischen Behandlung vorherzusagen. Diese empirischen Arbeiten zeigen aber auch die Notwendigkeit auf, in der zukünftigen Forschung zwischen analytischem und therapeutischem Erfolg zu unterscheiden, die Kriterien für die Patientenauswahl genauer zu definieren, die impliziten Entscheidungstheorien im diagnostischen Erstinterview auf dem Hintergrund szenischer Eindrücke, aber auch anhand objektivierbarer Ratingskalen, diagnostischer Profile, projektiver Verfahren u. a. m. zu explizieren und vor allem noch genauer herauszuarbeiten, was unter einem analytischen Prozeß zu verstehen ist (vgl. Erle und Goldberg 1984). Genauso müssen therapeutische Outcome-Variablen und analytische Erfolgskriterien noch präziser operationalisiert werden. Natürlich gleicht keine Analyse der anderen, weil die Persönlichkeit der beiden Beteiligten und viele andere Variablen einen dyadenspezifischen Prozeß entstehen lassen. Einigkeit bestand aber z. B. in der Untersuchung von Erle und Goldberg (1984) darüber, daß in einer analytischen Behandlung das Verstehen und Analysieren weitestgehend auf der Folie der Analytiker-Patient-Beziehung vorzunehmen ist, daß Wünsche, Phantasien, Vorstellungen und Ängste überwiegend anhand der Durcharbeitung der Übertragungsneurose zu geschehen haben. Selbstverständlich gehören zum analytischen Prozeß auch die Bearbeitung der Übertragungswiderstände und die lebensgeschichtliche Rekonstruktion.

Unter klinischen Gesichtspunkten sind die Fragen wichtig, wann Variationen und Abänderungen des analytischen Verfahrens vorzunehmen sind, denn der oberste Grundsatz bleibt ja, daß die Art der Behandlung für den Patienten geeignet sein muß und nicht, daß sich der Patient an die Methode anzupassen habe, weil der Analytiker nun einmal beschlossen hat, eine Analyse durchzuführen und keine Psychotherapie. So können während des Behandlungsverlaufs auftretende Tendenzen, wie impulsives Ausagieren, schwere depressive Verstimmungen, paranoide Ängste Anlaß sein, Parameter in die Psychoanalyse einzuführen, also z. B. mehr stützende, psychotherapeutische Elemente zu praktizieren.

An die Durcharbeitung übertragungsneurotischer Phantasien ist dann nicht mehr zu denken.

Die zitierten Untersuchungen machen aber noch auf einen anderen wichtigen Punkt aufmerksam.

3.9 Analysierbarkeit in Abhängigkeit vom Analytiker – auf dem Weg zu einer interaktionsorientierten Indikation

Das Konzept der Analysierbarkeit beinhaltet einen Uniformitätsmythos, wie Bachrach (1983) überzeugend aufgezeigt hat. Denn es wird in der Regel davon ausgegangen, daß nicht nur das psychoanalytische Verstehen eines Symptoms über alle behandelnden Analytiker hinweg gleich ist, sondern auch das behandlungstechnische Vorgehen und die Zielvorstellungen bezüglich des Ausgangs einer erfolgreichen Psychoanalyse.

Solange aber die unterschiedlichen Modellvorstellungen und Hintergrundannahmen nicht geklärt sind, hängt das Konzept der Analysierbarkeit in der Luft, und die Vergleichbarkeit psychoanalytischer Prozeß- und Ergebnisforschungen kann nicht gewährleistet sein (vgl. Mertens 1988). So ist es z. B. ein großer Unterschied, ob man wie Gill (1979, 1982) im Material des Patienten bevorzugt die Anspielungen auf die Übertragungsbeziehung analysiert (in der Absicht und Hoffnung, dadurch die Übertragungsneurose zu vertiefen), oder ob man, wie z. B. Rangell (1979), Coltrera (1979), in der zu ausschließlichen Konzentration auf Übertragungsdeutungen (auf Kosten genetischer Deutungen) sogar eine Behinderung des natürlichen Entwicklungsverlaufs der Übertragungsneurose erblickt (vgl. Bd. 2, Kap. 11: Handhabung der Übertragung und Kap. 12: Übertragungsneurose).

So ist es auch ganz klar, daß Befunde über die Analysierbarkeit von narzißtischen und Borderline-Störungen in einem starken Ausmaß von der jeweilig praktizierten behandlungstechnischen Vorgehensweise abhängen. Solange vom jeweiligen Autoren nicht genau expliziert wird, worin seine Technik besteht, z. B. in einer analytisch psychotherapeutischen Vorgehensweise oder in einer zwar analytisch orientierten, aber letztlich doch mehr stützenden Therapieform, sind keine präzisen Einschätzungen der Analysierbarkeit möglich.

Bachrach (1983) weist darauf hin, daß auch bei den Psychoneurosen Veränderungen in den metapsychologischen Gesichtspunkten zu grundlegend anderen Schlußfolgerungen im klinischen Material führen. Wenn man z. B. den dynamischen Gesichtspunkt vernachlässigt oder eliminiert, wird es möglich, die Neurose allein als Folge einer unzureichenden Sozialisation oder Bemutterung aufzufassen, was ja immer wieder eine beliebte Denkfigur ist. Ohne den strukturellen Gesichtspunkt kann man den Glauben vertreten, daß z. B. die einmalige Erarbeitung einer Konfliktlösung den Patienten bereits zu einem neuen Menschen macht usf.

Der psychoanalytische Prozeß entfaltet sich nur dann optimal, und damit eben auch die Analysierbarkeit des Patienten, wenn es dem Analytiker gelingt, den Analysanden analytisch zu involvieren. Wenn in den letzten Jahren betont wurde, daß ein Zusammenpassen von Analytiker und Patienten gegeben sein müsse, um eine optimale Analysierbarkeit zu erreichen, dann ist vielleicht bislang noch zu wenig untersucht, wie dieses Zusammenpassen zustandekommt. Aber immer deutlicher stellt sich heraus, daß die Analysierbarkeit des Patienten nicht ohne den Beitrag des jeweiligen Analytikers, der die Behandlung durchführt, verstanden werden kann.

Analysierbarkeit kann also nicht heißen, daß dies eine Eigenschaft des Patienten allein ist, sondern Analysierbarkeit wird immer mehr zu einem *interaktionellen Prozeßbegriff,* der die Persönlichkeit und das Handeln des Psychoanalytikers genauso umfaßt wie strukturelle oder motivationale Voraussetzungen auf seiten des Patienten (ähnliches gilt natürlich auch für die Therapierbarkeit). So machten schon Lazar (1976) und vor ihm Knapp et al. (1960) darauf aufmerksam, daß ein Patient bei *einem* Analytiker analysierbar sein kann, bei einem anderen hingegen nicht. Alter, Geschlecht, Erfahrung, Persönlichkeit, Empathie sind wichtige und in der Vergangenheit wohl zu wenig berücksichtigte Faktoren (vgl. Bd. 3, Kap. 18: Persönlichkeit des Analytikers und Kap. 19: Geschlecht des Analytikers).

Die Forschung der letzten Jahre hat sich zunehmend mehr auf die Bedeutung der anfänglichen Arbeitsbeziehung und des Zusammenpassens von Haltung und Persönlichkeitsstrukturen des Patienten und Therapeuten in den Erstgesprächen und in den ersten Behandlungsstunden konzentriert (vgl. z. B. Ursano und Hales 1986). Luborsky et al. (1985) gehen davon aus, daß die Qualität dieser anfänglichen Beziehung eine entscheidende Prädiktorvariable für das spätere therapeutische Ergebnis darstellt. Emde (1988) vermutet, daß vor allem die emotionale Verfügbarkeit und

Sensibilität für affektive Austauschprozesse entscheidend zu dem vorbewußten Gefühl des Zusammenpassens beitragen. Hierzu können vermutlich die Forschungen der psychoanalytischen »baby watcher« in den nächsten Jahren noch weitere differenzierende und erhellende Hypothesen und Befunde bereitstellen.

Den Beitrag der Rolle des Analytikers hat Dantlgraber (1982) mit seinem Konzept der »subjektiven Indikation« zu erfassen versucht. Analytiker und Patient müssen im Erstgespräch erfahren, »ob und wieweit beide Partner des analytischen Dialogs fähig sein werden, miteinander eine emotionale Beziehung einzugehen« (Dantlgraber 1982, S. 195). Die Fähigkeit, eine Übertragungsbeziehung zum Analytiker einzugehen, hängt dabei nicht nur von der Struktur des Patienten ab, sondern auch und vor allem von der Persönlichkeit des Analytikers und dessen Grenzen. Wichtig ist nach Dantlgraber »das Erlebnis einer gemeinsamen emotionalen Erfahrung während der Erstuntersuchung« (ebenda), worunter der Autor eine Form der unbewußten Interaktion versteht, in der es zu einer Kommunikation des Unbewußten mit dem Unbewußten des Patienten kommt. Findet auf diese Weise eine »Begegnung« statt, entstehen als Reaktion auf die Affekte des Patienten beim Analytiker analoge und/oder komplementäre Affekte, die in »gefühlsbetonte Vorstellungsbilder« (Dantlgraber 1982, S. 197) umgesetzt werden. Für die subjektive Indikation ist also wichtig, daß der Analytiker zu dieser Phantasietätigkeit bei seinen jeweiligen Analysanden fähig ist.

In der großangelegten Untersuchung von Rudolf und Mitarbeitern (vgl. Rudolf et al. 1988, a, b, c; Porsch et al. 1988; Grande et al. 1988) konnte aufgrund der Auswertung von 739 diagnostischen Erstuntersuchungen (mit einem Datenvolumen von rund 1 Million Daten) der Nachweis erbracht werden, daß interpersonelle Faktoren für die Prognose einer Therapie wichtiger und bedeutsamer sind als persönlichkeitsstrukturelle, klinische und soziologische Variablen. Waren Rudolf und Stille (1984 a, b) – dem klassischen Denkansatz folgend – zunächst noch davon ausgegangen, daß Krankheitsbild, Krankheitsverhalten und Persönlichkeitsmerkmale objektivierbare »Eigenschaften« des Patienten seien, so lernten sie diese zunehmend mehr als Zuschreibungen des Therapeuten zu verstehen, worin eher Sympathien, Antipathien, Projektionen und Werturteile des jeweiligen Therapeuten zum Ausdruck kommen als die tatsächlichen Persönlichkeitseigenschaften der beurteilten Patienten. Wenn also die Einstellung des Therapeuten zum Patienten in den diagnostischen Prozeß unweigerlich mit eingeht, liegt es im Sinne einer interaktionellen Diagnostik nahe, die

Einschätzung der therapeutischen Zusammenarbeit und der persönlichen Wertschätzung, die einem bestimmten Patienten gegenüber zum Ausdruck kommt, als wichtigste Prädiktorvariable zu konzipieren. Die jeweilige Akzeptanz, die sich in der Haltung des Therapeuten manifestiert, ist allerdings nicht nur Ausdruck seiner Persönlichkeit, sondern auch eine professionell geschulte Wahrnehmungsfähigkeit, die z. B. auch die feindselig distanzierte Haltung eines frühgestörten Patienten als Selbstschutzmaßnahme auffaßt und den verborgenen Hilfsappell dabei nicht übersieht (vgl. Rudolf et al. 1988 c).

Damit wurde in dieser Berliner Untersuchung die Einschätzung von Kächele und Fiedler (1985, S. 205) bestätigt, die aufgrund ihres Berichtes über die Arbeiten von Luborsky et al. (1971, 1975, 1980) zur »helping alliance« zu dem Schluß kamen, daß Prognosen in der Psychotherapie so lange keine Bedeutung haben, wie die »Therapeuten ihren eigenen Beitrag an der Erreichung des Zieles nicht mit in ihr prognostisches Denken einbeziehen«.

Mit der Betonung der Notwendigkeit einer interaktionell konzipierten Diagnostik wird auf den Beitrag des Therapeuten aufmerksam gemacht. Obgleich dieser Gedanke so neu auch wiederum nicht ist – (so schrieb z. B. Heigl schon 1972, daß so gut wie jeder Therapeut wisse, »daß (und warum) der Kollege Soundso die Indikation zur Langanalyse bei oral anspruchlichen Frauen fast nie für gegeben hält, daß (und warum) die Kollegin Soundso hysterische Männer fast immer in Analyse nimmt, und daß er selbst mit diesen oder jenen Patienten ›nicht so gut kann‹ und sie deshalb oft lieber einem Kollegen überweist« (Heigl 1972, S. 139) –, wurde er doch durch die Forschungen der letzten Jahre eindeutig bestätigt. Wenn man nun den Beurteilungsprozeß und die Indikationsstellung als interaktionelles Geschehen auffaßt, heißt dies aber nicht, daß die früheren Beurteilungskriterien, wie z. B. phänomenologische und persönlichkeitsstrukturelle Überlegungen, die Persönlichkeit des Patienten und das Niveau seines Organisierungsprozesses des Ichs u. a. m., wie sie in diesem Kapitel kurz dargestellt wurden, überflüssig und wertlos sind. Sie bleiben nach wie vor eine wichtige Orientierungshilfe für jeden Psychoanalytiker, wenngleich er sich eben auch bewußt machen muß, in welchem Umfang die Beurteilung des Patienten durch die Situation, den Erstkontakt und durch seine Person geprägt sein kann. Allein die Prognose über den zu erwartenden Verlauf und den Ausgang des therapeutischen Unternehmens läßt sich aufgrund dieser Kriterien schwerlich treffen. Hier bleiben doch die »subjektive Indikationsstellung«, die Lust und das Engagement, mit diesem betreffenden

Patienten das Abenteuer einer psychoanalytischen Begegnung eingehen zu wollen, von ausschlaggebender Bedeutung.

3.10 Zusammenfassung

Welche Indikationskriterien für eine psychoanalytische Therapie liegen heutzutage als gesichertes Wissen vor? Nachdem in der Gegenwart auch immer mehr Menschen mit sog. frühen Störungen (z. B. Borderline-Störungen, psychosomatischen Erkrankungen) um Hilfe nachsuchen, haben sich auch die Behandlungsmethoden teilweise verändert. Modifizierte Formen der klassischen Standardmethode werden zunehmend praktiziert, so daß auch Differentialindikationen zwischen verschiedenen Therapieformen notwendig werden. Bei welchen Personen ist eine Psychoanalyse angezeigt, bei der die Herstellung und Durcharbeitung von so viel Übertragung wie nur möglich angestrebt werden kann und soll, und bei welchen Patienten muß die Übertragungsanalyse sehr vorsichtig gehandhabt und u. U. ganz darauf verzichtet werden, so daß man hier von einer mehr oder weniger modifizierten Form der Psychoanalyse und von einer psychoanalytisch orientierten Psychotherapie sprechen muß? Von welchen Voraussetzungen hängt somit die Analysierbarkeit eines Patienten oder Analysanden ab?

Wurde die Analysierbarkeit erst anhand nosologischer Konzepte diskutiert (so von Freud 1916; Glover 1954) und erfolgte dies später anhand bestimmter Eigenschaften (vgl. z. B. Aarons 1962; Waldhorn 1967; Heigl 1972) oder anhand diagnostischer Profile und Differenzierungen (z. B. Zetzel 1968; Kernberg et al. 1972), so blieb doch die vorherrschende Idee bei der Frage nach der Analysierbarkeit immer die nach den Eigenarten und Vorzügen eines Patienten.

Die Unmöglichkeit, prognostische Faktoren für die analytische und therapeutische Behandelbarkeit und die Therapieverlaufschancen angeben zu können – wie es sich aufgrund empirischer Arbeiten in den siebziger und frühen achtziger Jahren herausstellte (vgl. Kächele und Fiedler 1985) –, führte zur forschungstechnischen Resignation über den prognostischen Wert diagnostischer Daten, die isoliert am Patienten erhoben wurden. Aus dieser Sackgasse können aber Einstellungen und Untersuchungen führen, die der Interaktion zwischen Therapeut und Patient größeres Gewicht einräumen. So wurde im amerikanischen Sprachraum, beginnend mit Arbeiten von Luborsky (1976, 1980), im deutschsprachigen Raum mit Arbeiten von Blaser (1977); Leuzinger (1981); Ermann (1985); Rudolf et al. (1987) und Rudolf, Grande und Porsch (1988) die prognostische Bedeutung der Patient-Therapeut-Beziehung für den Behandlungsverlauf herausgearbeitet.

Analysierbarkeit ergibt sich nicht einfach aus einer therapeutischen Absicht, noch entwickelt sie sich in jeder therapeutischen Situation. Neben dem analytischen Potential des Patienten hängt die Analysierbarkeit auch von der Fähigkeit des Analytikers ab, den Patienten analytisch zu engagieren, in ihm die Lust auf eine Analyse zu wecken und wachzuhalten. Können, Erfahrung, Persönlichkeit, Kreativität und Empathie und ein Überzeugtsein vom Sinn und Nutzen der analytischen Vorgehensweise sind hierbei wichtig.

3.11 Empfohlene Literatur

zu 3.2 bis 3.5

Bachrach, H. M.: (1983) On the concept of analyzability. Psa. Quart. LII: 180–204
Bachrach, H. M./Leaf, L. A.: (1978) »Analyzability« a systematic review of the clinical and quantitative literature. J. Am. Psa. Ass. 26: 881–920
Bellak, L./ Meyers, B.: (1975) Ego function assessment and analyzability. Int. Rev. Psycho-Anal. 2: 413–426
Erle, J. B./Goldberg, D. A.: (1979) Problems in the assessment of analyzability. Psa. Quart. 48: 48–84
Freud, A./Nagera, H./Freud, W. E.: (1965) Metapsychological assessment of the adult personality. The adult profile. Psa. Std. Child 20: 9–14
Greenspan, S. I./Cullander, C. H.: (1973) A systematic metapsychological assessment of the personality – Its application to the problem of analyzability. J. Am. Psa. Ass. 21: 303–327
Heigl, F.: (1981) Psychotherapeutischer Gesamtbehandlungsplan. In: Baumann, U. (Hg.): Indikation zur Psychotherapie. München, Wien: Urban und Schwarzenberg, 41–51
Heigl, F.: (1972) Indikation und Prognose in Psychoanalyse und Psychotherapie. Göttingen: Vandenhoeck und Ruprecht
Huxster, H./Lower, R./Escoll, P.: (1975) Some pitfalls in the assessment of analyzability in a psychoanalytic clinic. J. Am. Psa. Ass. 23: 90–106
Limentani, A.: (1972) The assessment of analyzability. A major hazard in selection for psychoanalysis. Int. J. Psycho-Anal. 53: 351–361
Muck, M./Paal, J.: (1969) Kriterien der Behandelbarkeit und ihre Feststellung im Vorinterview. Psyche 23: 770–777
Ruff, W./Werner, H.: (1987) Das Therapieziel des Patienten als ein Kriterium für Prognose und Erfolg in der stationären Psychotherapie. Zschr. Psychosom. Med. 33: 238–251
Stone, M. H.: (1979) Psychodiagnosis and psychoanalytic psychotherapy. J. Am. Acad. Psychoanal. 7: 79–100

Streeck, U.: (1984) Das diagnostische Urteil in der Psychoanalyse – Name für einen Gegenstand oder Ergebnis von Verständigungsprozessen? Zschr. psychomed. Med. 30: 303–313
Streeck, U.: (1983) Abweichungen vom »fiktiven Normal-Ich«. Zum Dilemma der Diagnostik struktureller Ichstörungen. Zschr. Psychosom. Med. 29: 334–349
Tyson, R.L./Sandler, J.: (1974) Probleme der Auswahl von Patienten für eine Psychoanalyse. Psyche 28: 530–589
Weidenhammer, B.: (1987) Störungen des diagnostischen Urteilsprozesses bei präödipalen Pathologien. Zschr. Pychosom. Med. 33: 353–362

zu 3.6 bis 3.9

Beckmann, D.: (1974) Der Analytiker und sein Patient. Bern: Huber
Blaser, A.: (1977) Der Urteilsprozeß bei der Indikationsstellung zur Psychotherapie. Bern: Huber
Dantlgraber, J.: (1982) Bemerkungen zur subjektiven Indikation für Psychoanalyse. Psyche 36: 193–225
Ermann, M.: (1985) Der klinische Beurteilungsprozeß als Variable in der Persönlichkeitsforschung. In: Czogalik, D. et al. (Hg.): Perspektiven der Psychotherapieforschung: Einzelfall – Gruppe – Institute. Freiburg/Br.: Hochschulverlag, 242–252
Kächele, H./Fiedler, I.: (1985) Ist der Erfolg einer psychotherapeutischen Behandlung vorhersagbar? Erfahrungen aus dem Penn-Psychotherapie Projekt. Psychother. med. Psychol. 35: 201–206
Leuzinger, M.: (1981) Kognitive Prozesse bei der Indikationsstellung. In: Baumann, U. (Hg.): Indikation zur Psychotherapie. München, Wien: Urban und Schwarzenberg, 103–121
Rudolf, G./Grande, T./Porsch, U.: (1988) Die Berliner Psychotherapiestudie. Zschr. psychosom. Med. 34: 2–18

4 Psychoanalyse, psychoanalytische Psychotherapie und tiefenpsychologisch fundierte Psychotherapie

Die Psychoanalyse als Therapieverfahren stellt auch heute noch die gemeinsame Erforschung der unbewußt bedeutsamen Zusammenhänge einer einmaligen Lebensgeschichte dar. Nicht die rasche Beseitigung aktueller Leidenssymptome ist damit das vorrangige Ziel, sondern die schrittweise und manchmal langwierige Erforschung der unbewußten Entstehungsbedingungen, deren Kenntnis und Durcharbeitung schließlich zu einer Veränderung des Leidens führen. Deutung und Durcharbeitung von biographischen Hintergründen gegenwärtiger Konflikte und Beschwerden geschehen in einem Beziehungsfeld, das vor allem durch die Phänomene der Übertragung und Gegenübertragung, aber auch durch neue Beziehungserfahrungen, durch Identifikationsprozesse und weitere Lernvorgänge (vgl. Bd. 3, Kap. 22: Wirkfaktoren) charakterisiert werden kann.

Weiterentwicklungen der psychoanalytischen Theorie und Praxis brachten ein immer umfassenderes Verständnis psychischer Konflikte und Fehlentwicklungen mit sich, was in der klinischen Anwendung dazu führte, die Indikation zur psychoanalytischen Behandlung auf immer mehr Individuen auszudehnen, die vormals entweder als gänzlich unanalysierbar galten (wie z. B. narzißtische Neurosen im klassischen Verständnis Freuds) oder nur von Psychoanalytikern mit Pioniergeist (wie z. B. Aichhorn, Reich u. a.) behandelt worden waren. Dieser »widening scope« (A. Freud 1954) für die Indikationsstellung brachte zwangsläufig Abgrenzungsprobleme mit sich und damit auch Kontroversen darüber, welches Vorgehen nun noch als psychoanalytisches Standardverfahren gelten könne, welche vereinzelten Techniken innerhalb der Psychoanalyse als Parameter (i. S. von Eissler 1953, 1958) einzuschätzen sind, welche Vorgehensweisen bereits dem Bereich einer psychoanalytisch orientierten Psychotherapie zuzuordnen sind und welche Therapieformen nur noch als stützend und deshalb nicht mehr im engeren Sinn als analytisch angesehen werden können.

Bei der in der Bundesrepublik Deutschland seit 1967 ermöglichten Anwendung von Psychotherapie in der Kassenärztlichen Versorgung wird von psychoanalytisch begründeten Verfahren gesprochen, die sich in »analytische Psychotherapie« und in »tiefenpsychologisch fundierte Psychotherapie« unterteilen, wobei letztere – neben der Kurz- und Fokaltherapie – auch als »Dynamische Psychotherapie« und »Niederfrequente Therapie in einer längerfristigen haltgewährenden therapeutischen Beziehung« eine spezielle Anwendungsform aufweisen.

Die damit gegebenen psychoanalytisch orientierten Therapieverfahren schaffen zumindest auf den ersten Blick eine verwirrende Vielfalt und werfen eine Reihe von Fragen auf: So wird das Konzept »Psychoanalyse als Behandlungsverfahren« mancherorts nicht mehr eindeutig definiert, und die Grenzen zur analytischen Psychotherapie oder zu tiefenpsychologisch fundierten Psychotherapieverfahren drohen immer mehr zu verwischen.

Welche Unterschiede, welche Gemeinsamkeiten bestehen zwischen der Psychoanalyse (dem Standardverfahren, der »großen Analyse«) und der analytischen Psychotherapie? Wie grenzt sich die analytische Psychotherapie von der in Deutschland gebräuchlichen tiefenpsychologisch fundierten Psychotherapie und einer stützenden Psychotherapie (eine eher im amerikanischen Schrifttum verbreitete Nomenklatur) ab? In welchem Ausmaß kann man und sollte man in der Psychoanalyse und analytischen Psychotherapie auch nichtanalytische Mittel der Beeinflussung, wie Manipulation und Suggestion (»Sie sehen doch attraktiv aus! Wie kommen Sie nur immer wieder darauf, sich häßlich zu finden?«) einsetzen?

Gibt es zwischen Psychoanalyse, analytischer Psychotherapie und tiefenpsychologisch fundierten Psychotherapieverfahren so gut wie keine Unterschiede, weil letztendlich alle Therapieformen unspezifische Wirkfaktoren enthalten (wie z. B. Einfühlung, guten zwischenmenschlichen Kontakt, Holding, Containing; vgl. Bd. 3, Kap. 22: Wirkfaktoren), so daß bei all diesen Unterscheidungen »viel Lärm um nichts« gemacht wird?

Läßt sich eine Psychoanalyse tatsächlich nur im Liegen und mit einer hohen Stundenfrequenz durchführen, oder geht es eher um eine analytische Haltung (so viel Übertragung in der analytischen Beziehung, wie nur möglich, zu bearbeiten), die sich in nahezu jedem Setting verwirklichen läßt?

Sollte man Psychoanalyse schlicht und einfach als das bezeichnen, was ein Psychoanalytiker tut, wie es der sonst für äußerst präzise Begriffsdefinitionen bekannte J. Sandler (1983) vorgeschlagen hat?

Soll man in der analytischen Psychotherapie die Übertragung nur gelegentlich oder so gut wie gar nicht deuten? Soll die Übertragungsdeutung nicht so tief gehen, nur die Abkömmlinge unbewußter Konflikte aufdecken, aber nicht die infantilen Kernkonflikte selbst?

Und wie geht man mit der Übertragung in der tiefenpsychologisch fundierten Psychotherapie um?

Welche Therapieform übt man aus, wenn man im Sinne der Psychotherapie-Richtlinien des Bundesausschusses der Ärzte und Krankenkassen Therapie nach der Gebührenordnungsziffer 877 praktiziert? Läßt sich die analytische Psychotherapie aufgrund der Stundenlimitierung noch in einer genuin psychoanalytischen Haltung durchführen, oder hat man sich auf Schritt und Tritt die pragmatischen Begrenzungen zu vergegenwärtigen?

Kommt für stärker gestörte Patienten (schwere Charakterneurosen, Borderline-Störungen) eine Psychoanalyse oder analytische Psychotherapie in Frage oder eher stützende Therapieformen mit z. B. ichreparativen Maßnahmen?

Kann man beim selben Analytiker von einem tiefenpsychologisch fundierten Therapieverfahren (z. B. Dynamische Psychotherapie) zu einer analytischen Psychotherapie wechseln oder ist eher davon abzuraten?

4.1 Historischer Überblick

Freud kombinierte anfänglich die Methoden von Charcot und Breuer bei der Behandlung von Psychoneurosen. Über die Etappen der Hypnose mit dem Ziel der Katharsis und über den Verzicht darauf – mit dem Zwischenschritt, die Hand auf die Stirn des Patienten zu drücken und ihn zu ermahnen, sich zu erinnern –, gelangte Freud zur Methode der freien Assoziation. Ein weiterer bedeutsamer Schritt war die Erkenntnis, daß die sexuellen Traumen der Kindheit, auf denen die spätere neurotische Entwicklung basierte, sowohl auf Phantasieprodukte als auch auf tatsächliche Ereignisse zurückgehen konnten. Die Dechiffrierung der bis dato als bedeutungslos eingeschätzten Träume stellte einen weiteren wichtigen Schritt dar. Dennoch sind freie Assoziation, Trauminterpretation und die Anerkennung der Bedeutsamkeit der psychischen Realität nicht die Konstituenten psychoanalytischer Therapie. Die Geburtsstunde der Psychoanalyse als genuine Therapieform begann, als Freud die Übertragung erstmalig entdeckte und sie – im Unterschied zu Breuer – ernst nahm. Von nun an unterschied sich die psychoanalytische Vorgehensweise eindeutig von

Hypnose und Suggestion. Die psychoanalytische Erforschung der Schwierigkeiten eines Patienten erforderte nun die Entwicklung, deutende Bearbeitung und Auflösung der Übertragung auf den Analytiker, gegen deren Bewußtwerden der Patient in aller Regel einen Widerstand entwickelte. Die einige Jahre später entdeckte Bedeutsamkeit der Gegenübertragung (vgl. Bd. 3, Kap. 13: Gegenübertragung) ermöglichte die Bearbeitung der Widerstände im Übertragungs- und Gegenübertragungs-Kontext.

»Psychoanalyse ist der Name erstens eines Verfahrens zur Untersuchung seelischer Vorgänge, welche sonst kaum zugänglich sind, zweitens eine Behandlungsmethode neurotischer Störungen, die sich auf diese Untersuchung gründet, drittens einer Reihe von psychologischen, auf solchen Wegen gewonnenen Einsichten, die alle allmählich zu einer neuen wissenschaftlichen Disziplin zusammenwachsen« (Freud 1923 a, S. 211).

Aus dieser Kennzeichnung der Psychoanalyse geht hervor, daß für Freud die psychoanalytische Behandlungsmethode auf dem psychoanalytischen Untersuchungsverfahren gründet und daß eine Anwendung der psychoanalytischen Methodik die psychoanalytische Therapie ist. Beides kann nicht voneinander getrennt betrachtet werden, weshalb Freud (1926) auch von einem »Junktim von Heilen und Forschen« gesprochen hat.

»Es wird nicht nur eine bereits zur Theorie geronnene Erfahrung angewendet, sondern psychoanalytische Behandlung ist immer zugleich die gemeinsame Erforschung der unbewußt bedeutsamen Zusammenhänge dieser individuellen, d. h. einmaligen Lebensgeschichte. Obwohl ohne Frage typische Strukturzusammenhänge, z. B. ›der Hysterie‹, erforscht sind, ist die individuelle Gestaltung der Hysterie dieses Patienten, seiner persönlichen biographischen Zusammenhänge, ein Erkenntnisunternehmen, bei dem das Wissen des Behandlers über die ›Hysterie‹ zwar hilfreich ist, aber keineswegs die gemeinsame Erforschung dieser individuellen, lebensgeschichtlich entstandenen Pathologie erübrigt« (Klüwer 1974, S. 66).

In »Zur Geschichte der Psychoanalytischen Bewegung« (1914 a, S. 54) gab Freud die wohl kürzeste Definition der essentiellen Bestandteile der Psychoanalyse:

»Man darf daher sagen, die psychoanalytische Theorie ist ein Versuch, zwei Erfahrungen verständlich zu machen, die sich in auffälliger und unerwarteter Weise bei dem Versuche ergeben, die Leidenssymptome eines Neurotikers auf ihre Quellen in seiner Lebensgeschichte zurückzuführen: die Tatsache der Übertragung und die des Widerstandes. Jede Forschungseinrichtung, welche diese beiden Tatsachen anerkennt und sie zum Ausgangspunkt ihrer Arbeit nimmt, darf sich Psychoanalyse heißen, auch wenn sie zu anderen Ergebnissen als den meinigen gelangt«.

Und wichtig blieb für Freud (1923) auch, daß die Symptomheilung kein vorrangiges Ziel sein kann (vgl. Kap. 2), sondern die Bewußtmachung der abgewehrten Phantasien, die zum Konflikt und zur Symptombildung geführt haben: »Das psychoanalytische Verfahren ... sucht die Verursachung des Phänomens zu ergründen und es durch dauernde Veränderung seiner Entstehungsbedingungen aufzuheben ... die Beseitigung der Leidenssymptome wird nicht als besonderes Ziel angestrebt, sondern ergibt sich bei regelrechter Ausführung der Analyse gleichsam als Nebengewinn« (1923 a, S. 226).

In den dreißiger und vierziger Jahren experimentierten Ferenczi, Reich, Kaiser u. a. mit den behandlungstechnischen Empfehlungen Freuds (vgl. Kap. 1), und die ersten Lehrbücher zur analytischen Technik entstanden (z. B. Fenichel 1945; Glover 1955).

Durch die Ansichten von Alexander und Frieda Fromm-Reichmann u. a. war in den vierziger Jahren in den USA aber auch eine allmähliche Verwischung der Unterschiede zwischen dem psychoanalytischen Standardverfahren und den aus der Psychoanalyse abgeleiteten Verfahren eingetreten. Auch in der BRD kam es nach dem Krieg in den fünfziger und sechziger Jahren innerhalb der neopsychoanalytischen Schulrichtung, die an Schultz-Hencke orientiert war, zu einer ähnlichen Auflockerung der psychoanalytischen Behandlungsgrundsätze (vgl. Thomä 1963 a, b).

In den Vereinigten Staaten veranstaltete die American Psychoanalytic Association in den Jahren 1952 bis 1954 vier Tagungen, um die Beziehungen, Gemeinsamkeiten und Unterschiede zwischen Psychoanalyse und den sog. dynamischen Psychotherapien (letztere sind nicht mit der von Dührssen so bezeichneten Dynamischen Psychotherapie zu verwechseln, vgl. 4.5.1) einer Klärung zuzuführen. Eine Reihe von interessanten und die Diskussion viele Jahre lang bestimmenden Vorträgen und Aufsätzen ging aus diesen Tagungen hervor (vgl. Eissler 1953; Gill 1954; Rangell 1954; Stone 1954). Es wurden aber auch viele Kontroversen bei diesen Zusammenkünften ersichtlich, die bis zum heutigen Tag ungelöste Probleme darstellen, so z. B. die Definition der Übertragung und der Übertragungsneurose, spontanes versus induziertes Entstehen der Übertragungsregression, spezielle Formen der Übertragung bei Borderline- und narzißtischen Persönlichkeiten, die Priorität der Übertragungsdeutungen u. a. m.

Gill (1954) entwarf die Konzeption eines Spektrums oder eines Kontinuums von psychotherapeutischen Verfahren, wobei alle auf der psychoanalytischen Theorie basieren, mit drei Kristallisationspunkten; die eigentliche Psychoanalyse am einen Ende des Kontinuums, die explorierende oder expressive psychoanalytisch orientierte Psychotherapie in der Mitte und die unterstützenden oder zudeckenden psychoanalytisch orientierten Psychotherapieformen am anderen Ende.

Bibring (1954) skizzierte fünf kurative Faktoren: Suggestion, Abreaktion, Manipulation, Klarifikation und Deutung, die die Grundlage für die psychoanalytische Heilung abgeben und nach ihrer je unterschiedlichen Mischung entweder Psychoanalyse, expressive Psychotherapie oder unterstützende Psychotherapie ausmachen. In der eigentlichen Psychoanalyse ist die Deutung der oberste Wirkfaktor, unterstützt von den anderen Faktoren. In der unterstützenden Psychotherapie kommen die anderen Wirkfaktoren stärker zur Geltung, und die Veränderung läßt sich gemäß dieser Auffassung eher als »Übertragungsheilung«, »korrigierende emotionale Erfahrung« oder als »Identifikation mit dem Therapeuten« charakterisieren. Die expressive Therapie steht in der Mitte und läßt sich durch die pragmatische Regel kennzeichnen: so expressiv oder deutend, wie man sein kann, wie es die Umstände des Patienten erlauben, und so unterstützend, wie man sein muß, wie es die psychische Organisation des Patienten erfordert.

In den darauffolgenden Jahren wurde die psychoanalytische Theorie zunehmend komplexer aufgrund des Wachstums der psychoanalytischen Entwicklungstheorie, der Objektbeziehungstheorien und der Selbstpsychologie, und die Rückwirkungen auf die Behandlungstechnik warfen neue Fragen auf, was noch als Psychoanalyse bezeichnet werden könne. Die Kohutsche Vorgehensweise des empathischen Spiegelns z. B. geriet bei einigen seiner Adepten zur verbalen Aufmunterungstherapie, bei welcher der Therapeut nicht wesentlich mehr zu tun hat, als Anerkennung und Lob zu äußern.

Kontroverse Auffassungen über die adäquate Behandlungstechnik bestanden in letzter Zeit auch hinsichtlich der unterschiedlichen Vorstellungen über die Behandlung von narzißtischen Persönlichkeitsstörungen bei Kohut (1971) und Kernberg (1975); hierzu hat Köhler (1978) unter Benutzung des genetischen Stufenmodells von Gedo und Goldberg (1973) eine klärende Arbeit vorgelegt. Cremerius (1979) hat in seiner Arbeit »Gibt es *zwei* psychoanalytische Techniken?« die klassische Einsichtstherapie oder paternistische Vernunfttechnik und die mütterliche Liebes-Therapie mit korrektiver emotionaler Erfahrung als zwei gegenwärtig vertretene Behandlungstechniken beschrieben und vor den Extrempositionen gewarnt, die sich aus der Polarisation dieser beiden Techniken ergeben können.

Wohl aus einer ähnlichen Besorgnis heraus machte Cremerius (1981 b, S. 79) darauf aufmerksam, daß Kohut (1971) zwar das Verdienst zukommt, Phänomen und Bedeutung der narzißtischen Übertragungsformen herausgearbeitet zu haben, daß er aber in der Gegenüberstellung von »klassischer« und der nunmehr von ihm bevorzugten Technik der Selbst-Psychologie eine »mangelnde Kenntnis der psychoanalytischen Theorie der Technik zusammen mit einem befremdlichen ahistorischen Bewußtsein gegenüber der Geschichte der psychoanalytischen Technik« aufweist. Frühere eigene Behandlungsfehler (wie rigides Konzeptdenken, Vernachlässigung des Erkennens von Gegenübertragungen) werden von ihm als Mängel der »klassischen Technik« beschrieben, und diese Skotomisierung dient ihm zur Rechtfertigung für die Überlegenheit der neuen Theorie des Selbst. Cremerius verweist darauf, daß diese Aufteilung in zwei Techniken, in eine objektivierende Einpersonenpsychologie und in eine interaktionelle Zweipersonenpsychologie (bei welcher der Therapeut seinen eigenen Part im Zusammenspiel von Übertragung und Gegenübertragung erkennt und sich nicht hinter technischer Neutralität versteckt), letztlich auf eine wissenschaftspolitische Situation zurückzuführen ist, mit der sich Freud Anfang dieses Jahrhunderts konfrontiert sah. Freud als praktizierender Psychoanalytiker war im Umgang mit seinen Analysanden viel spontaner, offener, herzlicher und mutiger, als er dies in seinen technischen Schriften aus den Jahren 1910 bis 1915 seinen Schülern empfohlen hat. Diese Diskrepanz zwischen faktischem Vorgehen und seinen technischen Empfehlungen mußte wohl sein, um nicht auf noch mehr Kritik und Ablehnung zu stoßen, als seinen Schriften bereits von den Wissenschaftlern und Ärzten seiner Zeit entgegengebracht wurden. Das Beim-Wort-Nehmen seiner technischen Empfehlungen ließ dann bei entsprechend disponierten Schülern und Nachfolgern jenen Trend entstehen, der institutionalisiert und überichhaft tradiert zu einer analytischen Technik geführt hat, die wohl nur noch eine Karikatur der ursprünglich lebendigen analytischen Haltung ist.

Neben dieser Richtung entwickelte sich aber – und wohl eher den ursprünglichen Absichten Freuds folgend – eine Anschauung, die vor allem zu einem veränderten Umgang mit Übertragung und Gegenübertragung, einer veränderten Einschätzung der Funktion des Analytikers und – insbesondere aufgrund objektbeziehungstheoretischer Ansätze – zum Aufweis des »Mythos des unpersönlichen Analytikers« (Little 1951) führte. Aus Gründen der Abgrenzung und zur Verdeutlichung der eigenen Position entstand zwischen diesen beiden Auffassungen bis zum heutigen Tag eine ziemliche Kluft, die nur von jenen vermieden wurde, die jenseits aller Orthodoxie die Fähigkeit zu einem integrativen und flexiblen Denken aufbrachten.

Lipton (1977, 1979, 1983) hat ebenfalls den Nachweis zu führen versucht, daß Freud seine Technik nach der Analyse des »Rattenmannes« (1909 d) nicht mehr geändert hat. Nach Freuds Tod entstand seiner Meinung nach das Mißverständnis, daß Freud seine Technik noch weiter geändert habe, nämlich vor allem die persönliche Beziehung, die Freud zur Zeit der Analyse des »Rattenmannes« mit seinen Patienten pflegte, aus seinem Vorgehen eliminiert habe. Damit habe Freud sich selbst nach der klassischen Methode oder nach der Standardmethode verhalten. Diese Sichtweise führt nach Lipton dazu, daß man bei Praktizierung der Standardmethode glaubt, sich hierbei auf Freud berufen zu können. Das, was aber heutzutage als Standardtechnik bezeichnet wird, ist nicht die Technik, die Freud jemals praktiziert hat, sondern eher ein Konstrukt, das von Eissler ins Leben gerufen wurde und zur normativen Idealtechnik in den fünfziger Jahren in den Vereinigten Staaten wurde.

Eissler hatte 1953 eine herbe Kritik vor allem an F. Alexander und French veröffentlicht, die seiner Meinung nach den Ausverkauf der Psychoanalyse betrieben. Er entwickelte einen normativen Verhaltens-Kodex, der fortan als die Standardmethode institutionalisiert wurde.

Diese Eisslersche Standardmethode ging davon aus, daß das Deuten das ausschließliche oder zumindest das vorrangige Mittel der Wahl darstelle. Jede Abweichung davon müsse als ein Parameter betrachtet werden, wobei aus psychoanalytischer Sicht nur solche Parameter statthaft seien, die folgende vier Kriterien erfüllten:

1. Ein Parameter soll nur eingeführt werden, wenn erwiesen ist, daß die grundsätzlich richtige Technik (das Deuten) nicht genügt.
2. Der Parameter darf niemals das unvermeidliche Minimum überschreiten.
3. Ein Parameter soll nur benutzt werden, wenn er schließlich zu seiner eigenen Selbstauflösung führt.
4. Der Einfluß des Parameters auf die Übertragungsbeziehung darf niemals so sein, daß er nicht durch eine Deutung aufgehoben werden kann (vgl. Eissler 1953, S. 110 ff.).

Obwohl sich Eissler zeit seines Lebens gegen eine Vereinnahmung der Psychoanalyse durch eine »medizinische Orthodoxie« und auch gegen eine Verschulung der Psychoanalyse zur Wehr setzte, konnte er nicht verhindern, daß seine Definition der Psychoanalyse zur »normativen Idealtechnik« wurde. Dabei hatte Eissler (1950) selbst eine zielorientierte Flexibilität gefordert. »Jede Abweichung von den durch Freuds Empfehlung festgelegten Behandlungsregeln ist nach Eissler gerechtfertigt, wenn wahrscheinlich gemacht werden kann, daß diese Variationen und Modifikationen notwendig sind, um bei dem behandelten Krankheitsbild eine Strukturveränderung zu erreichen« (Thomä 1983, S. 43).

4.2 Unterschiede zwischen Psychoanalyse und analytischer Psychotherapie

Obgleich in den folgenden Kapiteln einige weitere Unterteilungen des Therapieverfahrens der analytischen Psychotherapie vorgenommen werden (wie sie vor allem von deutschen Psychoanalytikern getroffen worden sind), sollen hier zunächst die grundlegenden Unterschiede zwischen Psychoanalyse und analytischer Psychotherapie dargelegt werden, die heutzutage angesichts der kassenärztlichen Nomenklatur vor allem bei jüngeren Psychoanalytikern in Vergessenheit zu geraten scheinen; analytische Psychotherapie wird häufig mit Psychoanalyse gleichgesetzt, und die pragmatischen Begrenzungen der kassenärztlichen Psychotherapie-Richtlinien lassen das psychoanalytische Standardverfahren bei einigen schon als überflüssigen Luxus erscheinen, das wegen seiner aufwendigen und langfristigen Qualität vielleicht nur noch für Lehranalysen in Frage kommt. Vergessen wird dabei, daß das psychoanalytische Standardverfahren das Paradigma für alle psychoanalytisch begründeten Therapieverfahren darstellt und daß vielen Menschen mit neurotischen Problemen tatsächlich nur mit Hilfe einer längerfristigen Psychoanalyse ein menschenwürdiges Leben zu ermöglichen ist.

Verdeutlichen wir uns zunächst noch einmal das Krankheitsmodell Freuds und die darauf gegründete Behandlungsstrategie:

- Die Symptombildung ist eine Kompromißlösung zwischen verdrängten unbewußten Triebregungen und ihnen entgegenwirkenden Abwehrmechanismen.
- Mit Hilfe der Deutung der Abwehr, die sich als Widerstand äußert, wird der unbewußte Konflikt bewußt gemacht (zwischen Triebregungen und Abwehr).

- Im Verlauf der Behandlung äußern sich die verdrängten Triebregungen und die (ebenfalls größtenteils unbewußte) Abwehr in der Übertragung.
- Die Übertragung ist weitgehend eine Wiederholung früherer Konflikte mit Elternfiguren, die der Patient agiert, statt zu erinnern.
- Die Übertragung wird zum hauptsächlichen Widerstand.
- Die Analyse besteht zum größten Teil aus dem Bewußtmachen des Widerstandes gegen die Übertragung und gegen die Auflösung der Übertragung (wenn die Übertragung bewußt geworden ist).
- Unbewußtes bewußt machen heißt also via Widerstandsdeutungen die Übertragungsneurose durcharbeiten.

Für die Abgrenzung der Psychoanalyse von der psychoanalytischen Psychotherapie ist nun die folgende Differenzierung von kindlichen Konflikten und späteren Konfliktabkömmlingen von großer Bedeutung.

Obwohl die grundlegenden Strukturen der Persönlichkeit in den ersten fünf, sechs oder sieben Lebensjahren entstehen, wird dennoch häufig übersehen, daß sich das heranwachsende Kind auch noch mit sieben, acht, neun und weiteren Jahren permanent weiterentwickelt und daß in der Adoleszenz so manche konflikthafte Themen aus den ersten Lebensjahren wieder aufgegriffen werden und einer geglückten Konfliktlösung zugeführt werden können (vgl. z. B. Blos 1973). Es ist somit auch ein Trugschluß zu glauben (Hartmann sprach von einem »genetischen Trugschluß«), daß es eine direkte kausale Beziehung zwischen dem psychischen Funktionieren des Erwachsenen und den grundlegenden psychischen Strukturen dieses Erwachsenen, als er ein Kind war, gibt. Es existieren viele Erfahrungen, psychische Ausarbeitungen und entwicklungsmäßige Faktoren, die sich aus den ursprünglichen unbewußten Persönlichkeitskomponenten in einer Abfolge psychischer Schichten herausentwickeln. Diese auftauchenden neuen Erfahrungen und Beziehungsmuster können die ursprünglichen Strukturen unterdrücken und überdecken, aber auch gleichsinnig verstärken. Die neuen Erfahrungen, die nach einer Zeit wieder strukturelle Qualität annehmen, lassen sich auch als »Abkömmlinge« der alten Strukturen bezeichnen, weil sie zum Teil Spuren der kindlichen Konflikte und der kindlichen Konfliktlösungen in sich tragen, wobei sich aber die Form, die Äußerung und einzelne Bedeutungen entsprechend der fortschreitenden Entwicklung verändert haben.

Die frühen Kernkonflikte und die daraus entstehenden psychischen Konfigurationen sind erlebnismäßig im primärprozeßhaften Modus organisiert und können als »tief unbewußt« bezeichnet werden. Dies trifft für Triebkomponenten, Affekte, Über-Ich-Impulse, aber auch für die Selbstwahrnehmung, die Einschätzung von Gefahrensituationen und für die zahllosen Phantasien zu, die das heranwachsende Kind über sich und andere entwirft. Im Unterschied dazu sind die Konfliktabkömmlinge durch spätere Wahrnehmungen der Realität, zwischenmenschliche Beziehungen und Identifikationen wesentlich realitätsbezogener und funktionieren eher gemäß dem sekundärprozeßhaften Modus. Entsprechend sind sie auch dem Bewußtsein leichter zugänglich.

Sandler und Sandler haben in den letzten Jahren eine Theorie von zwei Bereichen des Unbewußten ausgearbeitet, dem »Vergangenheits-Unbewußten« und dem »Gegenwarts-Unbewußten«, die ihrer Meinung nach einen größeren Erklärungswert hat als die topische oder strukturelle Theorie (vgl. 1983, 1985, 1988).

Das Vergangenheits-Unbewußte oder das frühere (infantile) Unbewußte enthält all die psychischen Repräsentanzen, die aus den Interaktionen mit wichtigen Bezugspersonen (in der Regel: Mutter, Vater und Geschwister) hervorgegangen sind, die damit korrelierten Wünsche, die aber nicht nur sexueller Natur zu sein brauchen, sondern auch solche nach Wohlbehagen und Sicherheitsgefühl umfassen, Ängste und andere Affekte, die Anlaß, Begleiterscheinung oder Folge einer Interaktion waren, kindliche Denkmodi (vor-operationales Denken) und Weltanschauungen (wie z. B. das Talionsprinzip) und »Phantasien von problemlösender, sicherheitsgebender und wunscherfüllender Qualität« (Sandler und Sandler 1985, S. 802), die durch Kränkungen des Selbstwertgefühls, drohenden Objektverlust, Ängste vor körperlicher Beschädigung entstanden sind.

Entwicklungsgemäß kommt es nun etwa im Alter von fünf bis sechs Jahren zu einer ersten Zensur. Infantile Reaktionen, infantile Wünsche oder Wunschphantasien, bestimmte vor-operationale Denkoperationen unterliegen im Zuge der Errichtung der Verdrängungsbarriere und der infantilen Amnesie einer massiven Verdrängung. Diese Zensur erlaubt es den infantilen Tendenzen nur noch in Form sozialisierterer und vom Erleben des älteren Kindes psychisch akzeptablerer Reaktionen fortzubestehen (z. B. auch in Form von Symptomen); entsprechend werden aus prä-operationalen Denkmodi solche des operationalen Denkens.

Solch ein infantiler Aspekt des kindlichen Selbst, der dem sechs- oder siebenjährigen Kind nicht mehr akzeptabel erscheint, kann z. B. als Reaktion auf eine narzißtische Kränkung der zwingende Wunsch sein, sich zu exhibitionieren, um damit die Aufmerksamkeit der Eltern wieder zu gewinnen.

Im scharfen Kontrast zum »Vergangenheits-Unbewußten« enthält das gegenwärtige Unbewußte unbewußte Reaktionen, die sich auf das Hier und Jetzt richten und die eine ständige Anpassung an die Konflikte und Ängste vornehmen, die von den Inhalten des Vergangenheits-Unbewußten ausgehen, wenn es diesen gelingt, in das Gegenwarts-Unbewußte aufzusteigen.

> »Hauptfunktion ist die Aktualisierung und Modifikation *jetziger* Wunschphantasien (insofern sie Konflikte heraufbeschwören), die in den tieferen Regionen des *gegenwärtigen* Unbewußten entstehen, Dies geschieht, damit die Phantasie zur Gegenwart ›paßt‹ und schließlich in der einen oder anderen Abkömmlingsform Eingang ins Bewußtsein finden kann ... Die Objekte, welche in den, aus dem gegenwärtigen Unbewußten aufsteigenden Phantasien vorkommen, stellen Objekte dar, wie sie in der *Gegenwart* wahrgenommen und phantasiert werden (am auffälligsten den Analytiker in der Übertragung), aber die Inhalte der Wunschphantasien spiegeln die Phantasien der frühen Kindheit wider, *die wir niemals wirklich kennen können, die wir aber dem früheren Unbewußten zuschreiben*« (Sandler und Sandler 1988, S. 153).

Das gegenwärtige Unbewußte erzeugt weitere unbewußte Phantasien, die man als Kompromißbildungen betrachten kann, weil die Wünsche des Vergangenheits-Unbewußten für das aktuelle Gleichgewicht als bedrohlich wahrgenommen werden. So kann z. B. die eigene unbewußte feindselige Triebregung zu der Phantasie umgestaltet werden, daß der Analytiker dem Patienten gegenüber kritisch eingestellt ist.

Die zweite Zensur, die das Gegenwarts-Unbewußte vor dem Bewußtwerden schützt, spiegelt vor allem internalisierte soziale Ängste wider; sie ist auf die Vermeidung von Beschämung, Verlegenheit und Demütigung ausgerichtet.

In der Übertragungssituation der Analyse findet nach Sandler und Sandler eine Externalisierung dieser zweiten Zensur auf den Analytiker statt, der die Rolle eines billigenden oder mißbilligenden Zensors zugewiesen bekommt.

Abb. 15: Das Bezugssystem von Gegenwarts-Unbewußtem und Vergangenheits-Unbewußtem (nach Sandler und Sandler 1988)

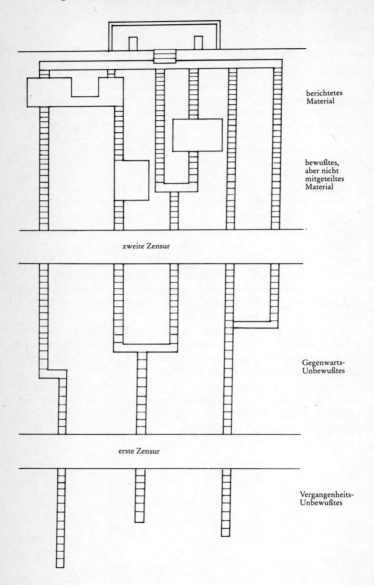

Nach diesen Vorüberlegungen können nun einige grundlegende Unterschiede zwischen Psychoanalyse und analytischer Psychotherapie betrachtet werden, wobei freilich in der Praxis von einem Kontinuum auszugehen ist.

Psychoanalytisches Standardverfahren	Analytische Psychotherapie
• Mehr an den infantilen Strukturen und Konflikten oder am »Vergangenheits-Unbewußten« orientiert.	• Mehr an den Konfliktabkömmlingen oder am »Gegenwarts-Unbewußten« (Sandler und Sandler 1988) orientiert.
• Entwicklung einer regressiven Übertragungsneurose, die eine systematische Aufdeckung und Erforschung der ungelösten Kindheitskonflikte ermöglicht. Die Durcharbeitung der Ü.neurose ermöglicht eine Änderung der primärprozeßhaft organisierten Über-Ich-Introjekte, eine grundlegende Reorganisation synthetischer und defensiver Ich-Funktionen, eine Nachreifung primitiver Selbst- und Objektrepräsentanzen.	• Änderung der verschiedenen Ebenen des Gegenwarts-Unbewußten (Sandler und Sandler sprechen von einer ›Schichtung‹: »auf der tiefsten Ebene spiegeln sich am stärksten jene Phantasien, die wir dem früheren Unbewußten zuschreiben«, (1988, S. 154/155). In einer genetischen Abfolge können dies auch Konflikte des jungen Erwachsenen, des Adoleszenten oder des Latenzkindes sein.
• Die Regression wird gefördert.	• Das Ausmaß der Regression wird begrenzt, indem auf die Ebenen des Gegenwarts-Unbewußten fokussiert wird.
• Die Durcharbeitung der Übertragungsneurose steht im Mittelpunkt (wenngleich auch diese Forderung mehr ein Ideal darstellt, das immer nur annäherungsweise erreicht werden kann).	• Während Übertragungsreaktionen gefördert werden, wird die regressive Übertragungsneurose nicht gefördert; Anteile der Übertragungsneurose lassen sich allerdings auch in der analytischen Psychotherapie bearbeiten.
• Die Übertragung wird überwiegend auf die infantilen Objekte bezogen (aber auch auf andere Personen außerhalb der analytischen Situation).	• Die Übertragungsreaktionen werden dahingehend gedeutet, daß Parallelen zwischen Wahrnehmungen gegenüber anderen Personen außerhalb der analytischen Situation und der Wahrnehmung des Therapeuten gezogen werden;

Psychoanalytisches Standardverfahren	Analytische Psychotherapie
• Die Übertragungsdeutungen können ziemlich genau und umfassend sein, weil durch die tiefere und längerfristige Behandlung mit der Zeit viele Daten und Bestätigungen der Deutungen erhalten werden.	• Die Übertragungsdeutungen müssen manchmal unvollständig bleiben, aber auf jeden Fall macht der Therapeut auf nicht deutende Weise von der Übertragung Gebrauch.
• Der Einfluß des Analytikers auf die Ausgestaltung der Übertragungsneurose und Übertragungsreaktionen (bzw. der Themen, in denen versteckte Übertragungsanspielungen auftreten) muß erkannt werden, ebenso wie die Gegenübertragung und der Einfluß spezifischer persönlichkeitsstruktureller Haltungen.	• Ebenso
• Die Verankerung der Übertragung in der Realität der Analytiker-Patient-Beziehung muß erkannt werden, um die Übertragung des Vergangenen von realistischen Eindrücken unterscheiden zu können (siehe hierzu die Einschränkungen in Bd. 2, Kap. 10: Übertragung).	• Ebenso. Allerdings bleibt der Therapeut bei der analytischen Psychotherapie eher ein »reales Objekt«; Übertragungsverzerrungen werden schneller aufgelöst.
• Die Übertragungsanalyse im Verbund mit genetischen Deutungen und Rekonstruktionen dient der Entdeckung und Reorganisierung von Erinnerungen und ist ein zirkulärer und synergistischer Vorgang.	• Ebenso.
• Die Rekonstruktion des Vergangenheits-Unbewußten (»Urphantasien«: Primärszene, Verführung, Geschlechtsunterschiede, vgl. Loch 1979) soll möglichst umfassend sein.	• Die Rekonstruktion der Vergangenheit tritt zurück gegenüber der Erforschung des Gegenwarts-Unbewußten; gegenwärtige Konflikte stehen eher im Vordergrund als tiefe unbewußte Konflikte.
• Analyse findet im Liegen statt.	• Analyse findet im Liegen statt.
• Dauer: vier bis fünf Jahre und länger.	• Dauer: zwei bis drei Jahre und länger.

Psychoanalytisches Standardverfahren	Analytische Psychotherapie
• Stundenfrequenz: vier- bis fünfmal in der Woche. • Auch bei der Psychoanalyse ist die Deutung nicht der einzige Wirkfaktor, sondern auch die neue Objektbeziehung und die Verinnerlichung der empathischen und analytischen Funktionen des Analytikers sind von Bedeutung (vgl. Bd. 3, Kap. 22: Wirkfaktoren).	• Stundenfrequenz: zwei- bis dreimal in der Woche.

4.3 Psychoanalyse unter dem Aspekt von »Wirtschaftlichkeit«

Die Tatsache, daß in der BRD ab den fünfziger Jahren auch die Psychotherapie als ärztliche Leistung akzeptiert wurde, hatte zur Konsequenz, daß sie nach langwierigen Verhandlungen im Jahr 1967 in den Leistungskatalog der gesetzlichen Krankenkassen aufgenommen wurde. Zuvor mußten – wie auch heutzutage in den meisten anderen Ländern – die Patienten eine psychoanalytische oder psychotherapeutische Behandlung privat bezahlen oder konnten gelegentlich aufgrund freiwilliger Kann-Leistungen mit einem Zuschuß von seiten der Krankenkasse rechnen. Nur für eine Minderheit von psychisch Notleidenden kam deshalb eine psychotherapeutische Behandlung überhaupt in Frage. Geht man von jüngsten Zahlen aus (vgl. Dührssen 1987; Schepank 1987), so wird zum einen der ungeheure Bedarf an einer umfassenden und kausalen Therapieform wie derjenigen der Psychoanalyse oder analytischen Psychotherapie ersichtlich, und zum anderen wird klar, wie notwendig die Kostenübernahme von seiten der Krankenkasse für Patienten mit psychischen Störungen ist.

In der bislang wohl umfangreichsten und aufwendigsten epidemiologisch-tiefenpsychologischen Feldstudie von Schepank und Mitarbeitern (1987) wurden je zweihundert nach Zufall ausgelesene Probanden der Geburtsjahrgänge 1935, 1945 und 1955 aus den deutschen Bewohnern der Stadt Mannheim (über 300 000 Einwohner) ausgesucht und von erfahrenen psychoanalytischen Therapeuten mit Hilfe von Testverfahren und psychoanalytisch orientierten Interviews untersucht, wobei eine Zweituntersuchung nach drei Jahren stattfand. Im Unterschied zu den klassischen epidemiologischen Forschungsprojekten (wie etwa der Midtown Manhattan Study von Hollingshead und Redlich, 1958), wo meist die psychiatrische Gesamtmorbidität das Untersuchungsziel war, konzentrierte sich das Mannheimer Kohortenprojekt ausschließlich auf psychogene Störungen. Nach gründlichen Überlegungen, was als »Fall von psychogener Erkrankung« zu definieren ist, kam die Forschungsgruppe zu dem Ergebnis, daß insgesamt 26 % der Bevölkerung bei weitgehend gleicher Verteilung der Altersgruppen, Überwiegen der Frauen und deutlich höherer Fallrate in der sozial unteren Schicht als psychogen krank bezeichnet werden muß (wobei 12 % funktionell psychosomatische Störungen, 7 % Psychoneurosen und 7 % Persönlichkeitsstörungen auftraten).

Von den als Fälle eingestuften Probanden suchten nur ganz wenige um Psychotherapie nach; nur etwa 80 % haben im letzten Jahr einen Arzt aufgesucht, ohne daß dabei die Empfehlung für eine Psychotherapie ausgesprochen wurde. Nach Einschätzung der Experten ist aber rund die Hälfte der Fälle sowohl behandlungsbedürftig als auch behandlungsfähig.

Trotz der bestürzenden Thematik mag mancher in Versuchung geraten, Hochrechnungen anzustellen (die Hälfte von 26 % der psychogen erkrankten Stadtbevölkerung als Therapiepatienten ergibt 39 000 Patienten), aber natürlich gilt: »Die Fallrate psychogener Erkrankungen ist nicht übersetzbar in eine Zahl notwendiger Psychotherapieplätze oder Klinikbetten. Dennoch bleibt die Diskrepanz zwischen der hohen Quote psychogener Störungen (26 %) und der geringen Quote von Psychotherapie unter den abgerechneten ärztlichen Leistungen (1 %) unübersehbar und diskussionswürdig« (Rudolf 1988, S. 103). Dieses eine Prozent bezieht sich dabei auch auf die Leistungen der stationären Psychotherapie mit ca. 5 000 Psychotherapiebetten vor allem für die Behandlung psychosomatischer Erkrankungen. Dührssen (1987, S. 321) zitiert die folgenden Prävalenzraten, die zum Teil der – im Auftrag des Bundesministeriums für Forschung und Technologie zur psychischen Erkrankung vorgenommenen – Studie von Heimann (1987) entstammen:

Schizophrenien .... 0,3 – 0,4 % der Bevölkerung
endogene Depressionen .... 1,3 – 3,9 % der Bevölkerung

Alkohol- und Suchtkrankheiten ...... 2 – 3 % der Bevölkerung
(24 % der Bevölkerung trinkt)
Psychoneurosen .... 7,2 % der Bevölkerung
psychosomatische Störungen .... 11,7 % der Bevölkerung

In den »Richtlinien des Bundesausschusses der Ärzte und Krankenkassen über die Durchführung der Psychotherapie in der kassenärztlichen Versorgung« in der Neufassung vom 3. Juli 1987 werden die folgenden psychoanalytisch begründeten Verfahren genannt (vgl. *Abb. 16).*

Abb. 16: Psychoanalytisch begründete Verfahren nach den Psychotherapie-Richtlinien, gültig ab 1. Oktober 1987, und den Psychotherapie-Vereinbarungen (RVO- und Ersatzkassen), gültig ab 1. Juli 1988

Analytische Psychotherapie	tiefenpsychologisch fundierte Psychotherapie
als Einzeltherapie	als Einzeltherapie
(auch in Form von psychoanalytischer Kurz- und Fokaltherapie)	auch in Form von: Kurztherapie Fokaltherapie Dynamische Psychotherapie Niederfrequente Therapie
Kassenleistungen 160 – 240 / in Ausnahmefällen: 300 Std.	Kassenleistungen: 50 – 80 / in Ausnahmefällen: 100 Std.
als Gruppentherapie	als Gruppentherapie
Kassenleistungen: 80 – 120 Dst./ in Ausnahmefällen: 150 Std.	Kassenleistungen: 40 – 60 Dst./ in Ausnahmefällen: 80 Std.
Bei dieser Therapieform sollen zusammen mit der neurotischen Symptomatik der neurotische Konfliktstoff und die zugrundeliegende neurotische Struktur des Patienten behandelt werden und dabei das therapeutische Geschehen mit Hilfe der Übertragungs-, Gegenübertragungs- und Widerstandsanalyse unter Nutzung regressiver Prozesse in Gang gesetzt und gefördert werden.	Bei diesen Therapieformen soll die unbewußte Dynamik aktuell wirksamer neurotischer Konflikte unter Beachtung von Übertragung, Gegenübertragung und Widerstand behandelt werden. Angestrebt wird eine Konzentration des therapeutischen Prozesses durch Begrenzung des Behandlungszieles, durch ein vorwiegend konfliktzentriertes Vorgehen und durch Einschränkung regressiver Prozesse.

Die Kassenleistung erstreckt sich neben den Einzeltherapieverfahren auch auf die Gruppenverfahren, wie analytische Gruppentherapie und tiefenpsychologisch fundierte Gruppentherapie, die aber in diesem Kapitel keine weitergehende Erläuterung erfahren können.

Eine im Auftrag der Deutschen Gesellschaft für Psychotherapie, Psychosomatik und Tiefenpsychologie (DGPPT) durchgeführte Praxisstudie über die psychoanalytische Tätigkeit in der BRD ergab auf einer Datenbasis von 801 vollständig ausgefüllten Fragebögen, daß die analytische Einzeltherapie mit ca. 54 % die am häufigsten angewandte Therapieform darstellt, gefolgt von analytischer Gruppentherapie (19 %) und tiefenpsychologischer Einzeltherapie (15 %) (vgl. Schmid 1988, S. 52).

In den Richtlinien wird eindeutig festgestellt, daß die Durchführung der psychoanalytischen Therapie den Grundsätzen der Notwendigkeit, Zweckmäßigkeit und Wirtschaftlichkeit auch hinsichtlich ihres Umfanges zu entsprechen habe. Damit wird deutlich, daß das psychoanalytische Standardverfahren mit dem Anspruch einer gründlichen Durcharbeitung der Übertragungsneurose und einer umfassenden Rekonstruktion des Vergangenheits-Unbewußten innerhalb dieses begrenzten Leistungsumfanges schwerlich durchzuführen ist. Wenngleich sicherlich in so manchen Fällen eine analytische Psychotherapie in 240 bis 300 Stunden gute Ergebnisse zeigt, so ist doch bei vielen Patienten eine noch gründlichere Durcharbeitung erforderlich, die eine viel längere Zeit erfordert. Hält man das psychoanalytische Standardverfahren bei einem Patienten für indiziert, und glaubt man nicht an die Variante eines steuerbaren, iterativen, fokalorientierten Vorgehens, so bleibt einem nichts anderes übrig, als auf gut Glück eine Übertragungsneurose entstehen zu lassen, deren Kosten sich Psychoanalytiker und Patient nicht selten gemeinsam teilen; es sei denn, daß man Psychoanalyse von vornherein auf die besser Betuchten beschränkt.

In der Psychotherapieforschung gibt es zwar so gut wie keine empirischen Nachweise über die Überlegenheit von längerdauernden und hochfrequenten psychoanalytischen Behandlungen (im Vergleich zu kürzeren und niederfrequenten Therapieformen), doch weiß jeder praktizierende Psychoanalytiker, daß die Intensität, Tiefe und Gründlichkeit der Durcharbeitung von Übertragungsformationen mit der Stundenanzahl (nicht aber mit der Frequenz) hoch korrelierten. Die meisten Evaluationsstudien wurden an Kurztherapien aus forschungspragmatischen Gründen durchgeführt und können deshalb keinen Aufschluß darüber geben. Das schließt natürlich nicht aus, daß auch kürzere Therapien gute Ergebnisse zuwege bringen können (was natürlich davon abhängt, was man als befriedigendes Therapieresultat bezeichnet).

Vielleicht nur noch ein kleines Rechenbeispiel am Rande: Im Jahre 1987 wurden von der gesetzlichen Krankenversicherung in der BRD für Medikamente 19 Milliarden DM ausgegeben; 5 Milliarden kosteten hierbei ärztlich umstrittene Medikamente. Geht man (im ambulanten Bereich) von rund 4 600 Psychotherapeuten im Jahr 1987 aus (einschließlich der Kinder- und Jugendlichenpsychotherapeuten und der nicht an einem DGPPT-Institut vollausgebildeten Ärzte mit den Zusatzbezeichnungen »Psychotherapie« bzw. »Psychoanalyse«), so haben diese grob geschätzt etwa den zehnten Teil dieser 5 Milliarden »gekostet«.

4.4 Tiefenpsychologisch fundierte Psychotherapie

Dieses aufgrund der Psychotherapie-Richtlinien wichtige Verfahren setzt die Grundannahmen der allgemeinen psychoanalytischen Neurosenlehre voraus, ist aber nur indiziert, wenn ein aktueller neurotischer Konflikt mit einer entsprechenden Symptomatik abgegrenzt werden kann (vgl. Faber und Haarstrick 1988). Heigl-Evers und Heigl (1982) haben in Anknüpfung an Loch (1979) die wichtigsten Abgrenzungen zur Psychoanalyse umrissen.

Im Unterschied zu dieser soll mit Hilfe der tiefenpsychologisch fundierten Psychotherapie überwiegend Einsicht in die momentanen zwischenmenschlichen Konfliktkonstellationen unter teilweiser Hinweglassung der lebensgeschichtlich früheren Ursprünge erzielt werden; eine partielle Umstrukturierung mit begleitender Symptom-Minderung stellt letztendlich das Behandlungsziel dar. Die Herstellung einer Übertragungsneurose wird nicht angestrebt; aus diesem Grund findet die Therapie im Gegenübersitzen von Patient und Therapeut statt; Behandlungsdauer und Sitzungsfrequenz werden variabel gehandhabt, entsprechend den Fokussierungen auf eingegrenzte Konfliktfelder. Bei stationärer Psychotherapie können auch eine oder mehrere Bezugspersonen passager in die Behandlung einbezogen werden.

Die Interventionsformen sind generell durch eine größere Aktivität des Therapeuten gekennzeichnet. Neben den von Heigl-Evers und Heigl erwähnten leitenden Fragen, welche die Funktion haben, die aktuellen interpersonellen Situationen des Patienten zu fokussieren, dient vor allem die sog. Klarifikation, d. h. die differenzierte Erfassung des jeweiligen Konfliktthemas, zur Herausarbeitung der aktuellen Konfliktsituation. Wegen der größeren strukturierenden Aktivität des Therapeuten und des Zurücktretens der freien Assoziation auf seiten des Patienten kommt es kaum zu einer regressiven Vertiefung bestimmter Konflikt-Konstellationen. Die auch bei der tiefenpsychologisch fundierten Psychotherapie benützte Technik der Deutung zielt auf das Aufzeigen eines Zusammenhangs zwischen der auslösenden Situation und der aktuellen Symptomatik des Patienten unter Einbeziehung des Verhaltens des Patienten in der momentanen therapeutischen Situation. Dabei werden unbewußte Inhalte dem Wahrnehmen und Erleben des Patienten nahegebracht.

Zu den Therapieverfahren der tiefenpsychologisch fundierten Psychotherapie gehören entsprechend den »Psychotherapie-Richtlinien« in der Neufassung vom 3. Juli 1987 die Kurztherapie, Fokaltherapie, Dynamische Psychotherapie und die niederfrequente Therapie in einer längerfristigen, Halt gewährenden therapeutischen Beziehung (vgl. hierzu z. B. Hoffmann 1983), wobei ich mich aus Platzgründen lediglich auf die Darstellung der Dynamischen Psychotherapie beschränke.

4.4.1 Dynamische Psychotherapie

A. Dührssen hat das Konzept der Dynamischen Psychotherapie als eigenständiges tiefenpsychologisch orientiertes Verfahren im Rahmen der kassenärztlichen Versorgung in zwei Publikationen (1972, 1988) in sehr klarer Form ausgeführt. Ihre für den Bundesausschuß der Ärzte und Krankenkassen erarbeitete Definition lautet in komprimierter Form:

»Die Dynamische Psychotherapie berücksichtigt die pathogen wirksamen, unbewußten seelischen Vorgänge des erkrankten Patienten im Zusammenhang mit der zugehörigen lebensgeschichtlichen Entwicklung und den sekundären neurotischen Reaktionsmustern, die in ihrem Zusammenwirken zu klinischen Krankheitszeichen, zur Schädigung von zwischenmenschlichen Beziehungen und zu krankhaften Handlungsabläufen geführt haben. Es handelt sich um eine dialogische Therapie, bei der das pathogen bedeutungsvolle Erlebnismaterial des Patienten sowohl im freien Einfall wie durch stimulierende und klärende Fragen der therapeutischen Bearbeitung zugänglich gemacht wird. Bei sehr flexiblem Arrangement hinsichtlich der Dichte der angesetzten Behandlungsstunden werden den Patienten – trotz begrenzter Stundenzahl – die notwendigen Zeiten für Reifung und Umstellung bis zum Abschluß der

Therapie gelassen. Kurzfristig regressive Vorgänge und aufkommende Übertragungsreaktionen werden dabei gleichermaßen genutzt« (A. Dührssen 1988, S. 1 f.).

Das flexible Arrangement kommt sicherlich nicht nur jenen Patienten zugute, die vor allzu großer Nähe und Abhängigkeit Angst haben, sondern deren Lebensumstände es schwierig machen, eine Therapie mit hoher Stundenfrequenz kontinuierlich über zwei, drei oder mehr Jahre wahrzunehmen. Die gewisse Unverbindlichkeit bei den Stundenvereinbarungen stellt z. B. für adoleszente Patienten mit einem hohen Autonomiebedürfnis, aber auch für ichstrukturell gestörte Menschen mit der Gefahr einer Dekompensation oftmals die einzige Möglichkeit dar, sich überhaupt auf eine Therapie einzulassen. Nach den Forschungsergebnissen von Dührssen (1984, 1986) ergab sich für Patienten, die für eine Dynamische Psychotherapie vorgesehen wurden, der höchste Risikoindex (ein Maß für die psychosoziale Umweltbelastung, die ein heranwachsendes Kind erfahren hat); des weiteren zeigte sich, daß bestimmte Beschwerden und Krankheitsindikatoren von erheblicher klinischer Bedeutung (wie z. B. Suizidversuche, Süchte, sensitive Reaktionen, Verwahrlosungszüge, Arbeitsunfähigkeit und Krankenhausaufenthalte im Jahr vor der Therapie jeweils bis zu sechs Monaten Dauer) bei den für eine Dynamische Psychotherapie ausgewählten Patienten um ein Vielfaches häufiger vorkamen als bei Patienten, die sich einer psychoanalytischen Psychotherapie unterzogen. Und ebenso ließen sich signifikante Besserungen nachweisen, so daß als erwiesen gelten kann, daß diese im allgemeinen schwer gefährdeten Personen keine schlechteren Behandlungsergebnisse erzielten als Patienten, die mit dem psychoanalytischen Standardverfahren behandelt worden sind (vgl. A. Dührssen 1988, S. 8 f.).

Bei der Dynamischen Psychotherapie werden die gegenwärtigen Lebensumstände des Patienten stärker betont als in der Psychoanalyse; Lerndefizite, Lücken und konfliktbedingte Behinderungen im zwischenmenschlichen Bereich, aber auch in der Sach- und Arbeitswelt sind bevorzugte Themenbereiche. Die Übertragung wird zwar vom Therapeuten beachtet, steht aber nicht im Mittelpunkt der Therapie. Dementsprechend wird auch keine regressive Übertragungsneurose angestrebt. Genetische Deutungen werden in beschränktem Umfang eingesetzt, ebenso Verknüpfungen der aktuellen Konflikte mit dem gesamten lebensgeschichtlichen Zusammenhang. Schwerpunkt bleiben aber die gegenwärtigen Probleme des Betreffenden. Der Therapeut ist wesentlich aktiver, strukturiert, erteilt Ratschläge und gibt Empfehlungen, bezieht aber auch die Wirksamkeit und Bedeutung unbewußter Dynamismen bei der Klärung verschiedener Probleme mit ein (vgl. A. Dührssen 1980, S. 18).

Als Risiken und Nachteile des Verfahrens, die sich unter bestimmten Bedingungen einstellen können, sieht Dührssen (1988, S. 23) die folgenden an: »a) Die Behandlung bleibt zu flach, und wichtige Erlebnisformen des Patienten werden nicht erfaßt. b) Die Therapie wird zu dirigistisch. Der Patient bleibt auf Rat, Trost und Stütze durch den Therapeuten angewiesen«.

4.5 Psychotherapie auf psychoanalytischer Grundlage (Kutter)

Kutter (1977) hat von der analytischen Psychotherapie ein Verfahren abgegrenzt, das er »konzentrierte Psychotherapie auf psychoanalytischer Grundlage« oder »Psychotherapie auf psychoanalytischer Grundlage« genannt hat und das sich von der klassischen Psychoanalyse nicht qualitativ, sondern nur quantitativ unterscheidet. Die drei für die Psychoanalyse als wesentlich erachteten Essentials der a) neutralen Haltung des Analytikers, b) Entwicklung einer Übertragungsneurose und deren Bearbeitung und c) Verwendung der Deutung werden von ihm dahingehend variiert, daß der Prozeß der Entfaltung und Auflösung der Übertragungsneurose komprimiert, konzentriert und intensiviert wird. Zum anderen kann es sich dabei um eine verkürzte Form der Psychoanalyse handeln, insofern als nur Teile der Übertragungsneurose durchgearbeitet werden (z. B. nur die ödipale Organisationsstufe oder die Loslösungs- und Individuationsphase). Die Bearbeitung der zentralen Konflikte eines Patienten »muß nicht unbedingt und jederzeit in der Übertragung auf den Analytiker geschehen. Erlebt der Patient die Übertragung stärker in der Beziehung zu einer realen Person seiner Umwelt, dann können wir dem Patienten zeigen, was er in der Beziehung zu dieser Person unbewußt als Übertragungsanteil erlebt. Er wird diese Interpretation auch annehmen können, wenn seine Affekte in der Tat in der Beziehung zu dieser Person ›Dort‹ und ›Dann‹ involviert sind. Wir werden trotzdem immer versuchen, all das, was der Patient in der Beziehung zum Analytiker als unangemessen und übersteigert erfährt, als Übertragung zu verstehen und dies im ›Hier‹ und ›Jetzt‹ der analytischen Situation zu bearbeiten« (Kutter 1977, S. 961).

Gegenüber der (nahezu) vollständigen Durcharbeitung der gesamten Übertragungsneurose im psychoanalytischen Standardverfahren bringt die Beschränkung auf den zentralen Konflikt eines Patienten nach Auffassung Kutters eine wesentlich kürzere Behandlungsdauer mit sich.

Als Indikationen für »Psychotherapie auf psychoanalytischer Grundlage« sieht Kutter (1977, S. 964) zwei Hauptanwendungsbereiche:

1.) die klassische Übertragungsneurose (Konversionsneurose, Zwangsneurose und Phobie) bei einer überwiegend unbewußten Psychodynamik in ödipalen Konflikten (wobei die immer auch vorhandenen präödipalen Konflikte nicht bearbeitet werden);
2.) Patienten mit einer Borderline-Persönlichkeits-Organisation, bei denen Konflikte aus der frühen Zweierbeziehung des Kindes mit der Mutter im Vordergrund stehen, von ihm (1975) auch als »nachklassische« Neurosen bezeichnet.

Kutter weist darauf hin, daß die von ihm skizzierte »Psychotherapie auf psychoanalytischer Grundlage« nichts mit supportiver Psychotherapie« zu tun hat und daß auch keine supportiven Techniken zusätzlich angewendet zu werden brauchen. Die analytische Neutralität bleibt also gewahrt, und Deutungen sind – wie im psychoanalytischen Standardverfahren – die hauptsächliche Interventionsform.

Klassische Psychoanalyse siehe S. 205 f.	Psychoanalytische Psychotherapie (konzentrierte Psychotherapie auf psychoanalytischer Grundlage)
	• Kürzere Behandlungsdauer (ein bis drei Jahre) • Geringere Häufigkeit der Sitzungen pro Woche (zwei oder drei) • Begrenztes Behandlungsziel • Es kommt nicht die volle regressive Übertragungsneurose zur Ausbildung, sondern lediglich umschriebene Übertragungskonstellationen, d. h. es kommt zu einer Akzentuierung bzw. Fokussierung entscheidender Objektbeziehungskonstellationen.

Klassische Psychoanalyse siehe S. 205 f.	Psychoanalytische Psychotherapie (konzentrierte Psychotherapie auf psychoanalytischer Grundlage)
	• Anforderungen an die Technik sind größer; das Vorgehen ist konzentrierter. • Die Bearbeitung des zentralen Konflikts muß nicht unbedingt und jederzeit in der Übertragung auf den Analytiker geschehen. • Trotzdem soll nach Möglichkeit immer versucht werden, im »Hier und Jetzt« der analytischen Situation zu bleiben. • Derjenige Konflikt, der sich in der Übertragung auf den Analytiker konstelliert, entspricht meist demjenigen, der die aktuelle Symptomatik ausgelöst hat. Auf die Analyse und Durcharbeitung anderer Konflikte (die derzeit keine gravierende Symptomatik unterhalten) wird verzichtet. Durch die Konzentrierung auf Teilthemen kommt es zu einer Kurzform der Psychoanalyse. Die Deutungsarbeit bezieht sich deshalb auch nicht auf das gesamte Spektrum der Übertragungen, sondern nur auf solche, die in besonders dringlicher Weise reaktiviert werden.

4.6 Entwicklungspsychologisch orientierte Psychotherapie (Blanck und Blanck)

Auf der Basis ichpsychologischer und entwicklungspsychologischer Erkenntnisse entwarfen Blanck und Blanck (1974, 1979) eine auf den ersten Blick imposante Theorie einer entwicklungspsychologisch stark an M. Mahler orientierten Psychotherapie, die vor allem für Patienten mit Mängeln und Fehlbildungen der Ich-Organisation indiziert ist. Da sehr viele Patienten heutzutage diese ichstrukturellen Mängel aufweisen, wendet sich die von den Autoren konzipierte Psychotherapie an ein viel breiteres diagnostisches Spektrum, als es bei der Psychoanalyse der Fall ist. Sie vertreten die Auffassung, daß bei diesen schwerer gestörten Patienten die herkömmliche psychoanalytische Technik versagen würde. »Wir glauben aber, daß dieses Versagen nicht auf einem der Theorie inhärenten Mangel beruht, sondern auf der Anwendung einer Technik, die für die Behandlung von Neurosen bestimmt war« (Blanck und Blanck 1974, S. 17).

So sinnvoll manche der von Blanck und Blanck entwickelten technischen Maßnahmen zur Förderung der Reorganisation des Ichs (wie z. B. entwicklungspsychologische Erklärungen, Förderung des Selbstwertgefühls, Anleitung zur Affektdifferenzierung u. a. m.) während bestimmter Phasen des analytischen Prozesses auch sein mögen, so wird doch bei genauerer Lektüre vor allem ihrer Beispiele deutlich, daß die Autoren eine psychoanalytische Erkenntnishaltung vermissen lassen. So werden z. B. Äußerungen des Patienten durchweg für bare Münze genommen, Interventionen gehen von dem Inhaltsaspekt der Mitteilungen aus, und es existiert kein Konzept für das unbewußte kommunikative Zusammenspiel zwischen Therapeut und Patient.

So kann dann z. B. auch nicht erkannt werden, daß ein Patient auf die unbewußten Implikationen der Interventionen und Techniken eines Therapeuten reagiert, weil Kommunikation und Intervention an der Oberfläche des dem Bewußtsein zugänglichen Materials verbleiben. Damit wird nicht nur ein genuin psychoanalytisches Anliegen aufgegeben, sondern es wird dabei auch nicht berücksichtigt, daß defizitäre Ich-Leistungen neurotisch überformt sein können. Der Stellenwert von Deckerinnerungen und die Fähigkeit zum Teleskopieren verschiedener Erlebnisse bleiben – sofern Erinnerungen für bare Münze genommen werden – unberücksichtigt. Entwicklungspsychologisches Denken innerhalb der klinischen Psychoanalyse kann aber nur dann sinnvoll sein, wenn man im Auge behält, daß frühe Sozialisationsdefizite einer ständigen Neubearbeitung und Überformung unterliegen und deshalb auch in vielfältigen Formen neurotisch konflikthaft auftreten können. Nur im Rahmen eines beziehungsorientierten psychoanalytischen Therapieansatzes, in der die miteinander verflochtenen, gemeinsamen bewußten und unbewußten Beziehungsanteile zum Gegenstand der analytischen Aufmerksamkeit werden, lassen sich frühere von späteren lebensgeschichtlichen Katastrophen und Konflikten voneinander unterscheiden und entsprechende Interventionsformen einsetzen.

4.7 Die psychoanalytisch-interaktionelle Therapie (Heigl-Evers und Heigl)

Es handelt sich bei dieser von Heigl-Evers und Heigl (z. B. 1979, 1983, 1988) konzipierten Therapiemethode um eine aus der Psychoanalyse abgeleitete psychotherapeutische Vorgehensweise, die vor allem bei Patienten mit entwicklungsbedingten, strukturellen Ich-Störungen indiziert ist. Die Autoren gehen wie Blanck und Blanck (1974, 1979) davon aus, daß die genuin psychoanalytische Interventionsform der Deutung bzw. der Übertragungs- und Widerstandsdeutung bei diesen Patienten in jedem Fall in der Anfangsphase einer Therapie und zu späteren Zeitpunkten passager fehl am Platz ist. Statt dessen müsse der Therapeut die Bereitschaft zeigen, »sich als Person authentisch, wenngleich selektivexpressiv, dem therapeutischen Dialog verfügbar zu machen« (Heigl-Evers und Heigl 1988, S. 92).

Zunehmend mehr kommen Patienten in die Praxis von Psychoanalytikern, die an einer strukturellen Ich-Störung leiden; dazu gehören z. B. schwere psychosomatische Störungen, Suchtkrankheiten, präpsychotische-, Borderline- und narzißtische Persönlichkeitsstrukturen (vgl. zur Diagnostik von Ich-Funktionen Kap. 3.3). Weil durch diese Ichfunktions-Mängel die synthetisch-integrativen Funktionen des Ichs nur graduell entwickelt werden konnten, ist mit der für das psychoanalytische Standardverfahren unterstellten und als Voraussetzung (z. B. i. S. der therapeutischen Ich-Spaltung, wie sie von Sterba 1934 beschrieben wurde) geltenden voll entwickelten Funktionstüchtigkeit des Ichs nicht zu rechnen. Nach dieser Auffassung (die nicht unwidersprochen geblieben ist, vgl. z. B. Argelander 1977; Langs 1981; Bauriedl 1987) können Patienten mit einer strukturellen Ich-Störung mit Deutungen nicht umgehen und auch nichts damit anfangen; Deutungen werden als unverständlich, kalt, distanziert, übergriffig, verletzend, die ursprünglichen traumatischen Kindheitserfahrungen wiederholend, autoritär und tendenziell psychotisierend erfahren.

Die Heilungsschritte in der interaktionellen Psychotherapie werden von Heigl-Evers und Heigl (1983, S. 3 f.) wie folgt beschrieben:

- Zunächst einmal ist es wichtig, daß der Patient sein Defizit wahrnehmen und es als Auswirkung einer pathogenen Beziehungserfahrung erleben kann. Des weiteren muß ihm deutlich werden, wie sich diese Ich-Funktions-Defizite in seinen gegenwärtigen Beziehungen bemerkbar machen; und schließlich ist es die Aufgabe des Psychotherapeuten, dem Patienten bewußt zu machen, daß die Verhaltensweisen und Einstellungen, mit denen er seine Defizite verdeckt, kompensatorische Funktion haben.

- Der Patient sollte ein Bedürfnis verspüren, sich von den kompensatorischen Verhaltensweisen zu verabschieden und seine unzureichend ausgeprägten Ichfunktionen in einem sozialen Lernprozeß weiter zu entwickeln. Dabei dient der Anreiz einer neuen, bis dahin nicht erlebten Beziehungserfahrung als Motivation für diesen Nachentwicklungs-Prozeß.
- Bei diesem Prozeß wird eine Auseinandersetzung mit beschämenden, demütigenden und ängstigenden Erfahrungen eigener Unzulänglichkeit stattfinden, wenn der Patient z. B. erkennt, wie sehr andere Menschen für ihn bislang nur narzißtische Erweiterungen seiner selbst darstellten, die über keine eigene Meinung verfügen durften usf.
  Diese Gefühle stellen auch die hauptsächlichen Widerstände dar.
- Schließlich ist darauf zu achten, daß der Patient die notwendige Geduld für diesen mühsamen Nachentwicklungsprozeß aufbringt und sich von Rückschlägen nicht entmutigen läßt.

Bei den therapeutischen Mitteln zum Erreichen der Heilungsschritte kommt es nun zunächst darauf an, daß der Therapeut den Ich-Funktions-Mangel bei seinem Patienten wahrnimmt und seine emotionale Reaktion darauf in einer nicht verletzenden Form mitteilt.

»Eine solche Mitteilung sollte hinsichtlich ihrer emotionalen Qualität authentisch und gleichzeitig mit einem Hinweis auf die pathogene (innere) Objektbeziehung wie auf die interpersonelle Verknüpfung von Ichfunktions-Defiziten des Patienten und der emotionalen Antwort des Therapeuten verbunden sein, das bedeutet: mit einem Hinweis auf das real Unangemessene der vom Patienten angestrebten Objektbeziehung; dabei muß dem Patienten aber spürbar sein, daß der Therapeut sich mit seinem entsprechenden Bedürfnis, so infantil es sein mag, wenigstens passager identifiziert. Eine solche interaktionelle Intervention oder ›Antwort‹ des Therapeuten sollte hinsichtlich ihres emotionalen Gehaltes immer eine Legierung von Libidinösem und Aggressivem sein, eine Mischung von Akzeptanz und Kritisieren. Gleichzeitig sollte das Angebot einer neuen Objektbeziehung gemacht werden, die zur Nachentwicklung defizitärer Ich-Funktionen anregt und die geeignet ist, im Patienten ein Gefühl der Hoffnung zu wecken und ihm eine Zukunftsperspektive zu eröffnen. Dieses therapeutische Verhalten entspricht in gewisser Weise dem Verhalten von Müttern, wenn sie ihrem Kind Entwicklungsschritte ermöglichen wollen« (Heigl-Evers und Heigl 1983, S. 7).

Die Vermittlung von Akzeptanz, gefühlsmäßiger und kognitiver Präsenz von seiten des Therapeuten und die dadurch entstehenden

Erlebnisse des Sich-wahrgenommen- und Ernstgenommen-Fühlens beim Patienten stellen eine Motivation für diesen dar, eine Nachentwicklung seiner defizitären Ich-Funktionen anzustreben. Die in der interaktionellen Therapie stattfindenden Dialogangebote in Form von narzißtischer Stützung, libidinöser und aggressiver Zuwendung lassen schrittweise eine neue Form der Beziehungserfahrung entstehen und machen Mut dazu, diese neuen Beziehungskompetenzen in alltäglichen Erfahrungen auszuprobieren. Weil dies in der Regel ein mühseliger und auch von gelegentlichen Rückfällen gezeichneter Weg ist, muß der Therapeut mit viel Verständnis vorgehen, und auch die »Bestätigung kleiner und kleinster Lernfortschritte« (vgl. Heigl und Triebel 1977) erweist sich im Sinne einer anteilnehmenden Antwort als hilfreich.

In der ohnehin schon dünnen psychoanalytischen Höhenluft dieses aus der Psychoanalyse abgeleiteten Therapieverfahrens wird die Nähe zu lerntheoretischen Prinzipien immer greifbarer; wichtiger als diese Affinität (denn gegen eine psychoanalytisch orientierte Lerntheorie ist ja nichts einzuwenden, im Gegenteil, ihre Ausarbeitung steht dringend an, vgl. auch Bd. 3, Kap. 22: Wirkfaktoren) scheint aber die Frage zu sein, inwieweit bei der interaktionellen Therapie die Übertragungsanalyse – ausgehend vom Hier und Jetzt der Beziehungserfahrung – zugunsten eines Austausches von Eindrücken suspendiert wird, die sich aus der Beobachtung manifesten interpersonellen Verhaltens ergeben. Angenommen, ein Patient versucht häufig, seine Stunden zu verschieben, weil nach seinem Dafürhalten andere wichtige Termine von ihm wahrgenommen werden müssen. Soll man ihn dann – vorausgesetzt, man vermutet in diesem Verhalten den Ausdruck einer ichstrukturellen Störung – mit dem Eindruck konfrontieren, daß sein Verhalten beim Therapeuten Enttäuschung und Ärger auslöst, Reaktionen, die der Patient gar nicht antizipieren kann, weil er einfach über die Zeit des Therapeuten verfügen zu können glaubt? Aber was, wenn Enttäuschung und Ärger zumindest ein Stück weit vom Patienten intendiert sind? Wenn er sich dem von ihm in der Übertragung als rigide erlebten Reglement nicht unterordnen, mit gleicher Münze zurückzahlen will, was ihm angeblich zugefügt wird, oder den Therapeuten spüren lassen will, wie schlimm das Sichausgeliefert-Fühlen, Wartenmüssen und ähnliche Gefühle sind, die ja gerade von frühgestörten Patienten so häufig erlebt werden? Würde dann nicht die interaktionelle Therapie leicht als pädagogische Ermahnung aufgefaßt werden können, etwa in dem Sinne: »Ich teile Dir jetzt mit, welche Gefühle Du bei mir auslöst, weil Du offensichtlich nicht weißt, wie Du auf mich damit wirkst«. Und müßte daraufhin der Patient nicht das Gefühl haben, daß er mit seiner »Bösartigkeit« gar nicht durchdringen und beim Therapeuten nichts bewirken kann außer Ermahnungen?

Die schwierige Frage, ob und wie man von einer Verhaltensmanifestation auf eine zugrunde liegende defizitäre Ich-Funktion (z. B. dem Unvermögen, die Auswirkungen des eigenen Verhaltens auf das Erleben eines anderen Menschen zu berücksichtigen, wie man es häufig bei schizoiden und narzißtischen Persönlichkeiten antreffen kann) oder auf eine unbewußte oder gar bewußte Intentionalität rückschließen kann, ist freilich nicht mit diesem Beispiel zu lösen. Sicherlich ergibt sich manchmal aus dem gesamten diagnostischen Wissen, aufgrund zahlreicher Kontextvariablen und der Gegenübertragungsgefühle, eine nahezu sichere Entscheidungsgrundlage. In anderen Fällen wiederum muß die Möglichkeit, daß der Patient bewußt oder unbewußt eine über die manifeste Verhaltensäußerung hinausgehende Beziehungsbotschaft machen will, die nur per Übertragungsanalyse verstanden und bearbeitet werden kann, in Betracht gezogen werden, selbst wenn dieser Patient vorrangig als »strukturelle Ich-Störung« diagnostiziert worden ist. Für Heigl-Evers und Heigl (1988, S. 89) ergeben sich deshalb auch ganz folgerichtig fließende Übergänge zur psychoanalytischen Therapie, denn »auch entwicklungsbedingte strukturelle Ich-Störungen enthalten konfliktpathologische Anteile und deren Verarbeitungen«.

4.8 Psychoanalytische Psychotherapie bei schweren Charakterstörungen und Borderline-Persönlichkeiten (Kernberg)

Kernberg (1981, 1988) hält die Indikation für psychoanalytische Psychotherapie bei sehr schweren psychischen Erkrankungen für gegeben (und auch bei leichteren neurotischen Fällen, bei denen eine eigentliche Psychoanalyse nicht erforderlich ist). Damit unterscheidet er sich deutlich von Autoren, welche die Ansicht vertreten, daß Deutungen im Fall von ichstrukturellen Störungen maligne Auswirkungen haben und daß deshalb überwiegend ichreparative, ich-stützende Interventionen angezeigt sind. Aufgrund der Ergebnisse des Psychotherapie-Forschungs-Projekts der Menninger Foundation (Kernberg et al. 1972) wurde für ihn aber deutlich, daß ich-schwache Patienten von einer stützenden Psychotherapie wenig profitierten; ebenfalls brachte eine nicht-modifizierte Standardanalyse nur wenige Fortschritte. Die aufgrund der Erkenntnisse moderner Ich-Psychologie und Objektbeziehungs-Theorien konzipierte psychoanalytische Psychotherapie erbrachte hingegen die besten Ergebnisse.

Unter Hinzuziehung der Therapieansätze von Mahler (1968, 1971) und Jacobson (1964, 1971) arbeitet Kernberg heraus, daß im Falle von schweren Charakterstörungen und Borderline-Persönlichkeiten frühe internalisierte Objektbeziehungen in der Übertragung manifest werden, wobei sich aufgrund archaischer Abwehrmechanismen, wie z. B. Spaltung, sich widersprechende, intrapsychische Konflikte manifestieren.

> »Was oberflächlich gesehen als unangemessene, primitive und chaotische Charakterzüge und interpersonelle Interaktionen, als impulsives Verhalten und als Affektstürme in Erscheinung tritt, spiegelt die phantastischen, aus frühen Objektbeziehungen abgeleiteten Strukturen wider, die die Bausteine des späteren dreiteiligen Systems sind. Diese Objektbeziehungen bestimmen die Eigenarten primitiver Übertragung, d. h. höchst phantastischer, unrealistischer Niederschläge früher Objektbeziehungen, die jedoch nicht direkt die realen Objektbeziehungen der frühen und späteren Kindheit wiedergeben« (Kernberg 1981, S. 686).

Unter Verwendung der drei Grundparadigmen, anhand derer das psychoanalytische Standardverfahren von der psychoanalytischen Psychotherapie unterschieden werden kann – 1) systematische oder nicht-systematische Analyse der Übertragung; 2) Klärung und Deutung als vorrangige Mittel und 3) Aufrechterhaltung der technischen Neutralität –, charakterisiert Kernberg (1981, vgl. S. 690 ff.) nun die psychoanalytische Psychotherapie für schwerer gestörte Patienten folgendermaßen:

> Den unmittelbaren Fokus müssen die Widerstände gegen das Bewußtwerden der archaischen Übertragungsformen bilden. Wenn diese durch Teil-Objekt-Beziehungen gekennzeichneten Übertragungen allmählich fortgeschritteneren Übertragungen weichen, die durch Ganz-Objekt-Beziehungen gebildet werden, kann man zu genetischen Rekonstruktionen übergehen, weil dann allmählich realistischere Kindheitserlebnisse auftauchen, die nicht mehr durch primitive Abwehrmechanismen (wie z. B. Spaltung) verzerrt sind.
> Die Übertragungsanalyse erfordert eine Haltung der technischen Neutralität, bei welcher sich der Therapeut z. B. nicht in die Inszenierung archaischer Objektbeziehungen involvieren läßt. Auf suggestive und manipulative Techniken kann deshalb verzichtet werden; Klärung und Deutung bleiben die vorrangigen Mittel der Technik.

Im Unterschied zur eigentlichen Psychoanalyse kann die Übertragungsanalyse nicht systematisch vonstatten gehen. Die Übertragungsdeutung muß vielmehr die vorherrschenden Konflikte in der unmittelbaren Realität mitberücksichtigen (die häufig dramatische Ausmaße annehmen können) und der Unterscheidung von therapeutischen und analytischen Behandlungszielen Rechnung tragen. In manchen Fällen müssen auch technische Parameter eingeführt werden, um das externe Leben des Patienten zu strukturieren und zu schützen.

Wichtig ist für Kernberg die deutliche Abgrenzung gegenüber stützenden Vorgehensweisen bei schwerer gestörten Patienten. Während diese bei Patienten mit guter Ich-Stärke die Übertragungs-Entwicklung nicht ungebührlich stören (allenfalls die Intensität der Übertragungsregression beeinträchtigen und negative Übertragungen auf andere Personen ablenken können), haben sie bei schwerer gestörten Patienten nach Auffassung Kernbergs aber ichschwächende Auswirkungen. Vor allem die Tatsache, daß die aggressiv und sexuell determinierten Teilobjektbeziehungen in der Regel bewußt sind, macht es unumgänglich, sie zu deuten; extrem aggressive und extrem idealisierte Formen von Teilobjektbeziehungen – durch Spaltung strikt voneinander getrennt – müssen per Deutung allmählich integriert werden. Bleiben z. B. die übersteigerten Idealisierungen unbearbeitet oder werden durch Übertragungsgratifikationen noch verstärkt, kommt es zu einer massiven Zunahme der Spaltung; die paranoide Übertragung, die hinter der idealisierenden Übertragung gleichsam lauert, wird auf andere Personen oder Institutionen verschoben. Als Beispiel einer extrem idealisierenden Übertragung führt Kernberg (1987) einen Patienten an, der folgendes zu ihm sagte: ».. . ich fühle mich jetzt so, als ob ich ein kleines Känguruh im Beutel meiner Känguruh-Mutter wäre, und so lange ich hier bei Ihnen bin, ist die Welt in Ordnung, und ich bin sicher.« Trotz der großen Verführung, sich idealisieren zu lassen (wer möchte nicht gern in den Übertragungsphantasien seiner Patienten gelegentlich eine Känguruh-Mutter sein?), plädiert Kernberg dafür, derartigen primitiven Idealisierungen auf den Grund zu gehen, etwa mit Hilfe der Frage: »Warum besteht diese Sicherheit für Sie hier und nur hier?« Würde die Idealisierung vom Therapeuten ohne Deutung angenommen werden, und würde der Patient den Versuch unternehmen, sich mit hoch idealisierten Eigenschaften seines Therapeuten zu identifizieren (etwa mit der Empathie und Wärme), so wäre trotz aller vordergründigen Harmonie die langfristige Auswirkung fatal: dieses nie erreichbare hohe Ideal wäre Anlaß für untergründigen Neid und Selbstentwertung und das autonome Wachstum käme nicht zustande. Identifizierungen mit den (realistischen) empathischen und warmherzigen Eigenschaften des Therapeuten können deshalb erst dann sinnvoll sein, wenn die archaischen Spaltungsmechanismen bearbeitet worden sind und die Teil-Objektbeziehungen durch einigermaßen ambivalente Ganz-Objektbeziehungen ersetzt worden sind. Milde, reifere Idealisierungen werden hingegen von Kernberg – und in diesem Punkt ist er oft mißverstanden worden –, ohne gedeutet zu werden, angenommen.

Des weiteren weist Kernberg darauf hin, daß man bei ichstrukturell gestörten Patienten sehr genau prüfen müsse, wie die Deutung vom Patienten verstanden und interpretiert worden ist. Ganz im Unterschied zum neurotischen Patienten, bei dem man sich im allgemeinen darauf verlassen kann, daß die Deutung, so wie sie vom Therapeuten gemeint war, beim Patienten auch angekommen ist, stellt dies bei schwerer gestörten Patienten eher die Ausnahme dar. Die Interpretation der Deutung von seiten des Patienten muß also häufig noch einmal einer Deutung unterzogen werden, und diese Deutungsarbeit ist dann um einiges wichtiger als die zuerst gegebene Deutung (vgl. Bd. 2, Kap. 8: Deutung und Rekonstruktion).

Die hier skizzierten technischen Maßnahmen – vorrangig die Deutungen im Hier und Jetzt und erst später die Deutungen des Dort und Damals, zusammen mit der Berücksichtigung der aktuellen Konflikte im gegenwärtigen Leben des Patienten, stärken wichtige Ich-Funktionen des Patienten, seine selbstbeobachtenden, selbstkontrollierenden Fähigkeiten im Umgang mit seinen primitiven Abwehrmechanismen, so daß es allmählich zu einer Integration des Selbstbildes der Objekte, der Affekte, der (vermeintlichen) Bilder und Erwartungen, die andere vom Patienten haben, kommen kann und damit reifere Objektbeziehungen möglich werden.

Zwei Stunden pro Woche gelten Kernberg als Minimum, häufig können es auch drei oder vier Stunden sein. Die Regression ist nicht abhängig von der Stundenfrequenz, sondern von der Vorgehensweise. Im Schnitt dauert diese psychoanalytische Therapie fünf bis sieben Jahre, was aber angesichts der schweren Persönlichkeitsstörungen dieser Patienten nicht verwunderlich ist.

4.9 Stufenmodell psychoanalytischer Behandlungsmethoden (Gedo und Goldberg)

Müssen sich die Berücksichtigung früher Sozialisationsdefizite und späterer neurotischer Konflikte konzeptuell und pragmatisch-therapeutisch ausschließen? Sind »mütterliche« Holding-Eigenschaften und Interventionen in Form von Konfliktdeutung und Erarbeitung von Einsicht gegensätzliche Haltungen, die sich im Verlauf eines analytischen Prozesses nicht kombinieren lassen? Gibt es somit zwei oder mehrere analytische Techniken, die miteinander unvereinbar sind?

Gedo und Goldberg (1973) haben den Versuch unternommen, ein epigenetisches Stufenmodell psychischer Entwicklung zu entwerfen, in dem fünf Entwicklungsphasen unterschieden werden. Jeder Entwicklungsphase wird eine spezifische Modellvorstellung über psychisches Erleben zugeordnet und – was in diesem Zusammenhang wichtig ist – eine spezifische Behandlungsmethode.

Während der Phase I, die von der Geburt bis zu dem Zeitpunkt andauert, wo ein Kind fähig ist, zwischen Selbst- und Objektrepräsentanzen annäherungsweise zu unterscheiden, funktioniert psychisches Erleben nach dem Modell des Reflexbogens. Dem bei Regression oder Dekompensation auftretenden psychischen Erleben, das dieser Entwicklungsphase entspricht, ist am ehesten mit der Behandlungsmethode der Beruhigung und Vermittlung von Sicherheit zu begegnen.

Während der Phase II, in der ein Kind lernt, Selbst- und Objektkonstanz auszubilden und mit Trennungsangst und Angst vor Liebesverlust umgehen muß, herrscht als Regulationsprinzip die Selbstdefinierung vor; d. h., ein Kind lernt während dieses Lebensabschnittes vor allem, sich als eigenständiges Selbst zu definieren. Die bei Entwicklungsarretierung oder Regression auftretende Störung besteht in der Angst vor Identitätsverlust und Fragmentierung des Selbst. Dementsprechend zielt die Behandlungsmethode auf eine Integration der verschiedenen Selbstanteile ab, vor allem anhand des Abbaus projektiver und introjektiver Erlebens- und Wahrnehmungsmodi.

In der Phase III, die mit der Bildung eines kohäsiven Selbst beginnt und bis zum Beginn der Über-Ich-Bildung andauert, geht es vor allem darum, die entwicklungsangemessenen und kompensatorischen, als Reaktion auf Enttäuschungen entstandenen grandiosen Selbstaspekte und die idealisierten Eltern-Images schritt-

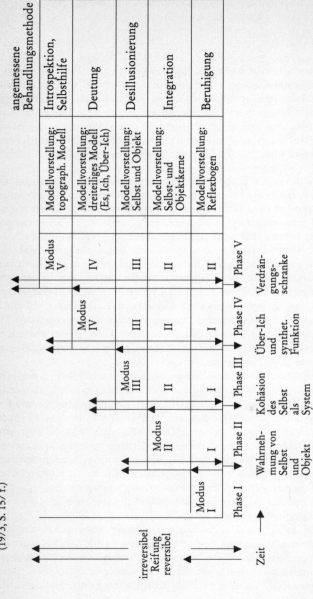

Abb. 17: Epigenetisches Stufenmodell psychischer Entwicklung und korrelierter Behandlungsmethoden nach Gedo und Goldberg (1973, S. 157 f.)

weise realitätsgerecht abzubauen und sie als gesundes Selbstwertgefühl und realistische Ideale in die psychische Struktur zu integrieren. Psychisches Regulationsprinzip ist in dieser Phase deshalb vor allem das Erreichen von realistischen Selbst- und Objektrepräsentanzen, und die narzißtischen Persönlichkeitsstörungen entsprechende Behandlungsmethode ist die der schrittweisen Desillusionierung.

In der Phase IV, die mit der Ausbildung des Über-Ichs beginnt und mit der Konsolidierung der Verdrängungsfähigkeit endet, besteht das Regulationsprinzip in der Ausrichtung kindlichen Erlebens am Realitätsprinzip. Phasenspezifische Angst ist die Über-Ich-Angst und das dreiteilige Strukturmodell von Es, Ich (als Inbegriff aller wesentlichen, phasenspezifisch adäquat entwickelten Ichfunktionen) und Über-Ich (als weitgehend autonome Handlungsregulierung) die angemessene Modellvorstellung. Konflikte während dieser Phase treten als neurotische Persönlichkeitsstörungen auf. Dementsprechend besteht die angemessene Behandlungstechnik in der Deutung.

Mit dem Erreichen der Phase V wird – infolge der Fähigkeit zum Verdrängen – die Unterscheidung von Bewußt und Unbewußt sinnvoll. Damit wird der von Freud (1900) erstmals in seiner Arbeit über »Traumdeutung« entwickelte topographische Aspekt zur passenden Modellvorstellung dieser Phase, in der reifes, psychisches Verhalten erreicht ist und kreative Weiterentwicklungen möglich sind. Das Regulationsprinzip wäre dementsprechend das kreative Prinzip. Entwicklungsbeeinträchtigende Umstände werden entweder durch konstruktive Änderung der Umwelt und/oder durch Verzicht auf bestimmte Phantasien und Handlungen bewältigt. Die angemessene Behandlungsmethode besteht bei einer eventuellen Störung in der Introspektion oder Anleitung zur Selbsthilfe.

Anhand dieses in vielen Punkten allerdings noch präzisionsbedürftigen genetischen Modells von Gedo und Goldberg (1973) wird deutlich, daß eine scharfe Trennung von frühen Störungen der Ich-Entwicklung und späterer neurotischer Konflikten und dementsprechend eine strikte Unterscheidung von psychotherapeutischen und psychoanalytischen Behandlungstechniken häufig problematisch sein kann. Im Verlauf einer Psychoanalyse, ja manchmal sogar innerhalb einer einzigen Behandlungsstunde, können sich – auf unterschiedlichen psychischen Niveaus – regressive und progressive Phasen manifestieren, und es gilt immer wieder erneut, vor allem aufgrund der bewußten und unbewußten Beziehungsdynamik, sich darüber Gedanken zu machen, welcher operationale Schritt für den Analysanden zum gegebenen Zeitpunkt am angemessensten ist. Damit ist auch klar, daß entwicklungspsychologisches Konzeptualisieren neben das Dechiffrieren unbewußter Sinnzusammenhänge tritt, wobei beides in die Reflexion über die im Hier und Jetzt ablaufende Beziehungsdynamik einbezogen werden muß. Ein falsch konzeptualisiertes, ausschließlich mütterlich intendiertes Verstehen kann von einem Patienten als unbewußte Angst des Therapeuten vor einer Konfrontation mit abgewehrten Konflikten aufgefaßt werden, auf die er entsprechend reagiert; ebenso kann aber auch eine zum falschen Zeitpunkt gegebene Trieb-Abwehr-Deutung, wo eine Haltvermittelnde Verstehensleistung angemessener gewesen wäre, dem Patienten bewußt oder unterschwellig signalisieren, daß sein Therapeut in diesem Bereich des Erlebens mit sich selbst möglicherweise unempathisch umgehen muß. Die sich daraus ergebenden Mißverständnisse bis hin zum gemeinsamen neurotischen Agieren sind wohl die häufigsten Ursachen unbefriedigend verlaufender Analysen; vor allem aus diesem Grund ist es nach Gedo und Goldberg wichtig, sich mit dem entwicklungspsychologischen Denken innerhalb der Psychoanalyse vertraut zu machen.

So verdienstvoll dieser Versuch der beiden Autoren vor 15 Jahren war, eine konzeptuelle Ordnung in die Vielfalt psychoanalytischer und psychotherapeutischer Behandlungsmethoden zu bringen, so sind doch eine Reihe von Problemen zu berücksichtigen. Nach überwiegender Auffassung bestehen zwischen stützender Therapie und Psychoanalyse gravierende Unterschiede, vor allem in der Haltung der Neutralität und der Übertragungsgratifikation; die verschiedenen Modellvorstellungen (z. B. Reflexbogen, Selbst und Objekt, topographisches Modell) stammen aus unterschiedlichen Theorieansätzen, und die Frage der Kompatibilität müßte um vieles sorgfältiger geklärt werden; Freuds, Kohuts und Mahlers Theorieansätze lassen sich nicht einfach Entwicklungsphasen zuordnen. Dennoch sind die Überlegungen der Autoren anregend gewesen, sich über Modelle des Therapieverlaufs und der Wahl geeigneter Behandlungsmethoden weitere Gedanken zu machen.

4.10 Übergang von Psychotherapie zur Psychoanalyse

Immer häufiger kommt es vor, daß man sich bei einem Patienten zunächst im unklaren ist, ob man mit ihm eine Psychoanalyse durchführen kann oder ob man zunächst mit einer analytischen

Psychotherapie (oder gar mit einer tiefenpsychologisch fundierten Psychotherapie) beginnen sollte. Wird es einem gelingen, mit einem Patienten wirklich tiefgehend in der Übertragung zu arbeiten, oder erweckt der Patient den Anschein, daß er zwar potentiell dazu fähig und bereit wäre, zunächst jedoch noch Angst vor den regressiven Erfahrungen hat? Bei anderen Patienten ist es zunächst aus eher äußeren Gründen nicht möglich, eine höherfrequente Analyse durchzuführen, wie z. B. aufgrund vorübergehender räumlicher Entfernung, Lebenskrisen, momentaner beruflicher Belastung u. a. m.

In den letzten Jahren ist darüber nachgedacht worden, ob ein derartiger Wechsel von einer Therapieform zur anderen bei ein und demselben Psychoanalytiker stattfinden sollte, oder ob man den Patienten, wenn er sich nach 10, 20 oder 50 Stunden entschließt, es doch mit einer Psychoanalyse zu wagen, zu einem anderen Kollegen schicken sollte.

Begründet wurde diese letztere, umsichtige Vorgehensweise damit, daß ein Analytiker, der mit analytischer oder tiefenpsychologisch fundierter Psychotherapie begonnen hat, den Weg der technischen Neutralität (z. B. anhand von Übertragungsgratifikationen, Suggestionen, Ratschlägen, Lob o. ä.) bereits schon mehr oder weniger stark verlassen hat. Ist der Analytiker dann schon zu sehr zur »guten Mutter« oder zum »guten Vater« geworden? Hat sich die per Übertragungsgratifikation und -heilung hergestellte Idealisierung bereits zu sehr verfestigt, als daß sie noch deutend aufgelöst werden könnte?

Nur wenige Autoren haben sich bislang mit dieser Fragestellung befaßt (vgl. z. B. Bernstein 1983; Levine 1985; Bassen 1989). Im Jahr 1983 fand in New York eine Veranstaltung der American Psychoanalytic Association statt, an der u. a. Horwitz, Ticho, Kernberg, Gill teilnahmen; im folgenden werden einige Beiträge kurz erwähnt (vgl. Fisher 1987, S. 713 ff.).

Kernberg kritisierte zunächst die Praxis, äußere Umstände darüber entscheiden zu lassen, welche Art der Therapie durchzuführen ist. Intrinsische Behandlungsfaktoren, wie das Ausmaß der Analysierbarkeit, sollten vielmehr den Ausschlag für die Indikation geben. Wenn Analytiker ihren Patienten vorschlagen, welche Art der Behandlung für sie am besten geeignet sei, könne dies psychische und psychosoziale Ressourcen in einem überraschenden Umfang mobilisieren.

Des weiteren vertrat Kernberg die Auffassung, daß das psychoanalytische Erstinterview im Sinne der psychoanalytischen Therapie durchgeführt werden sollte, wobei der Analytiker sorgfältig auf technische Neutralität zu achten habe. Wenn ungewiß ist, welche Therapieform in Frage kommt, sollte man mit einer Psychoanalyse beginnen, um dann unter Umständen zur analytischen Psychotherapie zu wechseln, bzw. mit einer analytischen Psychotherapie beginnen und erst später – falls diese doch nicht durchführbar ist – zu Formen der stützenden Psychotherapie (bzw. tiefenpsychologisch fundierter Psychotherapieformen) übergehen. Diese Abfolge sei analytisch leichter zu bearbeiten als umgekehrt. Wenn eine Therapie als psychoanalytische Therapie oder stützende Therapie begonnen hat und die technische Neutralität nicht eingehalten werden konnte (was ja bei den stützenden Therapien eher die Regel ist), dann sei es schwierig oder gar unmöglich, zu einem späteren Zeitpunkt beim gleichen Analytiker eine Psychoanalyse durchzuführen.

Wenn mit einer eher stützenden Psychotherapie begonnen wurde und sich nach Monaten oder ein oder zwei Jahren herausstellt, daß nunmehr doch eine Psychoanalyse angezeigt ist, sei eine Pause von einigen Monaten Dauer und ein Analytikerwechsel empfehlenswert. Bei einem Wechsel von analytischer Psychotherapie zur Psychoanalyse beim gleichen Analytiker sei dies so bald wie möglich zu vollziehen, und es sei angebracht, diese Möglichkeit bei Beginn der Therapie bereits schon zu erwähnen. Wichtig sei auch, die Reaktionen auf den Wechsel vor allem hinsichtlich der Übertragungsimplikationen sorgfältig zu analysieren. Der Vorschlag zu einem Wechsel sei immer wie ein Parameter (i. S. v. Eissler 1953) zu betrachten, der analysiert werden muß.

In den letzten Jahren ist Kernberg bezüglich eines Wechsels von analytischer Therapie zur Psychoanalyse optimistischer geworden, sofern dieser im ersten Jahr der Behandlung stattfindet. Immer sei nach seinen Erfahrungen eine rasche Intensivierung der analytischen Arbeit nach einem Wechsel zu beobachten.

In der Diskussion wurde von Oremland eingewandt, daß Kernbergs Vorgehensweise, den Patienten tendenziell zu einer Psychoanalyse zu überreden, als suggestives Vorgehen vom Patienten aufgefaßt werden könne, wobei dann dessen Autonomie eingeschränkt sei.

Im Unterschied zu seiner Auffassung aus dem Jahr 1954 sah Gill nunmehr einen größeren Unterschied zwischen Psychoanalyse und psychoanalytischer Psychotherapie. Grundlegendes Unterscheidungsmerkmal zwischen den beiden Vorgehensweisen ist die Haltung oder Intention. In der psychoanalytischen Psychotherapie besteht das primäre Ziel in der Bekämpfung von Symptomen mit Hilfe der Beziehung (die unterstützend, ermutigend usf. ist); in der Psychoanalyse ist die Analyse der Übertragung vorrangiges Ziel. Um eine Psychoanalyse durchzuführen, bedürfe es nicht unbedingt einer hohen Stundenfrequenz (von vier oder fünf Stunden pro Woche) oder des Liegens auf der Couch. Wenn nur die Übertragungsanalyse konsequent durchgeführt werde, verlören die äußeren Rahmenbedingungen demgegenüber an Wichtigkeit. Psychoanalyse sollte dabei als »Bewegung in eine analytische Richtung« und nicht als das Erreichen eines Endpunktes definiert werden, wie etwa »die Entwicklung einer regressiven Übertragungsneurose und ihre Auflösung allein durch Deuten«. Eine partielle Analyse sei besser als gar keine, und man sollte sich immer vornehmen, unter den jeweils gegebenen Umständen soviel Psychoanalyse wie nur möglich zu machen. Als Beleg für die Richtigkeit seiner Auffassung führte Gill Freud an, der schließlich auch die Psychoanalyse unter ganz verschiedenen Bedingungen praktizierte, so z. B. in einer einmaligen Sitzung von mehrstündiger Dauer, auf einem Spaziergang außerhalb der Praxis, mit einem vorher festgelegten Zeitlimit, mit sehr stark gestörten Patienten, und der schließlich dafür plädierte, auch Menschen mit ganz unterschiedlichen Studienvoraussetzungen (als dem in USA in der Regel geforderten Medizinstudium) als Psychoanalytiker auszubilden und tätig werden zu lassen.

Bislang wurde die Frage, ob eine Psychotherapie in eine Psychoanalyse umgewandelt werden dürfe und könne, immer unter der Überschrift diskutiert, wieviel der Therapeut bereits von sich aus zu der therapeutischen Beziehung beigetragen hat, ob etwas nicht mehr rückgängig zu machen sei (hat er z. B. in der Therapie den Patienten mehr oder weniger dazu aufgefordert, sich endlich mit seiner Freundin auseinanderzusetzen und ist dabei in eine aktive unterstützende, sich als Bündnispartner anbietende Rolle geraten?). Wenn nun aber nach Gill der Therapeut ohnehin immer – egal ob er selbst meint, er verrate nichts über seine Wertvorstellungen, Konflikte, Übertragungen etc. – zu der Übertragung seines Patienten beiträgt, verliert die obige Befürchtung vieles von ihrem Gewicht; es geht jetzt eher um ein mehr oder weniger, was nicht ausschließt, daß manchmal in einer Psychotherapie derart interveniert worden ist, daß die Auswirkungen des Beitrags des Analytikers nicht mehr durch Deutungen aufgelöst werden können. Gill empfiehlt bei einem Wechsel von Psychotherapie zur Psychoanalyse, daß die Übertragungsbedeutungen vorher gründlich analysiert werden sollten, ebenso nachdem der Wechsel dann vollzogen wurde, denn immer ist das idiosynkratische Erleben des einzelnen Patienten von Bedeutung. Eigentlich sei gar nicht einzusehen, warum eine Umwandlung von Psychotherapie in eine Psychoanalyse geschehen solle, denn wenn man entsprechend seinen Vorstellungen konsequent an der Übertragung arbeite, gebe es überhaupt keinen Grund dafür, nicht mit jedem Patienten psychoanalytisch arbeiten zu wollen.

Kernberg kritisierte an Gill, daß dieser die Bedeutung der äußeren Rahmenbedingungen (wie Liegen vs. Sitzen, Stundenfrequenz) zu gering veranschlage und zu sehr den interaktiven, interpersonellen Charakter der Übertragung betone. Auch Horwitz vertrat die Auffassung, daß eine Übertragungsneurose um so eher entstehe, je höher die Frequenz der Sitzungen sei.

4.11 Zusammenfassung

Wie anhand dieses Kapitels deutlich wurde, gehen die meisten Autoren davon aus, daß die Unterscheidung der »eigentlichen Psychoanalyse« von der analytischen Psychotherapie (oder »expressiven Psychotherapie«, vgl. Kernberg) und von den eher stützenden Therapieformen sinnvoll und auch notwendig ist. Als Unterscheidungskriterien können einigermaßen trennscharfe Maßnahmen charakterisiert werden, wie z. B. die mehr oder weniger gründliche Einbeziehung und Durcharbeitung der Übertragung, das Ausmaß der Regression, die Rekonstruktion des »Vergangenheits-Unbewußten« versus des Gegenwarts-Unbewußten«, die Priorität der Deutung und der neutralen Haltung gegenüber eher stützenden, suggestiven, beratenden, übertragungsgratifizierenden Vorgehensweisen, die Förderung von Einsicht und selbstreflexiven Prozessen gegenüber therapeutisch pragmatischen Zielen wie Symptombeseitigung und Verhaltensänderungen. Eher unspezifische Einstellungen und Vorgehensweisen stellen Empathie und »Holding« (i. S. v. Winnicott) dar. Das »Containing« (siehe Bd. 3, Kap. 22: Wirkfaktoren) stellt eher eine psychoanalytisch reflektierte Verarbeitung der beziehungsrelevanten Phantasien eines Patienten im Übertragungs-Gegenübertragungs-Kontext dar, weshalb es für die Psychoanalyse und zum Teil auch für die analytische Psychotherapie kennzeichnender ist als für tiefenpsychologisch fundierte Psychotherapieverfahren.

Die Idee eines Kontinuums scheint sinnvoller als eine strikte Abgrenzung zwischen den einzelnen Verfahren, vor allem im Mittelbereich, während Psychoanalyse und stützende Therapie doch ziemlich unterschiedlich sind. Natürlich stellen diese Abgrenzungen Idealkonstruktionen dar, die in der Praxis nicht immer so gehandhabt werden; dennoch bieten sie eine Orientierung.

Die folgende Abbildung soll abschließend noch einmal einen Überblick vermitteln, wobei die graphische Darstellung vor allem auch die Übergänge deutlich machen soll.

Abb. 18: Spektrum der bei psychoanalytischer Therapie zum Einsatz kommenden psychoanalytischen und therapeutischen Verfahren

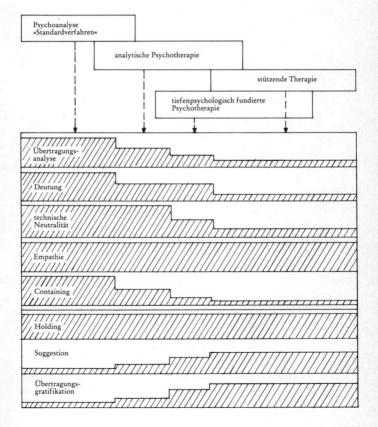

4.12 Empfohlene Literatur

zu 4.1 und 4.2

Blum, H. P.: (1982) The transference in psychoanalysis and in psychotherapy: Points of view past and present, inside and outside the transference. Ann. Psychoanal. X: 117–137
Dewald, P. A.: (1978) The process of change in psychoanalytic psychotherapy. Arch. Gen. Psychiat. 35: 535–542
Eissler, K.: (1953) The effect of the structure of the ego on psychoanalytic techniques. J. Am. Psa. Ass. 1: 104–143
Gill, M. M.: (1984) Psychoanalysis and psychotherapy: A revision. Int. Rev. Psycho-Anal. 11: 161–179
Gill, M. M.: (1983) The range of applicability of psychoanalytic technique. Int. J. Psychoanal. Psychother. 10: 124–138
Gill, M. M.: (1954) Psychoanalysis and exploratory psychotherapy. J. Am. Psa. Ass. 2: 771–797
Lipton, S. D.: (1983) A critique of so-called standard psychoanalytic technique. Contemp. Psychoanal. 19: 35–46
Lipton, S. D.: (1977) The advantages of Freud's technique as shown in his analysis of the Ratman. Int. J. Psycho-Anal. 58: 255–273
Nemetz, S. J. (Rep.): (1979) Conceptualizing the nature of the therapeutic action of psychoanalytic psychotherapy. (Panel). J. Am. Psa. Ass. 27: 127–144
Rangell, L.: (1981) Psychoanalysis and dynamic psychotherapy. Similarities and differences twenty-five years later. Psa. Quart. 50: 665–693
Sandler, J./Sandler, A.-M.: (1988) Das frühere Unbewußte, das gegenwärtige Unbewußte und die Schicksale der Schuld: eine technische Perspektive. In: Kutter, P./Paramo-Ortega, R./Zagermann. P. (Hg.): Die psychoanalytische Haltung. Auf der Suche nach dem Selbstbild der Psychoanalyse. München, Wien: Verlag Internat. Psychoanalyse, 143–163
Sandler, J./Sandler, A.-M.: (1985) Vergangenheits-Unbewußtes. Gegenwarts-Unbewußtes und die Deutung der Übertragung. Psyche 39: 800–829
Sandler, J./Sandler, A.-M.: (1983) The second censorship, the three box model and some technical implications. Int. J. Psycho-Anal. 64: 413–425
Wyatt, F.: (1984) Unnötige Widersprüche und notwendige Unterscheidungen. Überlegungen zur Differenzierung von Psychoanalyse und psychoanalytischer Psychotherapie. Psychother. med. Psychol. 34: 91–96

zu 4.3 bis 4.10

Bassen, C.: (1989) Transference-countertransference enactment in the recommendation to convert psychotherapy to psychoanalysis. Int. Rev. Psycho-Anal. 16: 79–92
Bernstein, S. B.: (1983) Treatment preparatory to psychoanalysis. J. Am. Psa. Ass. 31: 363–390
Dührssen, A.: (1988) Dynamische Psychotherapie. Ein Leitfaden für den tiefenpsychologisch orientierten Umgang mit Patienten. Berlin, Heidelberg: Springer
Faber, F. R./Haarstrick, R.: (1989) Kommentar Psychotherapie-Richtlinien. Gutachterverfahren in der Psychotherapie. Psychosomatische Grundversorgung. Neckarsulm, München: Jungjohann

Heigl-Evers, A./Heigl, F.: (1982) Tiefenpsychologisch fundierte Psychotherapie – Eigenart und Interventionsstil. Zschr. psychosom. Med. 28: 160–175

Hoffmann, S. O.: (1983) Die niederfrequente psychoanalytische Langzeittherapie. Konzeption, Technik und Versuch einer Abgrenzung gegenüber dem klassischen Verfahren. In: Hoffmann, S. O. (Hg.): Deutung und Beziehung. Kritische Beiträge zur Behandlungskonzeption und Technik in der Psychoanalyse. Frankfurt: Fischer, 183–193

Kutter, P.: (1977) Konzentrierte Psychotherapie auf psychoanalytischer Grundlage. Psyche 31: 957–974

Kutter, P.: (1978) Psychoanalytische Behandlungs- und Beratungsmethoden. Psychother. med. Psychol. 28: 73–84

Kernberg, O. F.: (1988) Schwere Persönlichkeitsstörungen. Theorie, Diagnose, Behandlungsstrategien. Stuttgart: Klett

Kernberg, O. F.: (1981a) Zur Theorie der psychoanalytischen Psychotherapie. Psyche 35: 675–704

Kernberg, O. F.: (1981b) Zur Behandlungstechnik bei Borderline-Persönlichkeitsstörungen. Psyche 35: 497–526

Levine, H. B.: (1985) Psychotherapy as the initial phase of a psychoanalysis. Int. Rev. Psycho-Anal. 12: 285–297

Loch, W.: (1979) Tiefenpsychologisch fundierte Psychotherapie – Analytische Psychotherapie. Ziele, Methoden, Grenzen. Wege zum Menschen 31: 177–193

Fisher, C. S. (Rep.): (1987) Conversion of psychotherapy to psychoanalysis. (Panel). J. Am. Psa. Ass. 35: 713–726

Ornstein, P. H./Ornstein, A.: (1977) On the continuing evolution of psychoanalytic psychotherapy. Reflections and predictions. Ann. Psychoanal. 5: 329–370

5. Psychoanalytisches Erstinterview

In den beiden vorausgegangenen Kapiteln wurden die formalen Überlegungen zur Indikationsstellung und zur Unterscheidung von Psychoanalyse, psychoanalytischer Psychotherapie, tiefenpsychologisch orientierten Therapieverfahren u. a. m. ausgeführt. Auch bei einer starken Präferenz für eine subjektive Indikationsstellung kommt man nicht umhin, Patienten für eine psychoanalytische Therapieform aus einer ziemlich großen Zahl von Ratsuchenden auswählen zu müssen. Nicht jeder ist für die Psychoanalyse geeignet, nicht mit jedem Patienten kann der Analytiker sinnvoll und erfolgversprechend zusammenarbeiten. Eine Auswahl muß also getroffen werden. Das psychoanalytische Erstinterview soll diese Auswahl gewährleisten. Dabei folgt das psychoanalytische Erstinterview – im Unterschied zur biographischen Anamneseerhebung – in vielen Punkten einer genuin psychoanalytischen Erkenntnishaltung, wie sie in Bd. 2, Kap. 7 ausführlich zur Sprache kommen soll, so daß wir uns in den entsprechenden Abschnitten dieses Kapitels auf das Grundsätzliche beschränken können.

Das psychoanalytische Erstinterview ist keine objektivierende lebensgeschichtliche Geneseforschung (wie z. B. die Life-event-Methode), die nomothetisch erfaßbare Verursachungsdimensionen seelischer Erkrankungen herausfinden möchte. Das Erstinterview vermittelt dem Analytiker nicht in erster Linie Aufschluß über objektive Informationen, Persönlichkeitsbeschwerden oder Symptome (wie in Fragebögen- und Interviewverfahren), obwohl diese natürlich auch für den Psychoanalytiker wichtig sind. Im Erstinterview sind hingegen die subjektive Bedeutung und vor allem die szenische Bedeutung von Informationen von hauptsächlichem Interesse.

Lange Zeit war das psychoanalytische Erstinterview so etwas wie ein Stiefkind der psychoanalytischen Literatur, wenn man von Balints (1961) und Argelanders (z. B. 1966, 1967, 1970) grundlegenden Arbeiten absieht. Ihr Verdienst ist es, die Situation der ersten Begegnung zwischen Arzt und Patienten als eine Interaktionssituation beschrieben zu haben, in der das Erleben der Interaktion bzw. spezifischer Interaktionsszenen zum Schlüssel für das Verstehen unbewußter Konflikte des Patienten werden kann. Wußten

Psychoanalytiker zwar schon seit mehreren Jahrzehnten um die Bedeutung unbewußter Phantasien im Behandlungsverlauf und um deren Manifestation im Übertragungs- und Gegenübertragungsgeschehen, so übersahen sie dennoch, daß sich diese Phantasien auch im Verlauf von Minuten konstellieren können. Schon die Vorstellung, einen Therapeuten aufsuchen zu wollen, weckt ein ganzes Bündel an bewußten und unbewußten Phantasien, Wünschen und Erwartungen auf seiten des Patienten, und lange bevor der erste Kontakt zwischen den beiden stattfindet, haben sich bereits viele Phantasien abgespielt und Erwartungen aufgebaut (was in geringerem Umfang und mit geringerer Intensität auch auf seiten des Analytikers geschieht).

Die eher am psychiatrischen Interview orientierte biographische Anamneseerhebung sieht weitgehend von diesen »szenischen Informationen« ab; der Sammlung von Daten und Fakten (»Wie lange wurden Sie gestillt? Wann war die Reinlichkeitserziehung abgeschlossen? Was ist Ihre früheste Kindheitserinnerung?) wird große Bedeutung beigemessen.

Das von Kernberg (1981, 1988) in den letzten Jahren – hauptsächlich für die Erfassung von Borderline-Persönlichkeitsstörungen – entwickelte strukturelle Interview wirkt auf den ersten Blick wie eine Rückkehr zu voranalytischen Zeiten, in denen der Psychiater, hierbei einem a-sozialen Interviewkonzept und einer polarisierenden Gegenüberstellung von Normalität und Pathologie folgend, den Patienten mit quasi standardisierten Fragen trommelfeuerartig eindeckte, stellt aber bei genauerem Hinsehen eine raffinierte Mischung aus objektivierender Befragung und interaktionellem Interviewkonzept dar.

Im folgenden sollen die in der Psychoanalyse wichtigsten Interviewkonzepte dargestellt und ihre Bedeutung für die psychoanalytische Diagnostik und Indikation erläutert werden.

5.1 Historischer Überblick

Während das psychoanalytische Erstinterview erst in den sechziger Jahren seine endgültige Gestalt gefunden hat, existierten Vorläufer davon in den Konzepten des »psychiatrischen Interviews« von Sullivan (1953) und des »Erstinterviews in der psychiatrischen Praxis« von Gill et al. (1954) in den USA. Michael und Enid Balint (1961) entwickelten an der Tavistock Clinic das »diagnostische

Interview«, das ausgehend von objektbeziehungstheoretischen Überlegungen bereits die Beziehung im Hier und Jetzt und das Ineinandergreifen von Übertragung und Gegenübertragung berücksichtigte (vgl. Buchheim et al. 1988). Argelanders (1966, 1970) Beiträge zur Konzeptualisierung des psychoanalytischen Erstinterviews können als erste umfassende Fundierung dieser Thematik betrachtet werden (s. u.).

Wie Dührssen (1981) ausführt, hat in Deutschland der Neo-Psychoanalytiker Schultz-Hencke (1951) die bis dahin nur vereinzelt ausgearbeiteten Überlegungen im Konzept der »tiefenpsychologisch orientierten Anamnese« systematisiert. Die Autorin weist darauf hin, daß sich das Interesse für tiefenpsychologisch und psychoanalytisch orientierte Anamneseerhebung bei denjenigen Berliner Psychoanalytikern am intensivsten entwickelt hat, die an der Berliner Psychoanalytischen Poliklinik jahrelang gearbeitet haben, bevor sie dann (bis auf Schultz-Hencke) Berlin verließen: so Franz Alexander, Sandor Rado, Karen Horney, Werner Kemper und Michael Balint (vgl. Dührssen 1981, S. 9). Dührssen hat in verschiedenen Veröffentlichungen (1972, 1981) weitgehend an das Erbe Schultz-Henckes angeknüpft und aus neo-psychoanalytischer Sicht die »biographische Anamnese unter tiefenpsychologischem Aspekt« mit vielen anschaulichen Beispielen beschrieben.

Hat Freud nichts zu diesem wichtigen Thema beigetragen? Auf den ersten Blick könnte man meinen, daß Freud sich nicht allzu viel Gedanken über die Indikation aufgrund des Erstinterviews gemacht hat. Sein Optimismus in bezug auf die generelle Behandelbarkeit der »Übertragungs-Neurosen« (im nosologischen Sinn), die noch nicht vorhandene Differenzierung zwischen verschiedenen Formen analytischer Therapie (vgl. Kap. 4) und die eher geringe Nachfrage mögen wohl Gründe dafür gewesen sein. »Waren elementare Voraussetzungen gegeben«, schreiben Thomä und Kächele (1985, S. 175), »und Absprachen über Honorierung und Termine getroffen, dann wurde der Patient mit der Grundregel vertraut gemacht und die Analyse begann«.

Implizit hat Freud jedoch aufgrund seines psychoanalytischen Gespürs bereits bei der Darstellung seines Gespräches mit dem Bergbauernmädchen »Katharina« (1895) die Wichtigkeit des unbewußten szenischen Sinns geahnt, wie Argelander (1978) in einer spannend zu lesenden Arbeit ausgeführt hat.

Und anläßlich des Falles Dora stellt Freud (1905d) fest, daß die Lücken und Inkonsistenzen, die in den Erzählungen der Patienten manifest werden, die größte Aufmerksamkeit verdienen:

». . . Ich beginne dann zwar die Behandlung mit der Aufforderung, mir die ganze Krankengeschichte zu erzählen, aber was ich darauf zu hören bekomme, ist zur Orientierung noch immer nicht genügend ... Sie können zwar über diese oder jene Lebenszeit den Arzt ausreichend und zusammenhängend informieren, dann folgt aber eine andere Periode, in der ihre Auskünfte seicht werden, Lücken und Rätsel lassen, und ein andermal steht man wieder vor ganz dunklen, durch keine brauchbare Mitteilung erhellten Zeiten. Die Zusammenhänge, auch die scheinbaren, sind meist zerrissen, die Aufeinanderfolge verschiedener Begebenheiten unsicher; während der Erzählung selbst korrigiert die Kranke wiederholt eine Angabe, ein Datum, um dann nach längerem Schweigen etwa wieder auf die erste Aussage zurückzugreifen. Die Unfähigkeit der Kranken zur geordneten Darstellung ihrer Lebensgeschichte, soweit sie mit der Krankengeschichte zusammenfällt, ist nicht nur charakteristisch für die Neurose, sie entbehrt auch nicht einer großen theoretischen Bedeutsamkeit« (Freud 1905d, S. 173/4).

Freud führt dann aus, daß diese Lücken und Widersprüche darauf zurückzuführen seien, daß Patienten zum einen aufgrund bewußter Unaufrichtigkeit wohlbekannte Erinnerungen zurückhalten, zum anderen wegen unbewußter Unaufrichtigkeit über einen Teil ihres anamnestischen Wissens nicht verfügen und schließlich wirkliche Amnesien und Erinnerungstäuschungen aufweisen. Für eine tiefenhermeneutische Betrachtung des Erstinterviews sind diese Erkenntnisse Freuds bezüglich der Abfolge der einzelnen Themen, der Lücken und Widersprüche im »Text« wegweisend geworden.

In »Zur Einleitung der Behandlung« empfiehlt Freud (1913e) eine Probeanalyse von ein bis zwei Wochen Dauer.

»Bricht man innerhalb dieser Zeit ab, so erspart man dem Kranken den peinlichen Eindruck eines verunglückten Heilungsversuches. Man hat eben nur eine Sondierung vorgenommen, um den Fall kennen zu lernen und um zu entscheiden, ob er für die Psychoanalyse geeignet ist. Eine andere Art der Erprobung als einen solchen Versuch hat man nicht zur Verfügung; noch so lange fortgesetzte Unterhaltungen und Ausfragungen in der Sprechstunde würden keinen Ersatz bieten. Dieser Vorversuch aber ist bereits der Beginn der Psychoanalyse und soll den Regeln derselben folgen. Man kann ihn etwa dadurch gesondert halten, daß man hauptsächlich den Patienten reden läßt und ihm von Aufklärungen nicht mehr mitteilt, als zur Fortführung seiner Erzählung durchaus unerläßlich ist« (Freud 1913e, S. 455).

Freud begründet diese ausführliche Einleitung der Behandlung auch mit der diagnostischen Unsicherheit, die sich aufgrund eines nur kurzen Kontakts ergeben kann: So können sich auf den ersten Blick für die psychoanalytische Behandlung gut geeignete Patienten mit hysterischer Neurose oder mit Zwangssymptomen über kurz oder lang als psychotische Fälle herausstellen (die ja für Freud als psychoanalytisch nicht behandelbar galten). Auch wenn man heute bei Patienten mit einer Borderlinestörung oder Psychose nicht mehr davon ausgeht, daß ihnen mit Hilfe von Psychoanalyse nicht geholfen werden kann, so bleibt doch das Thema der Analysierbarkeit bzw. Therapierbarkeit (vgl. Kap. 3) und die Frage der Differentialindikation (z. B. Psychoanalyse, stützende Psychotherapie oder psychoanalytische Psychotherapie) bei Borderline-Patienten i. S. v. Kernberg als wichtige Problemstellung bestehen. Nicht nur die empirischen Befunde der in Kap. 3.8 erwähnten Arbeiten von Erle (1979), Erle und Goldberg (1984) und Weber et al. (1985), sondern auch die psychoanalytische Alltagserfahrung weisen darauf hin, wie schwierig das Problem der diagnostischen Einschätzung und der Indikationsstellung ist. Kernbergs strukturelles Interview, das in Abschnitt 5.7 dargestellt wird, ist eine Konsequenz aus dieser schon bei Freud als Problem empfundenen Schwierigkeit. Im Jahr 1933 hat Freud die diagnostische Situation immer noch sehr skeptisch kommentiert:

»Unsere Diagnosen erfolgen sehr häufig erst nachträglich, sie sind von der Art wie die Hexenprobe des Schottenkönigs, von der ich bei Victor Hugo gelesen habe. Dieser König behauptete, im Besitz einer unfehlbaren Methode zu sein, um eine Hexe zu erkennen. Er ließ sie in einem Kessel kochenden Wassers abbrühen und kostete dann die Suppe. Danach konnte er sagen: Das war eine Hexe, oder: nein, das war keine. Ähnlich ist es bei uns, nur, daß wir die Geschädigten sind. Wir können den Patienten, der zur Behandlung oder ebenso den Kandidaten, der zur Ausbildung kommt, nicht beurteilen, ehe wir ihn durch einige Wochen oder Monate analytisch studiert haben. Wir kaufen tatsächlich die Katze im Sack« (Freud 1933a, S. 167).

Die Katze im Sack. Die Beiträge zur diagnostischen Einschätzung im psychoanalytischen Erstkontakt blieben in den darauffolgenden Jahren trotz oder vielleicht auch wegen dieser provozierenden Einschätzung an den Fingern einer Hand abzuzählen. Stekel (1938) z. B. schloß sich Freuds Option an, indem er eine »Versuchswoche« mit dem Patienten vereinbarte: F. Deutsch (1939, 1954, 1955) entwickelte eine spezifische Interviewtechnik, die sog. »Associative Anamnesis«. Wichtig war hierbei schon, daß sich der Psychoanalytiker passiv zu verhalten und überwiegend zuzuhören hat, um es dem Patienten zu ermöglichen, seinen inneren Konflikt zu entfalten.

Aber erst Gill, Newman und Redlich (1954) konzipierten das Erstinterview als eine von der eigentlichen Behandlung abgetrennte Untersuchungseinheit und machten deutlich, daß das Interview als eine sozialpsychologische Situation zu betrachten ist, bei welcher der das Erstinterview durchführende Analytiker nicht nur ein unbeteiligter Anamneseerheber, sondern ein in die Interaktion involvierter Teilnehmer ist. (25 Jahre später wird Gill eine für viele konservative Psychoanalytiker revolutionäre Sichtweise der Übertragung ausarbeiten, bei der ebenfalls der sozialpsychologische Aspekt ungleich stärker als bislang betont wird; vgl. Bd. 2, Kap. 10: Übertragung). Für Gill et al. steht eindeutig fest, daß die Beziehung zwischen Analytiker und Patient zum zentralen Thema des Interviews wird. Mit dieser Erkenntnis wird auch erstmalig die Einbeziehung des therapeutischen Elements neben der diagnostischen Funktion des Erstinterviews hervorgehoben.

Nach Argelander (1967) brachte es die schwierige Aufgabe der Selektion von Bewerbern für eine psychoanalytische Ausbildung mit sich, Interviewtechniken gründlicher zu studieren und eine Diskussion hierüber zu initiieren, die bis zum heutigen Tag anhält (vgl. z. B. Mitscherlich-Nielsen 1963, 1970; Pollmann 1985). Wie schon erwähnt, ist die Ende der sechziger Jahre vorgelegte Arbeit von Argelander der bislang überzeugendste Versuch, die Erkenntnismöglichkeiten des Erstinterviews nach psychoanalytischen Gesichtspunkten wahrzunehmen.

Neben diesem Ansatz existierte allerdings schon – stark von der Tradition des psychiatrischen Interviews beeinflußt – die tiefenpsychologische oder biographische Anamnese. Verdeutlichen wir uns deshalb zunächst den Unterschied zwischen diesen beiden Verfahren, um uns dann im einzelnen der Erkenntnislogik des psychoanalytischen Erstinterviews zuzuwenden.

5.2 Psychoanalytisches Erstinterview und tiefenpsychologische Anamnese

Was sind Unterschiede, was sind Gemeinsamkeiten zwischen den beiden Verfahren? Die tiefenpsychologische Anamnese, die in Deutschland überwiegend von Neo-Psychoanalytikern entwickelt wurde, zielt auf eine gründliche Erhebung von Informationen ab, die mit Hilfe halbwegs strukturierter Fragen ermittelt werden sollen, um auf diese Weise ein möglichst lückenloses Bild von diagnostisch als wichtig angenommenen Faktoren aus dem gegenwärtigen und vergangenen Leben eines Patienten zu erhalten. In der durch gezieltes Nachfragen provozierten Selbstdarstellung entwirft der Patient ein Bild über den Anlaß seines Kommens, seine Beschwerden, Konflikte und persönlichkeitsstrukturelle und antriebspsychologische Auffälligkeiten (z. B. intentionaler, oraler, analer, urethraler, aggressiver und sexueller Art). Die innerseelische Problematik wird über den individuellen lebensgeschichtlichen Rahmen hinaus auf die »Drei-Generationen-Familie« ausgedehnt. Partnerwahl, Familienleben, Berufsprobleme, Gruppenzugehörigkeiten und Freizeitaktivitäten sind weitere Themenkomplexe, die in der tiefenpsychologischen Anamnese erfaßt werden sollen.

Die diagnostische Funktion steht unübersehbar im Vordergrund, und therapeutische Überlegungen (»Was bewirkt mein Nachfragen beim Patienten«?; Gefühle, wichtig genommen zu werden, Interesse, Angst oder Enttäuschung, weil die Fragen wie eine Barriere zwischen Patient und Therapeut aufgerichtet werden) treten zurück. Die Gesprächsituation wird entsprechend den klassischen Auffassungen vom Therapeuten als unbeteiligtem Beobachter und in Analogie zur sozialwissenschaftlichen Interview-Durchführung als so wenig wie nur möglich mit den Erwartungen des Interviewers kontaminierte Vorgehensweise betrachtet. Entsprechend der tendenziell psychiatrischen Orientierung und Herkunft dieses Verfahrens liegt der Schwerpunkt eher auf nosologischen Kategorien (»diese Äußerung ist ein Indiz für Zwanghaftigkeit«, »jene Äußerung verweist auf eine intentionale Störung«) oder neuerdings auf ichstrukturellen Defiziten (vgl. Kap. 3) und nicht so sehr auf dem Verstehen unbewußter Interaktionsphantasien.

Im psychoanalytischen Erstinterview überläßt der Analytiker hingegen weitgehend dem Patienten die Aktivität. Die Entfaltung des Gesprächs folgt größtenteils den Intentionen des Patienten; so wie er sich vor dem Gespräch schon die einzelnen Themen zurechtgelegt hat und wie sie sich im Verlauf des Erstinterviews ergeben; dabei wird eine Sukzession von Themen sichtbar, die selbst wiederum diagnostische Valenz haben kann (»Warum erwähnt der Patient nicht seine Geschwister?«; »Warum verbleibt der Patient mit seinen Schilderungen ausschließlich in der Vergangenheit?« usf.). Ein wichtiger Fokus liegt auf der Wahrnehmung des bewußten und unbewußten Beziehungsgeschehens (»Was löst der Patient in mir an Gefühlen, Bildern und Einfällen aus«, »Welche Erwartungen gehen unterschwellig von ihm aus?«, »Welche Erwartungen habe ich an ihn?«) Die Handhabung des Erstinterviews gerät eher zur therapeutischen als zur diagnostischen Aktivität, und der Analytiker begreift sich als reflektierten Mitspieler und nicht als außenstehenden Beobachter.

Diese methodologischen Unterschiede sind wichtig, denn die Haltung, die das psychoanalytische Erstinterview voraussetzt, ist nicht nur eine der Methoden, sondern auch eine, die über die Adäquatheit ihres Vorgehens in bezug auf ihren Erkenntnis-Gegenstand nachgedacht hat. Wenngleich auch in der Praxis oft Mischformen dieser beiden Einstellungen vorkommen (häufig z. B. dergestalt, daß erst gegen Ende des zweiten oder dritten Vorgespräches noch unerläßlich erscheinende anamnestische Fragen gestellt werden), so darf dieses Mixtum compositum nicht die methodologischen Unterschiede übersehen lassen, die es zwischen den beiden Vorgehensweisen dennoch gibt (wie z. B. das eigene Mitbeteiligtsein an der Gestaltung der Szene versus dem Registrieren der Eindrücke »von außen«).

5.3 Balints »Empfehlungen«

Balint und Balint (1961) kritisierten in ihrer Arbeit »Psychotherapeutische Techniken in der Medizin« die nahezu jahrzehntelange Vernachlässigung eines geeigneten Erstinterviewkonzepts, das dem Beziehungsaspekt zwischen dem Erstinterviewer und seinem Patienten gerecht wird. Während die Psychiater in der Ansammlung zusammenhangloser Fakten ihr Heil erblickten, würden Psychoanalytiker beim diagnostischen Interview übersehen, daß auch diese Situation bereits schon eine zwischenmenschliche ist. Dementsprechend müssen die Äußerungen und das Verhalten eines Patienten auch als Reaktion auf die Persönlichkeit des Interviewers begriffen werden.

Die während der Ausbildung zum Psychoanalytiker erfolgte Auswahl der Patienten von erfahrenen, älteren Kollegen und die nur gelegentliche Durchführung von Erstinterviews in der Privatpraxis sind für diese Autoren die hauptsächlichen Gründe dafür, warum Psychoanalytiker sich in der Vergangenheit so wenig für die Entwicklung des psychoanalytischen Erstinterviews interessiert haben.

Balint und Balint (1961) entwarfen eine Reihe von Empfehlungen für die gekonnte Durchführung des von ihnen entwickelten »diagnostischen Interviews«:

1. Einstimmung und Vorbereitung auf die Ziele des Gesprächs:

Da man nicht erwarten kann, daß jeder Patient weiß, welche Ziele im psychoanalytischen Erstgespräch verfolgt werden, kann eine kurze Erläuterung bei manchen Patienten sinnvoll sein.

2. Schaffung und Erhaltung einer für den jeweiligen Patienten geeigneten Atmosphäre:

Die für das Gelingen einer Therapie als so wichtig betrachtete »hilfreiche Beziehung« wird bereits im Erstinterview konstituiert. Ohne den Gesprächsfluß zu stören, kann der Analytiker allein durch seine Haltung dem Patienten zu verstehen geben, daß er dessen ängstliche, mißtrauische, schamhafte Art einem Fremden gegenüber respektieren kann, ohne ärgerlich, gelangweilt oder ungeduldig zu werden.

3. Reflexion über die in Äußerungen, Verhaltensweisen oder Einstellungen zum Ausdruck kommende Interaktionssteuerung von seiten des Therapeuten:

Durch subtile Cues, aber auch durch explizite Signale kann der Therapeut dem Gesprächsverlauf eine bestimmte Wendung geben. In einer schwierigen Gesprächsatmosphäre wird der Patient andere Vorkommnisse und Eindrücke berichten, als in einem Gespräch, in dem er sich von Anfang an verstanden fühlt. Aus diesem Grund ist es wichtig, daß der Therapeut sich klarmacht, auf welche Art und Weise er zu Form und Inhalt des Gesprächs beigetragen hat.

4. Frühzeitige Berücksichtigung der weiteren Therapiegestaltung:

Weil die Erstinterview-Situation immer auch schon therapeutische Momente enthält, sollte sich der Analytiker möglichst bald überlegen, ob für diesen Patienten eine analytische Therapie indiziert ist, und ob er selbst diese Behandlung übernehmen wird.

5. Information des Patienten über die Dauer des Gesprächs:

Der Patient sollte darüber unterrichtet werden, wie lang das Erstgespräch dauert und ob es noch zu einem zweiten oder dritten Gespräch kommt.

6. *Unterschiedliches Reagieren je nach Erfordernis im Sinne einer elastischen Interviewtechnik:*

Bei einem in seiner Entscheidungsfähigkeit überforderten Patienten z. B. sind andere Hilfestellungen zu geben als bei einem Patienten, der sich seines Entschlusses bereits sicher ist, ohne dies – wie in der Therapiesituation – in erster Linie als Ausdruck von neurotischen Problemen zu betrachten und entsprechend damit umzugehen (vgl. Balint und Balint 1961, S. 235 ff.).

5.4 Die Erkenntnisdimensionen des Erstinterviews

Das Erstinterview stellt aus psychoanalytischer Sicht eine besondere Interaktionssituation dar, die sich auch als Szene zwischen Analytiker und Patient (oder als Abfolge von Szenen, die in der Regel dem Patienten nicht bewußt sind) charakterisieren läßt. Obwohl das Begreifen dieser Szene(n) nicht den letzten Schritt darstellen muß (oftmals kann sich ein Verständnis der Szene beim Analytiker schon in den ersten Minuten einstellen), ist dieser Erkenntnisschritt sicherlich derjenige Vorgang, der die komplexesten Eindrucksverarbeitungen vom Analytiker verlangt und der seine Introspektion und Selbstreflexion am meisten fordert. Beginnen wir deshalb zunächst mit dem einfacheren dieser Erkenntnisschritte, nämlich dem Aufnehmen der objektiven Bedeutungen von Informationen. Patienten geben Auskünfte über ihre Krankheitserscheinungen und -beschwerden, über die Dauer ihres Bestehens und über die vermeintlichen Entstehungsursachen. Sie sprechen über ihre Beziehungen zu Familienangehörigen; über biographische Fakten u. a. m. In der medizinischen Anamneseerhebung hat das gezielte Ausfragen des Patienten eine lange Tradition. Bestimmte Krankheitserscheinungen werden als Indikatoren bestimmter Krankheits-Entitäten betrachtet, die wiederum in Form nomothetischer Gesetzmäßigkeiten als diagnostisches Wissen tradierbar und erlernbar sind. Auch die Psychoanalyse verfügt über derartige nosologische Entitäten: eine unsichere Geschlechtsidentität, eine Hemmung aggressiven Rivalisierens, eine Beeinträchtigung des Selbstwertgefühls und sexuelle Störungen z. B. gelten bei männlichen Patienten als Indikatoren für eine hysterische Neurose, die entsprechend der psychosexuellen Phasenlehre und der Objektbeziehungstheorie als Folgeerscheinung eines ungelösten ödipalen Konflikts betrachtet wird. Die unsichere Geschlechtsidentität, die aggressive Hemmung usw. müssen selbst wiederum aus bestimmten Äußerungen des Patienten und beobachtbaren Verhaltensweisen abgeleitet werden.

Abb. 19: Urteilsmodell und Zusammenhänge zwischen Indikatoren und Krankheitsentitäten

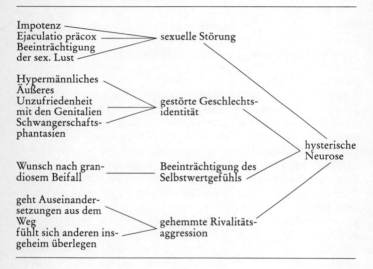

Bei diesem sehr vereinfachten Modell könnte nun die Gültigkeit der Schlußfolgerung zwischen den verschiedenen Merkmalsebenen bestimmt werden. Für das herkömmliche medizinische wie auch das psychologisch diagnostische Denken ist es wichtig, daß die Indikatoren auf der ersten Merkmalsebene (wie Beeinträchtigung der sexuellen Lust, hypermännliches Äußeres) objektiv erfaßt werden: die Äußerungen eines Patienten z. B. sollen unverfälscht durch die subjektive Wahrnehmung, durch Vorurteile, Wahrnehmungsverzerrungen oder Urteilsfehler zur Kenntnis genommen werden. Aufgrund langjährigen klinischen Wissens kann man im nächsten Schritt davon ausgehen, daß die auf der ersten Merkmalsebene erfaßten Äußerungen, Beobachtungen (vielleicht auch Testergebnisse) mit einer gewissen Wahrscheinlichkeit auf ein bestimmtes Merkmal zurückschließen lassen (mit dem Problem der Merkmals-Validität); und diese Merkmale höherer Ordnung sind wiederum aufgrund klinischer Erfahrung Indikatoren für eine nosologische Entität (mit dem Problem der Konstrukt-Validität). Die herkömmliche diagnostische Vorgehensweise im Sinne einer Exploration des Patienten bemühte sich um größtmögliche Objektivität: Damit ist gemeint, daß im herkömmlichen medizinischen Diskurs vor allem eine strikte Subjekt-Objekt-Trennung angestrebt wurde. Unabhängig von den Erkenntnisakten des explorierenden Subjekts sollen die Tatsachen, d. h. Symptome und Krankheitseinheiten eines Patienten, aufgefunden werden. Eindeutig erfaßbare Beobachtungskategorien, die vom Diagnostiker von vornherein festgelegt sind (am besten als Testitem operationalisiert und standardisiert), sollen die präzise Erfassung und Zuordnung von Merkmalen zu bestimmten Konstrukten (deren Stärke des Zusammenhangs am besten durch einen Korrelationskoeffizienten auszudrücken ist) gewährleisten. Objektivität impliziert auch Intersubjektivität: Entsprechend geschulte Diagnostiker können dasselbe Merkmal eines Patienten zum selben Zeitpunkt oder zu verschiedenen Zeitpunkten erfassen. Die Subjektivität des Patienten wird nur insoweit zugelassen, als dieser auf die vom Diagnostiker vorgegebenen Fragen reagiert. Die Interaktion zwischen Diagnostiker und Patient wird auf ein Mindestmaß reduziert. Die Entsubjektivierung ist also nicht nur in der positivistischen Forschung, sondern auch im medizinisch-diagnostischen Diskurs die oberste Norm.

Für einen Psychoanalytiker sind die objektiven Daten – die freilich auf dem Hintergrund einer ganz anderen Erkenntnishaltung gewonnen werden – nicht völlig sinnlos, sondern vermitteln eine gewisse, eingeschränkte Information. Sie müssen aber auf jeden Fall um ihre subjektive Dimension erweitert werden. Nicht das mitgeteilte Faktum als solches ist wichtig, sondern auch und vor allem die Art und Weise, in welcher ein Patient darüber spricht, ob z. B. mit monotoner Stimme, traurig, heiter, erleichtert u. a. m., des weiteren, in welcher Reihenfolge und Anordnung er seine Erlebnisse schildert. Psychoanalytiker gehen davon aus, daß Ereignisse nicht eine ein für allemal feststehende Bedeutung haben, sondern jedes Individuum seine eigenen Bedeutungen definiert. Gegenüber dem herkömmlichen medizinischen und positivistischen Diskurs ist es deshalb für das psychoanalytische Erstinterview wichtig, die Bedeutungen kennenzulernen, welche die Ereignisse für einen bestimmten Patienten haben. Eine Krankheit interessiert nicht als isoliertes Faktum, sondern als Ereignis in einem Bedeutungshorizont: Nicht minder wichtig als die subtile diagnostische Erfassung der Krankheit mit den Ausprägungen ihrer einzelnen Symptome wird nun die Eruierung des Kontextes, in dem die Krankheit zum ersten Mal auftrat, und der Bedeutungszuschreibungen, die der Patient expressis verbis oder implizit vornimmt. Der psychoanalytische Erstinterviewer kann dabei nicht von einer vorgängigen Unterstellung von Bedeutungen ausgehen (wie es etwa Formalisierung, Nomologisierung und Operationalisierung in der positivistischen Forschung vorschreiben), sondern muß diese in einem hermeneutischen Prozeß aus dem Blickwinkel und gemäß dem Selbstverständnis seines Patienten zuallererst kennenlernen (vgl. genauer Bd. 2, Kap. 7: Psychoanalytische Erkenntnishaltung).

Dieser Anspruch, auch die subjektiven Bedeutungen des objektiv Mitgeteilten nachvollziehen zu wollen, erfordert ein differenziertes Sich-Einlassen und eine passagere Identifikation mit dem Selbstverständnis des Patienten. Weil es der Psychoanalyse aber darum geht, auch und vor allem die unbewußten Bedeutungen, welche Ereignisse und andere Menschen für einen Patienten haben, herauszufinden, und weil sich diese unbewußten Bedeutungen nicht von selbst mitteilen, sind hierbei andere Schwierigkeiten zu überwinden, als sie bei hermeneutischen Operationen im allgemeinen auftreten.

Denn im Unterschied zur hermeneutischen Auslegung eines Schriftstückes ist der Patient ein lebendiges Gegenüber. Wenn von dem positivistischen Anspruch abgelassen werden kann, die Subjektivität der beiden an der Exploration Beteiligten auf ein Mindestmaß zu reduzieren (und selbst dann kehrt sie – für Positivisten allerdings unerkannt – durch die Hintertür zurück, vgl. Mertens 1975), kommt man nicht umhin, die Erstinterview-Situation als das zu sehen, was sie wirklich ist, nämlich eine zwischenmenschliche Beziehung. Auch wenn diese Beziehung Eigentümlichkeiten aufweist, die sie von einer Alltagskommunikation unterscheidet (vgl. Bd. 2, Kap. 6.2), so wird doch das übergeordnete Handlungsziel (eine Diagnose und Indikation zu erstellen) von den bewußten und unbewußten Erwartungen und Wünschen von Therapeut und Patient geprägt sein.

Was anfänglich aber wie ein nicht zu umgehendes Zugeständnis erscheint, das die angestrebte Erhebungsobjektivität der Befunde schmälern könnte, erweist sich aus psychoanalytischer Perspektive als ein großer Gewinn: Das Erfassen der dem Patienten nicht bewußten Handlungserwartungen, die nur zum Teil situationsspezifisch sind (wie z. B. magische Erwartungen hinsichtlich der therapeutischen Kompetenz), sondern sich früheren Interaktionserfahrungen verdanken, geben Aufschlüsse über unbewußte Phantasien, die zu gegenwärtigen Konflikten beitragen. Der Psychoanalytiker spürt in seiner Gegenübertragung (vgl. Bd. 3, Kap. 13: Gegenübertragung), wie die mit den verschiedenen Erwartungen des Patienten einhergehenden Affekte und Handlungsimpulse in ihm Phantasien und Gefühle wachrufen, die konkordante und komplementäre seelische Erlebnisse aktualisieren. Diese szenischen Informationen weisen also eine hervorragende diagnostische Valenz auf. Die Einbeziehung der Subjektivität und des Szenischen und die Erfassung dieses Geschehens mittels affektiver Resonanzprozesse, die tief im Körperlichen wurzeln, aber auch mit Hilfe psychoanalytisch geschulter kognitiver Kompetenz, stellen eine ganz andere Erkenntnisgewinnung dar als positivistisch organisierte Explorationen im herkömmlich medizinischen und psychologischen diagnostischen Diskurs. Diese faszinierende Möglichkeit hat natürlich auch ihre Schattenseiten: Da es keine Einwegkommunikation zu den unbewußten Phantasien eines anderen Menschen gibt, stellen die auf diese Weise gewonnenen Informationen immer auch Schlußfolgerungen dar (worüber die sprachliche Äußerung, wie z. B. »ich spüre ganz deutlich« oder »ich spüre in meiner Gegenübertragung«, nicht hinwegtäuschen kann), die sich vor allem in Falldiskussionen und Supervisionen, aber auch vor einem selbst explizieren lassen müssen. Die Reflexion der Eindrücke, die unter dem globalen Terminus der Gegenübertragung üblicherweise zusammengefaßt werden, ist deshalb auch ein wichtiger und unumgänglicher methodischer Schritt (vgl. Bd. 3, Kap. 13 und 14). Und weil die Erfassung von szenischem Geschehen zu einem gut Teil auch auf dem Hintergrund psychoanalytischer Theorien stattfindet, steht und fällt die Gültigkeit der szenischen Informationen mit der Gültigkeit der Theorien, deren extraklinische Bewährung deshalb ebenfalls reflektiert werden muß.

Nun stützt sich die Erkenntnisgewinnung im Erstinterview nicht nur auf die szenischen Informationen. Wie Argelander in seinen verschiedenen Publikationen herausgearbeitet hat, ergänzen sich die objektiven, subjektiven und szenischen Informationen, und das Finden ihrer gemeinsamen Schnittfläche und Teilmenge läßt ein deutliches Evidenzgefühl entstehen. »Die Integration der drei Dimensionen, die nur durch ein flexibles Spiel innerer Einstellungen zustande kommen kann, vermittelt die spezifische psychoanalytische Aussage, die wir von einem psychoanalytischen Erstinterview erwarten« (Argelander 1978, S. 1097/8).

Diese psychoanalytische Erkenntnisgewinnung erfordert in methodischer Hinsicht natürlich auch eine andere Einstellung und Haltung zum Gespräch. Nach der Einleitungsfrage (z. B. »Was führt Sie zu mir?«) wird dem Patienten die aktive Gesprächsrolle überlassen. Keine standardisierten Fragen, kein Explorationsschema und kein Interviewer-Leitfaden prägen das Gespräch, sondern der Patient bestimmt einzig und allein die Inszenierung. Allenfalls gelegentliches Nachfragen, um die subjektive Bedeutung objektiver Informationen noch deutlicher erkennen zu können, kann lange Zeit die einzige Art (spärlicher) Interventionen sein, die der Analytiker äußert. Eine Atmosphäre freundlicher Akzeptanz und Zugewandtheit verringert beim Patienten Angst, Peinlichkeits- und Schamgefühle, und eine Haltung der gleichschwebenden Aufmerksamkeit (vgl. auch Bd. 2, Kap. 6 und 7) verhindert eine vorschnelle Fokussierung bestimmter Themen. Die Abweichung von alltäglicher Kommunikation, die sich auch im Erstgespräch bereits manifestiert, führt beim Patienten zu dosierten Anreizen, seine insgeheimen und unbewußten Erwartungen, Wünsche und Abwehrformationen im Gespräch zu inszenieren.

5.5 Orientierungsmöglichkeiten im Erstinterview

In Anlehnung an Malan (1979, 1986) und Benz (1988) kann der psychoanalytische Erstinterviewer die objektiven, subjektiven und szenischen Informationen nach dem sog. Konflikt- und Personendreieck kognitiv organisieren. Jeder psychische Konflikt kann durch ein auf dem Kopf stehendes Dreieck dargestellt werden: Die abgewehrten Wünsche (die nicht nur Triebimpulse im engeren Sinn, sondern auch Affekte, wie z. B. Neid, Eifersucht, Haß, enthalten) bilden die untere Spitze des Dreiecks, die Abwehr gegen diese Wünsche die linke obere Ecke und die Angst die rechte obere Ecke. Im Personendreieck sind im unteren Eckpunkt die früheren Beziehungspersonen (*parents* = P) angesiedelt, an den beiden oberen Ecken die gegenwärtigen Beziehungspersonen (*others* = O) und der Psychoanalytiker (*therapist* = T). Das Personendreieck läßt sich an allen drei Ecken mit den Konfliktdreiecken in Verbindung bringen (vgl. *Abb. 20*).

Verdeutlichen wir dieses Orientierungsprinzip mit einer Vignette: Eine 32jährige verheiratete und attraktiv wirkende Frau, die einen freundlichen und zugewandten Eindruck macht, erzählt in den ersten Minuten des Erstinterviews, daß sie starke Probleme mit ihrem Mann erlebe. Sie würden sich beide heftig streiten und prügeln, wobei die Provokation häufig von ihr ausgehe. Es sei bereits ihre zweite Ehe, ihr erster Mann sei ihr in vieler-

Abb. 20: Personen- und Konfliktdreiecke als Orientierungsprinzip

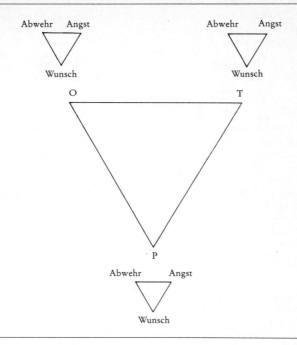

lei Hinsicht zu passiv gewesen. Im Unterschied zu diesem Mann, von dem sie sich getrennt habe, sei es nun ihre Angst, daß ihr jetziger Mann sie verlassen könnte. Ihre Ehe sei bislang kinderlos. Was sie sehr belaste, sei vor allem ihre sexuelle Schwierigkeit. (An dieser Stelle schweigt sie zum ersten Mal, und der Therapeut verspürt bei sich deutlich den Impuls, nachfragen zu wollen, wartet aber ab, bis die Patientin nach ein bis zwei Minuten wieder ihre Erzählung aufnimmt.)

Sie könne mit ihrem Mann keinen Orgasmus erleben. Die Patientin erzählt dann, daß sie es im allgemeinen schon erregend findet, wenn ihr Mann in sie eindringt, daß sie aber dann das Gefühl hat, sie dürfe sich nicht bewegen und nichts mehr spüren, vor allem wenn sie merkt, daß der Höhepunkt ihres Mannes bevorsteht. Manchmal hofft sie, daß ihr Mann mit ihr schimpfen würde, das wäre ihr direkt lieber, aber er sei immer ganz geduldig und würde sie sogar zu trösten versuchen. Sie habe aber statt dessen eher die Phantasie, ihr Mann sollte sie jetzt eigentlich bestrafen. (Der Therapeut spürt an dieser Stelle eine Irritation, er hat einerseits das Bedürfnis, diese Frau beschützen zu wollen, irgend etwas macht ihn aber auch wütend). Wenn sie onaniert, kann sie einen Orgasmus erleben; einmal, als sie am Abend viel Wein getrunken habe, sei sie kurz vor dem Orgasmus gewesen, habe dann aber – für sie unerklärlich – eine ganz starke Angst bekommen und das Miteinanderschlafen abrupt beendet. Sie könne sich diese sexuelle Verklemmtheit bei sich nicht erklären. Eigentlich sei es in ihrem Elternhaus nicht prüde zugegangen. Sie ist das mittlere von drei Kindern, ein Bruder ist vier Jahre älter, der andere zwei Jahre jünger. Zu ihrem älteren Bruder hat sie auch heute noch eine gute Beziehung, er hat – vor allem während der Zeit ihrer Trennung von ihrem ersten Mann – viel mit ihr unternommen, um sie auf andere Gedanken zu bringen. Er lade sie auch in letzter Zeit oft zu Festen zu sich nach Hause ein. An dieser Stelle fällt der Patientin ein, daß sie im Kontakt mit anderen Menschen, z. B. bei Bekannten ihres Bruders, manchmal das Gefühl habe, sich nicht mehr rühren zu dürfen, während der andere – meistens sind es Männer, bei denen ihr dies auffällt – mit ihr spricht. Sie stehe dann ganz bewegungslos da und habe Angst, daß ihr Gesprächspartner von ihr eine Reaktion erwarte. (Dem Therapeuten fällt an dieser Stelle das Schweigen der Patientin vor einiger Zeit ein.) Zu ihrem Vater, fährt die Patientin fort, habe sie eine gute Beziehung gehabt, in der Pubertät – so erinnert sie sich – habe sie viel mit ihm gestritten, aber das sei ja wohl das Übliche zwischen Vätern und Töchtern, wenn diese ihre eigene Meinung zu entwickeln begännen. Ihr jüngerer Bruder sei das schwarze Schaf in der Familie, er sei ziemlich viel von ihrem anderen Bruder und ihr verprügelt worden, und auch ihr Vater habe viel an ihm rumkritisiert. Nur die Mutter hat zu ihm gehalten, vor allem auch deshalb, weil er wegen eines körperlichen Defekts stark behindert sei. Heute trinke er ziemlich viel, aber sie habe schon längere Zeit keinen Kontakt mehr zu ihm gehabt, was ihr manchmal auch Schuldgefühle machen würde. (An dieser Stelle schweigt die Patientin, und wiederum verspürt der Therapeut bei sich einen Impuls, etwas zu sagen, den er aber unterdrückt. Einen kurzen Augenblick scheint die Situation sehr angespannt zu sein, doch dann fährt die Patientin mit ihrer Erzählung fort.) Sie kann sich erinnern, mit diesem Bruder als Kind oft zusammen gebadet zu haben, und irgendwie endeten diese Badeszenen fast immer mit einer Prügelei. Sie als die ältere – sie muß damals wohl zwischen fünf und sechs Jahre alt gewesen sein, wurde daraufhin dann meistens von ihrer Mutter ausgeschimpft und geschlagen. Mit der Mutter erinnere sie ohnehin viele Kämpfe; das habe wohl schon damit begonnen, daß sie nicht sauber werden wollte, was sie allerdings nur noch aus Erzählungen der Mutter weiß. Mit vier habe sie noch gelegentlich in die Hose gemacht, wofür sie wohl auch von der Mutter bestraft worden sei. Sie sei ein lebhaftes und wildes Kind gewesen, kann sich an frühe Doktorspiele mit Nachbarsmädchen erinnern und sei sonntag morgens oft zusammen mit ihrem älteren Bruder ins Bett des Vaters gekommen, wo sie zu dritt miteinander gerauft hätten, sehr zum Leidwesen der Mutter, die noch länger schlafen wollte. (Dem Therapeuten fällt an dieser Stelle die Bewegungslosigkeit ein, die er in den Schweigepausen bei der Patientin wahrnehmen zu können glaubt.) Einmal sei es ihr dabei passiert, daß sie ins Bett des Vaters gemacht habe, und das sei dann wohl der

Grund dafür gewesen, daß die Mutter diese Spiele verboten habe. Sie sei aber nur nach außen hin wild gewesen, innerlich habe sie sich oft ängstlich gefühlt. So habe sie zwischen ihrem siebten und zehnten Lebensjahr häufig auch Alpträume gehabt, in denen ihr eine dunkle Gestalt folgte und was Schreckliches mit ihr anstellen wollte. In anderen Träumen kamen Schlangen vor, die sie bedrohten und denen sie den Kopf abbiß. Meistens sei sie aus solchen Träumen schweißgebadet erwacht. Auch heute noch als erwachsene Frau habe sie Angst, abends allein auf die Straße zu gehen, was sie sich auch nicht so recht erklären könne, weil sie bewußt vor Männern keine Angst habe. Vielleicht auch deswegen, weil sie schon von klein auf mit zwei Brüdern aufgewachsen sei und dabei oft ihren Mann stehen mußte. (An dieser Stelle bemerkt der Therapeut bei sich, daß diese auf den ersten Blick sehr fraulich wirkende Patientin auch etwas sehr Kämpferisches ausstrahlt.) So hätten sie als Kinder z. B. oft das Sackspiel gemacht: ein Kind mußte sich in einen leeren Kartoffelsack reinsetzen und, während die anderen ihn oben zuhielten, mußte sich der in dem Sack Sitzende daraus befreien. Einmal hätten sie, als ihr jüngerer Bruder in dem Sack saß, diesen oben mit einer starken Schnur zugebunden und ihn eine ganze Zeitlang darin zappeln und schreien lassen. Auch dafür habe es später fürchterliche Prügel von ihrer Mutter gegeben. Mit ihrer Mutter habe sie auch große Kämpfe in der Pubertät ausgetragen, sie habe nämlich eine Zeitlang mal eine richtige magersüchtige Zeit gehabt, während sie heute viel zu dick sei, vor allem, weil sie auch manchmal richtige Heißhungeranfälle habe und dann eine ganze Tafel Schokolade auf einmal in sich reinstopfen könne. Damals aber wollte sie wohl eher ein Junge bleiben – verspricht sich die Patientin – nein, wie ein Junge aussehen, und habe ihren Busen an sich gehaßt. Heute kann sie ihn hingegen akzeptieren, aber damals wollte sie ihn am liebsten loshaben und fand das Frauwerden, so wie die Mutter es für sie verkörperte, überhaupt nicht anziehend. Die Mutter habe sie während dieser Zeit oft fast schon mit Gewalt dazu gezwungen, zu essen und das Essen förmlich in sie reingestopft. (Beim Therapeuten taucht die Frage auf, ob die Patientin ihm auch etwas reinstopft?) Als sie in der Oberstufe des Gymnasiums einen Lehrer hatte, den sie sehr gern mochte, habe sich diese Tendenz aber wieder gegeben. Mit 20 Jahren lernte sie ihren ersten Mann kennen, der blendend aussah, aber sich letztlich als Versager entpuppte, und mit 28 Jahren heiratete sie zum zweiten Mal. Ihr jetziger Mann habe ihr gefallen, weil er ein sehr rücksichtsvoller und warmherziger Mensch sei; im Vergleich zu ihm käme sie sich manchmal richtig kratzbürstig und distanziert vor und fände es auch schrecklich, wenn sie gelegentlich solche Wut auf ihn bekomme und auf ihn einschlagen müsse, wobei es sich meistens um nichtige Anlässe handele.

Was könnte in diesem Beispiel der abgewehrte Wunsch sein und wovor könnte die Angst bestehen? Läßt sich der Konflikt an allen drei Personen(gruppen) festmachen? Wie zeigt er sich szenisch in der Beziehung zum Therapeuten?

Die Patientin hatte im Verlauf des Erstinterviews ziemlich viel objekive Informationen gegeben. Ihr Symptom, die Frigidität, hing offensichtlich eng mit ihrer Beziehungsstörung gegenüber Männern zusammen, und die subjektive Bedeutung ihrer sexuellen Störung schien für sie darin zu bestehen, daß sie ab einer gewissen sexuellen Erregung Angst bekam, die Kontrolle über ihre Wünsche und Affekte zu verlieren. Worin konnten diese angstmachenden Impulse bestehen? Waren es ödipal-inzestuöse Wünsche, die sie ihrem Vater gegenüber hegte? Die Beziehung zu ihrem Vater schien ja – im deutlichen Gegensatz zu der zu ihrer Mutter – überwiegend positiv gewesen zu sein, und die heftige Ablösung in der Pubertät könnte ein Anzeichen für die Stärke ihrer liebevollen und zärtlichen Strebungen darstellen. Waren die Raufereien im Bett des Vaters eine Deckerinnerung für andere Erlebnisse, die weniger harmlos abgelaufen waren? Verbarg sich dahinter die Erinnerung an das Miterleben der Urszene, die sie vielleicht als sinnlich-schreckliches Ereignis wahrgenommen hatte? Dann hatte sie ja noch von den Prügeleien erzählt, mit denen sie einerseits ihren Mann überfiel, die sie andererseits aber auch von ihm zu bekommen wünschte. War dies eine Fortsetzung der Prügel, die sie von ihrer Mutter her kannte? Mußte sie jetzt den Spieß umdrehen und den Mann anstelle ihrer Mutter verprügeln? Wie lassen sich die szenischen Informationen mit dem Inhalt ihrer Erzählung vereinbaren? Mußte sie an bestimmten Stellen im Erstinterview innehalten, um den Therapeuten nicht zu provozieren? Darf sie sich auch dem Therapeuten gegenüber plötzlich nicht mehr bewegen und dann nichts mehr spüren? Womit hängt diese gebremste Bewegung zusammen? Ist das Sich-Gehenlassen so gefährlich, weil sie bei ihren sinnlichen Spielen ins Bett des Vaters machte und von der Mutter ausgeschimpft wurde? Hat sie im Erstgespräch unbewußt auch Angst, daß sie auf den Sessel des Therapeuten urinieren könnte? Will sie den Therapeuten unbewußt für etwas bestrafen, so wie sie vielleicht auch ihre Mutter bestrafen wollte, die ihren jüngeren und behinderten Bruder vorgezogen hatte? Immerhin hat sie ja noch längere Zeit in die Hose gemacht und die Mutter dafür bestraft, da diese sich mehr um ihren kleinen Bruder gekümmert hat. Will sie mit ihrem Symptom ihren Mann bestrafen, ihn um den narzißtischen Stolz bringen, sie mit seinem Phallus beglücken zu können? Hat sie vielleicht eine schreckliche Wut auf alle Männer, die sie nur mühsam beherrschen kann? Aber den Vater scheint sie doch geliebt zu haben, und auch der Therapeut fühlt sich von ihr nicht angegriffen oder bedroht. Im Gegenteil: An einer Stelle hat er sogar das Bedürfnis, sie in Schutz nehmen zu wollen, obwohl ihm auch der kämpferische Eindruck nicht entgangen ist. Der Therapeut erinnert sich, daß an den Stellen, wo im Erstinterview eine gewisse Erregung zwischen ihm und der Patientin zu spüren war, diese schwieg, und er bei sich den Impuls verspürte, aktiv zu werden. Gegen Ende des Gesprächs hatte er noch einen anderen Eindruck: Ihm war, als wollte die Patientin ihm etwas in den Mund stopfen. War sie hierbei unbewußt mit der Mutter identifiziert, die mit dem Konflikt ihrer Tochter nicht anders umgehen konnte, als sie zum Essen zu zwingen? Hatte es möglicherweise auch schon in den ersten Lebensjahren der Patientin ähnliche Kämpfe um das Essen gegeben? Wehrte die Patientin starke oral-aggressive Impulse ab? Verkörperte die Schlange im Traum die Mutter, deren Kopf sie abbiß? Stand ihr Mund unbewußt für ihre Vagina, mit der sie auch den geliebten Phallus des Vaters abbeißen könnte, wenn sie sich ihrer Erregung überließ? Schließlich wußte sie auch, zu welcher oral-aggressiven Wut sie fähig sein konnte, wenn sie sich mit ihrem jüngeren Bruder kratzte und biß. War sie mit ihrer Wut auf diesen Bruder nicht dafür verantwortlich zu machen, daß aus ihm nichts geworden ist und er ein Leben als Alkoholiker fristen muß? Hatte sie vielleicht sogar schuld an seiner körperlichen Behinderung, weil sie sich als kleines Kind oft gewünscht hatte, daß ihre Mutter kein Baby bekommen soll?

Diese zuletzt genannten Informationen verstärkten bei diesem Therapeuten den Eindruck, daß seine szenischen Erfahrungen ihn auf die richtige Spur geführt hatten: Die Patientin mußte sich bei jedem Mann, der auf sie sinnlich anziehend wirkte, ungeheuerlich kontrollieren, was ja im Erstinterview an mehreren Stellen zum Ausdruck gekommen war, und zwar immer dann, wenn die Patientin ins Schweigen verfiel, und der Therapeut sich aufgefordert fühlte, aktiv zu werden. Aktiv werden in einer affektiv erregenden Situation hatte für die Patientin unbewußt die Bedeutung, ihrer mühsam errichteten Kontrolle verlustig zu gehen, gleichsam die Beherrschung über sich zu verlieren und alles kurz und klein zu beißen. Die provozierten Streitereien mit ihrem Mann waren dagegen harmlos und hatten unbewußt die Funktion, ihr immer wieder zu versichern, daß ihre aggressiven Affekte niemanden umbringen können. Die unbewußte Angst bestand darin, wegen ihrer eigenen mörderischen Wut von der Mutter verlassen oder auch getötet zu werden, während die bewußte Angst, von ihrem Mann verlassen zu werden, ein vergleichsweise harmloser Abkömmling dieser unbewußten Angst war. Ihre orale (und anal) getönte aggressive Wut auf die Mutter hatte sie unbewußt vom Mund auf die Vagina verschoben, und sie hatte eine riesige Angst, den Penis ihres Mannes (der unbewußt mit ihrer Mutter und ihrem gehaßten jüngeren Bruder gleichgesetzt war) zu verletzen, wenn sie die Kontrolle über sich zu verlieren fürchtete. Die szenisch übermittelten Informationen der plötzlich auftretenden Bewegungsstarre (als Abwehr ihrer aggressiven Affekte) und des Durchschimmerns oraler Aggressivität (als unbewußte Identifikation mit dem mütterlichen Aggressor im oral und anal getönten Machtkampf) ließen sich nun ohne Schwierigkeiten auf ihren konflikthaften Umgang mit anderen Menschen außerhalb der analytischen Situation übertragen.

Verschiedene Autoren haben darauf aufmerksam gemacht, daß nicht jede Persönlichkeitshaltung oder eine spezifische Art und Weise, in Kontakt miteinander zu treten, Ausdruck einer Übertragung im Erstinterview ist. Shapiro (1984, S. 11) erwähnt das Beispiel einer Patientin, die in den ersten Behandlungsstunden den Wunsch äußerte, mit ihm zu schlafen. Dies war weder eine Übertragungsreaktion noch der Ausdruck ihres besonderen erotischen Interesses an ihrem Analytiker, sondern eine für diese Patientin charakteristische Vorgehensweise, in einer neuen Beziehung zu einem Mann »das Eis zu brechen«. In ähnlicher Weise beschrieb Loewald (1971) einen jungen Mann, der die Behandlung mit einem wahren Sturm pathologischer Haltungen, Reaktionen und Gefühle ihm gegenüber begann, wobei dies aber genau die bewußte Einstellung dieses Patienten zu seinem Vater widerspiegelte und insofern eine direkte Fortsetzung seiner Kindheitsneurose und jetzigen Neurose war. Bird (1972) und Zetzel (1970) sprachen in diesem Zusammenhang von »falschen Übertragungen« und verstanden darunter auch diejenigen antizipatorischen Phantasien, Befürchtungen und Erwartungen, die den Patienten vor Behandlungsbeginn bewußt sind (und in denen allenfalls vorbewußte Abkömmlinge unbewußter Phantasien zum Ausdruck kommen können).

Shapiro (1984) vertritt deshalb auch die Auffassung, daß sich die wirkliche Übertragung (die sich aus interaktioneller Sicht ja auch an bestimmten Eigenarten und Signalen des Analytikers festmacht, vgl. Bd. 2, Kap. 10: Übertragung) erst im Verlauf eines mehrstündigen Kontaktes zu konstituieren beginnt. Übertragungsreaktionen im Erstinterview fallen seiner Meinung nach in eine Grauzone zwischen wirklicher Übertragung (die sich aber noch nicht entfalten kann) und den Übertragungsreaktionen im Alltag, die ubiquitär die soziale Wahrnehmung anderer Menschen beeinflussen. Dies stellt meines Erachtens eine hilfreiche Unterscheidung dar, die aber das Erfassen der szenischen Informationen nicht einfacher macht. In der obigen Vignette war die freundliche und zugewandte Art der Patientin zum einen eine sozial erwünschte Ausdrucksweise, in die zum Teil aber auch neurotische Reaktionsbildungen gegen ihre abgewehrte Aggressivität mit eingingen; die ihr unbewußte Szene bestand darin, daß sie an ihren Analytiker – wenn ihre Erregung zunahm – die Aktivität zu delegieren versuchte, um sich vor den unbewußt phantasierten destruktiven Auswirkungen ihrer Aktivität im Erregungszustand zu schützen. In der zweiten Szene verriet sie ihre abgewehrte orale Aggressivität, die u. a. auf die unbewußte Identifikation mit ihrer Mutter zurückging.

Kontrastieren wir diese genuin psychoanalytische Art der Erkenntnisgewinnung, die im Erstinterview zur Entfaltung kommt, mit der biographischen Anamnese, deren Relevanz vor allem auf dem Hintergrund der notwendigen Erstellung eines Gutachtens, aber möglicherweise auch in Hinblick auf eine differentielle Interviewführung als »diagnostische Interviewführung der Zukunft« (vgl. Buchheim et al. 1988) zu betrachten ist.

5.6 Die biographische Anamnese unter tiefenpsychologischem Aspekt

Wie schon in Kap. 5.2 erwähnt, geht die tiefenpsychologische Anamnese – in den Anfängen hierbei stärker an der psychiatrischen Exploration orientiert – ursprünglich von einer anderen methodologischen Haltung aus, auch wenn sich in den letzten Jahren immer mehr psychoanalytische Elemente der Erkenntnisgewinnung in ihrem Vorgehen auffinden lassen. Am pointiertesten hat Annemarie Dührssen (1981, 1986) diesen Ansatz ausgearbeitet. Zu Beginn ihrer Abhandlung weist Dührssen (1986) darauf hin, daß sich die neurotische Charakterbildung nicht nur als Trieb-Abwehr-Konstellation äußert (was tatsächlich auch eine sehr vereinfachende psychoanalytische Formel darstellt), sondern sich in primäre Schädigungen (z. B. in Form einer intentionalen Hemmung), sekundäre Folgen der primären Schäden (z. B. Schwierigkeiten, fremde Reaktionsweisen einzuschätzen), kompensatorische Hilfsmittel (z. B. der Neurose angepaßte Berufsumstände) und in die »inneren Formeln« (z. B. ich bin ein verkanntes Genie) phänomenologisch und psychodynamisch differenzieren läßt (vgl. hierzu auch das Strukturmodell von Franz Heigl (1972) in Kap. 3.2).

Unter den Konfliktkonstellationen nennt Dührssen (1986) an erster Stelle neurotische Beziehungsmuster, neurotische Partnerwahl und neurotische Probleme, die zur Eheschließung führen, wie z. B. Flucht aus dem Elternhaus, Protestehe, narzißtische Selbstbestätigung, Kompromiß- und Vernunftehe. Weitere wichtige Konfliktkonstellationen sind z. B. Rivalität in der Familie, Besitzkonflikte in Partnerschaft und Familie, Beziehung zu den eigenen Kindern und Verlusterlebnisse durch Trennung oder Tod. Einen weiteren wichtigen Themenkomplex stellt für die Autorin die Familiendynamik und das Drei-Generationen-Konzept dar. Die Erhebung biographisch anamnestischer Daten ermöglicht die Erstellung eines Erstantrags für die Kostenübernahme eines psychoanalytischen Therapieverfahrens, wo neben der Darstellung der lebensgeschichtlichen Entwicklung und Krankheitsanamnese auch die Familienanamnese und die Sozialentwicklung mit besonderer Berücksichtigung der familiären und beruflichen Situation, des Bildungsganges und Krisen in phasentypischen Schwellensituationen (Auszug von zu Hause, Beginn des Studiums oder Berufs, Prüfungen, Beförderungen, Heirat, Geburt eines Kindes u. a. m.) skizziert werden müssen.

Bei einem ansonsten eher psychoanalytisch orientierten Vorgehen wird dieses Dilemma der Notwendigkeit, Daten zu erheben, dadurch zu lösen versucht, daß der Psychoanalytiker gegen Ende des zweiten oder dritten Vorgesprächs gezielte Fragen stellt, sofern er die für den Kassenantrag notwendigen Informationen bislang noch nicht erhalten hat.

5.7 Kernbergs »strukturelles Interview«

Nach Thomä und Kächele (1985) und Buchheim et al. (1988) ist Kernbergs strukturelles Interview aus der psychoanalytisch orientierten psychiatrischen Interviewtechnik hervorgegangen, stellt aber so etwas wie die zweite Generation dieser Vorgehensweise dar, weil die Erhebung der Krankheitsdaten in enger Verbindung zur Interaktion mit dem Diagnostiker geschieht. Strukturell heißt dieses Interview vor allem deshalb, weil wichtige strukturelle Charakteristika zur Unterscheidung von drei Ebenen der Persönlichkeitsorganisation – neurotisch, borderline und psychotisch (vgl. Kap. 3.4) – im Verlauf des Interviews herausgearbeitet werden sollen.

Es ist nicht zu übersehen, daß Kernbergs Ansatz deutlich von der Tradition einer psychiatrisch-deskriptiven Nosologie geprägt ist; darüber hinaus finden sich aber vor allem psychodynamisch psychoanalytische Wahrnehmungs-, Verarbeitungs- und Interventionsmodi. Denn im Verlauf des Interviews werden von Kernberg Klärungen, konfrontierende Hinweise und Deutungen als Interventionsformen eingesetzt, um vor allem drei wesentliche strukturelle Charakteristika zu eruieren: Identitätsintegration versus Identitätsdiffusion, reife versus unreife Abwehrmechanismen und das Ausmaß der Realitätsprüfung. Das strukturelle Interview ermöglicht eine diagnostische Differenzierung der Patientenpersönlichkeit in Neurosen, Borderline-Persönlichkeit, funktionelle (»endogene«) Psychosen und organisch bedingte Psychosen sowie eine Einschätzung der Therapiemotivation des Patienten, seiner Introspektionsfähigkeit und Bereitschaft zur Bildung eines Arbeitsbündnisses, der Tendenz zum Agieren und der Gefahr einer psychotischen Dekompensation.

Kernberg (1988) veranschaulicht seine Vorgehensweise mit Hilfe der folgenden Abbildung (s. S. 260).

Mit der Untersuchung von Symptomen beginnend, konzentriert sich Kernberg auf Anzeichen von Identitätsdiffusion und Mängeln der Realitätsprüfung, konfrontiert den Patienten z. B. mit Unstimmigkeiten und Diskrepanzen in seinen Aussagen. Hierbei ergeben sich erste differentialdiagnostische Unterscheidungen: Während Borderline-Patienten mit weitgehend intakter Realitätsprüfung ihre Wahrnehmungen klären und korrigieren können, sind psychotische Patienten dazu nur selten in der Lage. Ein weiterer wichtiger Fokus des strukturellen Interviews ist für Kernberg die Untersuchung pathologischer Charakterzüge: »Sie haben mir von Ihren Schwierigkeiten erzählt, jetzt würde ich gern mehr über Sie selbst als Person hören. Können Sie sich selbst beschreiben, Ihre Persönlichkeit, das, was ich Ihrer Meinung nach wissen sollte, um ein wirkliches Gefühl für Sie als Mensch zu bekommen?« (Kernberg 1988, S. 56/7).

Psychotische Patienten, die bis zu diesem Zeitpunkt den Anschein erwecken konnten, über keine schwerwiegenden Störungen zu verfügen, demonstrieren bei dieser Frage ihre Unfähigkeit, sich einfühlsam selbst zu beschreiben, die Sichtweise anderer Menschen von ihnen von ihrem eigenen Selbstbild zu unterscheiden. Weitere Nachfragen und Klärungen (z. B. inwieweit diese Unfähigkeit auch mit der Interview-Situation oder mit der Person des Analytikers zu tun hat) führen zu einem deutlicheren Manifestwerden von primitiven Abwehrmanövern und Objektbezie-

Abb. 21: Vorgehensweise beim strukturellen Interview (aus: Otto F. Kernberg, Schwere Persönlichkeitsstörungen. Aus d. Amerik. v. Steinmetz-Schünemann, Helga. Stuttgart, Klett-Cotta 1988, S. 50)

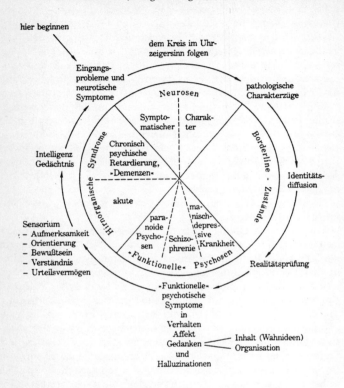

hungen, die wiederum in der Hier und Jetzt-Situation einer Klärung unterzogen werden können: »Als ich Sie bat, mir mehr über sich selbst zu erzählen, schienen Sie zuerst verblüfft, und dann fingen Sie an, darüber zu sprechen, wie Ihr Mann Sie behandelt ... Ich finde das verwirrend. Können Sie sich vorstellen, daß Ihre Haltung mir Schwierigkeiten macht?« (Kernberg 1988, S. 59/60).

Im Sinne eines kreisförmigen Gesprächsstils und einer zyklischen Anwendung von Klarifikation, Konfrontation und Deutung kann nach der Klärung, daß der Patient keine psychotische Persönlichkeitsorganisation (d. h. keine fehlende Realitätsprüfung) hat, zu der differentialdiagnostischen Evaluierung des Ausmaßes an Identitätsdiffusion zurückgekehrt werden; damit beginnt die mittlere Phase des strukturellen Interviews. Der Fokus der Fragen richtet sich nun auf die Schwierigkeiten des Patienten in seinen zwischenmenschlichen Beziehungen und mit seinen intrapsychischen Bedürfnissen: »Ich würde nun gern etwas mehr über Sie als Person hören, über die Art und Weise, wie Sie sich selbst erfahren, wie Sie denken, daß andere Menschen Sie erfahren, über alles, wovon Sie denken, daß es mir helfen könnte, mir innerhalb unserer begrenzten Zeit ein genaueres Bild von Ihnen zu machen« (Kernberg 1988, S. 62). Nach Kernberg ermöglicht diese Frage eine gezieltere Information über die vorherrschenden pathologischen Charakterzüge, und damit auch eine Evaluierung der Identitätsdiffusion. Der Umgang des Patienten mit den konfrontierenden Hinweisen auf offensichtliche Widersprüche gibt Aufschlüsse über dessen Introspektionsfähigkeit. Die direkte Interaktion, die aufgrund der Fragen und Klärungen erfolgt, läßt auch eine Diagnose der Entwicklungshöhe verschiedener Abwehrmechanismen zustande kommen.

Ohne die weiteren Einzelheiten dieses ausgefeilten und aus langjähriger Erfahrung mit zumeist schwergestörten Patienten gewonnenen Vorgehens noch genauer ausführen zu können, dürfte dennoch klar geworden sein, daß die psychiatrisch orientierte Differentialdiagnostik die Art des Vorgehens bei Kernberg sehr stark prägt, daß die strukturierende Aktivität auch die Inhalte und Art der Äußerungen des Patienten mitbeeinflußt, daß aber dennoch eine psychoanalytische Optik vor allem bei der Erfassung der Beziehungsgestaltung im Hier und Jetzt zur Anwendung kommt. Das strukturelle Interview ist sicherlich für psychiatrische Institutionen und stationäre Einrichtungen, wo die dort Tätigen mit einem breiten Spektrum psychischer Erkrankungen auf unterschiedlichen Organisationsniveaus konfrontiert werden, noch wichtiger als für den in der Privatpraxis tätigen Psychoanalytiker, der häufig auch schon vorselektierte Patienten überwiesen bekommt (vgl. Thomä und Kächele 1985).

5.8 Zusammenfassung

Verschiedene Formen und Möglichkeiten des diagnostischen Erstgesprächs wurden dargestellt und vor allem hinsichtlich ihrer methodologischen Unterschiede skizziert. Die genuin psychoanalytische Vorgehensweise versucht, anhand der unbewußten Inszenierungen des Patienten eine Einschätzung darüber vorzunehmen, inwieweit diese »Beziehungsangebote oder -verweigerungen« eigene resonante Prozesse anstoßen, die zum einen diagnostische Eindrücke über die Art und Qualität des Selbstverständnisses des Patienten vermitteln, zum anderen etwas über die Dimension der möglichen zukünftigen Zusammenarbeit aussagen. Nicht die Sammlung möglichst vieler biographischer »Fakten« und Daten ist für das psychoanalytische Erstinterview wichtig, sondern die subjektive und szenische Bedeutung, die sich aufgrund der Interaktion bewußter und unbewußter Persönlichkeitsanteile der beiden Beteiligten ergibt. An die Stelle eines distanziert psychiatrisch und psychologisch diagnostischen Erfassens aus der Position eines außenstehenden, krampfhaft um (vermeintliche) Objektivität bemühten Interviewers tritt der Psychoanalytiker mit seinem szenischen Verstehen, das von den ersten Augenblicken der Begegnung zwischen ihm und dem Analysanden seine Wirksamkeit entfaltet. Die Erstinterview-Situation wird hierbei auch schon als therapeutisches Moment begriffen. Häufig, wenngleich auch nicht immer, entscheidet schon die Art und Weise des auf den Patienten Eingestelltseins, wozu das szenische Verstehen erheblich beiträgt, ob Analytiker wie Analysand Interesse, Motivation und Neugierde für eine gemeinsame analytische Arbeit verspüren.

5.9 Empfohlene Literatur

Argelander, H.: (1966) Zur Psychodynamik des Erstinterviews. Psyche 20: 40–53
Argelander, H.: (1970) Das Erstinterview in der Psychotherapie. Darmstadt: Wissenschaftliche Buchgesellschaft (1967): Psyche 21: 341–368, 429–467, 473–512
Argelander, H.: (1978) Das psychoanalytische Erstinterview und seine Methode. Ein Nachtrag zu Freuds Fall »Katharina«. Psyche 32: 1089–1098
Balint, M. / Balint, E.: (1980) Psychotherapeutische Techniken in der Medizin. Stuttgart: Klett (1961)
Benz, A.: (1988) Möglichkeiten des psychoanalytischen Erstinterviews. Psyche 42: 577–601
Buchheim, P. / Cierpka, M. / Scheibe, G.: (1988) Das Verhältnis von Psychoanalyse und Psychiatrie – dargestellt am Beispiel von Konzepten für das psychiatrisch-psychodynamische Erstinterview. In: Klußmann, R. / Mertens, W. / Schwarz, F. (Hrsg.): Aktuelle Themen der Psychoanalyse. Berlin: Springer, 57–71
Dührssen, A.: (1981) Die biographische Anamnese unter tiefenpsychologischem Aspekt. Göttingen: Vandenhoeck und Ruprecht (1986: 2. Auflage)

Ermann, M.: (1980) Das psychoanalytisch-diagnostische Interview. Grundlagen, Technik und Gefahren. Intern. Prax. 20: 501–510

Friedrich, H.: (1984) Anamnese als Drama – Die ersten Sätze. Zschr. psychosom. Med. 30: 314–322

Haesler, L.: (1979) Zur Technik des Interviews bei »unergiebigen« Patienten. Psyche 33: 157–182

Hohage, R. / Klöss, L. / Kächele, H.: (1981) Über die diagnostisch-therapeutische Funktion von Erstgesprächen in einer psychotherapeutischen Ambulanz. Psyche 35: 544–556

Kernberg, O. F.: (1988) Schwere Persönlichkeitsstörungen. Theorie, Diagnose, Behandlungsstrategien. Stuttgart: Klett-Cotta

Klauber, J.: (1972) Persönliche Einstellungen zur psychoanalytischen Konsultation. In: Mitscherlich, A. (Hrsg.): (1980) Schwierigkeiten in der psychoanalytischen Begegnung. Frankfurt/M.: Suhrkamp, 159–179

Künzler, E. / Zimmermann, I.: (1965) Zur Eröffnung des Erstinterviews. Psyche 19: 68–79

Schubart, W.: (1985) Die psychoanalytische Konsultation am Beispiel des unmotivierten (z. B. psychosomatischen) Patienten. Psyche 39: 519–537

Literaturverzeichnis

Aarons, Z. A.: (1962) Indications for analysis and problems of analyzability. Psa. Quart. 31: 514–531

Abelin, E. L.: (1971) The role of the father in the separation – individuation process. In: McDevitt, J. B. / Settlage, C. F. (eds.): Separation – Individuation. New York: Int. Univ. Press, 229–252

Abelin, E. L.: (1975) Some further observations and comments on the earliest role of the father. Int. J. Psycho-Anal. 56: 293–302

Abend, S. M.: (1988) Intrapsychic versus interpersonal: The wrong dilemma. Psa. Inqu. 8: 497–504

Adatto, C.: (1966) On the metamorphosis from adolescence into adulthood. J. Am. Psa. Ass. 14: 485–509

Alexander, F.: (1925) Review of Ferenczi and Rank. The development of psychoanalysis. Int. J. Psycho-Anal 6: 484–497

Alexander, F.: (1937) Das Problem der psychoanalytischen Technik. Int. Zschr. Psychoanal. 23: 75–95 (1935)

Alexander, F.: (1950) Fundamentals of Psychoanalysis. London: Routledge and Kegan

Alexander, F. / French, T.: (1946) Psychoanalytic Therapy. New York: Ronald Press

Argelander, H.: (1966) Zur Psychodynamik des Erstinterviews. Psyche 20: 40–53

Argelander, H.: (1967) Das Erstinterview in der Psychotherapie, Teil I–III. Psyche 21: 341–489 und Darmstadt 1970

Argelander, H.: (1977) Diskussionsbeitrag zu P. Fürstenaus Arbeit »Die beiden Dimensionen des psychoanalytischen Umgangs mit strukturell ich-gestörten Patienten«. Psyche 31: 208–215

Argelander, H.: (1978) Das psychoanalytische Erstinterview und seine Methode. Ein Nachtrag zu Freuds Fall »Katharina«. Psyche 32: 1089–1098

Arlow, J. A. / Brenner, C.: (1964) Psychoanalytic Concepts and the Structural Theory. New York: Int. Univ. Press

Bacal, H. A.: (1987) British object-relational theorists and self psychology: some critical reflections. Int. J. Psycho-Anal. 68: 81–98

Bachrach, H. M.: (1983) On the concept of analyzability. Psa. Quart. LII: 180–204

Bachrach, H. M. / Leaff, L. A.: (1978) »Analyzability«: a systematic review of the clinical and quantitative literature. J. Am. Psa. Ass. 26: 881–920

Balint, M.: (1937) Frühe Entwicklungsstadien des Ichs. Primäre Objektliebe. In: Ders. (1952a): 93–115

Balint, M.: (1951) Über Liebe und Haß. In: Ders. (1952a): 151–169

Balint, M.: (1952) Die Urformen der Liebe und die Technik der Psychoanalyse. Bern, Stuttgart: Huber u. Klett (1966)

Balint, M.: (1966) Die technischen Experimente Sandor Ferenczis. Psyche 20: 904–925

Balint, M.: (1968) Therapeutische Aspekte der Regression. Stuttgart: Klett (1970)

Balint, M.: (1970) Einleitung zu Ferenczi, S.: Schriften zur Psychoanalyse I. Frankfurt: Fischer

Balint, M. / Balint, E.: (1980) Psychotherapeutische Techniken in der Medizin. Stuttgart: Klett (1961)

Bassen, C.: (1989) Transference-countertransference enactment in the recommendation to convert psychotherapy to psychoanalysis. Int. Rev. Psycho-Anal. 16: 79–92

Bauriedl, T.: (1987) Psychoanalyse: Prozeß oder Methode? Eine Antwort auf die Stellungnahme von Renate Stingl »Der überraschte Patient«. Psyche 41: 936–943

Beebe, B.: (1986) Mother-infant mutual influence and precursors of self- and object representations. In: Masling, J. (ed.): Empirical Studies of Psychoanalytic Theories, Vol. 2. Hillsdale, New Jersey: The Analytic Press, 27–48

Becker, H. / Becker, S.: (1987) Der Psychoanalytiker im Spannungsfeld zwischen innerer und äußerer Realität. Psyche 41: 289–306

Beckmann, D.: (1974) Der Analytiker und sein Patient. Untersuchungen zur Übertragung und Gegenübertragung. Bern, Stuttgart, Wien: Huber

Bellak, L. / Hurvich, M. / Gediman, H.: (1973) Ego Functions in Schizophrenics, Neurotics, and Normals. New York: Wiley

Bellak, L. / Meyers, B.: (1975) Ego function assessment and analyzability. Int. Rev. Psycho-Anal. 2: 413–426

Benz, A.: (1988) Möglichkeiten des psychoanalytischen Erstinterviews. Psyche 42: 577–601

Bergmann, M. S.: (1977) Notes on the history of psychoanalytic technique. In: Wolman, B. B. (ed.): Psychoanalytic Techniques: A Handbook for the Practising Psychoanalyst. New York: Basic Books, 17–40

Bernstein, I.: (1980) Integrative summary: On the re-viewing of the Dora case. In: Kanzer, M. / Glenn, J. (eds.): Freud and His Patients. New York: Aronson, 83–91

Bernstein, S. B.: (1983) Treatment preparatory to psychoanalysis. J. Am. Psa. Ass. 31: 363–390

Bibring, E.: (1954) Psychoanalysis and the dynamic psychotherapies. J. Am. Psa. Ass. 2: 745–770

Bion, W.: (1962) Erfahrungen in Gruppen und andere Schriften. Stuttgart: Klett (1971)

Bird, B.: (1972) Notes on transference. Universal phenomenon and hardest part of analysis. J. Am. Psa. Ass. 20: 267–301

Blanck, G.: (1968) Einige technische Folgerungen aus der Ich-Psychologie. Psyche 22: 199–214

Blanck, G. / Blanck, R.: (1974) Ego Psychology: Theory and Practice. New York. Deutsch: Angewandte Ich-Psychologie. Stuttgart: Klett-Cotta (1978)

Blanck, G. / Blanck, R.: (1979) Ego Psychology II. New York. Deutsch: Ich-Psychologie II. Psychoanalytische Entwicklungspsychologie. Stuttgart: Klett-Cotta (1980)

Blanton, S.: (1971) Tagebuch meiner Analyse bei Sigmund Freud. Frankfurt/M.: Ullstein

Blaser, A.: (1977) Der Urteilsprozeß in der Psychotherapie. Bern: Huber

Blos, P.: (1972) The epigenesis of the adult neurosis. Psa. Std. Child 27: 106–135

Blos, P.: (1973) Adoleszenz. Eine psychoanalytische Interpretation. Stuttgart: Klett

Blum, H.: (1974) The borderline childhood of the Wolfman. J. Am. Psa. Ass. 22: 721–742

Blum, H.: (1987) Die endliche und die unendliche Analyse – ein Rückblick nach einem halben Jahrhundert. Zschr. psychoanal. Theorie u. Praxis 2: 4–22

Brähler, C. / Brähler, E.: (1986) Der Einfluß von Patientenmerkmalen und Interviewverlauf auf die Therapieaufnahme – eine katamnestische Untersuchung zum psychotherapeutischen Erstinterview. Zschr. Psychosom. Med. 32: 140–160

Buchheim, P. / Cierpka, M. / Scheibe, G.: (1988) Das Verhältnis von Psychoanalyse und Psychiatrie – dargestellt am Beispiel von Konzepten für das psychiatrisch-psychodynamische Erstinterview. In: Klußmann, R. / Mertens, W. / Schwarz, F. (Hg.): Aktuelle Themen der Psychoanalyse. Berlin: Springer, 57–71

Calef, V.: (1971) On the current concept of transference neurosis. J. Am. Psa. Ass. 19: 22–25, 89–97

Chomsky, N.: (1968) Language and Mind. New York: Harcourt Brace and World

Clippinger, J. H.: (1977) Meaning and Discourse. A Computer Model of Psychoanalytic Speech and Cognition. Baltimore: John Hopkins Univ. Press

Coen, S.: (1981) Notes on the concepts of selfobject and preoedipal object. J. Am. Psa. Ass. 29: 395–412

Coen, S.: (1986) The sense of defect. J. Am. Psa. Ass. 34: 47–67

Colarusso, C. / Nemiroff, R.: (1981) Adult Development. New York: Plenum

Coltrera, J. T.: (1979) Truth from genetic illusion: The transference and the fate of the infantile neurosis. J. Am. Psa. Ass., Suppl. 27: 289–313

Cremerius, J.: (1978) Einige Überlegungen über die kritische Funktion des Durcharbeitens in der Geschichte der psychoanalytischen Technik. In: Drews, S. et al. (Hrsg.): Alexander Mitscherlich zu Ehren. Frankfurt: Suhrkamp, 196–214

Cremerius, J.: (1979) Gibt es zwei psychoanalytische Techniken? Psyche 33: 577–599

Cremerius, J.: (1981a) Freud bei der Arbeit über die Schultern geschaut – Seine Technik im Spiegel von Schülern und Patienten. In: Ehebald, U. / Eickhoff, F.-W.: Humanität und Technik in der Psychoanalyse. Bern, Stuttgart, Wien, 123–158

Cremerius, J.: (1981b) Kohuts Behandlungstechnik. Eine kritische Analyse. In: Psychoanalytisches Seminar Zürich (Hrsg.): Die neuen Narzißmustheorien. Zurück ins Paradies? Frankfurt/M.: Syndikat, 75–116 und in Psyche 36: 17–46 (1982)

Cremerius, J.: (1983) »Die Sprache der Zärtlichkeit und der Leidenschaft«. Reflexionen zu Sandor Ferenczis Wiesbadener Vortrag von 1932. Psyche 37: 998–1015

Dantlgraber, J.: (1982) Bemerkungen zur subjektiven Indikation für Psychoanalyse. Psyche 36: 193–225

Decker, H.: (1981) Freud and Dora: constraints on medical progress. J. Soc. Hist. 14: 445–464

Decker, H.: (1982) The choice of a name: »Dora« and Freud's relationship with Breuer. J. Am. Psa. Ass. 30: 113–136

Deutsch, F.: (1939) The associative anamnesis. Psa. Quart. VIII

Deutsch, F.: (1957) A footnote to Freud's »Fragment of an analysis of a case of hysteria«. Psa. Quart. 26: 159–167
Deutsch, F. / Murphy, W. F.: (1955) The Clinical Interview. New York: Int. Univ. Press
Dörner, D.: (1976) Problemlösen als Informationsverarbeitung. Stuttgart: Kohlhammer
Dührssen, A.: (1972) Analytische Psychotherapie in Theorie, Praxis und Ergebnissen. Göttingen: Vandenhoeck und Ruprecht
Dührssen, A.: (1986) Die biographische Anamnese unter tiefenpsychologischem Aspekt. Göttingen: Vandenhoeck und Ruprecht; (1. Aufl.: 1981)
Dührssen, A.: (1987) Historischer Rückblick zu den Psychotherapie-Richtlinien. Zschr. Psychosom. Med. Psychoanal. 33: 318–322
Dührssen, A.: (1988) Dynamische Psychotherapie. Ein Leitfaden für den tiefenpsychologisch orientierten Umgang mit Patienten. Berlin, Heidelberg: Springer

Eagle, M.: (1984) Psychoanalysis and modern psychodynamic theories. In: Endler, N. S. / Hunt, J. McV. (eds.): Personality and the Behavior Disorders. (Res. Bd.). New York: Wiley
Eagle, M.: (1988) Neuere Entwicklungen in der Psychoanalyse. Eine kritische Würdigung. München, Wien: Verlag Internationale Psychoanalyse (1984)
Eissler, K. R.: (1950) The Chicago Institute of Psychoanalysis and the sixth period of the development of psychoanalytic technique. J. Gen. Psychol. 42: 103–157
Eissler, K. R.: (1953) The effects of the structure of the ego on psychoanalytic technique. J. Am. Psa. Ass. 1: 104–143
Eissler, K. R.: (1958) Remarks on some variations in psychoanalytical technique. Int. J. Psychoanal. 39: 222–229; deutsch: Psyche 13: 609–625 (1959/60)
Elhardt, S.: (1971) Tiefenpsychologie. Eine Einführung. Stuttgart: Kohlhammer, (11. Auflage: 1988)
Emde, R. N.: (1981) Changing models of infancy and the nature of early development: Remodeling the foundation. J. Am. Psa. Ass. 29: 179–219
Emde, R. N.: (1988) Development terminable and interminable II. Recent psychoanalytic theory and therapeutic considerations. Int. J. Psycho-Anal. 69: 283–296
Emde, R. N. / Gaensbauer, T. J. / Harmon, R. J.: (1976) Emotional Expression in Infancy: A Bio-behavioral Study. New York: Int. Univ. Press
Erdheim, M. / Nadig, M.: (1979) Größenphantasien und sozialer Tod. Kursbuch 58, Berlin: Kursbuch/Rotbuch-Verlag, 115–126
Erikson, H. E.: (1950) Childhood and Society. New York: Norton. Deutsch: Kindheit und Gesellschaft. Stuttgart: Klett (1968, 3. Aufl.)
Erikson, H. E.: (1954) Das Traummuster der Psychoanalyse. Psyche 8: 561–604 (1955)
Erikson, H. E.: (1962) Reality and actuality. J. Am. Psa. Ass. 10: 451–474; deutsch: Einsicht und Verantwortung. Stuttgart: Klett (1966, 146–197)
Erle, J. B.: (1979) An approach to the study of analyzability and analysis: the course of forty consecutive cases selected for supervised analysis. Psa. Quart. 48: 198–228
Erle, J. B. / Goldberg, D. A.: (1979) Problems in the assessment of analyzability. Psa. Quart. 48: 48–94
Erle, J. B. / Goldberg, D. A.: (1984) Observations on assessment of analyza-

bility by experienced analysts: report on 160 cases. J. Am. Psa. Ass. 32: 715–737
Ermann, M.: (1980) Das psychoanalytisch-diagnostische Interview. Grundlagen, Technik und Gefahren. Intern. Prax. 20: 501–510
Ermann, M.: (1985a) Ansatz und Technik der psychoanalytischen Borderline-Behandlung. Prax. d. Psychother. u. Psychosomat. 30: 243–253
Ermann, M.: (1985b) Die Fixierung in der frühen Triangulierung. Zur Dynamik der Loslösungsprozesse zwischen Dyade und Ödipuskonstellation. Forum Psychoanal. 1: 93–110
Ermann, M.: (1985c) Der klinische Beurteilungsprozeß als Variable in der Persönlichkeitsforschung. In: Czogalik, D. et al. (Hrsg.): Perspektiven der Psychotherapieforschung: Einzelfall-Gruppe-Institution. Freiburg: Hochschulverlag, 242–252
Esman, A.: (1973) The primal scene: A review and reconsideration. Psa. Std. Child 28: 49–82
Etchegoyen, H. R.: (1983) Fifty years after the mutative interpretation. Int. J. Psycho-Anal. 64: 445–459

Faber, Fr. / Haarstrick, R.: (1988) Kommentar Psychotherapie-Richtlinien. Gutachterverfahren in der Psychotherapie. Psychosomatische Grundversorgung. Neckarsulm, München: Jungjohann-Verlag
Fairbairn, W. D.: (1952) Psychoanalytic Studies of the Personality. London: Routledge and Kegan
Fast, I.: (1979) Development in gender identity. Int. J. Psycho-Anal. 60: 443–453
Fenichel, O.: (1945) The Psychoanalytic Theory of Neurosis. New York: Norton
Ferenczi, S.: (1913) Die Entwicklungsstufen des Wirklichkeitssinnes. Int. Zschr. Psychoanal. 1: 62 ff.
Ferenczi, S.: (1927) The problem of termination of psychoanalysis. In: Final Contributions to Psycho-Analysis. New York: Basic Books (1955, 77–86)
Ferenczi, S. / Rank, O.: (1924) Entwicklungsziele der Psychoanalyse. Wien: Int. Psychoanal. Verlag
Firestein, S. K. (1978) Termination in Psychoanalysis. New York: Int. Univ. Press
Fisher, C. P. (Rep.): (1987) Panel: Conversion of psychotherapy to analysis. J. Am. Psa. Ass. 35: 713–726
Freud, A.: (1936) Das Ich und die Abwehrmechanismen. München: Kindler (1975)
Freud, A.: (1954) The widening scope of indications for psychoanalysis. Discussion. J. Am. Psa. Assoc. 2: 607–620
Freud, A.: (1965) Normality and Pathology in Childhood. New York: Int. Univ. Press; deutsch: Wege und Irrwege in der Kinderentwicklung. Stuttgart: Klett (1968)
Freud, A. / Nagera, A. H. / Freud, W. E.: (1965) metapsychological assessment of the adult personality. The adult profile. Psa. Std. Child 20: 9–14
Freud, S.: Alle Literaturangaben erscheinen im 3. Band
Friedman, L.: (1980) Kohut: a book review essay. Psa. Quart. 49: 393–422
Fürstenau, P.: (1977) Die beiden Dimensionen des psychoanalytischen Umgangs mit strukturell ich-gestörten Patienten. Psyche 31: 197–207

Gaskill, H. S.: (1980) The closing phase of the psychoanalytic treatment of adults and the goals of psychoanalysis. »The myth of perfectibility«. Int. J. Psycho-Anal. 61: 11–23

Gedo, J. E.: (1979) Beyond Interpretation: Toward a Revised Theory for Psychoanalysis. New York: Int. Univ. Press

Gedo, J. E. / Goldberg, A.: (1973) Models of the Mind. A Psychoanalytic Theory. Chicago

Gill, M. M.: (1954) Psychoanalysis and exploratory psychotherapy. J. Am. Psa. Ass. 2: 771–797

Gill, M. M.: (1979) The analysis of the transference. J. Am.Psa.Ass. (Suppl.) 27: 263–288

Gill, M. M.: (1982) Analysis of Transference, Vol. I. Theory and Technique. Psychological Issues Monograph 53. New York: Int. Univ. Press

Gill, M. M.: (1987) In: Fisher, C. P. (Rep.) (1987) Panel: Conversion of psychotherapy to analysis. J. Am. Psa. Ass. 35: 713–726

Gill, M. M. / Newman, R. / Redlich, F. C.: (1954) The Initial Interview in Psychiatric Practice. New York: Int. Univ. Press

Gitelson, M.: (1962) The curative factors in Psycho-Analysis. Int. J. Psycho-Anal. 43: 194–205

Glover, E.: (1954) The Indications for Psychoanalysis. In: ders.: On the Early Development of Mind. New York: Int. Univ. Press (1970), 406–420

Glover, E.: (1955) The terminal phase. In: The Technique of Psychoanalysis. New York: Int. Univ. Press, 138–164

Goldberg, A.: (1978) The Psychology of the Self: A Casebook. New York: Int. Univ. Press

Grande, T. / Porsch, U. / Rudolf, G.: (1988) Muster therapeutischer Zusammenarbeit und ihre Beziehung zum Therapieergebnis. Zschr. Psychosom. Med. 34: 76–100

Greenacre, P.: (1954) The role of the transference: practical considerations in relation to psychoanalytic therapy. J. Am. Psa. Ass. 2: 671–684

Greenacre, P.: (1959) Certain technical problems in the transference relationship. J. Am. Psa. Ass. 7: 484–502

Greenspan, S. I. / Cullander, C. H.: (1973) A systematic metapsychological assessment of the personality – Its application to the problem of analyzability. J. Am. Psa. Ass. 21: 303–327

Grinberg, L.: (1979) Countertransference and projective counteridentification. Contemp. Psychoanal. 15: 226–247

Grossman, W.: (1982) The self as fantasy: fantasy as theory. J. Am. Psa. Ass. 30: 919–938

Grunberger, B.: (1976) Vom Narzißmus zum Objekt. Frankfurt/M.: Suhrkamp

Grunberger, B.: (1985) Narziß und Anubis. Oder: die doppelte Ur-Imago. Forum Psychoanal. 1: 48–59

Grunert, J.: (1975) Freud und Irma. Genetische Aspekte zum Initialtraum der Psychoanalyse. Psyche 29: 721–744

Grunert, U.: (1982) Selbstdarstellung und Selbstentwicklung im manifesten Traum. In: Jahrbuch der Psychoanalyse, Bd. 14. Stuttgart, Bad Cannstatt: frommann-holzboog, 179–209

Grunert, U.: (1985) Zur Integration von Selbstpsychologie und Psychoanalyse auf entwicklungspsychologischer Grundlage. Dargestellt am Fall Louisa A. von P. Tolpin. Psyche 39: 708–737

Grunert, U.: (1988) Der Selbstdialog im Selbstmitleid. Psyche 42: 602–627

Habermas, J.: (1968) Erkenntnis und Interesse. Frankfurt/M.

Hartmann, H.: (1939) Ich-Psychologie und Anpassungsproblem. Int. Zschr. Psychoanal. 24: 62–135
Hartmann, H.: (1950) Psychoanalyse und Entwicklungspsychologie. Psyche 18: 354–366 (1964)
Hartmann, H.: (1955) Notes on the Theory of Sublimation. Essays on Ego Psychology. New York: Int. Univ. Press (1964)
Heigl, F.: (1972) Indikation und Prognose in Psychoanalyse und Psychotherapie. Göttingen: Vandenhoeck und Ruprecht
Heigl, F. / Triebel, A.: (1977) Lernvorgänge in psychoanalytischer Therapie. Bern, Stuttgart, Wien: Huber
Heigl, Evers, A. / Heigl, F.: (1979) Die psychosozialen Kompromißbildungen als Umschaltstellen innerseelischer und zwischenmenschlicher Beziehungen. Gruppenpsychother. Gruppendyn. 14: 310–325
Heigl-Evers, A. / Heigl, F.: (1982) Tiefenpsychologisch fundierte Psychotherapie – Eigenart und Interventionsstil. Zschr. psychosom. Med. 28: 160–175
Heigl-Evers, A. / Heigl, F.: (1983) Das interaktionelle Prinzip in der Einzel- und Gruppenpsychotherapie. Zschr. Psychosom. Med. 29: 1–14
Heigl-Evers, A. / Heigl, F.: (1988) Zum Prinzip »Antwort« in der psychoanalytischen Therapie. In: Klußmann, R. / Mertens, W. / Schwarz, F. (Hg.): Aktuelle Themen der Psychoanalyse. Berlin, Heidelberg: Springer, 85–97
Hirsch, M.: (1988a) Pseudo-ödipale Dreiecksbeziehungen. Frühe Triangulierung der Borderline-Persönlichkeit. Forum Psychoanal. 4: 139–152
Hirsch, M.: (1988b) Inzest zwischen Phantasie und Realität. Über die Schwierigkeit, psychoanalytische Trauma- und Triebtheorie zu integrieren. Zschr. Sex. forsch. 1: 206–221
Hofer, M.: (1969) Die Schülerpersönlichkeit im Urteil des Lehrers. Weinheim: Beltz
Hoffer, W.: (1956) Transference and transference neurosis. Int. J. Psycho-Anal. 37: 377–379
Hoffman, I. Z. / Gill, M. M.: (1988) Critical reflections on a coding scheme. Int. J. Psycho-Anal. 69: 55–64
Hoffmann, S. O.: (1983) Die niederfrequente psychoanalytische Langzeittherapie. Konzeption, Technik und Versuch einer Abgrenzung gegenüber dem klassischen Verfahren. In: Hoffmann, S. O. (Hrsg.): Deutung und Beziehung. Kritische Beiträge zur Behandlungskonzeption und Technik in der Psychoanalyse. Frankfurt: Fischer, 183–193
Hollingshead, A. / Redlich, B. F.: (1975) Der Sozialcharakter psychischer Störungen: Eine sozialpsychiatrische Untersuchung. Frankfurt/M.: Fischer (1958)

Isaacs, S.: (1952) The nature and function of phantasy. In: Klein, M. et al. (eds): Development in Psycho-Analysis. London: Hogarth Press, 67–121

Jacobson, E.: (1973) Das Selbst und die Welt der Objekte. Frankfurt/M.: Suhrkamp (1964)
Jacobson, E.: (1977) Depression. Frankfurt/M.: Suhrkamp (1971)
Janus, L.: (1986) Zur Geschichte der psychoanalytischen Behandlungstechnik. Forum der Psychoanal. 2: 1–19
Janus, L.: (1987) Die Bedeutung des Konzepts der Geburtsangst in der Geschichte der Psychoanalyse. Psyche 41: 832–845
Joffe, W. / Sandler, J.: (1967) Über einige begriffliche Probleme im Zusammenhang mit dem Studium narzißtischer Störungen. Psyche 21: 152–165

Jones, E.: (1920) Treatment of the Neuroses. London: Balliere, Tindall u. Cox
Jones, E.: (1984a, b, c) Sigmund Freud – Leben und Werk, Bd. 1, 2 und 3. München: Deutscher Taschenbuch Verlag; deutsche Erstausgabe: (1960–1962): Das Leben und Werk von Sigmund Freud. Bern: Huber

Kächele, H. / Schors, R.: (1981) Ansätze und Ergebnisse psychoanalytischer Therapieforschung. Klin. Psych. (Trends in Forschung und Praxis, Bd. 4: 209–259
Kächele, H. / Fiedler, I.: (1985) Ist der Erfolg einer psychotherapeutischen Behandlung vorhersehbar? Erfahrungen aus dem Penn-Psychotherapie-Projekt. Psychother. Med. Psychol. 35: 201–206
Kantrowitz, J. L. et al.: (1986) Affect availability, tolerance, complexity, and modulation in psychoanalysis: Follow-up of a longitudinal, prospective study. J. Am. Psa. Ass. 34: 525–555
Kantrowitz, J. L. et al.: (1987a) Changes in the level and quality of object relations in psychoanalysis: Follow-up of a longitudinal, prospective study. J. Am. Psa. Ass. 35: 23–46
Kantrowitz, J. L. et al.: (1987b) The role of reality testing in psychoanalysis: Follow-up of 22 Cases. J. Am. Psa. Ass. 35: 367–386
Kanzer, M.: (1952) The transference neurosis of the Ratman. Psa. Quart. 21
Kepecs, J. G.: (1966) Theories of transference neurosis. Psa. Quart. 35: 497–521
Kernberg, O.: (1966) Structural derivatives of object relationships. Int. J. Psycho-Anal. 47: 236–253
Kernberg, O.: (1967) Borderline personality organization. J. Am. Psa. Ass. 15: 641–685
Kernberg, O.: (1968) The treatment of patients with borderline personality organization. Int. J. Psycho-Anal. 49: 600–619
Kernberg, O.: (1975) Borderline Conditions and Pathological Narcissism. New York: Aronson. Deutsch: Borderline-Störungen und pathologischer Narzißmus. Frankfurt/M.: Suhrkamp (1978)
Kernberg, O.: (1981) The structural interviewing. Psychiatr. Clin. North Am. 4: 169–195
Kernberg, O.: (1981a) Zur Theorie der psychoanalytischen Psychotherapie. Psyche 35: 675–704
Kernberg, O.: (1981b) Zur Behandlungstechnik bei Borderline-Persönlichkeitsstörungen. Psyche 35: 497–526
Kernberg, O.: (1981c) Objektbeziehungen und Praxis der Psychoanalyse. Stuttgart: Klett (1976)
Kernberg, O.: (1987) »Konzepte der psychotherapeutischen Beziehung«. Vortrag bei den 38. Lindauer Psychotherapie-Wochen
Kernberg, O.: (1988) Schwere Persönlichkeitsstörungen. Theorie, Diagnose, Behandlungsstrategien. Stuttgart: Klett (1984)
Kernberg, O. et al.: (1972) Psychotherapie und psychoanalysis: final report of the Menninger Foundation psychotherapy research project. Bull. Menninger Clin. 36: 3–275
Khan, M.: (1964) Ego distortion, cumulative trauma, and the role of reconstruction in the analytic situation. Int. J. Psychoanal. 45: 272–279
Klauber, J.: (1972) On the relationship of transference and interpretation in psychoanalytic therapy. Int. J. Psycho-Anal. 53: 385–391
Klein, M.: (1949) A contribution to the psychogenesis of manic-depressive states. In: Contributions to Psycho-Analysis 1921–1945. London

Klüwer, R.: (1974) Die Zielsetzung der Psychoanalyse und einiger anderer psychotherapeutischer Verfahren. In: Muck, M. u. a. (Hrsg.): Information über Psychoanalyse. Therapeutische, theoretische und interdisziplinäre Aspekte. Frankfurt/M.: Suhrkamp, 64–77

Knapp, P. H. et al.: (1960) Suitability for psychoanalysis: a review of one hundred supervised analytic cases. Psa. Quart. 29: 459–477

Knight, R. P.: (1941/42) Evaluation of the results of psychoanalytic therapy. Am. J. Psychiat. 98: 434–446

Köhler, L.: (1978) Über einige Aspekte der Behandlung narzißtischer Persönlichkeitsstörungen im Lichte der historischen Entwicklung psychoanalytischer Theoriebildung. Psyche 32: 1001–1058

Köhler, Th.: (1987) Das Werk Sigmund Freuds, Bd. 1. Von der hypnotischen Suggestionsbehandlung zur Theorie des Traums. Frankfurt/M.: Fachbuchhandel für Psychologie

Köhler-Weisker, A.: (1978) Freuds Behandlungstechnik und die Technik der klientenzentrierten Gesprächs-Psychotherapie nach Rogers. Psyche 32: 827–847

Kohon, G.: (1984) Reflections on Dora: The case of hysteria. Int. J. Psycho-Anal. 65: 73–84

Kohut, H.: (1966) Formen und Umformungen des Narzißmus. Psyche 20: 561–587

Kohut, H.: (1971) The Analysis of the Self. New York. Deutsch: Narzißmus. Frankfurt/M. (1973a)

Kohut, H.: (1973b) Überlegungen zum Narzißmus und zur narzißtischen Wut. Psyche 27: 513–554

Kohut, H.: (1977) The Restoration of the Self. New York. Deutsch: Die Heilung des Selbst. Frankfurt/M. (1979)

Kohut, H.: (1987) Wie heilt die Psychoanalyse? Frankfurt/M.: Suhrkamp

Kohut, H. / Wolf, K.: (1978) The disorders of the self and their treatment: An outline. Int. J. Psychoanal. 59: 413–425

Kramer, M.: (1959) On the continuation of the analytic process after psychoanalysis (a self-observation). Int. J. Psycho-Anal. 40: 17–25

Krause, R.: (1983) Zur Onto- und Phylogenese des Affektsystems und ihre Beziehungen zu psychischen Störungen. Psyche 37: 1016–1043

Kris, A.: (1983) Determinants of free association in narcissistic phenomena. Psa. Std. Child 38: 439–458

Kubie, L. S.: (1948) siehe Symposium 1948

Kuiper, P. C.: (1975) Über Agieren. Psychoanalyse und bürgerliche Moral. In: Ders.: Psychoanalyse – zeitgemäß oder veraltet? Stuttgart: Klett, 56–79

Kutter, P.: (1975) Über moderne Neuroseformen und ihre gesellschaftliche Bedingtheit. In: Goeppert, S. (Hrsg.): Die Beziehungen zwischen Arzt und Patient. München, 215–226

Kutter, P.: (1977) Konzentrierte Psychotherapie auf psychoanalytischer Grundlage. Psyche 31: 957–974

Lang, H. J.: (1988) Die ersten Lebensjahre. Psychoanalytische Entwicklungspsychologie und empirische Forschungsergebnisse. München: Profil-Verlag

Langs, R.: (1976) The misalliance dimension in Freud's case histories: I. The case of Dora. Int. J. Psychoanal. Psychother. 5: 301–318; auch in: Kanzer & Glenn (1980), 58–71

Langs, R.: (1981) Modes of »cure« on psychoanalysis and psychoanalytic psychotherapy. Int. J. Psycho-Anal. 62: 199–214

Langs, R.: (1987) Die psychotherapeutische Verschwörung. Stuttgart: Klett. Originalausgabe: (1982) The Psychotherapeutic Conspiracy. New York, London: Jason Aronson

Laplanche, J. / Pontalis, J.-B.: (1972) Das Vokabular der Psychoanalyse. Frankfurt/M.

Lazar, N. D.: (1976) Some problems in faculty selection of patients for supervised psychoanalysis. Psa. Quart. 45: 416–429

Lempp, R.: (1979) Frühkindliche Hirnschädigung und Neurose. Bern: Huber

Leuzinger, M.: (1980) Kognitive Prozesse bei der Indikation psychotherapeutischer Verfahren. Manuskript zur Promotion. Universität Zürich

Leuzinger, M.: (1981) Kognitive Prozesse bei der Indikationsstellung. In: Baumann, U. (Hrsg.): Indikation zur Psychotherapie – Perspektiven für Praxis und Forschung. München: Urban & Schwarzenberg, 103–121

Leuzinger, M. / Kächele, H.: (1985) Veränderte Wahrnehmung von Traumgestalten im psychoanalytischen Behandlungsprozeß. In: Czogalik, D. / Ehlers, W. / Teufel, R. (Hrsg.): Perspektiven der Psychotherapieforschung, Einzelfall, Gruppe, Institution. Freiburg/Br.: Hochschulverlag, 94–119

Levine, F. J.: (1977) Review of the restoration of the self by H. Kohut. J. Phil. Ass. Psychoanal. 4: 238–247

Levine, F. J.: (1979) On the clinical application of Kohut's psychology of the self: Comments on some recently published case studies. J. Phil. Ass. Psychoanal. 6: 1–19

Levine, H. B.: (1985) Psychotherapy as the initial phase of a psychoanalysis. Int. Rev. Psycho-Anal. 12: 285–297

Lewin, K.: (1973) Dora revisited. Psa. Rev. 60: 519–532

Lichtenberg, J. D.: (1983) Psychoanalysis and Infant Research. Hillsdale: The Analytic Press

Lichtenberg, J. D.: (1987) Infant studies and clinical work with adults. Psa. Inquiry 7: 311–330

Limentani, A.: (1972) The assessment of analyzability: a major hazard in selection for psychoanalysis. Int. J. Psycho-Anal. 53: 351–361

Lipton, S. D.: (1977) The advantages of Freud's technique as shown in his analysis of the Ratman. Int. J. Psycho-Anal. 58: 255–273

Lipton, S. D.: (1979) An addendum to »The advantages of Freud's technique as shown in his analysis of the Ratman«. Int. J. Psycho-Anal. 60: 215–216

Lipton, S. D.: (1983) A critique of so-called standard psychoanalytic technique. Contemp. Psychoanal. 19: 35–46

Little, M.: (1951) Counter-Transference and the patient's response to it. Int. J. Psychoanal. 32: 32–40

Loch, W.: (1979) Tiefenpsychologisch fundierte Psychotherapie – Analytische Psychotherapie. Ziele, Methoden, Grenzen. Wege zum Menschen 31: 177–193

Loewald, H. W.: (1960) On the therapeutic action of psychoanalysis. Int. J. Psychoanal. 41: 16–33. Deutsch: Zur therapeutischen Wirkung der Psychoanalyse. In: Loewald, H. W. (1986): Psychoanalyse. Aufsätze aus den Jahren 1951–1979. Stuttgart: Klett, 209–247

Loewald, H. W.: (1971) The transference neurosis: Comments on the concept and the phenomenon. J. Am. Psa. Ass. 19: 54–66

Loewald, H. W.: (1986) Das Dahinschwinden des Ödipuskomplexes. In: Loewald, H. W.: Psychoanalyse, Aufsätze aus den Jahren 1951–1979. Stuttgart: Klett, 377–400

Lohmer, M.: (1985) Diagnostik und Therapie des Borderline-Syndroms: Entwicklungstendenzen in der amerikanischen Diskussion. Psychother. Med. Psychol. 34: 120–126

Lohmer, M.: (1988) Stationäre Psychotherapie bei Borderline-Patienten. Berlin, Heidelberg, New York: Springer

London, M.: (1985) An appraisal of self psychology. Int. J. Psychoanal. 66: 95–107

Lorenzer, A.: (1970) Exkurs über die Krankengeschichte des Kleinen Hans. In: Lorenzer, A.: Sprachzerstörung und Rekonstruktion. Frankfurt/M.: Suhrkamp, 93–103

Lorenzer, A.: (1984) Intimität und soziales Leid. Archäologie der Psychoanalyse. Frankfurt/M.: S. Fischer

Luborsky, L.: (1976) Helping alliances in psychotherapy. In: Clagborn, J. L. (ed.): Successful Psychotherapy. New York: Brunner & Marzel, 92–116

Luborsky, L. et al.: (1971) Factors influencing the outcome of psychotherapy: A review of quantitative research. Psychol. Bullet. 75: 145–168

Luborsky, L. et al.: (1975) Comparative studies of psychotherapies. Archiv. General Psychiat. 32: 995–1008

Luborsky, L. et al.: (1980) Predicting the outcomes of Psychotherapy. Findings of the Penn psychotherapy project. AMA. Archiv. General Psychiat. 37: 471–481

Luborsky, L. et al.: (1985) Therapist success and its determinants. Archiv. General Psychiat. 41: 602–611

Mahler, M.: (1968) On Human Symbiosis and the Vicissitudes of Individuation. New York. Deutsch: Symbiose und Individuation, Bd. 1: Psychosen im frühen Kindesalter. Stuttgart

Mahler, M.: (1971) A study of the separation-individuation process: And its possible application to borderline phenomena in the psychoanalytic situation. Psa. Std. Child 26: 403–424. Deutsch: Die Bedeutung des Loslösungs- und Individuationsprozesses für die Beurteilung von Borderline-Phänomenen. Psyche 29: 1078–1095 (1975)

Mahler, M. / Pine, F. / Bergmann, A.: (1975) The Psychological Birth of the Human Infant. New York. Deutsch: Die psychische Geburt des Menschen – Symbiose und Individuation. Frankfurt/M. (1978)

Mahon, E. / Battin, D.: (1981) Screen memories and termination of a psychoanalysis: A preliminary communication. J. Am. Psa. Ass. 29: 939–942

Mahon, E. / Battin, D.: (1983) The fate of screen memories in psychoanalysis. Psa. Std. Child 38: 459–479

Malan, D.: (1979) Individual Psychotherapy and the Science of Psychodynamics. London: Butterworth

Malan, D.: (1986) Beyond interpretation: Initial evaluation and technique in short-term dynamic psychotherapy. Int. J. Short-Term Psychother. 1

Marcus, S.: (1974) Freud und Dora. Psyche 28: 32–79

Masson, J.: (1985) Was hat man dir, du armes Kind getan? Reinbek: Rowohlt

Mause, de, L.: (1974) Hört ihr die Kinder weinen? Frankfurt/M.: Suhrkamp

McGlashan, Th. H. / Miller, G. H.: (1982) The goals of psychoanalysis, psychoanalytic psychotherapy. Arch. General Psychiat. 39: 377–388

Meissner, W. W.: (1983) Values in psychoanalytic situation. Psa. Inquiry 3: 577–598

Mentzos, S.: (1982) Neurotische Konfliktverarbeitung. Einführung in die psychoanalytische Neurosenlehre unter Berücksichtigung neuer Perspektiven. München: Kindler

Mertens, W.: (1975) Sozialpsychologie des Experiments. Das Experiment als soziale Interaktion. Hamburg: Hoffmann & Campe

Mertens, W.: (1988) Einige Anmerkungen zur gegenwärtigen Situation der Psychoanalyse in Theorie, Forschung und Praxis. In: Klußmann, R. / Mertens, W. / Schwarz, F. (Hrsg.): Aktuelle Themen der Psychoanalyse. Berlin: Springer, 1–25

Merton, R. K.: (1980) Auf den Schultern von Riesen. Frankfurt/M.: Suhrkamp

Miller, A.: (1981) Du sollst nicht merken. Variationen über das Paradies-Thema. Frankfurt/M.: Suhrkamp

Miller, I.: (1965) On the return of symptoms in the terminal phase of Psycho-Analysis. Int. J. Psychoanal. XLVI: 487–501

Mintz, E. E. E.: (1972) On the rationale of touch in psychotherapy. In: Sager, C. / Kaplan, H. S. (eds.) Progress in Group and Family Therapy. New York: Brunner & Mazel

Mitchell, S. A.: (1988) The intrapsychic and the interpersonal: Different theories, different domains, or historical artifacts? Psa. Inqu. 8: 472–496

Mitscherlich-Nielsen, M.: (1963) Über die Kriterien der Zulassung zur psychoanalytischen Ausbildung (Kongreßbericht). Psyche 17: 164–167

Mitscherlich-Nielsen, M.: (1970) Was macht einen guten Analytiker aus? Literaturübersicht und kritische Erwägungen. Psyche 24: 577–599

Moi, T.: (1981) Representations of patriarchy: Sexuality and epistemology in Freuds Dora. Feminist Rev. 9: 41–74

Money Kyrle, R. I.: (1956) Normal countertransference and some of its deviations. Int. J. Psycho-Anal. 37: 360–366

Morgenthaler, F.: (1978) Technik. Zur Dialektik der psychoanalytischen Praxis. Frankfurt/M.

Moscovitz, J.: (1973) Aspects of homosexuality in »Dora«. Revue Francaise de Psychoanalyse 37: 359–372. Abst. in Psa. Quart. 45: 332

Müller-Pozzi, H.: (1984) Trauma und Neurose. In: Berna-Glantz, R. / Dreyfus, P. (Hrsg.): Trauma – Konflikt – Deckerinnerung. Stuttgart: frommann-holzboog, 102–120

Müller-Pozzi, H.: (1985) Identifikation und Konflikt. Die Angst vor Liebesverlust und der Verzicht auf Individuation. Psyche 39: 877–904

Müller-Pozzi, H.: (1988) Die depressive Reaktion. Ein Versuch über Individuation, Introjektion und Identifizierung. In: Stork, J. (Hg.): Das menschliche Schicksal zwischen Individuation und Identifizierung. Stuttgart: frommann-holzboog, 69–84

Muslin, N. / Gill, M.: (1978) Transference in the Dora case. J. Am. Psa. Ass. 26: 311–328

Nemetz, S. J. (Rep.): (1979) Conceptualizing the nature of the therapeutic action of psychoanalytic therapy. J. Am. Psa. Ass. 27: 127–143

Norman, H. et al.: (1976) The fate of the transference neurosis after the termination of a satisfactory analysis. J. Am. Psa. Ass. 24: 471–498

Nunberg, H.: (1930) Die synthetische Funktion des Ichs. Int. Zschr. f. Psychoanal. XVI: 301–318

Nunberg, H.: (1931) The synthetic function of the ego. Int. J. Psycho-Anal. 12: 123–140

Nunberg, H.: (1939) Ich-Stärke und Ich-Schwäche. Int. Zschr. f. Psychoanal. XXIV

Oberndorf, C. P.: (1948) siehe Symposium 1948

Ogden, T. H.: (1986) Trieb, Fantasie und psychologische Tiefenstruktur. Eine Reinterpretation einiger Aspekte des Werkes von Melanie Klein. Forum Psychoanal. 2: 177–196

Orban, P.: (1988) Vorbemerkung zur Neuausgabe von O. Rank. Das Trauma der Geburt und seine Bedeutung für die Psychoanalyse. Frankfurt/M.: Fischer, 5–12

Oremland, J. D. / Blacker, K.-H. / Norman, H. F.: (1975) Incompleteness in »successful« psychoanalysis. J. Am. Psa. Ass. 12: 819–844

Ornstein, P. H. / Ornstein, A.: (1985) Clinical understanding and explaining, the empathic vantage point. In: Goldberg, A. (ed.): Progress in Self Psychology. New York: Guilford, 43–61

Parin, P.: (1975) Gesellschaftskritik im Deutungsprozeß. Psyche 29: 97–117

Parin, P.: (1989) Zur Kritik der Gesellschaftskritik im Deutungsprozeß. Psyche 43: 97–119

Parin, P. / Morgenthaler, F. / Parin-Matthey, G.: (1963) »Die Weißen denken zu viel«. Psychoanalytische Untersuchungen bei den Dogon in Westafrika. Zürich: Atlantis und München: Kindler (1972)

Pauker, S. G. et al.: (1976) Towards the simulation of clinical cognition. Am. J. Med. 60: 981–996

Pfeffer, A.: (1959) A procedure for evaluating the results of psychoanalysis: a preliminary report. J. Am. Psa. Ass. 7: 418–444

Pfeffer, A.: (1961) Follow-up study of a satisfactory analysis. J. Am. Psa. Ass. 9: 698–718

Pfeffer, A.: (1963) Meaning of the analyst after analysis. J. Am. Psa. Ass. 11: 229–244

Pollmann, A.: (1985) Die Zulassung zur psychoanalytischen Ausbildung. Eine historische und empirische Studie. Göttingen: Vandenhoeck & Ruprecht

Porsch, U. / Rudolf, G. / Grande, T.: (1988) Formen der therapeutischen Arbeitsbeziehung. Zschr. Psychosom. Med. 34: 50–75

Quint, H.: (1984) Der Zwang im Dienste der Selbsterhaltung. Psyche 38: 717–737

Ramas, M.: (1980) Freud's Dora, Dora's hysteria: The negation of woman's rebellion. Femin. Stud. 6: 472–510

Rangell, L.: (1954) Similarities and differences between psychoanalytic and dynamic psychotherapy. J. Am. Psa. Ass. 2: 734–744

Rangell, L.: (1970) Discussion of the intrapsychic process and its analysis: A recent line of thought and its current implications. Int. J. Psycho-Anal. 50: 65–77

Rangell, L.: (1979) Contemporary issues in the theory of therapy. J. Am. Psa. Ass., Suppl. 27: 81–112

Rangell, L.: (1982) The self in psychoanalytic theory. J. Am. Psa. Ass. 30: 863–892

Rank, O.: (1988) Das Trauma der Geburt und seine Bedeutung für die Psychoanalyse. Mit einem Vorwort von Peter Orban. Frankfurt/M.: Fischer (1924)

Reed, G. S.: (1987) Rules of clinical understanding in classical psychoanalysis and in self psychology: A comparison. J. Am. Psa. Ass. 35: 421–446

Reed, G. S.: (1987) Scientific and polemical aspects of the term »transference neurosis« in psychoanalysis. Psa. Inqu. 7: 465–483

Reich, A.: (1950) On the Termination of Analysis. Psychoanalytic Contributions. New York: Int. Univ. Press (1973)
Reiche, R.: (1972) Ist der Ödipuskomplex universell? Kursbuch 29. Das Elend mit der Psyche, II Psychoanalyse. Berlin: Kursbuch Verlag/ Wagenbach, 159–176
Richards, A.: (1981) Self theory, conflict theory, and the problem of hypochondriasis. Psa. Stud. Child 36: 319–337
Richards, A.: (1982) The superordinate self in psychoanalytic theory and the self psychologies. J. Am. Psa. Ass. 30: 939–958
Riemann, F.: (1970) Über den Vorteil des Konzepts einer präoralen Phase. Zschr. psychosom. Med. Psychoanal. 16: 27–40
Ritvo, S.: (1974) Current status of the concept of the infantile neurosis. Psa. Std. Child 29: 159–181
Robbins, F. / Sadow, L.: (1974) A developmental hypothesis of reality processing. J. Am. Psa. Ass. 22: 344–363
Rohde-Dachser, Ch.: (1982) Diagnostische und behandlungstechnische Probleme im Bereich der sogenannten Ich-Störungen. Psychother. Med. Psychol. 32: 14–18
Rohde-Dachser, Ch.: (1987) Ausformungen der ödipalen Dreieckskonstellation bei narzißtischen und Borderline-Störungen. Psyche 41: 773–799
Rosenfeld, H.: (1972) A critical appreciation of James Strachey's paper on the nature of the therapeutic action of psychoanalysis. Int. J. Psychoanal. 53: 455–461
Rothstein, A.: (1980) Psychoanalytic paradigma and their narcissistic investment. J. Am. Psa. Ass. 28: 385–395
Rotmann, M.: (1978) Über die Bedeutung des Vaters in der »Wiederannäherungsphase«. Psyche 32: 1105–1147
Rotmann, M.: (1985) Frühe Triangulierung und Vaterbeziehung. Anmerkung zur Arbeit von Michael Ermann: Die Fixierung in der frühen Triangulierung. Forum Psychoanal. 1: 308–317
Rubovits-Seitz, P.: (1988) Kohut's method of interpretation: a critique. J. Am. Psa. Ass. 36: 933–959
Rudolf, G.: (1988) Literaturbericht: Schepank, H.: Psychogene Erkrankungen der Stadtbevölkerung, Berlin, Heidelberg, New York 1987. Zschr. Psychosom. Med. Psychoanal. 34: 101–103
Rudolf, G. / Stille, D.: (1984a) Der Einfluß von Krankheitsbild und Krankheitsverhalten auf die Indikationsentscheidung in der Psychotherapie. Praxis Psychother. Psychosom. 29: 115–128
Rudolf, G. / Stille, D.: (1984b) Die Bedeutung von positiven Persönlichkeitsmerkmalen und Abwehrhaltungen für die Einschätzung der Behandlungschancen von Psychotherapiepatienten. Psychother. Med. Psychosom. 34: 161–170
Rudolf, G. / Stille, D.: (1985) Wege der klinischen Urteilsbildung: Die Einschätzung von Neurosenstrukturen und Behandlungschancen durch unterschiedliche Therapiepersönlichkeiten. In: Czogalik, D. et al. (Hrsg.): Perspektiven der Psychotherapieforschung: Einzelfall – Gruppe – Institution. Freiburg/Br.: Hochschulverlag, 228–241
Rudolf, G. et al.: (1987) Prognose und Indikation – von der Objektivierung der Patienteneigenschaften zur Analyse der Arzt-Patient-Interaktion. In: Lamprecht, F. (Hrsg.): Spezialisierung und Integration in Psychosomatik und Psychotherapie. Berlin, Heidelberg, New York: Springer
Rudolf, G. / Grande, T. / Porsch, U.: (1988a) Die Berliner Psychotherapiestudie. Zschr. Psychosom. Med. 34: 2–18

Rudolf, G. et al.: (1988b) Psychotherapeutische Institutionen und ihre Patienten. Zschr. Psychosom. Med. 34: 19–31
Rudolf, G. / Grande, I. / Porsch, U.: (1988c) Die initiale Patient-Therapeut-Beziehung als Prädiktor des Behandlungsverlaufs. Zschr. Psychosom. Med. 34: 32–49
Ruff, W. / Werner, H.: (1987) Das Therapieziel des Patienten als ein Kriterium für Prognose und Erfolg in der stationären Psychotherapie. Zschr. psychosom. Med. 33: 238–251
Rycroft, C.: (1956) The nature and function of the analyst's communication to the patient. Int. J. Psychoanal. 37: 469–472

Sandler, A.-M.: (1977) Beyond eight-month anxiety. Int. J. Psycho-Anal. 58: 195–207
Sandler, J.: (1974) Psychological conflict and the structural model: some clinical and theoretical implications. Int. J. Psycho-Anal. 55: 53–62
Sandler, J.: (1982) Unbewußte Wünsche und menschliche Beziehungen. Psyche 36: 59–74
Sandler, J.: (1983) Reflections on some relations between psychoanalytic concept and psychoanalytic practice. Int. J. Psychoanal. 64: 1–11. Deutsch: Zum Verhältnis von Therapie und Theorie in der Psychoanalyse. Psyche 37: 577–595
Sandler, J.: (1988) Psychoanalytic technique and »analysis terminable and interminable«. Int. J. Psycho-Anal. 69: 335–345
Sandler, J. / Sandler, A.-M.: (1978) On the development of object relationships and affects. Int. J. Psycho-Anal. 59: 285–296
Sandler, J. / Sandler, A.-M.: (1983) The second censorship, the three box model and some technical implications. Int. J. Psycho-Anal. 64: 413–425
Sandler, J. / Sandler, A.-M.: (1985) Vergangenheits-Unbewußtes, Gegenwarts-Unbewußtes und die Deutung der Übertragung. Psyche 39: 800–829
Sandler, J. / Sandler, A.-M.: (1988) Das frühere Unbewußte, das gegenwärtige Unbewußte und die Schicksale der Schuld: eine technische Perspektive. In: Kutter, P. / Paramo-Ortega, R. / Zagermann, P. (Hrsg.): Die psychoanalytische Haltung. Auf der Suche nach dem Selbstbild der Psychoanalyse. München, Wien: Verlag Internationale Psychoanalyse, 143–163
Sashin, J. I. / Eldred, S. H. / van Amerogen, S. T.: (1975) A search for predictive factors in institute supervised cases: A retrospective study of 183 cases from 1959–1966 at the Boston Psychoanalytic Society and Institute. Int. J. Psychoanal. 56: 343–359
Scharfman, M. A.: (1980) Further reflections on Dora. In: Kanzer, M. / Glenn, J. (eds.): Freud and His Patients. New York: Aronson, 48–57
Schepank, H.: (1987) Psychogene Erkrankungen der Stadtbevölkerung. Eine epidemiologisch-tiefenpsychologische Feldstudie in Mannheim. Berlin, Heidelberg, New York: Springer
Schimek, J. G.: (1987) Fact and fantasy in the seduction theory: A historical review. J. Am. Psa. Ass. 35: 937–965
Schimmel, I.: (1973) Dream and transference in »Dora«. Rev. Franc. Psychoanal. 27: 313–323
Schlessinger, N. / Robbins, F.: (1974) Assessment and follow-up in psychoanalysis. J. Am. Psa. Ass. 22: 542–567
Schlessinger, N. / Robbins, F.: (1975) The psychoanalytic process: recurrent patterns of conflict and changes in ego functions. J. Am. Psa. Ass. 23: 761–782

Schmid, R.: (1988) Psychoanalytische Tätigkeit in der Bundesrepublik Deutschlands. Ergebnisse einer empirischen Studie – Praxisstudie – im Auftrag der Deutschen Gesellschaft für Psychotherapie, Psychosomatik und Tiefenpsychologie (DGPPT): Köln

Schultz, H.: (1973) Zur diagnostischen und prognostischen Bedeutung des Initialtraumes in der Psychotherapie. Psyche 27: 749–769

Schultz-Hencke, H.: (1951) Lehrbuch der analytischen Psychotherapie. Stuttgart: Thieme

Schwaber, E.: (1981) Empathy: a mode of analytic listening. Psa. Inqu. 1: 357–392

Schwaber, E.: (1988) Rekonstruktion und Wahrnehmungserleben: weiterführende Gedanken zum Psychoanalytischen Zuhören. In: Kutter, P. / Paramo-Ortega, R. / Zagermann, P. (Hrsg.): Die psychoanalytische Haltung. München, Wien: Verlag Internat. Psychoanalyse: 207–230

Schwartz, L.: (1978) Review of the restoration of the self by H. Kohut. Psa. Quart. 47: 436–443

Secord, P. F. / Backman, C. W.: (1964) Social Psychology. New York: Mc Graw-Hill

Settlage, C. F.: (1980) Psychoanalytic developmental thinking in current and historical perspective. Psychoanal. Contemp. Thought 3: 139–170

Shane, M. / Shane, E.: (1984) The end phase of analysis: Indicators, functions, and tasks of termination. J. Am. Psa. Ass. 32: 739–772

Shapiro, S. H.: (1975) Childhood neurosis – The past 75 years. Psa. and Cont. Science IV: 453–477

Shapiro, S. H.: (1984) The initial assessment of the patient. A psychoanalytic approach. Int. Rev. Psychoanal. 11: 11–25

Silverman, D. K.: (1986) Some proposed modifications of psychoanalytic theories of early childhood development. In: Masling, J. (ed.): Empirical Studies of Psychoanalytic Theories. Hillsdale: The Analytic Press, 49–72

Slipp, S.: (1977) Interpersonal factors in hysteria: Freud's seduction theory and the case of Dora. J. Am. Acad. Psychoanal. 5: 359–376

Sloane, P.: (1975) The significance of the manifest dream: its use and misuse. J. Phil. Ass. Psychoanal. 2: 57–78

Spanjaard, J.: (1969) The manifest dream content, and its significance for the interpretation of dreams. Int. J. Psychoanal. 50: 221–235

Spitz, R.: (1962) Autoerotism reexamined. The role of early sexual behavior patterns in personality formation. Psa. Std. Child 17: 283–315

Stekel, W.: (1938) Technique of Analytic Psychotherapy. London: Liveright Publ. Co.

Sterba, R. P.: (1934) Das Schicksal des Ichs im therapeutischen Verfahren. Int. Zschr. Psychoanal. 20: 66–73

Stolzenberg, E.: (1986) Wann ist eine Psychoanalyse beendet? – Vom idealistisch-normativen zum systemischen Ansatz. Göttingen: Vandenhoeck & Ruprecht

Stone, L.: (1954) The widening scope of indications for psychoanalysis. J. Am. Psa. Ass. 2: 567–594

Stone, M. H.: (1980) The Borderline Syndromes, Constitution, Personality and Adaptation. New York: McGraw Hill

Strachey, J.: (1934) The nature of the therapeutic action of psychoanalysis. Int. J. Psychoanal. 15: 127–159

Strachey, J.: (1935) Die Grundlagen der therapeutischen Wirkung der Psychoanalyse. Int. Zschr. Psychoanal. 21: 486–516

Strachey, J.: (1937) Zur Therapie der therapeutischen Resultate der Psychoanalyse. Int. Zschr. Psychoanal. 23: 68–74

Streeck, U.: (1983) Abweichungen vom »fiktiven Normal-Ich«. Zum Dilemma der Diagnostik struktureller Ich-Störungen. Zschr. psychosom. Med. 29: 334–349
Sullivan, H. S.: (1953) The Interpersonal Theory of Psychiatry. New York, London: Norton
Sullivan, H. S.: (1954) The Psychiatric Interview. New York, London: Norton
Symposium: (1948) On the evaluation of therapeutic results. Mit Beiträgen von Oberndorf, Kubie, Greenacre. Int. J. Psychoanal. 29: 7–33

Thomä, H.: (1963a) Die Neo-Psychoanalyse Schultz-Henckes (I). Psyche 17: 44–80
Thomä, H.: (1963b) Die Neo-Psychoanalyse Schultz-Henckes (II). Psyche 17: 81–128
Thomä, H.: (1983) Erleben und Einsicht im Stammbaum psychoanalytischer Techniken und der »Neubeginn« als Synthese im »Hier und Jetzt«. In: Hoffmann, S. O. (Hrsg.): Deutung und Beziehung. Kritische Beiträge zur Behandlungskonzeption und Technik in der Psychoanalyse. Frankfurt/M.: Fischer, 17–43
Thomä, H.: (1984) Der »Neubeginn« Michael Balints (1932) aus heutiger Sicht. Psyche 38: 516–543
Thomä, H. / Kächele, H.: (1985) Lehrbuch der psychoanalytischen Therapie. 1 Grundlagen. Berlin, Heidelberg, New York, Tokio: Springer
Ticho, E.: (1982) The alternative schools and the self. J. Am. Psa. Ass. 30: 849–862
Ticho, G.: (1971) Selbstanalyse als Ziel der psychoanalytischen Behandlung. Psyche 25: 31–43
Tolpin, M.: (1970) The infantile neurosis: A metapsychological concept and a paradigmatic case history. Psa. Std. Child 25: 273–305
Treurniet, N.: (1980) On the relation between the concept of self and ego in Kohut's psychology of the self. Int. J. Psycho-Anal. 61: 325–333
Treurniet, N.: (1983) Psychoanalysis and self psychology: A metapsychological essay with a clinical illustration. J. Am. Psa. Ass. 31: 59–100. Deutsch: Psychoanalyse und Selbstpsychologie. Eine metapsychologische Studie mit Fallbeispiel. Psyche 39: 905–941 (1985)
Tyson, R. L. / Sandler, J.: (1974) Probleme der Auswahl von Patienten für eine Psychoanalyse. Psyche 28: 530–559

Ulich, D. / Mertens, W.: (1973) Urteile über Schüler. Zur Sozialpsychologie pädagogischer Diagnostik. Weinheim, Basel: Beltz (4. Auflage: 1979)
Ursano, R. J. / Hales, R. E.: (1986) A review of brief individual psychotherapies. Am. J. Psychiat. 143: 1507–1517

Viderman, S.: (1974) Interpretation in the analytic space. Int. Rev. Psychoanal. 1: 467–480

Wahl, H.: (1985) Narzißmus? Stuttgart: Kohlhammer
Waldhorn, H. F.: (1960) Assessment of analyzability. Technical and theoretical observations. Psa. Quart. 29: 478–505
Waldhorn, H. F. (Rep.): (1967) Indications for Psychoanalysis. In: Joseph, E. (ed.): Kris Study Group of the New York Psychoanalytic Institute, Monograph 2. New York: Int. Univ. Press, 3–51
Wallerstein, R. S.: (1969) zit. nach Nemetz, S. J. (1979)
Weber, I. I. / Bachrach, H. M. / Solomon, M.: (1985) Factors associated

with the outcome of Psychoanalysis: Report of the Columbia Psychoanalytic Center Research, Project (III). Int. Rev. Psycho-Anal. 12: 251–252

Weidenhammer, B.: (1987) Störungen des diagnostischen Urteilsprozesses bei präödipalen Pathologien. Zschr. Psychosom. Med. 33: 353–362

Weiss, J. / Sampson, H.: (1986) The Psychoanalytic Process: Theory, Clinical Observations and Empirical Research. New York: Guilford Press

Wellendorf, F.: (1987) Der Fall Dora: Eine Mesalliance. In: Belgrad, J. et al. (Hrsg.): Zur Idee einer psychoanalytischen Sozialforschung. Frankfurt/M.: 70–84

White, R. W.: (1960) Competence and the psychosexual stages of development. In: Jones, M. (ed.): Nebraska Symposium on Motivation. Lincoln

White, R. W.: (1963) Ego and reality in psychoanalytic theory: A proposal regarding independent ego energies. New York: Psych. Issues, Monograph 11

Widmer, P.: (1983) Medizinischer, psychotherapeutischer und psychoanalytischer Diskurs. Psyche 37: 193–203

Winnicott, D. W.: (1954) Metapsychological and clinical aspects of regression within the psychoanalytic set-up. Int. J. Psychoanal. 36: 16–26

Winnicott, D. W.: (1960) The theory of the parent-infant relationship. Int. J. Psycho-Anal. 41: 585–595

Winnicott, D. W.: (1960) Ego distortion in terms of true and false self. In: Ders.: The Maturational Processes and the Facilitating Environment. New York: Int. Univ. Press (1965), 140–152. Deutsch: Reifungsprozesse und fördernde Umwelt. München: Kindler (1975)

Winnicott, D. W.: (1965) Familie und individuelle Entwicklung. München

Winnicott, D. W.: (1974) Fear of breakdown. Int. Rev. Psycho-Anal. 1: 103–107

Zetzel, E.: (1974) Die Fähigkeit zu emotionalem Wachstum. Stuttgart: Klett (1970)

Personenverzeichnis

Aarons 164
Abelin 102
Abend 15
Adatto 35
Adler 46
Aichhorn 192
Alexander, Franz 55, 63, 71, 75, 76, 129, 199, 238
Appellbaum 183
Argelander 218, 236, 238, 241, 249, 262
Arlow und Brenner 56

Bacal 87f., 90
Bachrach 142, 183, 185f., 190
Backman 179
Balint 21, 69, 72, 74f., 77, 85ff., 94f., 98, 100, 114, 119, 153, 158, 236
Balint, Michael und Enid 237, 243, 262
Bally, G. 64
Basch 121
Bassen 229, 234
Battin 144
Baumeyer 65
Bauriedl 218
Becker und Becker 29
Beckmann 179, 191
Beebe 113
Bellak 168f., 190
Benz 250, 262
Bergler 78
Bergmann 18
Bernheimer 64
Bernstein 35, 65, 229, 234
Bibring 78, 197
Bion 99f.
Bird 138, 256
Blanck, G. 93, 119
Blanck und Blanck 174, 177, 216f., 218
Blanton 73
Blarer 158
Blaser 179f., 191
Blos 35, 40, 201
Blum 40f., 61, 65, 120, 234

Boor, de 119
Bowlby 98
Brähler 162
Brandshaft 90
Bräutigam 159
Breuer 20, 194
Brogle 158
Buchheim 238, 257f., 262
Burckstümmer 159

Calef 138
Charcot 194
Chomsky 98
Cierpka 262
Clippinger 181
Coen 106, 178
Colarusso 145
Coltrera 185
Cremerius 46, 51, 59, 72ff., 87, 89, 120, 197f.
Cullander 159, 168, 190

Dahmer 89
Dantlgraber 187, 191
Decker 36, 65
Deutsch 34, 240
Dewald 234
Dörner 181
Dührssen, Annemarie 196, 207f., 212f., 234, 238, 257, 258, 262

Eagle 106, 119, 152, 178
Eissler 66, 73, 192, 196, 199f., 230, 234
Elhardt 13
Ellenberger 64
Emde 112, 114, 117, 121, 186
Erdheim und Nadig 31
Erikson 32, 35, 98, 136, 145
Erle 142, 182ff., 190, 240
Ermann 102, 190f., 263
Escoll 190
Esman 40
Etchegoyen 65, 82, 84, 89

Faber 211, 234
Fairbairn 86, 94, 97f.

Falzeder 89
Fast 109
Fenichel 78, 162, 196
Ferenczi 21, 54, 67, 69, 70ff., 85ff., 89, 91, 114, 196
Ferenczi und Rank 57, 63
Fiedler 168, 188f., 191
Firestein 138
Fisher 229, 235
French 75
Freud, Sigmund 18, 20, 24, 26ff., 31, 33f., 37ff., 46, 48, 50ff., 54ff., 64, 67f., 70, 72, 85, 90ff., 94, 98, 128, 136, 138, 143, 161, 189f., 194ff., 198f., 227f., 231, 238f.
Freud, Anna 63, 92, 112, 129, 145, 168, 192
Freud, W. E. 69, 190
Friedman 106
Friedrich 263
Fromm-Reichmann 196
Fürstenau 177

Gaensbauer 121
Galenson 93, 121
Gardiner 66
Gardner 65
Garza-Guerrero 114
Gaskill 148f., 158f.
Gedo 89, 121, 149, 197, 225ff.
Gill, Merton 22, 25, 44, 58f., 77f., 185, 196, 229ff., 234, 237, 240f.
Gitelson 101
Glenn 65
Glover 78, 189, 196
Goldberg 107, 142, 182ff., 190, 197, 225ff., 240
Görres 64
Graber 69
Grande 190f.
Greenacre 93, 138
Greenberg 119
Greenspan 159, 168, 190
Grinberg 147, 159
Grof 89
Grossman 106
Grubrich-Simitis 89
Grunberger 65, 89
Grunert, Johannes 31
Grunert, Ursula 29, 32, 106, 120

Haarstrick 211, 234
Haesler 263
Hales 186
Hartmann 92, 97f., 119, 172
Hau 69
Haynal 64
Heigl 77, 164ff., 188ff., 211, 218ff., 235, 257
Heigl-Evers 211, 218f., 221, 235
Heimann 208
Hirsch 102
Hofer 179
Hoffer 138
Hoffman 77f.
Hoffmann 212, 235
Hoffmeister 90
Hohage 263
Holland 65
Hollingshead 208
Horney, Karen 238
Hornsby 65
Horwitz 229, 232
Hurn 159
Huxster 190

Isaacs 98

Jacobson 97f., 171, 222
Janus 46, 64, 67ff., 89
Jappe 65
Jennings 65
Joffe 95
Jones 21, 64, 162
Jung 46

Kächele 13, 147, 148, 168, 180, 188f., 191, 238, 258, 261
Kahane 64
Kaiser 196
Kantrowitz 142
Kanzer 39, 65
Kemper, Werner 238
Kepecs 138
Kernberg 94, 98f., 114, 119f., 143, 171, 174, 189, 197, 221ff., 229f., 232, 235, 237, 240, 258ff., 263
Khan 90, 100
Klauber 83f., 89f., 263
Klein, Melanie 56, 68, 78, 85, 94, 97f., 136
Klußmann 262
Klüwer 195
Knapp 164, 186
Knight 129
Köhler, L. 99, 121, 197
Köhler, T. 25, 64
Köhler-Weisker 47

Kohut 86ff., 98f., 103ff., 107, 110f., 118f., 136, 171, 197f., 228
Kordy 159
Kramer 147
Krause 116
Kris 93, 106
Krohn 65
Kubie 140, 159
Kuiper 150f., 159
Künzler 263
Kutter 120, 214f., 235

Lampl-de Groot 107
Lang 108, 121
Langs 21ff., 35, 64f., 218
Laplanche 94
Lazar 186
Leaf 142, 190
Lempp 68
Leuzinger 148, 179, 181f., 190f.
Levine 106f., 120, 229, 235
Levy 120
Lewin 36, 65
Lichtenberg 112, 115, 121, 159
Limentani 163, 190
Lipton 199, 234
Little 198
Loch 65, 90, 159, 206, 235
Loewald 120, 138, 144, 153f., 256
Lohmer 174
London 106, 120
Lorenzer 21, 38, 64
Lower 190
Luborsky 186, 188, 190

Mahler, Margret 93, 100, 112, 136, 153, 174, 216, 222, 228
Mahon 144
Mahony 65f.
Malan 250
Marcus 34
Masson 28
Mause, de 116
McGlashan 130
Meissner 149, 159
Meistermann-Seeger 69
Mentzos 176
Mertens 179, 185, 248, 262
Meyers 168f., 190
Miller, A. 28, 41f., 66, 150
Miller, G.H. 130
Minden, v. 120
Mintz 76

Mitchell 15, 119
Mitscherlich-Nielsen 241
Modell 120
Moi 36
Money-Kyrle 101
Moore 120
Morgenthaler 153f.
Moscovitz 36
Muck 190
Müller-Pozzi 41, 100
Muslin 36

Nacht 21, 84
Nagera 190
Nedelmann 159
Nemetz 234
Nemiroff 145
Newman 240
Norman 141
Nunberg 64, 78, 92

Oberndorf 140
Obholzer 66
Ogden 98f.
Orban 67
Oremland 141, 230
Ornstein, P.H./Ornstein, A. 111, 235

Paal 190
Pàramo-Ortega 120
Parin 154
Parin-Matthey 154
Pauker 181
Pfeffer 141
Pollmann 162, 241
Pontalis 94
Porsch 187, 190f.
Possick 65
Post 159

Quint 168

Rado 238
Ramas 36, 65
Rangell 106, 147, 185, 196, 234
Rank 21, 57, 67f., 71, 89
Rawn 89
Redlich 208, 240
Reed 106, 109f., 120
Reich, Wilhelm 81, 192, 196
Reich, Annie 136
Reiche 153
Richards 106

Riemann 86
Ritvo 41
Robbins 147f., 159
Rohde-Dachser 33, 102, 154, 177
Rosenfeld 83, 90
Rothstein 106, 120
Rotmann 102
Rubinstein 120
Rubovits-Seitz 110f., 120
Rudolf 180, 187, 190f., 208
Ruff 123, 190
Rycroft 83

Sachs 85
Sadow 148
Sampson 77
Sand 65
Sander 114
Sandler, J. 95f., 114, 117, 162f., 191, 193, 234
Sandler, A.-M. 234
Sandler und Sandler 137, 202ff.
Sashin 183
Schafer 120
Scharfman 35
Scheibe 262
Schepank 207
Schimek 28
Schimmel 36
Schlessinger 141, 147, 159
Schmid 210
Schors 180
Schubart 263
Schultz 168
Schultz-Hencke 86, 196, 238
Schwaber 106, 121
Schwartz 106
Secord 179
Self 120
Settlage 145
Shane und Shane 145
Shapiro 41, 121, 256
Shengold 65
Sievers 159
Silverman 113, 117
Slipp 36
Sloane 32
Solomon 183
Spanjaard 32
Spence 65, 121

Spitz, René 93, 101, 112, 114
Stein 121
Stekel 240
Sterba 147, 218
Stern 112, 114, 121
Stille 180, 187
Stolorow 88
Stolzenberg 147
Stone 190, 196
Stork 122
Strachey, James 44, 55, 78, 79, 81ff., 89f., 129
Streeck 177, 191
Sullivan 98, 237

Thomä 13, 71, 90, 147, 196, 200, 238, 258, 261
Ticho 106, 147f., 159, 229
Tolpin 41
Treurniet 106f., 121
Triebel 77, 220
Tyson 162f., 191

Ulich 179
Ursano 186

Viderman 36

Wahl 106, 121
Waldhorn 164, 189
Wallerstein 121
Weber 183f., 240
Weidenhammer 177f., 191
Weiss 77
Weiss und Sampson 54
Wellendorf 35
Werner 123, 190
White 65, 115
Winnicott 21, 77, 86, 97f., 100f., 136, 232
Wolf 88
Wolff 122
Wyatt 234
Wyss 64

Zagermann 120
Zetzel 39, 163, 189, 256
Zimmermann, I. 263
Zottl 89